서 정 시 학 신 서

조남현

소설의 본질

서정시학

조남현 曺南鉉

1948년 인천에서 태어나 서울대학교 국문과를 졸업하고 1983년 서울대학교에서 문학박사 학위를 받았다. 1973년 동아일보 신춘문예 평론부문에 당선되어 등단했다. 건국대학교 교수와 서울대학교 교수로 재직했다. 주요저서로『일제하의 지식인문학』,『소설원론』,『문학과 정신사적 자취』,『한국지식인소설연구』,『한국현대문학의 자계』,『지성의 통풍을 위한 문학』,『한국현대소설연구』,『삶과 문학적 인식』,『한국소설과 갈등』,『우리소설의 판과 틀』,『풀이에서 매김으로』,『한국현대소설의 해부』,『한국현대문학사상연구』,『한국문학의 사실과 가치』,『1990년대 문학의 담론』,『한국현대문학사상논구』,『한국현대문학사상탐구』,『비평의 자리』,『소설신론』,『한국현대소설유형론연구』,『한국현대작가의 시야』,『그들의 문학과 생애, 이기영』,『한국현대문학사상의 발견』,『한국현대소설사 1, 2, 3』,『한국문학잡지사상사』등이 있다. 대산문학상, 대한민국학술원상 등을 수상했다. 현재 서울대학교 국문과 명예교수로 있다.

서정시학 신서 68
소설의 본질

2018년 1월 23일 초판 1쇄 발행
2019년 1월 10일 초판 2쇄 발행

지 은 이 · 조남현
펴 낸 이 · 최단아
펴 낸 곳 · 도서출판 서정시학
주소 · 서울시 서초구 서초중앙로 18, 504호 (서초쌍용플래티넘)
전화 · 02-928-7016
팩스 · 02-922-7017
이 메 일 · lyricpoetics@gmail.com
출판등록 · 209-91-66271

ISBN 979-11-88903-01-6   93810
계좌번호 : 국민 070101-04-072847 최단아(서정시학)

값 25,000원

* 잘못된 책은 바꾸어 드립니다.

이 도서의 국립중앙도서관 출판시도서목록(CIP)은 서지정보유통지원시스템 홈페이지(http://seoji.nl.go.kr)와 국가자료공동목록시스템(http://www.nl.go.kr/kolisnet)에서 이용하실 수 있습니다.(CIP제어번호 : CIP2018001096)

소설의 본질

머리말

소설의 본질

 이 책은 소설작품론도 아니고 작가론도 아니다. 졸저 『소설신론』 같은 연구방법론도 아니고 소설구성론도 아니다. 소설본질론이다. 소설의 본질을 찾아내는 방법으로는 특정 소설유형을 집중적으로 탐구하는 방법, 명작에 해당하는 소설들의 공통분모를 추려내는 방법, 대작 한 편을 매개로 하는 방법 등이 있다. 심리소설, 사건소설, 역사소설 등 실로 많은 소설유형들이 있는데 이들을 묶어낼 본질론이 가능하겠느냐고 물을 수도 있겠지만 시대와 지역을 초월한 항수가 있을 것이라는 추측이 소설본질론을 작성할 용기를 갖게 하였다. 이러한 도전정신을 제대로 이행하기 위해 우선 시야를 넓히는 태도를 취했다. 나름대로의 소설본질론을 작성하기 위해 소설론을 개진한 소설을 열심히 찾아내었고, 소설론과 직접 관계가 없어 보이는 동서양 고전들을 뒤적거렸고, 시효가 지났다고 생각하는 소설이론서들에 다시 관심을 갖기도 했다. 물론 최근 소설이론서도 열심히 뒤적거렸다.
 소설가가 소설에 대해 직접 언급한 작품에 주목하게 된 것은 소설의 본질을 논하는 과정에서 소설가를 참여시키기로 한 때문이었다. 이제야, 소설의 특질이나 본질을 밝히는 작업은 이론가의 전유물이 될 수 없다는 생각이 들었다. 이론가들은 많은 소설과 많은 이론서를 읽었기에 소설을 잘 안다고 할 수 있겠지만, 소설가들은 소설을 직접 만들어봄으로써 소설의 본질을 체득하게 된 것이라고 자임할 수 있다. 소설가가 소설의 본질을 논한 것, 소설을 쓰는 정신과 방법을 밝혀 놓은 것, 소설가가 자신이 놓인 환경의 척박함을 호소한 것 등을 담은 소설을 찾는데 많은 시간이 걸렸다. 그렇게 해서 이병주, 박완서, 이청준, 최인훈, 김용성, 김원우, 임철우, 조성기, 이승우, 양귀자, 서하진, 이인성, 김연수, 김경욱, 백가흠 등의 메타소설이나 소설가소설에 주목하게 되었다. 일제강점기에 소설가를 주인공으로 한 자전적 소설이나 예술가소설이 많이 발표되었지만 소설의 특징이나 본질을 논한 작품들은 거의 없다시피 하다. 박태원의 「소설가 구보씨의 일일」(1934), 이태준의 「장마」(1936), 최정희의 「흉가」(1937), 이상의 「김유정」(1939), 정비석의 「저기압」(1938), 이효석의 「향수」(1939) 등과 같은 소설가소설들은 소설가의 빈궁이나 고뇌를 그리는 수준에서 멈추었다.

　문학이론! 하면 서양 것이라는 통념의 형성에 나도 기여한 바가 있기는 하지만 이제 이런 통념에서 벗어나야 할 것이라는 생각도 해본다. 난해한 이론으로 소설을 해석해야 연구나 평가를 제대로 한 것 같다는 착시현상에서도 벗어나야 할 것이다.

　소설본질론의 탐색 대열에 합류시켜야 할 또 하나의 존재로 동양과 서양 그리고 국내의 고전을 생각할 수 있다. 힘닿는 대로 『논어』, 『장자』, 『순자』를 비롯한 동양고전, 마르틴 하이데거의 『존재와 시간』 같은 서양의 고전, 최자의 『보한집』, 이익의 『성호사설』 과 같은 우리 고전을 비록 부분적으로나마 성실하게 읽었다. 물론 특정 소설본질론을 뒷받침하기 위해 한국소설을 용례로 원용하는 작업도 했다.

　『소설의 본질』의 저술 동기는 서울대학교 인문대학의 "인문학의 새로운 패러다임"이란 기획에 참여할 때 싹이 텄다고 할 수 있지만, 어찌 보면 이 책에 대한 구상은 1980년대로 소급시킬 수도 있다. 여러 논저들을 작성하면서 혹은 단순한 아이디어의 형식으로 혹은 동서양 이론의 수용을 통해 씨를 뿌리고 그후 몇 십 년을 보내면서 이제 본질론이란 열매를 거두게 된 것으로 비유할 수 있다. 젊은 시절 수용했던 동서양 이론들 중 이제 풍성한 열매를 약속할 만한 것을 가려내고, 바로 잡기도 하고, 보완하기도 하고, 키워내기도 하는 작업을 했다. 물론 이 책을 쓰는데 이런 작업은 그야말로 부분적인 것에 지나지 않는다. 수 주 동안 수집하고 탐독하여 고민한 끝에 초고에 집어넣었던 자료들을 다시 빼낼 수 밖에 없었을 때는 실로 허탈했다. 소수이긴 하지만 문사철의 동서 고전들을 여러 차례 정독한 끝에 원고로 살려내는 희열도 느꼈다. 본질론이라는 것이 시각에 따라 늘어날 수도 있고 줄어들 수도 있는 것임을 톡톡하게 체험할 수 있었다.

  서울대학교 중앙도서관에서 자료들을 찾느라고 고생한 김명훈 박사, 장문석 박사, 배하은 박사에게 고마움 전한다.

  전문적인 문학이론서가 좀처럼 읽히지 않는 이런 때 출판을 제의하고 원고를 기다려준 최동호 교수님께 감사드린다. 매우 치밀하게 편집하고 교정을 본 최단아 편집장의 노고도 기억에 남을 것이다.

2018년 1월

조 남 현

차례

머리말 / 소설의 본질 5

제1장 이단과 소외의 담론 …………………………………… 11
제2장 선비와 욕망의 존재론 ………………………………… 35
제3장 선비의 비판정신 ………………………………………… 55
제4장 역사서술의 보조양식 …………………………………… 69
제5장 역사서술의 대체양식 …………………………………… 87
제6장 인간심리의 해부도 ……………………………………… 111
제7장 고전의 활용 ……………………………………………… 131
제8장 사상과 형식의 실험실 ………………………………… 149
제9장 반항의 정신과 방법 …………………………………… 173
제10장 시적 특질의 내면화 ………………………………… 195
제11장 총체성의 인식 ………………………………………… 217
제12장 이념선택과 초월 ……………………………………… 229
제13장 기억과 상상력 ………………………………………… 245

제14장 현상학적 시각 ………………………………… 261

제15장 진실탐구와 시련 ………………………………… 283

제16장 자기해방의 글쓰기 ……………………………… 303

제17장 부조리의 투시 …………………………………… 315

제18장 약자의 변론서 …………………………………… 327

제19장 대중성의 양면 …………………………………… 345

제20장 소설의 미래 ……………………………………… 367

찾아보기 …………………………………………………… 379

제1장 이단과 소외의 담론

제1장 이단과 소외의 담론

1.

소설은 허구이며 꾸며낸 이야기라는 점은 소설읽기를 직업으로 삼는 사람들이나 소설을 별로 읽지 않는 사람들이나 다같이 인정한다. 전자의 사람들은 소설은 일어났을 법한, 일어나고 있는 듯한, 앞으로 일어날 수 있는 사건을 설정하여 진실이나 진리를 모색하고 말하는 것이라고 본다. 후자의 사람들은 소설을 사실담도 아니고 현실기록도 아닌 꾸며낸 이야기로만 생각하는 경향을 보인다. 전자의 사람들과 후자의 사람들은 소설은 경사류(經史類)의 기록에 등을 돌린 것이라는 인식을 공유하고 있다. 사서오경 같은 경전들은 한 사회를 움직이고 사람들을 조종하는 원칙, 법, 도덕률을 제시한다. 사는 과거와 현재에 대한 사실 기록을 목표로 삼는다. 제자백가서들은 경을 지향하면서도 사에 대해서도 관심을 가졌다. 이에 반해 소설의 원형들은 경(經)을 흔들고 경에 이의를 제기하였다. 사가들이 소설양식을 일등자료로 평가하지 않는 것은 지금도 마찬가지다.

신채호는 「近今 國文小說 著者의 注意」(『대한매일신보』, 1908.7.8.)의 서두에서 "余가 嘗謂호대 天下大事業은 乙支文德 泉蓋蘇文又흔 大英雄大豪傑

의 做ㅎ는빗아니라 婦孺走卒의 做ㅎ는빗며 社會大趨向은 宗敎政治法律갓흔 大哲理 大학問으로 正ㅎ는빗 아니라 諺文小說의 正ㅎ는 빗라ㅎ노니"와 같이 영웅사관에서 민중사관에로의 변화의 당위성을 역설했다.

> 莊人正士가 莊嚴ㅎ 皐比에 臨ㅎ야 天然正大ㅎ 面目으로 心性事物의 奧理를 談ㅎ며 古今興亡의 歷史를 說흠에는 其傍에서 環聽홀 者— 幾個 有文識者에 不過홀 쑨더러 目此로 由ㅎ야 多少間 知識은 啓ㅎ드리도 其氣質은 轉移ㅎ야 惡者를 善케ㅎ고 凶者를 順케ㅎ기는 難홀지오 彼俚談俗語로 撰出흔 小說冊子는 不然하야 壹切 婦孺走卒의 酣嗜ㅎ는 빗인디 萬壹 其思潮가 稍高ㅎ며 筆力이 稍雄ㅎ면 百人이 傍觀에 百人이 喝采ㅎ며 千人이 傍聽에 千人이 喝采ㅎ되 甚至 其精神魂魄이 紙上에 移하야 悲悽흔 事를 讀ㅎ믹 淚의 滂타를 不覺하며 壯快흔 事를 讀ㅎ믹 氣의 噴湧을 不禁ㅎ고 其薰陶浸染의 旣久에 自然 其德性도 感化를 被ㅎ리니 故로 曰 社會의 大趨向은 國文小說의 正ㅎ는 빗라 홈이니라

신채호는 대학자의 강의나 역사가의 강설은 다소간 지식은 줄 수 있으나 선(善)과 순(順)의 세계의 제시와 확산에는 한계를 보인다고 하였다. 이에 반해 소설은 갈채, 눈물, 감정표출 등의 반응을 사 계몽의 효과를 올린다고 하였고 "이담속어(俚談俗語)로 찬출(撰出)된" 소설 책자는 계몽의 넓이와 깊이의 면에서 경사류를 압도한다고 주장하였다. 감화를 받은 사람이 많아야 세상을 바꿀 수 있는 힘이 생겨난다는 전제를 세웠기에 소설양식에 대한 기대가 커진 것이다. 물론 여기서 말하는 언문소설은 고대소설보다는 아직 나오지도 않은 신소설을 염두에 두고 기대한 것이기는 하다. 신채호는 한국에 전래하는 소설이 대부분 "음담(淫談)과 숭불걸복(崇佛乞福)의 괴화(怪話)"인지라 이 역시 "인심풍속(人心風俗)을 패괴(敗壞)케 하는 일단(壹端)"이 되고 있다고 인식하면서 각종 신소설을 발행하여 이러한 폐단을 일소해야 한다고 대안을 제시했다.

그러나 이런 신채호도 시대적 요구에 부응하는 뜻에서 감화력보다는 계몽성이 짙은 소설을 써낼 수 밖에 없었다. 을지문덕, 강감찬 등과 같은 사표가 될 만한 인물들의 공적을 제시하면서 단군시대부터 구한말까지의 역사에 대한 비판적 성찰을 꾀한 역사소설이요 역사소설이요 당대소설인 『꿈하늘』, 일본제국주의를 비롯한 동서양의 민중탄압사를 개관하는 가운데 아나키즘과 민중주의의 도래의 당위성을 외친 이데올로기소설 『용과 용의 대격전』을 써냄으로써 신채호는 소설을 사상사 중심의 역사서술의 수준으로 끌어올릴 수 있었다. 그는 감정을 자극하는 감화력이 높은 이야기를 전하는 데는 한계를 보였지만 "소설은 국민의 혼이어야 한다"는 자기 나름의 명제를 모범적으로 실천에 옮긴 결과를 보여주었다. 신채호가 소설을 경사류와 동일 수준으로 끌어 올릴 수 있었던 것은 망국이라는 현실을 적극적으로 극복하려는 의지가 있었기 때문이었다. 신채호의 업적은 그 전까지 소설이 경사류에 의해 이단시되었다는 점을 반증해준다.

『荀子』1)는 이익추구, 시기심과 경쟁심, 불신과 불성실, 감각적 욕망 등을 본능으로 하는 성악설을 중심사상으로 삼은 것인 만큼 소설 양식의 성격을 설명하는데 유용한 근거가 된다.

그대로 두면 무절제해져서 사회규범으로 지켜야 할 예나 규범의 형식적 절

---

1) 최대림 역해, 『순자』, 홍신문화사, 1991년 초판, 2009년 중판, 머리말.
"<순자>는 유가들뿐만 아니라 다른 학파의 사상도 집성하여 세밀한 체계적 사상을 포함하고 있는 책으로, 전국시대 말기의 주나라의 유학자인 순황(荀況 : 荀子)의 사상을 모아 기록한 것이다. 처음에는 손경신서(孫卿新書)라고 하였으나, 원래는 12권 322편이던 것을 한나라의 유향(劉向)이 중복을 정리하고 삭제하여 33편으로 편찬하고, 다시 당나라의 양경(楊倞)이 20권 32편으로 개편하여 주를 달고 책의 이름을 <순자>라고 개칭하여 오늘날까지 전해지고 있다." "순자의 논리는 <순자> 전편에 걸쳐서 인간의 성악(性惡)의 관념이 일관되고 있다. 즉 인간이 선천적인 본성에 지배된다고 보지 않고 후천적인 인위를 매우 존중하였다. 곧 '인성은 악이며 날 때부터 이(利)를 좋아하고, 질투하고 증오하는' 것이므로 그것을 그대로 방치하면 쟁탈과 살육이 일어나기 때문에, 악이라는 본성을 교정하는 방법은 '사법(師法)의 가르침과 예의의 길'인 '인위(人爲)'에 의해서만 '치세'를 실현할 수 있다고 하였다."

차인 문리는 없어질 것이다. 그러므로 타고난 성질이나 감정에 맡겨 버린다면 반드시 서로 싸우고 빼앗아 사회의 질서를 파괴하고 세상을 혼란에 빠지게 할 것이니, 반드시 스승의 교화와 예의의 법도가 있어야 한다.(然則 從人之性 順人之情 必出於爭奪 合於犯分亂 理而歸於暴 故必將有師法之化 禮義之道) 그리해야 남에게 사양할 줄도 알고 사회의 질서를 지킬 줄도 알아 세상의 평화가 유지될 것이다. 이렇게 본다면 사람의 천성은 원래 악한 것이 분명하며, 선하다는 것은 거짓임을 알 수 있다.2)

교화, 법, 예의, 질서 수립 등에 필요한 책을 경(經)이라고 한다. 사(史)는 경(經)을 만드는데 결정적인 자료가 된다. 경과 사가 성악을 조정하고 개선하는데 목적을 두었다면 소설은 성악을 현실로 인정하고 그려내는데 치중하였다고 할 수 있다. 성악설을 기준으로 하여 경사류와 소설은 대립의 관계를 이루었다.

천자를 중심으로 법을 세우고 예의를 세우고 질서를 바로 잡는데 종사하는 사람들은 자기네 세력을 비판하고 이의를 다는 사람들에게 위협을 느끼거나 견제하기 마련이다.

> 천자가 되어 귀해지고 천하를 가져 부자가 되고 싶은 것은 사람마다 한결같이 바라는 일이지만, 사람마다 그 욕망에 따른다고 해도 그렇게 귀해질 수가 없고 재물도로 풍족해질 수가 없다. 그래서 선왕이 이를 위한 배려로서 예의를 제정하고 상하를 분별하였으며, 사람에게 귀천의 등급이 있게 하고 어른과 아이를 분별하였으며, 지혜로움과 어리석음 및 능하고 무능한 것을 분별함으로써 사람마다 각기 그 일을 맡기고 마땅한 곳을 차지하게 한 뒤, 녹의 많고 적고 후하고 박한 정도를 정하였으니 이것이 사회생활을 하며 서로 화목하는 도리인 것이다.

---

2) 위의 책, 性惡篇 pp.369~70.

그러한 까닭에 어진 사람이 위에 있으면 농사꾼은 밭갈이에 힘쓰고 상인은 잘 살펴 재물을 늘리며, 기술자는 기교를 다하여 기계를 만들고 사대부 이상 공경·제후에 이르기까지 인의와 관용과 지혜와 능력을 다하여 관직에 힘쓴다면 이것을 최대로 공평하다고 하는 것이다. 그러므로 천하를 향유하는 녹을 가져도 많다고 하지 않으며, 문지기나 손님을 접대하는 관문의 수비와 야경꾼을 담아 해도 적다고 아니하는 것이다.

그래서 말하기를, 차별이 있으면서도 공평하고 곡절이 있으면서도 순서가 있으며, 같지 않으면서도 하나로 귀일하니 이것이 바로 인간의 상리라고 하는 것이다.(故曰 斬而齊 枉而順 不同而一 夫是之謂人倫)[3]

예의 제정, 상하 분별, 귀천 등급을 지키면서 어른과 아이, 지혜와 어리석음, 유능과 무능 등과 같은 차이를 평화공존시키는 것을 사회화 과정이라고 할 수 있다. 이 과정에서 사농공상이 나타나 각자 할 일을 하면서 다른 직업이나 계급과 관계를 맺는 것으로 보았다. 순자가 사대부의 덕목으로 인의, 관용, 지혜, 능력을 든 것은 지배자보다 피지배자를 더 많이 배려한 것으로 볼 수 있다. 당시의 지배자들은 질서가 잘 유지되면 계급 간의 차별은 단순한 차이로 바꿀 수 있으며 이러한 차이는 평등의 한 현상으로 볼 수 있다는 인식을 지니고 있었다.

『순자』는 비십이자편(非十二子篇)에서 6종류의 학설과 그 대표적인 학자 12명을 비판하는데 역점을 두기로 했다. 타효(它囂)와 위모(魏牟)를 향해서는 "지금 사설을 꾸미고 간언을 꾸며 천하를 소란하게 하고, 간사한 속임수와 거짓과 왜곡된 자질구레한 방담으로 천하를 혼란시키면서 옳고 그름과 다스려지고 혼란한 것의 소재가 어디에 있는지조차 모르는 사람들이 있다(假今之世 飾邪說文姦言 以梟亂天下 喬宇嵬瑣 使天下混然 不知是非治亂之所存者有人矣). 방종하기를 성정이 움직이는 대로 하고 방자한 마음을 옳은 듯이 여겨

---
3) 위의 책, 榮辱篇, pp.58~59.

행위는 짐승 같으며, 예문이 합치되고 치란의 도에 통하기는 부족하면서 그 주장을 견지함에 있어 이유를 대고 말할 때는 조리가 있어 족히 어리석은 대중들을 기만하고 미혹시키니, 타효와 위모가 그런 사람들"4)이라고 하였다.

순자(B.C. 315-236)는 이 두 사람 뿐만 아니라 자사와 맹자를 제외한 10명에게 모두 "자기의 주장을 견지함에 있어 이유를 대고 말에 조리가 있어 족히 어리석은 대중을 기만하고 미혹시킨다"(然而其持之有故 其言之成理 足以欺惑愚衆)와 같은 혐의를 걸었다. 자기 주장이 강한 것보다 대중을 속이고 유혹하는 것을 문제 삼았다.

진중(陳仲)과 사추(史鰌)에 대해서는 "성정을 억지로 참아가며 초연하게 앉아 진정 사람들과 다른 것을 고상하게 여기면서 이것으로 대중을 영합시키고, 큰 분별을 밝히기에는 부족하다"고 하여 실용주의를 지키느라 계급적 분별이 모자라게 되었음을 비판하였다. 묵적(墨翟)과 송견(宋鈃)에 대해서는 "천하를 통일하고 국가를 건설하는 근본 법도를 모르면서 공리와 절용을 중시하여 검약을 크게 부르짖고, 등급의 차이에는 태만하여 사회의 계급적 분별을 몰라 군신의 상하를 밝히지 못한다"5)와 같이 계급주의적 사고와 상하 윤리관을 상덕에 놓았다. 신도(愼到)와 전변(田騈)에 대해서는 "말로는 법을 존중하면서도 실제로는 법을 모르고 수양하는 것을 가벼이 여기면서도 자기의 주장을 글로 짓기를 좋아하여, 위로는 임금이 귀를 기울이고 아래로는 속된 사람들이 듣고 순종하도록 종일 담론을 펴서는 그것으로 문전을 짓는데 반복하여 검토하면 소원하여 구절을 이루는 부분이 없으며, 국가를 다스리는 법도를 정하지 못하였다(尙法而無法 下脩而好作 上則取聽於上 下則取從於俗 終日言成文典 反紃察之 則個然無所歸宿 不可以經國定分 然而其持之有故 其言之成理)"고 비판하였으며 혜시(惠施)와 등석(鄧析)에 대해서는 "선왕을 본받지 않

---

4) 위의 책, 非十二子篇 p.73.
   이하 인용문에서 중요한 대목에는 원문을 붙여 둔다.
5) 위의 책, pp.73~74.

고 예의에 찬동하지 아니하며, 괴이한 변설을 논하기를 좋아하고 이상한 말장난을 하면서 비록 잘 살피는 것 같아도 세상에 은혜롭지 못하며, 말이 유창해도 쓸모가 없고 일은 많이 하지만 공은 적어 기강을 세우고 다스릴 수 없다"6)(不法先王 不是禮義 而好治怪說玩琦辭 甚察而不惠 辯而無用 多事而寡功 不可以爲治綱紀 然而其持之有故 其言之成理 足以欺惑愚衆 是惠施鄧析也)고 비판하였다. 신도와 전변을 향해 법도 잘 모르고 수양하지도 않으면서 자기 주장을 글로 짓기 좋아하여 상하를 다 설득시키려 했다고 비판한 것은 소설 쓰기의 한 기원을 열어준다. 그런가 하면 혜시와 등석을 향해 선왕을 본받지 않고 예의를 잘 지키지 않고 괴이한 변설을 늘어놓기 좋아하고 세상에 도움이 되지 않는 말장난 늘어놓기 좋아한다는 것도 소설쓰기의 기원을 열어준다. 자사(子思)와 맹자에 대해서도 "대략 선왕을 본받았으나 그 정통을 모르며, 점 잖고 조용하며 재질이 번디하고 뜻이 크지만 듣고 보는 것이 잡되고도 넓다. 옛일을 기초로 하여 스스로 말을 만들고 인의예지신의 오행을 운운하지만 심히 괴팍하여 갈래가 없고, 뜻이 깊이 감추어져 있어 해설하지 못하면서도 언사를 수식하여 자기 학설을 스스로 공경하면서 이것을 진정 옛 군자의 말이라고 한다"7)고 비판함으로써 주관이 강하고 꾸밈이 많음을 지적하여 이단의 혐의를 건 셈이 된다. 순자는 자사와 맹자에 대해서는 조리가 있는 말로 어리석은 대중을 기만하고 미혹시킨다는 혐의는 걸지 않았지만 정통을 모른다든가 스스로 말을 만든다든가 갈래가 없다고 함으로써 공자에게 충실하지 않았다고 판단한 것이 된다.

순자는 해폐편(解蔽篇)에서 다음과 같이 종합하였다.

　　옛날 천하를 두루 돌아다니며 유세(遊說)를 일삼던 사람들 가운데 마음이 가려진 사람들이 있었으니, 그들이 바로 세상을 어지럽히는 학자들이다. 그 가운데

---

6) 위의 책, p.74.
7) 위의 책, pp.74~75.

묵자는 실용주의에 마음이 가려져서 상하·귀천을 분별하는 예의의 수식을 몰랐고 송자(宋子)는 과욕주의에 마음이 가려져서 소득의 가치를 몰랐으며, 법사상가인 신자(愼子)는 법률주의에 마음이 가려져서 어진 이를 알아보지 못하였고 신자(申子)는 권세주의에 마음이 가려져서 인간의 지능의 소중함을 몰랐으며, 혜자(惠子)는 명사주의(名辭主義)에 마음이 가려져서 사물의 실질적인 면을 몰랐고 장자(莊子)는 무위자연의 천의 사상에 마음이 가려져서 인위적인 노력의 가치를 몰랐다.(昔賓孟之蔽者 亂家是也 墨子蔽於用而不知文 宋子蔽於欲而不知得 愼子蔽於法而不知賢 申子蔽於勢而不知知 惠子蔽於辭而不知實 莊子蔽於天而不知人)8)

순자가 살았던 때는 실용성, 과욕, 법률주의, 권세, 형식주의, 천의 사상 등에 크게 기우는 것을 부정적으로 파악하였다. 예나 이제나 대부분의 사람들은 이러한 부정적인 덕목을 극복하는 모습을 보여주지 못했다. 순자에 의해 이단적 존재가 된 이들은 사상가요 소설가의 원형적 존재라고 할 수 있다.

『儒教·中國思想辭典』(김승동 편저)을 통해 당시 이단시되었던 여러 인물들에 대한 자료를 보강해 보기로 한다. 위모(魏牟)는 위공자모(魏公子牟)의 약자로 중국 전국시대 도가에 속하는 사람으로 저서로 『공자모(公子牟)』4편이 있다고 하나 지금은 전하지 않는다(p.1791). 진중(陳仲)(B.C.372~B.C.289)은 중국 전국시대의 사상가로 원시무정부주의자 전중(田仲)이라고도 하며 맹자와 동시대인이었다. 『맹자』 등문공 하(滕文公下)에 의하면 제나라의 경인 형 진대(陳戴)의 녹을 불의한 것이라고 먹지 않고 혼자 오릉에 가서 살았다. 그는 사람이 자신의 노력으로 생활해야 한다고 주장했다. 그가 청렴결백한 사람으로 평가되는 것에 대해 맹자는 인륜을 저버리고 오직 곤궁함만을 택

---

8) 위의 책, 解蔽篇 pp.336~37.

하는 것은 청렴이 아니라 바로 지렁이의 생태라고 비난하였다(p.2517). 묵적(墨翟)(B.C.490~B.C.403)은 묵자의 본명이다. 묵자의 학설은 유가의 반동으로 일어났으며 중요한 것으로는 삼표(三表), 천지(天志), 명귀(明鬼), 비명(非命), 겸애(兼愛), 비공(非攻), 절용(節用), 절장(節葬), 비락(非樂), 상동(尙同) 등의 학설이 있다.(pp.726~27) 송견(宋鈃)(B.C. 382~B.C.300)은 송경(宋經), 송영(宋迎), 송영자(宋滎子)라고도 한다. 중국 전국시대 송나라 사람이다. 그는 만물에 접하여서는 구역이나 경계를 뜻하는 별유(別宥)로 시작해야 한다고 주장했고, 공성과 병비를 금하자고 하면서 수양을 쌓기 위해서는 담백한 정욕이 필요하다고 주장하였다. 저술로는 『송자』18편이 있다고 하나 이미 전하지 않는다. 『장자』, 『맹자』, 『순자』, 『한비자』 등에서 그 행적을 살필 수 있다(pp.1301~302). 신도(愼到)(B.C.395~B.C.315)는 중국 전국시대의 대표적 법가이론가로 도가이론을 가지고 법가이론을 발전시켰다. 『신자(愼子)』는 겨우 7편이 남아 있다. 법치를 강조했으며 군주의 존재는 존중했으나 독재는 반대하였다. "천하를 위해 천자를 세우는 것이며 군주를 위하여 국가를 세우는 것이 아니다"라고 했고 "나라를 망하게 하는 것은 군주 개인의 죄가 아니고, 나라를 다스리는 것은 군주 개인의 힘이 아니다"라고 하였다. 그는 객관적 존재의 법칙을 따를 것을 강조하였다(p.1388). 전변(田騈)은 중국 전국시대의 철학자로 진변(陳騈)으로 불리기도 한다. 사물의 균제와 동일을 강조하는 귀제(貴齊)를 주장하고, 만물을 구별하지 않는 제만물(齊萬物)을 으뜸으로 삼았다. 사물의 변화에는 그 규율이 있으니 만물의 특성에 근거해서 운용할 것을 요구하였다. 『전자(田子)』25편이 있다고 하나 전하지 않는다(p.2190). 신자(申子)는 중국 전국시대 법가의 사상가인 신불해(申不害)(B.C.400~B.C.337)의 존칭이며 책이름이기도 하다. 형명과 권술에 관한 내용을 담고 있으나 전하지는 않는다(p.1408). 혜시(惠施)(B.C.380~B.C.305)는 전국시대의 명가에 속하는 학자다. 송나라 사람으로 『장자』와 『순자』가 전하는 구절에 따라 밝혀지는 것 뿐이다. 그의 이론 중 중요한 것은 계유삼족(鷄有三足), 비조영

부동(飛鳥影不動), 방시불행부지(方矢不行不止) 등이고 와우각상(蝸牛角上)이란 말을 남겼다(p.2913). 등석(鄧析)(B.C.545~B.C.501)은 중국 춘추 말기 정나라의 대부였다. 법가와 명가의 선구자로 궤변론자의 한 사람이었다. 그는 산연평(山淵平), 천지비(天地比), 제진습(齊秦襲), 조유수(釣有鬚), 난유모(卵有毛) 등의 주장을 펼쳤다. 『등석자』는 종횡가와 도가와 법가의 말들이 잡다하나 주류를 이룬 것은 법가였다(p.606).9)

위에서 거론된 『장자(莊子)』10)의 제1편 "소요유(逍遙遊)"에서는 송견(송영자)과 혜시(혜자)를, 제5편 "덕충부(德充符)"에서는 혜시를 등장시키고 있다. 혜자와 장자는 물건의 쓰임새에 대한 토론을 벌리기도 하고(제1편, p.51) 감정과 도에 대한 토론을 벌리기도 한다(제5편, p.167. 제17편 "추수(秋水)"에서는 양나라 재상인 혜자가 재상 자리를 장자에게 빼앗길까봐 걱정한다는 말을 전해 듣고 장자가 원추(鵷鶵)라는 새에 비유하여 자신의 무욕을 강조한다는 장면(p.419)을 설정하였다. 그런가하면 위모가 자기도취에 빠진 공손룡에게 우물안 개구리의 우화를 들려주는 장면(pp.412~16)도 볼 수 있다. 제8편 "병무(駢拇)"에는 장자가 증삼(曾參), 사추(史鰌), 양자(楊子), 묵자(墨子) 등을 경계하라고 한 대목이 들어 있다.

어짊에 집착하는 사람은 덕을 빼어 버리고 본성을 뽑아내며 명성을 얻으려 하고 천하 사람들로 하여금 따를 수 없는 법도를 받들라고 선전하는데, 그릇된 짓이다. 증삼과 사추 같은 사람이 그 보기이다. 변설(辯說)을 중시하는 사람은 탄환을 쌓아 놓고 새끼줄로 묶는 것처럼 말귀를 따지려 들고 궤변에 마음을 쓰면

---

9) 이상과 같은 위모, 진신자, 묵적, 송견, 신도, 전변, 신자, 혜시, 등석 등에 대한 설명은 "김승동 편저, 『儒敎·中國思想辭典』, 부산대학교 출판부, 2003"에서 추려내어 페이지 표시를 하였다.
10) 여기서는 "장자 지음·김학주 옮김, 『장자』, 연암서가, 2010, 2015"를 텍스트로 삼았다.

서 남을 비판하거나 칭찬하는 쓸데없는 말을 하는데 그릇된 짓이다. 양자와 묵자 같은 사람이 그 보기이다.11)

장자는 제10편 "거협(胠篋)"에서도 "증삼과 사추의 행실을 깎아버리고, 양자와 묵자의 입을 틀어막고 어짊과 의로움을 내던져 버려야만 세상 사람들의 덕은 비로소 현묘한 도와 함께 어울리게 될 것이다"12) 와 같이 인간의 본성을 잃었다는 이유로 네 사람을 다시 한 번 비판하였다.

위모, 진중, 묵자, 송견, 신도, 전변, 신자, 혜시, 등석 등이 힘써 공부했던 것은 철학, 법률, 무정부주의, 명가 등으로 정리된다. 공자를 중심으로 볼 때 맹자도 이단이었고 주변이었으며, 제자백가도 순자 자신도 이단에 속했다. 순자는 제자백가들 사이의 사상의 차이를 지적하면서도 마음이 가려졌다는 공통점으로 일괄하였다. 이단의 구체적 근거로 예의를 모르고, 소득의 가치를 모르고, 어진 이를 알아보지 못하고, 사물의 실질적인 면을 모르고, 노력의 가치를 모른다는 점 등이 제시되었다.

『한비자』의 제 28편 외저설 재상편(外儲說 在上篇)은 법으로 다스릴 때 잊어서는 안 될 여섯 가지를 경의 형식으로 제시한 후 다음과 같은 전(傳)의 내용을 소개했다. 혜시, 송견, 위모, 묵자 등은 『한비자』에도 나타난다.

군주가 유세에 빠지는 것은 모두 연나라 왕이 도를 배우는 것과 같고, 말이 길어지는 것은 모두 정나라 사람이 나이를 가지고 다투는 것과 같다. 이 때문에 말을 미묘하고 어렵게 세밀하게 하는 것은 전혀 급한 일이 아니다. 그래서 계진(季眞), 혜시(惠施), 송견(宋鈃), 묵자(墨子)의 학설은 대나무 쪽에 그린 그림처럼 선명하게 분별이 안 된다. 이들의 이론은 심원하고 광대하지만 실용적이지 못하다. 그러므로 위모(魏牟), 장로자(長盧子), 첨하(瞻下), 진변(陳騈), 장자(莊子)이

---

11) 위의 책, p.224.
12) 위의 책, p.252.

학설은 모두 그림 속의 귀신 같다. 그런 까닭에 무광(務光), 변수(卞隨), 포초(鮑焦), 개지추(介之推), 묵자(墨子)는 모두 단단한 박과 같아 쓸모가 없다.13)

　이들 제자백가의 공통점은 한비자에 의해 "이론이 심원하고 광대하지만 실용적이지 못한 점"으로 정리되었다.
　『한비자』는 모두 32편으로 구성되었는데 이 중 26편에서 31편까지 6편은 "경과 전"으로 구성되어 있다. 26편 "내저설상(內儲說上)"은 經 1편+ 傳 10편으로, 27편 "내저설하(內儲說下)"는 경 1편+ 전 8편으로, 28편 "외저설재상(外儲說在上)"은 경 1편+ 전 9편으로, 29편 "외저설재하(外儲說在下)"는 경 1편+ 전 7편으로, 30편 "외저설우상(外儲說右上)"은 경 1편+ 전 8편으로, 31편 "외저설우하(外儲說右下)"는 경 1편+ 전 5편으로 구성되어 있다. 26편의 경은 군주가 신하를 다스리는 일곱 가지 술책을, 27편의 경은 군주가 주의해야 할 여섯 가지 기이를, 28편의 경은 법으로 다스릴 때 잊어서는 안 될 여섯 가지 사항을, 29편의 경은 훌륭한 통치를 위한 여섯 가지 규칙을, 30편의 경은 신하를 다스리는 세 가지 방법을 제시했으며, 31편의 경은 사물의 이치를 따르면 고생하지 않는다는 점을 강조했다. 예컨대 31편에서는 「제 마음대로 말을 부리는 조보」, 「소를 잡고 벌을 받는다」, 「국정을 신하에게 함부로 넘겨서는 안되는 이유」, 「백성을 놔두고 벼슬아치를 다스려라」, 「세금 걷는 데도 원칙이 있어야 한다」 등과 같은 전(傳)을 제시했는데 이러한 전에는 "일설에는 다음과 같이 되어 있다" 등과 같이 다른 출전의 제시가 최소 두 차례 이상 보이고 있다. 동일한 인물이나 사건임에도 내용이 다소 다른 이야기들이 있다.
　"이단"이란 말은 『논어』에도 나타난다. 『논어』의 제 2편 "위정(爲政)"의 "공자님은 이단에 힘쓰면 해만 끼칠 뿐이라고 말씀하셨다"(子曰 攻乎異端

---

13) 한비, 『韓非子』, 김원중 옮김, 글항아리, 2010, 2012 9쇄, pp.422~23.

斯害也己)는 구절에 나타나는 해로움은 소외, 구금 등과 같은 현실적인 불이익을 가리킨다. 제 7편 "술이(述而)"의 "자불어 괴력난신 (子不語 怪力亂神)"은 "공자님은 괴상한 일, 폭력적인 일, 어지러운 일, 귀신스러운 일에 대해서는 말씀하지 않았다"와 같이 네 가지 요소로 나누어 번역할 수도 있고 "공자님은 괴력과 난신에 대해서는 이야기 하지 않았다"와 같이 두 가지 요소로 나누어 번역할 수도 있다.14) 공자의 눈에 괴력난신은 이단으로 비쳤을 것이다. 『삼국유사』의 제1권 "기이(紀異)" 제1의 맨 앞부분에서도 "괴력난신"이 인용되었다.

> 첫머리에 말한다. 대체로 옛날 성인은 예절과 음악을 가지고 나라를 세웠고, 인과 의를 가지고 백성들을 가르쳤다. 때문에 괴상한 일이나 힘이나 어지러운 일, 귀신에 대해서는 말하지 않았다. 하지만 제왕이 일어날 때에는 반드시 부명을 얻고 도록을 받게 된다. 때문에 보통사람과는 다른 점이 있기 마련이다.15)

순자가 타효, 위모, 진중, 사추, 전변, 혜시, 등석, 맹자, 자사 등을 비판한 것은 『논어』 제 7편 "술이"에서 "공자님은 말씀하셨다. 생각하건대 잘 알지도 못하면서 글쓰는 사람들이 있으나 나는 그렇게 하지 않았다. 많이 듣고 그 중 좋은 것을 가려 따르고 많이 보고 그것을 새기는 것은 아는 것의 다음은 된다"(子曰 蓋有不知而作之者 我無是 多聞擇其善者而從之 多見而識之知之次也)라고 말한 것을 공격 본능으로 바꾼 것이라고 할 수 있다.

『논어』 제 17편 "양화(陽貨)"의 "공자님은 길에서 듣고 말하는 것은 덕을 버리는 것이라고 말씀하셨다"(子曰 道聽而塗說 德之棄也)는 대목은 소설의 소재의 수준이나 담론의 수준을 부정한 것으로 볼 수 있다. "가담항어"나

---

14) 차주환이 옮긴 『논어』 (을유문화사, 2015, p.122)에서는 "선생님께서는 괴이한 일, 힘쓰는 일, 난동질 및 귀신에 관해서는 말씀하지 않으셨다"와 같이 세 가지 요소로 나누어 번역했다.
15) 일연 지음, 이민수 옮김, 『삼국유사』, 을유문화사, 2016 개정판, p.19.

"도청도설"은 경(經)과 대립되는 것으로 이단에 속한다.

이단을 가리키는 말로 사문난적(斯文亂賊)16)이란 말이 있다. 사문난적은 유가의 이념을 부정하거나 더 나아가 도전하는 세력을 타자로 몰아버렸다. 소설이니 잡록이니 하는 표현은 겸손의 표현이기는 하지만 이단의 형식에 대한 긍정이 배여 있다. 소설은 두 번이나 이단으로 밀린 셈이다.

반고가 한서를 지을 때 그 요점을 추려내어 '예문지(藝文志)'를 만들고는 그 세 번째를 '제자략(諸子略)'이라고 하였다. 여기에는 십가(十家)가 수록되어 있으나 볼만 한 것은 구가뿐"(可觀者 九家)"이라고 하여 소설은 제외하였다. 그렇지만 권말에 소설에 관한 15종의 저작의 명칭을 부기했다.17) 10가란 유가, 도가, 음양가, 법가, 명가, 묵가, 종횡가, 잡가, 농가, 소설가를 말하며 볼만 한 것은 소설가를 제외한 9가라고 하였다.18) 그 말이 천박하여 의탁한 듯한 것으로 이윤은 이름이 지(贄)이고 상나라 초기의 대신인『이윤설(伊尹說)』27편, 육자는 이름이 웅(熊)으로 나중에 그의 후손이 초나라의 시조가 되었다고 하는『육자설(鬻子說)』19편, 주나라 일을 고찰한『주고(周考)』76편, 주나라 때의 사관 청사가 사실을 기록한『청사자(靑史子)』57편,『춘추』에 보이기는 하나 천박한 말을 쓴 것으로 춘추시대 진나라 때 평공의 신하로 음악에 정통한 사광이 지었다고 하는『사광(師曠)』6편, 요임금의

---

16) 장기근 감수,『이야기 고사성어』, 명문당, 2010, p.410.
"공자가 광(匡)지방에서 위태로운 처지에 빠졌을 때 말했다. '문왕은 이미 세상을 떠나셨지만 그가 남긴 문화는 나에게 있지 않은가. 하늘이 장차 이 문화(斯文)를 없애신다면 후세사람들이 이 문화를 향유하지 못할 것이다. 하늘이 장차 이 문화를 없애려하지 않는다면 광지방 사람들이 나를 어떻게 하겠느냐?(논어 자한편)' 이처럼 사문에는 '이 문화'라는 의미가 담겨 있다. 공자가 말한 문화란 유가의 이념 아래 계승된 경험의 총화를 가리킨 것이다. 따라서 사문 하면 곧 유가 자체를 일컫는 말이 된다. 그런 문화를 어지럽히고 해친다는 말은 곧 유가에 대한 도전을 뜻하며, 유가의 이념을 수용하지 않으려는 모든 세력이 여기에 해당한다. 그러므로 '사문난적(斯文亂賊)'이라 하면 이단이란 말과 일치하는 것이다. 그런데 사문난적은 꼭 이단에만 국한되는 것은 아니고 같은 유가 내에서도 통용된다. 공자의 적통을 이어받지 않는 유가 학설을 주장하는 것도 곧 이단과 동일한 취급을 했기 때문이다."
17) 노신 저,『中國 小說史略』, 조관희 옮김, 살림출판사, 2000, 2쇄, p.23.
18) 위의 책, p.33.

스승으로 무성이 복성이고 이름은 소(昭)가 지은 『무성자(務成子)』 11편, 황제와 노자와 비슷한 주장을 펼친 것으로 송나라 때의 송견(宋銒)이 지은 『송자(宋子)』 18편, 성탕을 가리키는 천을이 지은 것으로 은나라 때를 말한 것은 모두가 가탁한 『천을(天乙)』 3편, 진부하고 황당한 것으로 보아 가탁한 것으로 판단되는 『황제설(黃帝說)』 40편, 무제 때에 지어진 『봉선방설(封禪方說)』 18편, 『대조신요심술(待詔臣饒心術)』 25편, 양생의 일을 잘 했고 미앙의 술을 행한 『대조신안성미앙술(待詔臣安成未央術)』 1편, 항국의 선제 때 사람인 『신수주기(臣壽周紀)』 7편, 무제 때의 하남 지방 사람인 우초가 쓴 『우초주설(虞初周說)』 943편, 유향(劉向)이 편찬한 『백가(百家)』 139편 이상 소설 15가 1380편을 말한다. 이 15종은 모두 전하지 않는다.19) 15종은 제목만 전할 뿐 내용은 알기가 어렵기는 하지만 후대의 저술인들의 설명에 의하면 15종에는 역사기록을 지향한 것도 있고 허황한 이야기로 끝난 것도 포함되어 있다. 위에 말한 9가에 포함시키기 어려운 내용을 소설이라고 할 수 있다.

2.

송자를 과욕주의에 가려 인간의 얻음의 가치를 몰랐다고 한 것처럼 순자는 인간의 욕망을 긍정적으로 파악하였다. "영욕편"에서는 "인간의 상정(常情)이란 먹고 싶은 것은 쇠고기와 돼지고기요, 입고 싶은 것은 수를 놓은 아름다운 비단이다. 길을 갈 때는 말이나 수레를 타고 가고 싶으며 재산이 많아 부자가 되고 싶다는 등으로, 죽을 때까지 자자손손 만족할 줄을 모르니 이것이 바로 인간의 상정인 것이다"20)와 같이 먹는 것, 벼슬자리, 재물에

---

19) 위의 책, pp.23~24, 33~34.
20) 최대림 역해, 『순자』, 홍신문화사, 2009, p.56.

대한 욕심을 자자손손 이어가는 것을 인지상정이라고 하였다. "정명편(正明篇)"에서는 "나라를 다스리면서 민중이 욕망을 버리기를 원하는 것은, 욕망을 인도할 줄은 모르고 욕망이 있다는 사실에만 괴로워하는 사람이다. 나라를 다스리는 말을 하면서 민중에게 욕망을 적게 하라고 권하는 것은, 욕망을 절제할 줄은 모르고 욕망이 많은 것만 근심하는 사람이다. 욕망이 있는가 없는가 하는 것은 전혀 다른 종류이다. 생사나 마찬가지로서 다스려지고 어지러워짐과는 상관없는 것이다(凡語治而待去欲者 無以道欲 而困於有欲者也 凡語治而待寡欲者 無以節欲 而困於多欲者也 有欲無欲 異類也 生死也, 非治亂也)"21) 와 같이 인간세상은 욕망으로 지탱되는 것이라고 하였다. 인간의 욕심을 긍정적으로 보았다는 것은 소설을 긍정적으로 보았다는 의미가 될 수 있다.

순자가 제시한 성악설과 재앙설은 소설의 제재를 상징한다.

『순자』는 "성악편(性惡篇)"에서 성악을 극복하기 위해서는 군주의 세력, 예의, 교화, 법규, 형벌 등이 필요한데 만약 이런 제도가 없으면 "강자는 약자를 해치고 빼앗을 것이요, 다수는 소수를 난폭하게 다루어 세상은 패악하고 혼란에 빠져 잠깐 사이에 망하고 말 것(若是 則夫彊者害弱而奪之 衆者暴寡而譁之 天下之悖亂而相亡不待頃也)"22)이라고 예견하면서 이런 혼란은 "사람에 의한 재앙"으로 이어지기 쉽다고 하였다.

"천론편(天論篇)"에서는 사람에 의한 재앙을 "정치가 험악하여 민심을 잃고 밭을 거칠게 버려두어 곡식을 망치며, 사들이는 곡식값이 비싸 백성이 굶주리고 길에 시체가 널려 있는 재앙" "정령(政令)이 불명하고 노역에 때가 없으며 농업이 이치에 맞지 않는 재앙", "남녀관계가 음란하고 부자간에 의심하며, 상하가 괴리되어 외적의 난이 자주 닥치는 재앙"23) 등 세 가지로 제시하였다. "사람에 의한 재앙론"은 성악설과 더불어 이단의 양식으로서의

---

21) 위의 책, 正名篇 p.363.
22) 위의 책, 性惡篇 p.376.
23) 위의 책, 天論篇 p.268.

소설양식의 창작동기이자 제재가 될 수 있었다.

율곡 이이는 『격몽요결(擊蒙要訣)』의 讀書章에서 이단의 범위를 엄격하게 제시하였다. 율곡은 소학, 대학, 논어, 맹자, 중용, 시경, 예경, 서경, 주역, 춘추 등 오서 오경의 골자를 간단간단히 추려낸 다음, "위의 오서·오경을 돌려가며 숙독하여 이회하기를 마지 않으면 문득 의리가 날로 밝아질 것이요, 송대 선현이 저술한「근사록(近思錄)」,「가례(家禮)」,「심경(心經)」,「이정전서(二程全書)」,「주자대전(朱子大全)」,「주자어류(朱子語類)」와 기타 성리학설을 마땅히 간간이 정독하여 의리가 항상 마음에 젖고 주입되어 간단(間斷)할 때가 없이 하고, 여력으로는 역사를 읽어서 고금의 사변을 통달하여 식견을 기를 것이요 이단·잡류의 부정한 글은 잠간이라도 보지 말 것이니라"(而餘力 亦讀史書 通古今達事變 以長識見 若異端雜類不正之書 則不可頃刻披閱也)"24)와 같이 이단·잡류에 대한 배척의 태도를 분명히 했다."

율곡은 오서, 오경, 성리학의 저서, 역사서에 포함시킬 수 없는 것 즉 유교 경전 중심의 경과 사에 들어가지 않는 것은 이단이요 잡류라고 하였다.

『성학집요(聖學輯要)』의 제 4장 궁리(窮理)의 "변이단지해(辨異端之害)"에서는 "진씨(眞氏)는 말하기를 노자의 글은 해괴한 바가 많은데 그의 무위(無爲)·무욕(無欲)은 이(理)에 가까운 말이라 군자가 취하지마는 그의 양생(養生)의 말은 방사(方士)들이 숭상하는 것이요, 이것을 빼앗으려면 먼저 준다는 것은 음모의 말이라 병가가 숭상하는 것이요 사물을 조적(粗迹)으로 삼고 공허를 묘용(妙用)으로 삼는다는 것은 청담(淸談)하는 이가 모방하였다"25)와 같이 중국에서는 노자도 이단이라는 주장을 들을 수 있다고 하였다. 이이는 양주를 이기주의자로 몰아 임금을 몰라 보았다고 하고 묵자를 평등주의자로 몰아 아버지가 없는 것이나 마찬가지라고 한 맹자와 주자의 말을 인용하면서 이단의 한 예를 추가했다. 『장자』에서도 양주와 묵자는 여러 차례 비판

---

24) 李珥, 『율곡집』, 정종복 역, 대양서적, 1973, pp.88~89.
25) 위의 책, p.380.

대상에 올랐다. 그리고 "불교는 오랑캐의 한 법"(佛者 夷狄之一法)이라고 서두를 떼고 나서 "부처의 말은 양주와 묵자에 비한다면 더욱 이(理)에 가까와서 그 폐해는 훨씬 더 심하다"고 하면서 다음과 같이 상론하였다.

신이 살피건대 불씨(佛氏)의 설은 정미한 것도 있고 조잡한 것도 있습니다. 조잡한 것은 다만 윤회응보(輪廻應報)의 설로서 죄와 복을 확장시키고 우매한 백성을 유혹하고 협박하여 그들로 하여금 공양(供養)을 분주하게 시킬 뿐이지마는 그 정미한 것에 있어서는 극히 심성(心性)을 논하였는데, 이(理)를 마음으로 인정하여 마음을 만 가지 법칙의 근본이라 하고 마음을 성으로 인정하여 성(性)을 보고 듣는 작용이라 하여 적멸(寂滅)을 종지(宗旨)로 하여 천지 만물을 환망(幻妄)이라 하고 출세를 도(道)로 하여 윤리 도덕을 질곡(桎梏)이라 하였습니다. 그 공부의 요점은 글로 세우지 않고 바로 인심을 가리키며 성(性)을 보면 불교를 이룬다 하여 갑자기 깨달은 뒤에 비로소 점점 수도(修道)를 하는데 만일 뛰어난 사람이면 바로 깨닫고 바로 수도하는 사람도 있습니다.26)

불교의 성격을 윤회사상, 인과응보론, 죄와 복의 사상, 유심론, 허무주의, 현세부정, 사회부정, 수도행위 등으로 파악하면서 이들의 중심개념을 부정하였다.

방랑시인 김삿갓의 삶과 활동상을 그려내는 가운데 시인의 정신과 문학의 정신을 근본적으로 재조명한 이문열의 『시인』도 이단의 문제를 다루고 있다. 이문열은 당시의 선비들이 실용성과는 거리가 먼 사장지학(詞章之學)에 힘쓸 수 밖에 없었던 이유를 다음과 같이 제시하였다.

오늘날 한학(漢學)이라고 뭉뚱그려 말해지는 그 시대의 학문은 백과사전적인

---

26) 위의 책, p.382.

종합문학이었다. 자연과학이 들어 있는가 하면 철학이 있고, 문학이 있는가 하면 역사가 있었다. 정치학·사회학이 들어 있고 윤리학·미학이 들어 있었으며, 오늘날의 모든 분과(分科)가 한 이름 아래 묶여 있었다.

하지만 그렇다고 해서 그 여러 분과의 습득이 모든 선비들에게 요구되는 것은 아니었다. 학문만 하는 선비(士)를 지향할 때는 백과사전식 지식이 목표일 수도 있었으나, 벼슬하는 선비(大夫)를 지향할 때는 제법 정연한 분류와 범위의 축소가 있었다. 벼슬길의 관문인 과거제도에 따른 것으로, 곧 자연과학의 일부는 잡과(雜科)가 되어 중인(中人)들에게로 돌아가고, 선비의 몫인 문과(文科)도 인문과학의 일부에 한정되게 된 것이었다.

그런데 이 문과에서 어떤 선비도 게을리 할 수 없는 것이 이른바 사장지학(詞章之學)이었다. 소과(小科)의 진사과는 바로 사장 그 자체가 시험의 대상이 되었고, 생원과도 묻고 있는 사서오경(四書五經)의 지식을 잘 담아내기 위해서는 사장의 도움을 받지 않을 수 없었다.

또 대과(大科)에 있어서도, 조선시대에 들어서는 경전에 대한 지식을 중시하는 경향이 후기로 갈수록 커졌지만, 사장지학 역시 그 지식을 효과적으로 표현하기 위한 그릇으로 여전히 중요성을 유지했다. 따라서 과거를 통한 신분상승이 학문추구의 중요한 동기였던 그로서는 당연한 사장의 연마에 힘을 쏟지 않을 수 없었다. 그런데 그 사장의 첫머리는 바로 시였다.[27]

『시인』은 시인을 주인공으로 한 예술가소설로 토론소설의 장을 여러 차례 펼치고 있다. 김병연이 금강산 초입에서 취옹을 만나 문학토론을 벌이는 것이 대표적인 예다. 취옹은 김병연이 금강산에 처음 왔을 때 지은 7언절귀가 술집에 걸린 것을 보고 그가 앞으로 공령시(功令詩)를 버릴 것으로 예견하였다. 시란 무엇이냐는 취옹의 질문을 받으면서 김병연은 자신의 시가 귀족

---

27) 이문열, 『시인』, 도서출판 둥지, 1994년 개정 1판, pp.67~68.

문학, 유교문학, 보수주의 문학의 틀에 가두어져 있음을 깨닫게 된다. 취옹은 그랬던가. "아직도 자네의 시는 그러한가? 군자니 대인이니 선비니 장부니 하는 것들이 갓처럼 쓰고 상투처럼 묶고 관자처럼 늘어뜨리고 노리개처럼 차고, 혹은 칼처럼 베고 창처럼 찌르고 채찍처럼 휘두르는 그런 것인가? 충성을 드러내고 효도를 드러내고 의로움을 드러내고 분별을 드러내고 재주를 드러내고 학식을 드러내는 도구일 뿐인가?"28) 와 같이 질문의 형식을 취했지만 이미 마음속으로는 김병연의 시가 지배자의 노리개와 무기이며 충효사상의 선전도구에 불과하다고 규정하고 있다.

김병연은 그동안 듣고 배운 것이 대개 그러하다고 하면서 그렇다면 취옹의 시관은 무엇인가 하고 묻는다. 두 사람 사이에는 시의 기능에 대한 논쟁이 벌어진다.

"제 값어치로 홀로 우뚝한 시, 치자(治者)에게 빌붙지 않아도 되고 학문에 주눅이 들 필요도 없다. 가진 자의 눈치를 살피지 않아도 되고 못 가진 자의 증오를 겁낼 필요도 없다. 옳음의 자로써만 재려 해서도 안 되고 참의 저울로만 달려 해서도 안 된다. 홀로 갖추었고, 홀로 넉넉하다."

"하지만 사람은 모여 살아야 하고 제도며 문물에 얽매이게 마련입니다. 무언가로 가려 주고 채워 주지 않으면 안 될 몸도 있습니다."

"시인은 바로 그러한 것들에서 벗어난 자다. 그 모든 것을 떨쳐 버린 뒤에야 참다운 시인이 난다."

"그래서 무얼 얻습니까?"

"시(詩)다. 그걸로는 벼슬도 생기지 않고 공명도 오지 않고 재물도 얻어지지 않는다. 그러나 때로는 그 한 구절로 셋 모두를 갈음할 수 있는 게시다."29)

---

28) 위의 책, pp.145~46.
29) 위의 책, pp.146~47.

취옹이 현실초월의 시를 이상적인 것으로 생각하였다면 김병연은 현실참여를 시의 의무로 생각해 왔었다. 취옹의 현실초월론은 지배자로부터의 해방론은 말할 것도 없고 빈자와 약자로부터의 자유론도 포함하고 있다. 취옹이 시가 유교사상을 대변하거나 동화되지 않아야 원래의 큰 그릇을 유지할 수 있었다고 한 것은 시는 이단으로 남았어야 한다고 주장한 것이나 마찬가지다. "원래 큰 시를 오늘날 보는 것처럼 작게 줄인 것은 요순과 공맹을 이은 썩은 선비였다. 그로부터 수천 년 혹은 인(仁)으로 가두고 혹은 예(禮)로 얽매고, 혹은 의(義)로 옥죄고 혹은 지(知)로 억누르니 뒤에 온 사람이 어찌 시가 가졌던 그 원래의 크기를 가늠할 수 있겠는가. 나는 작은 것을 키워 못쓰게 하는 게 아니라 너무 줄여서 못쓰게 된 걸 이제 원래대로 키워 쓰려는 것뿐이다"30)와 같이 유교의 오상인 인의예지신이 문학(시)을 위축시켰다는 취옹의 주장은 시도 이단인가 하는 의문을 갖게 한다. 조선조에 선비들이 지은 시는 대체로 피지배자보다는 지배자를, 사회보다는 자연을, 말하기보다는 보여주기를, 현실참여론보다는 초월론을 편들었다. 취옹과의 문학토론이 끝난 뒤 김병연이 "모든 일탈자가 다 시인은 아니다. 그러나 시인은 반드시 모두가 일탈자이다"라고 한 것은 자신의 시정신 즉 이단의 운명과 미래를 밝혀준 것이나 마찬가지다.

나라에 따라 시대에 따라 지배담론의 내용에 따라 이단과 주변부의 범위는 달라지는 것이긴 하지만 동서양 소설은 근대국가가 성립될 때까지 이단과 소외의 길을 걸어왔다. 지배자들이 소설의 내용을 경전이나 참고서로 삼아 나라를 이끌고 정책을 수립했다는 기록은 찾기 어렵다. 한국소설만 보더라도, 20세기에 들어와 정치사와 사상사를 만들어가는 신문과 잡지에 발표되기 시작하면서 중심적인 사회담론에 참여할 수 있었고, 여론 형성에 일익을 담당했고, 민심 표출에 한몫 할 수 있었다. 한국작가들은 20세기가 저물

---

30) 위의 책, p.149.

때까지 계몽담론의 생산자를 자임할 수 있었다. 21세기에 와 대중문화의 위세가 강해지고, 급속한 사회변화가 이루어지고, 대중매체가 눈부시게 발전하면서 소설양식도 소외감을 느끼지 않을 수 없는 지경에 이르렀다.

제2장 선비와 욕망의 존재론

제2장 선비와 욕망의 존재론

1.

　소설가의 존재방식과 행동양식의 원형은 사대부에게서 찾을 수 있다. 입으로 이야기를 전달하는 것은 어린애를 제외하고는 누구나 다 할 수 있지만, 길이와 골격을 일정한 의도 아래서 갖춘 글로 된 이야기는 아무나 할 수 있는 것이 아니다. 역사와 현실을 어느 정도 통찰할 줄 알고 문자 상의 표현능력을 갖춘 지식인만이 할 수 있다. 소설 쓰기는 김시습, 김만중, 허균, 박지원 등의 존재가 그러했듯이 당대의 최고의 지식인만이 해낼 수 있었다. 선비는 곧 독서인이란 말이 있는 것처럼 독서행위를 일차적 행위로 여겼지만 많은 개인문집들이 가리키고 있는 것처럼 글 쓰는 행위도 사대부의 표지행위(標識行爲)라고 할 수 있다. 조선조의 선비들이 가장 많이 했던 일은 관직으로 진출하기 위한 과거준비였고 다음에는 생업종사였다. 소설쓰기를 포함한 글쓰기를 통해 자신의 세계관을 정리하고 유도하는 것은 계몽행위라고 할 수 있다. 김시습, 김만중, 허균, 박지원 등은 소설쓰기를 통해 자신의 현실인식과 이상주의적 사고를 정리하고 펼칠 수 있었고 발전시킬 수 있었다. 이들은 소설쓰기는 흥미있는 이야기를 만들어내는 것을 넘어서 삶, 사회, 국가란 무엇인가를 가르치는 것이라고 생각했다. 20세기에 들어서서 이광수, 염상섭, 유진오, 심훈, 이기영, 김남천, 채만식, 한설야 등이 소설쓰기를 통해서 계몽을 제일로 삼는 최고의 지식인이요 사상가가 될 수 있었다.

유형원(柳馨遠)(1622-1673)은 『반계수록(磻溪隨錄)』의 권지 구에서 다음과 같이 말했다.

> 상고해 보건대 옛날에는 사(士)와 서민의 구별이 있었는데 그것을 구별하기는 그 직업의 좋고 좋지 못한 것이 있기 때문인 것이고 가계의 변화하고 초라한 때문인 것은 아닌데, 우리나라의 풍속은 오로지 문벌만 숭상하여 직업이 사(士)인 사람 중에서도 또 이른바 양반[대부(大夫)와 사(士)의 자손이며 족당(族黨)이다. 우리나라 동반(東班)과 서반(西班)이 정직(正職)을 할 수 있으므로 시속에서 양반이라 일컫는다], 서족(庶族)(본시 서인(庶人)의 족속인데도 관직의 서열에 참여할 수 있고 교생(校生)이 되는 동류이니 시속에서 중인(中人)이라 일컫고, 또한 한산(閑散)이니 방외(方外)라고도 한다. 서얼(庶孽)이란 것(대부와 사의 첩에서 낳은 자손이다)이 있어, 관품(官品)의 등급이 고정적으로 막혀서 서로 동열(同列)시키지 아니 한다.31)

사와 서민으로 구별하면서 사를 양반, 서족, 서얼로 세분했다. 서족과 서얼은 양반과 서민의 경계에 있다. 한산이니 방외라고 불리는 것에서 중인도 아웃사이더로 취급되었음을 알 수 있다.

권지 십륙에서는 과거 시험의 과목이 경술이 들어가지 않고 사장지학 중심으로 오래 지속되면서 학술 위축, 청담 성행, 붕당 정치 등의 폐해가 빚어지게 되었다고 지적했다.

---

31) 유형원, 『磻溪隨錄』, 이재호 역, 동화출판공사, p.192.

다만 후세에서 과거(科擧)를 통하여 선비를 뽑게 되매 입사한 사람이 겨우 장구(章句)와 사조(詞藻)만 익히고 일찍이 경술(經術)에는 연구하지 않았기 때문에 그들과 더불어 정치를 의론하기 어렵게 된 까닭으로 마지못해서 이같이 한 것이다.(중략)후세에서는 교육이 이미 방법을 잃게 되어 설치한 관직이 쓸데없는 것이 많아서 사무를 다스리는 관직은 이를 이직(吏職)이라 지칭하고 이른바 명사(名士)란 사람은 반드시 문사(文詞)로써 조촐한 주연을 즐기는 관직으로 자처하고 있으니, 그런 까닭으로 관직에 임명된 사람은 용렬한 무리가 많고 문사(文詞)로써 명망을 얻기 위해 노력한 사람은 더욱 소용이 없게 되었다. 이로써 청담(淸談)만 성해지고 학술(學術)과 사공(事功)은 날로 번갈아 없어지게 되니 이것이 진(晉)나라 당(唐)나라 이후로 아주 큰 폐단이 되어 세도(世道)의 흥쇠하는 큰 기축이 된 것이다. 임금된 사람은 관직을 설치하는 즈음에 근신하지 않아서는 안될 것이므로, 무릇 절도로 세운 문사(文詞)를 맡은 관사와 한도 밖에 남아서 편안히 놀기를 좋아하는 관직은 일체 모두 폐지하고 옛날의 제도를 회복시켜야 할 것이다. 문사와 청담의 관직은 실용이 없는 데만 그칠 뿐이 아니라 논담(論談)이 한 번 변하여 붕당(朋黨)과 아사(阿私)가 되기 마련이다. 붕당이 이미 성해지면 종말에는 삼강과 오륜이 무너지는 데 이르게 될 것이니 이는 사세가 반드시 이르게 된 것이다.32)

성현(成俔)이 『용재총화』의 1권을 "원래 경술과 문장은 별개의 것이 아니다"(經術文章非二致)라는 문장으로 시작한 것은 문사(文詞)나 문장을 열심히 하면 그 가운데 저절로 경술에 대한 능력이 생겨날 것임을 암시한 것으로 경술 연구를 하지 않으면 청담성행·학술쇠퇴·붕당과 아사 성행 등이 빚어지기 쉽다고 한 유형원의 생각과 대비된다. 유형원이 문장과 경술을 상호대등하지만 각각의 독자적인 영역으로 본 반면, 성현은 경술을 문장에 종속된

---

32) 위의 책, pp.345~46.

것으로 보았다. 붕당은 정당정치의 모태이긴 하지만 이것이 심하면 삼강오륜이 무너진다고 한 것은 문학의 한계를 지적한 것으로 볼 수 있다. 이문열은 장편소설 『시인』에서 문과의 과목으로 사장지학이 중시되었던 것의 폐단을 암시한 바 있다.

유득공(柳得恭)의 『경도잡지(京都雜志)』33)는 "풍속"과 "세시" 두 부분으로 구성되어 있다. "풍속"에서는 건복(巾服), 주식(酒食), 차연(茶烟), 과과(果瓜), 제택(第宅), 마려(馬驢), 기집(器什), 문방(文房), 화훼(花卉), 발합(鵓鴿), 유상(遊賞), 성기(聲伎), 도희(賭戱), 시포(市舖), 시문(詩文), 서화(書畵), 혼의(婚儀), 유가(遊街), 가도(呵導) 등 19가지를 설명해 놓았다. 이 중 "시문" 조를 보면 소설을 읽는 색다른 동기를 발견하게 된다.

> 어린이는 먼저 주흥사(周興嗣)의 「천자문」을 배운 다음, 증선지(曾先之)의 「사략」을 배우고 강소미(江少微)의 「통감」 혹은 「소학」을 배운 다음, 봄과 여름에는 초본의 「당시」를 읽는다. 그런데 송지문(宋之問)의 「寒食詩」가 맨 먼저 나온다. 속칭 이를 「마상 당음」이라 부른다. 항간에서는 「전등신화(前燈新話)」를 애독한다. 그것은 이문(吏文)에 도움이 되기 때문이다. 「전등신화」는 원나라 구우(瞿佑)가 지은 것으로 우리나라의 선비 수호자(垂胡子) 임기(林芑)가 주해를 붙였다. 유생들은 여름에 시부(詩賦)를 짓는다.34)

중국, 한국, 일본의 소설에 큰 영향을 준 『전등신화』는 이문을 익히기 위한 실용적인 이유로 많이 읽히면서 널리 알려지게 되었다. 이문이란 "중국

---

33) 이석호 역, 『東國歲時記』 (外), 을유문화사, 1969, 해제, p.8.
"이 <경도잡지>도 <동국세시기>, <열양세시기>와 함께 1911년 광문회에서 합본하여 출판했는데, 제12권에는 우리 나라의 의복· 음식· 주택· 시화 등 제반 문물제도를 십구 항목으로 나누어 약술하고, 제 2권에서는 서울의 세시· 풍속을 십구 항목으로 분류 약술하고 있는데, 특히 제 2권은 <동국세시기>의 모태가 되고 있다. 그리고 이 책이 완성된 연대는 확실치 않으나 내용으로 보아 정조 때 이루어진 것이다."
34) 위의 책, pp.199~200.

과 주고 받는 문서에 쓰던 특수한 문체로, 자문(咨文)· 서계(書契)· 관자(關子)· 감결(甘結)· 보장(報狀)· 제사(題辭) 등에 쓰던 말"35)이다. 신기철· 신용철의 『새 우리말 큰 사전』(삼성출판사, 1974, 1980)에 의하면 자문은 중국 연경과 심양의 각 부에 조회· 통보· 회답하던 외교문서를, 서계는 왜의 사신이나 야인의 사신이 갖고 온 신임장을, 관자와 감결은 조선조때 상급관청과 하급과청에서 주고 받은 공문을, 보장은 하관이 상관에게 알린 보고문을, 제사는 관부의 판결이나 지령을 가리킨다. 『경도잡지』의 저자 유득공은 이문을 익히기 위한 텍스트로 『전등신화』를 택하였다는 식으로 판단하였다.

김시습의 『금오신화』가 모방했다고 하는 『전등신화』는 어린이들이 읽기에는 무리가 되는 책이다.36)

이중환(李重煥)(1690-1752)의 『택리지(擇里志)』(1750-1751)는 사민총론, 팔도총론, 복거총론, 총론 등 네 가지로 구성되었다. "사민총론"은 사대부는 농공상이 직업 이동에 제한적인 것과는 달리 농공상 그 어느 직업도 선택할 수 있기에 중시되었다는 판단에서 출발하였다.

> 까닭에 사대부로 된 자는 혹 유담(遊談)하여 한 세상의 권세를 절충하고 혹은 고도적인 기개로 만승(萬乘)의 존귀함과 바로 대항하였으며 혹은 농경(農耕) 목

---

35) 위의 책, p.202, 역자 이석호가 붙인 각주 8번
36) 위의 책, p.202, 역자 이석호가 붙인 각주 7번의 내용을 요약했다.
"명나라 학자 구우가 지음. 1378년 경 완성. 원래 40권이었고 원명은 <전등록(前燈錄)>이었다. 그후 구우가 시화(詩禍)로 보안으로 귀양갔을 때 저술 <전등록>과 함께 저술 대부분이 없어졌다. 뒤에 포강현윤 호자앙(胡子昻)이 잔존한 4권을 입수하여 1421년 구우에게 교정을 받아 편집해서 <전등신화>로 개제했다. 각각 다섯 편의 소설로 구성된 4권과 한 편의 소설로 된 부록을 합해 21편이 실려 있다. 당나라 전기소설의 흐름을 이어 받아 몽환적인 아름다움을 지닌 이야기가 많고 문체도 그와 어울리게 화려하다. 이 책은 명나라 말기의 통속소설집 <삼언(三言)>·<이박(二拍)>이나 명대의 희곡에 소재를 제공했고, 또 청나라 초기의 <요재지이(聊齋志異)>에도 영향을 주었다. 우리나라에도 이조 초기에 들어와 김시습의 <금오신화(金鰲新話)>는 이를 모방하여 지었으며, 우리나라를 통하여 일본에까지 건너가 일본 고오베문학(江戶文學)에 영향을 미친바 크다."

축(牧畜), 채포(菜圃), 도공(陶工)과 숯장수와 약장수의 무리에 섞여도 통하지 않는 데가 없다. 귀함도 천함도 뜻대로이고 높게 됨과 낮게 됨도 마음대로 하여, 침착한 모습으로 세상을 깔본다 할지라도 누가 능히 금단할 것이랴. 그런즉 천하에 지극히 좋은 것은 사대부라는 명호이다. 그러나 사대부라는 명호가 없어지지 않는 것은, 옛 성인의 법을 준수하는 때문이다.37)

사대부의 행태를 유담, 권세절충, 지배자에 대한 항거, 농공상 선택의 융통성 등으로 지적하면서 귀천과 고서가 제 마음대로라고 요약한 것은 서양의 근대 지식인론에서 부초적 성격, 중간적 성격, 무계급적 성격 등을 강조한 것보다 훨씬 먼저 나온 것으로 볼 수 있다.

"복거총론(卜居總論)"에서 "대개 사대부가 사는 곳은 인심이 고약하지 않은 곳이 없다. 당파를 만들어서, 일없는 자를 거두어들이고 권세를 부려서 영세민을 침노하기도 한다. 이미 자신의 행실을 단속하지 못하면서, 또 남이 자기를 논의함을 미워하고, 한 지방의 패권을 잡기를 좋아한다. 딴 당파와는 같은 시골에 함께 살지 못하며, 동리와 골목에는 서로 나무라고 헐뜯어서 뭐가 뭔지 측량할 수 없다"38)와 같이 사대부의 행태를 당파성·영세민 침탈·갈등 노출 등의 요목으로 부정 서술한 부분을 만날 수 있다. 박지원, 허균, 이옥 등의 한문단편에서 이런 부정서술의 대목을 찾을 수 있다.

"총론"에서는 사대부의 딜레마를 서술하는데 역점을 두었다.

"사대부 되기도 자연히 어려워서 반드시 문학을 익히고 행실을 힘써서 자신을 수양하고 집안을 잘 다스린 다음이라야 바야흐로 행세를 할 수 있다"와 같이 사대부로 입사하는 과정중에 끊임없이 검증에 시달린다고 했고 "국

---

37) 이중환 저, 『擇里志』, 이익성 역, 을유문화사, 1971 초판, 1993년 21쇄, pp.27~28.
是故爲士大夫者或遊裕而折衷一世之權或高踏而直抗萬乘之尊或混於耕牧圃陶賣炭賣藥之中無所不通而貴賤惟意高下在心汪洋恣雎其誰能禁之哉然則天下之至美好者士大夫之名也然其所以不失士大夫之名者以其守聖人之法也
38) 위의 책, pp.193~94.

가의 제도가 비록 사대부를 우대하였으나 죽이는 것을 또한 가볍게 하였다. 그러므로 어질지 못한 자가 제때를 만나면, 문득 나라의 형법을 빙자하여 사사 원수를 갚기도 하여 사화(士禍)가 여러 번이나 일어났다"와 같이 사대부의 존명의 불안함을 강조한 후 사대부가 복수심을 품는 것은 자연스러운 일이라고 했다.39) 이중환은 농공상의 신분을 부러워할 정도로 부침이 심한 사대부의 불안심리를 역설했다. 마침내 사대부들은 "등용되거나 버림받거나, 높은 벼슬을 하거나 벼슬길이 막히거나, 초야에 있거나 조정에 있거나를 막론하고 거의 몸을 용납할 곳이 없다. 이렇게 되어서는 모두 그 글을 읽고 행실을 닦아서 사대부로 된 것을 후회하고, 도리어 농공상의 신분을 부러워하게 되는"40) 지경에 이르게 된다.

2.

김팔봉의 단편소설 『젊은 이상주의자의 사』(『개벽』, 1925.6~7)는 일제강점기에서의 중간적 존재로서의 지식인의 고민을 잘 드러내었다. 주인공 최덕호는 식민지 하급관청의 고원으로 취직한 후 계속 "물론 노동은 신성하다. 그러나 그 노동이 어떠한 권력에 의하여 혹은 간접으로 권력의 소치로 인하여 강제 당함으로써 부득이하게 되는, 양심이 허락지 않는 노동일 때에, 신성하여야만 할 노동은 가장 저주할 만한 대상이 되고 만다. 그리하여 나는 이 현상을 가리켜 근대생활의 특수성이라고 한다"41)고 고민을 털어놓는다. 그는 자신이 하는 일을 식민통치의 미화요 부르주아의 끄나풀이나 사냥개라고 판단하면서 "그러면 내게 무슨 벌이가 있느냐. 내가 할 수 있는 것은 글

---

39) 위의 책, p.270.
40) 위의 책, p.272.
41) 『개벽』, 1925.7, p.36.

을 쓰는 것이다. 사자생 노릇이라도 그것은 나에게 적당한 직업이다"42)와 같이 글쓰기를 호구지책으로 생각했다.

지식인이 호구지책을 마련하기 위해 육체노동까지 마다 하지 않는다는 소재는 소설의 근대화과정의 한 특징으로 볼 수 있다. 조명희의 「땅속으로」(1925), 「저기압」(1926), 이익상의 「흙의 세례」(1925), 현진건의 「사립정신병원장」(1926), 유진오의 「오월의 구직자」(1929) 등을 보여준다. 특히 최서해의 「팔개월」(1926), 「전아사」(1927), 최승일의 「콩나물죽과 소설」(1927), 이기영의 「오매 둔 아버지」(1926), 「가난한 사람들」(1925), 박영희의 「철야」(1926) 등의 1920년대 소설은 소설가의 물질적 곤궁이나 정신적 파탄을 보여주었다.

부지암(不知菴)의 「인텔리켄치아」, (『개벽』, 1925.5, 15~17)는 당시의 지식계급의 주요 구성원으로 관리, 은행원, 회사원, 사무원, 신문기자, 변호사, 학자, 의사, 저술가, 예술가, 승려, 목사, 정치가, 학생, 퇴직군인, 자산가의 아동 등을 제시한 후 지식 계급의 일곱 가지 유형을 제시하였다. 과학자나 예술가에 속한 사람들로 행동보다는 비평을 존중하는 "비평적 지식계급", 현대의 자본주의 사회를 저주하고 과거의 봉건사회급 정신을 동경하는 경향을 가진 지식계급으로 종교가, 교육자, 군인, 관리, 학자 등의 일부를 가리키는 "반동적 지식계급", 자본주의 사회의 도덕과 정치를 미화하고 합리화하는 자유주의자 학자, 대의원, 상급 은행원, 상급관리 등이 속하며 현상유지를 주장하고 발전론을 고조하는 자본주의의 대변자라고 할 수 있는 "부르주아적 지식계급", 신문기자, 변호사, 소관리, 저술가, 기술자, 급진적 지식계급이 포함되어 계급협조주의, 평화주의, 민주주의를 표방하면서 무산계급과 완충지대에 처하려는 "중간적 지식계급", 두뇌노동의 실업자, 무산지식계급 청년, 낙제한 관공리 지망생 등으로 사회진화에 대한 이해가 없으며 회의적

---

42) 위의 책, p.22.

이며 파괴적인 경향을 보이며 무정부주의자의 일부, 테로리스트 예술가의 일부, 회의가 등이 속하는 "허무적 지식계급", 지식계급을 중심으로 개혁을 계획하는 "소부르주아적 지식계급", 사회개조의 유격대, 전위의 일부와 같은 마르크시스트, 콤뮤니스트 등을 가리키는 "무산계급적 지식계급" 등과 같이 7가지 유형으로 나누었다.43)

일곱 가지 유형들은 정도의 차이는 있지만 계급이나 이데올로기와 긴밀하게 연관되었다는 공통점을 지닌다. 비평정신을 살리려 하는 "비평적 지식계급", 자본주의를 저주하고 봉건사회의 제도를 지지하는 "반동적 지식계급", 자본주의의 대변자라고 할 수 있는 "부르주아적 지식계급", 계급협조주의와 민주주의를 표방하는 "중간적 지식계급", 아나키즘과 테러리즘으로 나타나는 "허무적 지식계급", 개혁을 꿈꾸는 "소부르주아적 지식계급", 마르크시스트와 콤뮤니스트를 중심존재로 삼는 "무산계급직 지식계급"은 이데올로기적 사고와 행위를 공통적으로 보여주고 있다. 이렇듯 다수의 지식계급이 이데올로기적 사고와 행위를 보여준다는 인식은 앞서 유형원과 이중환이 사대부의 주요 속성으로 당파싸움을 든 것을 원형으로 삼는 것으로 볼 수 있다.

당쟁은 그 발단과 전개과정을 기록한 것이 정사에 들어있는 만큼 선비들의 사회활동의 본질적 측면이라고 하겠다.

> 전량직을 둘러싼 두 김효원과 심의겸의 대립이 가속화되고 있었는데, 다시 이들을 중심으로 당시의 벼슬아치와 사류들이 두 편으로 갈라서고 말았다. 그리고 급기야 정치적 이념적 성격을 띤 붕당으로 발전하기에 이르렀다. 이들 파벌을 동인과 서인으로 구분해 불렀는데, 심의겸의 집이 도성 서쪽에 있었고, 김효원의 집이 도성 동쪽 건천동에 있었던 까닭이다. 이들의 분파는 비록 단순한 감정 대

---

43) 『개벽』, 1925.5, pp.15~17.

립에서 비롯되었지만, 그 내부는 다소 복잡한 양상을 띠었다. 왜냐하면 이들은 서로 학맥과 사상을 달리했기 때문이다. 동인은 주리철학적 도학을 사상적 배경으로 형성된 이황, 조식 문하의 영남학파였고, 서인은 주기철학에 근거를 두고 형성된 이이, 성혼 문하의 기호학파 사유들이었다. 이러한 학맥과 사상의 차이는 붕당 정치에 기반한 당쟁시대를 예고하는 것이었다. 광해군 옹립 주장으로 선조의 분노를 산 서인의 정철의 치죄과정에서 사형을 주장하는 이산해와 유배로 끝내야 한다는 우성전의 대립은 분당을 유발시켰다. 유성룡, 우성전을 중심으로 하는 남인, 이산해와 이발을 추종하는 북인으로 갈라섰다. 유성룡이 영남 출신이고 우성전의 집이 남산 밑에 있었는데 반해, 이산해의 집이 한강 북쪽에, 이발의 집이 북악산 밑에 있었다는 사실에서 유래했다. 남인과 북인의 학맥을 보면 근본적으로 둘 다 주리론을 주창한 영남학파였으나 남인은 이황 문하였고, 북인은 조식의 문하이면서도 이이, 성혼 등과 교우관계를 가지고 있던 사람들이 중심이 되었다. 남인은 한때 정권을 잡았으나 조식의 문하인 정인홍이 1602년 유성룡이 임진왜란 때 화의를 주장했다는 이유로 탄핵하여 삭직케 함으로써 북인이 정권을 장악하게 되었다. 정권을 장악한 북인은 홍여순과 남이공의 대립으로 다시 대북과 소북으로 분파된다. 이산해, 홍여순 등 노장들이 영도하는 당을 대북이라 했는데 기자헌, 이이첨, 허균 등이 여기에 속했고, 남이공, 김신국 등 소장 세력이 이끄는 당을 소북이라 했는데 여기에는 유영경, 박이서, 성준구 등이 참여했다. 광해군이 세자로 책봉되면서 대북 세력은 정권을 거의 독점하기에 이른다. 그러나 대북은 광해군 대에 가서 내부에서 알력이 생겨 영창대군과 인목대비 폐위를 주장하던 골북과 육북, 이를 반대하던 중북으로 다시 세 분파를 이루게 된다. 이때 골북을 주도하던 인물은 이산해였고, 육북은 홍여순, 이이첨이었으며, 중북은 유몽인이었다.44)

---

44) 박영규, 『조선왕조실록』, 들녘, 1997, pp.234~38.

이황은 남인, 이이는 서인, 조식은 북인, 정철은 서인, 허균은 대북, 유몽인은 중북이었다. 조선왕조의 당쟁에는 주자학자라든가 가사문학의 대가인 정철이라든가 『어우야담』을 쓴 유몽인의 이름이 눈에 띤다. 선조와 광해군 때의 야사들은 허균이 이이첨과 함께 육북을 이끌었던 것으로 기록하면서 두 사람의 정치적 결단과 행동을 대개 부정적으로 평가하였다. 위의 기록을 보면 성이학의 대가인 이퇴계, 이율곡, 조식의 학문은 당쟁심과 무관하지 않았다고 추측하게 된다.

이익(李瀷)(1681-1763)은 『성호사설(星湖僿說)』의 "당론"에서 편당이 왜 생기는가에 대한 질문에 "바른 것 속에도 잘못된 것이 있고 잘못된 것 속에도 올바른 것이 있으며, 올바른 듯한데 잘못된 것이 있고 잘못된 것 같은데 올바른 것이 있을 수 있다. 사람들은 단지 자신의 올바른 것과 다른 사람들의 잘못만 보려 하기 때문에 편당이 성립된다. 한 가지 일은 분별할 수 있지만 온 세상일을 어찌 다 알 수 있겠는가. 또 한 시대는 분별할 수 있을지 몰라도 후대에 가면 어떻게 될 것인가"와 같이 당파적 사고의 근본적인 문제점을 지적하였다. 똑같은 물건도 촛불이 있는 실내에 두면 붉게 나타나고 반대로 어두운데 두면 검게 나타나는 것으로 비유하면서 "당파의 분위기 속에서 성장하다 보면 남의 실상을 제대로 살펴 보는 것도 어려울 뿐만 아니라 자기파악도 잘하지 못하게 된다(生長於黨比之際 不但人有難覷己亦不覺)"[45]고 당파에 얽매인 생각의 폐해를 간명하게 제시하였다.

이익은 당파적 사고에 못지 않게 인간의 생각과 행동을 좌우하고 왜곡시키는 것으로 욕심을 제시하였다.

> 성(聲), 색(色), 취(臭), 미(味) 외에 안일(安逸) 등 이 다섯 가지 욕심은 사치심으로 말미암아 더욱 잘 타오르게 된다. 따라서 금수는 욕심이 약해지나 사람의

---

45) 이익(1681~1763)의 『星湖僿說 상권』(1763)의 "黨論" (원문은 경희출판사(1969) 수록본을 취했다. p.214).

욕심은 더욱 심해지게 된다. 부귀해지고 싶은 욕심은 인간 고유의 것으로, 고귀한 것은 존경하면서도 부를 낮게 보는 것은 고귀해지면 부를 동반하기 쉽기 때문이다. 따라서 귀하게 되고 싶은 욕심이 재물욕보다 크다. (중략) 그러나 부귀에의 욕심은 큰 법이다. 더럽게 욕심 내는 자는 간혹 부귀욕을 달성하기 위해 목숨을 내놓기도 한다. 오직 도교와 불교는 오래 사는 것을 가장 높게 여긴다. 그러므로 인륜과 법도를 끊고 세상을 초탈하여 오래 살기를 바랄 뿐이다. 이러한 욕심은 여러 가지로 파생되어 나간다.46)

높은 자리에 대한 욕심을 가장 큰 것으로 본 것은 높은 자리가 저절로 재산을 약속한다고 보았기 때문이다. 이런 경향은 오늘날에도 변함이 없다. 이익이 부귀욕과 장생욕을 중심으로 욕망을 인정한데 반해 서포 김만중(西浦 金萬重)은 『서포만필(西浦漫筆)』47)의 "하 164"에서 벼슬에 대한 욕심을 가장 더럽다고 하였다.

선가(禪家)에서 말하는 오욕이란 재물, 색, 음식, 명예, 수면의 다섯 가지에 대한 욕심이다. 만약 벼슬하지 않는 선비라면 수면을 버리고 벼슬에 대한 욕심을 넣어야 할 것이다. 이 다섯 가지는 그중 하나라도 가지고 있으면서 절제하지 못하면, 모두 몸을 잃고 이치를 멸하게 하기에 충분한 것들이다. 그러나 악창이나 치질같이 더럽고 추악한 시역(弑逆)은 십중팔구 벼슬에 대한 욕심에서 나오니, 이것이 오욕 가운데 가장 심한 것이다.48)

---

46) 위의 책, "欲", p.218.
47) 김만중, 『서포만필』, 심경호 옮김, 문학동네, 2010, p.6(머리말).
"김만중의 『서포만필』은 에세이 모음집이다. 상권은 104항, 하권은 165항이다. 김만중은 경학・역사・문학, 유가・불가・도가 등 삼교, 천문・지리・음양・산수・율려, 근대 과학 등 다양한 주제를 이 단편 논문집에서 다루었다."
48) 위의 책, p.680.

『장자』의 제14편 "천운(天運)"은 도를 음양에서 구한지 12년이 지났으나 터득하지 못했다는 공자의 말을 듣자 노자가 부, 출세, 권력에 대한 욕심에 빠지는 것은 도가 없어서 그리된 것이라고 말하였다고 전한다.

> 부(富)를 좋은 것으로 아는 사람은 남에게 벼슬을 사양하지 못하며, 출세를 좋은 것으로 아는 사람은 남에게 명예를 양보하지 못하고, 권세를 친근히 하는 사람은 남에게 권력을 맡기지 못합니다. 그것들을 가지고 있자니 두렵고, 그것들을 버리자니 슬퍼질 것입니다. 전혀 도에 대하여 살핀 것이 없어서 언제나 쉬지 않고 변동하는 것들만을 바라보고 있으니, 이런 사람들은 '하늘의 처벌을 맡을 백성'인 것입니다. 원한, 은혜, 취하는 것, 주는 것, 간(諫)하는 것, 가르치는 것, 살리는 것, 죽이는 것의 여덟 가지는 일을 바로잡는 기구입니다(怨恩取與諫教生殺八者 正之器也). 오직 위대한 변화를 따라서 막히는 것이 없는 사람만이 그것들을 제대로 쓸 수 있습니다. 그러므로 '올바르게 하려면 자기가 올바라야 하는 것이다'라고 말하는 것입니다. 그의 마음으로 그렇지 않다고 생각하는 사람에게는 하늘의 문이 열리지 않을 것입니다.49)

이때 여덟 가지 수단 중 원한, 간하는 것, 가르치는 것 등 세 가지를 소설양식의 일반적인 창작동기로 볼 수 있다.

물론 욕망이나 욕심으로만 인간이 다 설명될 수 있는 것은 아니다. 정념의 세계도 들여다 볼 필요가 있다.

르네 데카르트(René Descartes)(1596~1650)는 1649년에 『정념론』(*Les Passions de l'âme*)를 출간했다.50) "정념 일반과 부수적으로 인간 본성 전체에 대해"(1부, 1~50항), "정념의 수와 순서에 대해. 그리고 기본적 정념 여

---

49) 장자 지음, 『장자』, 김학주 옮김, 연암서가, 2010, 2015, pp.362~63.
50) 데카르트 씀, 『정념론』, 김선영 옮김, 문예출판사, 2013, pp.1~186에서 추려내었다.

섯 가지에 대한 설명"(2부, 51~148항), "특수한 정념들에 대해"(3부, 149-212항)로 구성되어 있다. 이 중 2부에서는 데카르트가 인간의 삶에서 중시하는 정념의 목록을 만나 볼 수 있다. 경이(admiration)(53항), 존경(estime)과 무시(mépris), 관대함과 오만(orgueil), 겸손과 비굴함(54항), 숭배(vénération)와 경시(dédain)(55항), 사랑과 미움(56항), 욕망(57항), 희망, 두려움(crainte), 질투, 안심, 절망(57항), 우유부단, 용기, 대담함, 경쟁심, 비겁함, 격렬한 공포(59항), 가책(60항), 기쁨과 슬픔(61항), 조롱, 부러움, 연민(62항), 자기만족과 뉘우침(63항), 호의와 감사(reconnaissance)(64항), 분노(indignation)와 화(65항), 영광과 수치(66항), 역겨움, 후회, 희열(67항)등을 열거했다. 그리고 69항에서는 "단지 기본적인 여섯 가지 정념이 있을 뿐이다"고 하면서 경이, 사랑, 미움, 욕망, 기쁨, 슬픔 등을 제시하고 보충설명했다. 87항이라는 제목 아래 "좋은 것을 지향할 때 갖는 욕망은 사랑, 희망, 기쁨을 수반하고 나쁜 것에서 멀어지려는 경향을 지닐 때 미움, 두려움, 슬픔을 수반한다"(p.90)고 하였다. 88항에서는 가장 큰 동력으로 매력과 혐오를 들었다.

"89항 혐오에서 생기는 어떤 것인가"에서는 도피나 반감이라고 부르는 것이 바로 이 욕망의 일종이라고 하였다(pp.89-91). "90항 매력에서 생기는 욕망은 어떤 것인가"에서는 이 욕망은 흔히 사랑이라는 이름으로 불린다고 하면서 "또한 매력은 사랑의 정념보다 더 이상한 효력들을 지니고, 바로 이것이 소설과 시 작가의 중요한 재료로 쓰이는 것"(p.93)이라고 하였다.

"3부 특수한 정념들에 대해"(pp.141~186)에서는 149항 존경과 무시에 대해, 153항 관대함은 무엇에서 성립하는가, 155항 고결한 겸손은 무엇에서 성립하는가, 157항 오만에 대해, 159항 그릇된 겸손에 대해, 162항 숭배에 대해, 163항 경시에 대해, 165항 기대와 두려움에 대해, 166항 안도와 절망에 대해, 167항 질투에 대해, 170항 망설임에 대해, 171항 용기와 대담함에 대해, 172항 경쟁심에 대해, 177항 가책에 대해, 178항 조롱에 대해, 182항 부러움에 대해, 185항 연민에 대해, 190항 자기만족에 대해, 191항 뉘우침에 대해, 192

항 호의에 대해, 193항 감사에 대해, 194항 배은망덕에 대해, 195항 분노에 대해, 199항 화에 대해, 204항 영광에 대해, 205항 수치에 대해, 207항 경솔에 대해, 208항 혐오에 대해, 209항 후회에 대해, 210항 희열에 대해 등의 항목을 서너줄에서 책 한 페이지 정도로 설명했다.

허버트 마르쿠제는 데카르트의 정념론에 대해 논급할 기회를 가졌다.

자아는 육체적 세계와 대립하게 되면서 명백히 다른 두 개의 영역으로 분리되었다고 하였다. "사유 주체로서의 자아(정신/mens/mind/Geist)는, 그 자체가 하나의 자명한 독립자로서, 물질적 존재와는 다른 쪽에 —물질적 존재의 선험성a priori으로 남아 있다. 그 반면에 '정념'의 주체로서의 영혼 soul/anima/Leidenschaften도 데카르트의 유물론적 설명에서 볼 수 있는 것처럼 자아의 한 부분으로 여겨진다. 거기에는 사랑과 증오, 기쁨과 슬픔, 수치·질투·후회·감상 등이 포함된다"고 하면서 "합리주의는 그 기본적인 구상에서부터 후에가서는 영혼을 실제적으로 구성하는 것이라고 믿어지게 된 것들—즉 개인의 감정·욕망·충동·동경과 같은 것들—을 그 체계에서 배제시키고 있었다"51)와 같이 합리주의가 자아의 전체를 설명하지 못한 한계를 지적하였다. 사회적으로 개인주의가 득세하고 근대 이후에 작가들은 평범한 사람들에게 관심을 돌리면서 소설이 다루는 자아의 범위는 넓어지게 되었다. 근대의 특징으로 교육 기회의 확대라든가 합리성의 제고를 들 수 있는 것처럼 근대 이전에는 소설가의 관심이 아무래도 "정념의 주체로서의 영혼" 쪽으로 기울어졌다고 할 수 있다. 장자는 제2편 "제물론(齊物論)에서 기쁨과 노여움과 슬픔과 즐거움과 걱정과 탄식과 변덕과 고집스러움 및 경박함과 방탕함과 뽐냄과 허세(喜怒哀樂 慮歎變慹 姚佚啓態)"52)등과 같은 인간의 마음이 밤낮으로 엇바뀌어 나타나지만 그 근원을 알 수 없는 것이 안타깝다

---

51) 허버트 마르쿠제, 『미학과 문화』, 최현·이근영 옮김, 1982, 1999 증보 2쇄, 범우사, pp.27~28.
52) 장자 지음, 『장자』, 김학주 옮김, 연암서가, 2012, 2015, p.62.

고 하였다.

이익은 선비가 가난한 것을 당연하다고 생각하면서 선비가 생계를 마련하는 방법에 주목했다.

> 가난은 선비에게 보통 있는 일이다. 선비란 원래 자리가 없는 자를 말하는 것이니 가난하지 않는 것이 이상하다. 무릇 재산이 없는 것을 가난이라고 말한다. 선비는 농부가 아니기 때문에 여름 밭두둑에서 일하는 어려움을 본래 감당하지 못한다. 하물며 농사의 이익은 몇 배에 지나지 않는데 만일 제땅이 없어 남의 땅을 경작한다면 먹고 입는 바가 늘 남루하여 특히 가난할 뿐만 아니다. 선비에게 재산이 있는 경우로 조상이 재산을 일구어 물려 준 경우, 유산을 잘 운영하여 풍요함을 취한 경우, 불법으로 다른 사람의 재산을 빼앗은 경우 등 세 가지로 생각해 볼 수 있다. 비록 조상의 사업이 있다고 하더라도 자녀들에게 분재하고 혼인과 상사(喪事) 때 돈을 써 재산이 줄어들 뿐 늘어나지 않는다. 모리(牟利)하는 자들은 마음을 다잡지 못해 잘못된 길로 가게 되고 또 독서와 모리를 병행할 수도 없다. 마음은 두 곳으로 쓸 수 없어 이쪽으로 들어오면 저쪽으로 나가버린다. 글을 읽지 않을 수 없다면 이익은 반드시 노력하는 자에게 돌아가는 것으로, 이익은 반드시 아무 곳에나 맡겨져 있지 않아 내가 취하기를 기다리지 않는다. (중략) 만약 대저 불의한 재물을 취하면 내 마음이 부끄러울 뿐만 아니라 반드시 환해(患害)가 따라오게 되어 소위 간부(姦富)라는 것이 생겨난다. 이런 만큼 선비가 어찌 가난하지 않겠는가.53)

생계를 마련하기 위해 농업에 뛰어들거나 재산을 유지하기 위해 경영이라든가 탈취에 힘쓰게 되면 그때의 선비는 본업에 충실할 수 없게 된다. 선비의 공통된 본업의 하나를 독서에서 찾았고 속성의 하나를 정의감이나 양심

---

53) 이익, 『성호사설 상권』, "貧者士常", (원문은 경희출판사(1969) 수록본 p.394에서 취했다.)

에서 찾은 만큼 대부분이 선비는 현실과 타협하지 못해 가난을 벗어나기 어려웠다.

선비가 농업에 뛰어든 경우를 상정하였다. 선비가 재산이 있는 경우를 재산상속, 경영, 탈취 등을 든 것은 과거의 일만 아니다. 선비의 공통된 본업의 하나가 독서임을 강조하였다. 선비의 속성의 하나가 정의감이나 양심임을 상정해놓은 만큼 가난을 벗어나기 어려움을 암시하였다.

사람들에게 간악함과 무질서가 없다면 어찌 천하가 다스려지지 않겠는가. 간악함과 무질서는 재물이 부족한데서 생기고 재물의 부족은 농사에 힘쓰지 않는 데서 비롯된다. 농사에 힘쓰지 않는 사람들 중에 좀벌레 같은 존재가 여섯 종류가 있다. 첫째로 노비(奴婢), 둘째로 과업(科業), 셋째로 벌열(閥閱), 넷째로 기교(技巧), 다섯째로 승려(僧尼), 여섯째로 유타(遊惰)가 그들이다. (중략)세도나 심신에 도움이 되지 않는 문예는 인간사에 해가 되지 않는다고 할 수 없다. 과거 응시를 업으로 하는 선비들이 효제에 관심을 두지 않고 생업을 돌보지 않은 채 하루 종일 붓이나 빨고 종이만 낭비하는 식으로 세월을 보내는 것은 심술(心術)을 망치는 기량을 쌓는 것에 불과하다. (중략)농사의 이익은 몇 배에 불과하고 여름철 농사의 고통은 더할 나위가 없다. 그래서 옛사람들은 자식을 낳았을 때 제일 어리석은 자를 가리켜 농사꾼이라고 하였다. 이는 다른 나라 풍속도 크게 다르지 않은 것으로 여러 갈래가 있어 굳이 농사를 짓지 않고도 역시 넉넉하게 살 수 있다는 것을 가리킨다. 고기가 물에서 놀고 새가 숲속으로 돌아가는 것처럼 선비와 농업을 하나로 합쳐 법으로 돌보고 가르치고 나서 많은 사람들 중 머리가 좋거나 덕이 있는 자를 뽑아 자천하기를 기다리지 않게 한다면 백성들이 장차 농사 짓는 것을 매일같이 손으로 익히게 되어 마침내 농업에 안정감을 갖게 될 것이다.54)

---

54) 위의 책, "六蠹", (pp. 407~408).

"농자천하지대본"이란 말이 있는 것처럼 이익은 농사를 기본으로 생각하여 농사 짓지 않는 존재를 일단 부정의 시선으로 보았다. "벌열"에서 벌은 대문의 왼쪽 기둥을, 열은 오른쪽 기둥을 가리키는 것으로 귀족을 말한다. "기교"는 수공업자, 무예가, 예술가 등을 가리킨다. "유타"는 벼슬하지 않았거나 벼슬을 구하면서 게으르게 지내는 존재를 말한다. 이익은 농업의 발전이 국가 발전의 첩경이라고 인식하여 농사 개량법을 생각했고 선비와 농업을 연결하는 방안을 제시하였다.

욕망은 생물적 욕구로 시작하지만 사회심리적 요인에 의해 강화되고 심화된다. 많은 선비들은 벼슬자리에 나아가는 것에 실패하고 호구지책을 스스로 해결해야 하는 고통을 치르는 사이에 자신의 욕망을 합리화하면서 중인과 상민의 사회적 욕망도 인정하는 태도까지 갖게 되었다. 봉건사회에서는 지배계급이나 그를 떠받드는 중인 정도가 욕망의 주체임을 인정받았다. 근대사회로 넘어오면서 구계급제도의 해체와 교육기회의 보급에 따라 대부분의 사람이 욕망의 주체로 인식되기에 이르렀다. 모든 개인을 욕망의 주체로 보는 데서 근대소설은 시작되었다.

제3장 선비의 비판정신

제3장 선비의 비판정신

1.

소설양식의 원형인 가담항어나 도청도설은 기본적으로 재담이나 풍자담의 성격을 지녔다. 선비의 후계자인 지식인의 역할의 하나는 현실비판이다. 선비들은 군주제나 봉건제도 아래서 지배자와 그들이 주도하는 정치현실을 비판하는데 한계를 보였지만 현대사회에 올수록 지식인들은 민주주의가 확산되면서 현실비판의 기능을 당연한 것으로 여기게 되었다. 이러한 현실비판의 기능은 동서를 막론하고 소설가들에게서 쉽게 확인할 수 있다. 이익의 "육두"론이 선본으로 삼았을지도 모를 『한비자』의 제 32편 「다섯 좀벌레」(五蠹)는 7개의 글로 구성되었는데 맨 마지막 글 「농사를 재촉하고 상공업을 늦추다」는 다음과 같이 5두를 지적하였다.

> 이 때문에 혼란스런 나라의 풍속을 보면 학자는 선왕의 도를 칭찬하고 인의를 말하며 용모나 복장을 융성하게 하고 변설을 꾸미며 그 시대의 법을 의문스러워해 군주의 마음을 동요시킨다. 언론을 행하는 자는 거짓을 늘어놓고, 외국의 힘을 빌려 개인적인 욕망을 이루며 나라의 이익을 저버린다. 칼을 찬 자는 사람

들을 규합하여 절개를 내세워 자기 이름을 빛내면서 중앙 관청에서 제시한 금령을 범한다. 권세를 가까이 하는 자는 권력 있는 사가(私家)와 가까이하며 뇌물을 주고 요직자의 청탁을 받아들여 전쟁터의 노고에서 벗어난다. 그중에서 상공업에 종사하는 백성은 거친 그릇을 만들고 값싼 물건을 모으고 쌓았다가 때를 노려서 농부의 이익을 가로챈다. 이 다섯 부류의 사람은 나라의 좀벌레이다. 군주가 이 다섯 좀벌레 같은 백성을 제거하지 않고 바른 도리를 지키는 인사를 양성하지 못한다면 천천이 부서져 멸망하는 나라와 영토가 줄어 멸망하는 조정이 있다 해도 이상하게 생각하지 말아야 한다.55)

한비자가 군주에게 아부하는 학자, 거짓말 잘하는 사대론자인 언론인, 사리사욕을 취하는 무인, 부패한 권력층, 농민들에게 해악을 끼치는 상공업자를 5두로 꼽은 것은 조선조의 현실과 크게 거리가 있지 않았다. 이익이 일부 선비들이 생업을 도모하기 위해 더러 농사에 투신하는 것으로 긍정서술한 반면, 박제가는 사대부를 건달이라든가 무위도식자로 취급하였다.

우리나라 풍속은 헛된 꾸밈을 떠받들고 눈치 보고 꺼리는 일이 많다. 사대부는 오히려 놀고 먹기 좋아하고 하는 일이 없다. 들판에서 농사를 지으면 혹 알아주는 사람이 없다. 짧은 저고리를 입고 대나무로 만든 삿갓을 쓰고 물건을 사고 소리를 지르며 시장을 돌아다니며 먹줄과 칼과 끌을 지니고 다른 사람 집에 가서 일을 하면 부끄럽지 않다고 하더라도 혼인을 끊지 않는 사람이 드물다. 따라서 비록 집에 돈 한 푼 없다고 하더라도 옷가장자리를 잘 꾸미고 관을 높게 쓰고 소매 넓은 옷을 입고 나라 안을 말을 하며 돌아다닌다(遊辭於國中). 이 옷과 먹는 것은 다 어디서 왔단 말인가. 이에 부득불 세력에 의지하거나 권력을 불러올 수 밖에 없다. 청탁하는 습관이 생겨나고 요행을 바라는 문이 열린다. 이러니

---

55) 『한비자』, 김원중 옮김, 글항아리, 2010, 2012, pp.582~83.

시정인들도 그들이 먹다가 남긴 찌꺼기를 먹지 않을 것이다.56)

사대부는 농업이나 상업에 뛰어들 수 있다. 생계는 해결될 수 있으나 양반으로서의 체모는 떨어지고 혼사가 막힌다는 것이다. "유사어국중"에서 "유사"는 잡담을 늘어놓는다, 정론을 펼친다, 계몽시킨다 등으로 해석할 수 있다.

박제가도 "날마다 이익을 추구하게 하여 부위도식하는 자들의 세력을 없애버리고 생업을 즐기는 마음을 열게 하여 세력이 강한 사람의 권리를 사라지게 하면 세상을 바꾸는데 일조가 될 것이다"57)와 같이 사족들에게 이익을 추구하는 일을 하게 하면 유언비어를 만들고 공리공론을 일삼는 일이 줄어들게 되어 사회가 질서를 찾고 나라가 안정된다는 의견을 내었다. 이러한 박제가의 논리는 "뜬 소문이 생기지 않아야 국법이 바로 시행된다"(浮言不作 國法可行)는 말에 압축되어 있다.

연암 박지원(1737-1805)의 「양반전」은 양반이 아닌 부자가 가난한 양반으로부터 돈을 주고 양반을 사려다가 양반의 특권이 생각보다 훨씬 적은 데다 지켜야 할 항목들은 많은 것을 알고 포기한다는 결말을 취하였다. 양반은 소득이 없어 수년 동안 관청의 환곡을 빌려 먹은 것이 천석에 이르러 군량미를 축낸 혐의로 관찰사의 명에 따라 감옥에 가게 될 지경에 이른다. 양반은 아무리 가난해도 존귀한 신분으로 대접 받는 것을 평소 부러워하던 한 부자가 양반을 사기 위해 환곡을 대신 갚아준다. 군수가 사족, 농민, 상인 등 여러 사람들을 모아 놓고 증서를 작성한다. "건륭(乾隆) 10년(1745, 영조 21) 9월 일 위의 명문은 양반을 값을 쳐서 팔아 관곡을 갚기 위한 것으로서 그 값은 10000섬이다. 대체 그 양반이란, 이름 붙임 갖가지라. 글 읽은 인 선비 되고,

---

56) 박제가, 『北學議』, "商賈" (이익성 역, 을유문화사, 1971년 초판, 2011년 2판에 수록된 원문을 대상으로 번역하였다. p.346).
57) 위의 책, "丙午 正月二十二日 朝參時 典設署別提朴齊家所懷" (원문 p.318).

벼슬아친 대부 되고, 덕 있으면 군자란다. 무관 줄은 서쪽이요, 문관 줄은 동쪽이라. 이것이 바로 양반, 네 맘대로 따를지니"58)라고 한 다음 "비루한 일 끊어 버리고, 옛사람을 흠모하고 뜻을 고상하게 가지며"(絶棄鄙事 希古尙志) "새벽에 일어나 『東萊博議』를 줄줄이 외어야 하고", "주림 참고 추위 견디고 가난 타령 아예 말며"(忍饑耐寒 口不說貧), "『古文眞寶』, 『唐詩品彙』를 꼼꼼하게 베껴 써야 한다"고 한다. 그리고 손에 돈을 쥐지 말 것, 쌀값을 묻지 말 것, 화가 난다고 처자를 구타하지 말 것, 종에게 폭언하며 야단치지 말 것, 소를 도살하지 말 것, 도박하지 말 것 등을 타이른다. 그러자 부자는 양반의 특혜가 겨우 이것 뿐이냐고 하며 자신에게 이익이 되게끔 증서를 고쳐달라고 한다.

> 마침내 증서를 이렇게 고쳐 만들었다. 하느님이 백성 내니, 그 백성은 넷이로세. 네 백성 가운데는 선비 가장 귀한지라, 양반으로 불려지면 이익이 막대하다. 농사, 장사 아니하고, 문사(文史) 대강 섭렵하면, 크게 되면 문과 급제, 작게 되면 진사로세. 문과 급제 홍패라면 두 자 길이 못 넘는데, 온갖 물건 구비되니, 이게 바로 돈 전대(纏帶)요, 서른에야 진사 되어 첫 벼슬에 발디뎌도, 이름난 음관(蔭官)되어 웅남행(雄南行)으로 잘 섬겨진다. 일산 바람에 귀가 희고 설렁줄에 배 처지며, 방 안에 떨어진 귀걸이는 어여쁜 기생의 것이요, 뜨락에 흩어져 있는 곡식은 학(鶴)을 위한 것이라. 궁한 선비 시골 살면 나름대로 횡포 부려, 이웃 소로 먼저 갈고, 일꾼 뺏어 김을 매도 누가 나를 거역하리. 네 놈 코에 잿물 붓고, 상투 잡아 도리질하고 귀얄수염 다 뽑아도, 감히 원망 없느니라59)

그러자 부자는 참으로 맹랑하다고 하면서 날더러 도둑이 되라는 것이냐고 따지던 끝에 돈을 주고 양반을 사는 일을 없던 일로 하게 된다. 방경각외전

---

58) 박지원 지음, 『국역 연암집 2』, 신호열 · 김명호 옮김, 민족문화추진회, 2004, p.240.
59) 위의 책, pp.242~43.

의 자서(自序)에서는 양반전의 제작동기를 "선비란 바로 천작이요/선비의 마음이 곧 뜻이라네/그 뜻은 어떠한가/권세와 잇속을 멀리하여/영달해도 선비 본색 안 떠나고/곤궁해도 선비 본색 잃지 않네/이름 절개 닦지 않고/가문 지체 기화 삼아/조상의 덕을 판다면/장사치와 뭐가 다르랴/이에 양반전을 짓는다"60)와 같이 선비는 명예로 사는 존재임을 확인시키는 방향에서 설명했다.

「閔翁傳」의 주인공 민옹은 무신년 난리에 출정한 공으로 첨사가 되었다가 물러난 이후 벼슬하지 않고 70세까지 책만 읽으며 절개가 뛰어난 사람과 발자취가 큰 이들을 마음에 깊이 새기는 일을 한다. 연암이 17,8세 때 어떤 이가 "기이한 선비로서 노래를 잘하며 담론도 잘하는데 거침없고 기묘하여 듣는 사람마다 후련해하지 않는 사람이 없다 하기에"61) 반가워하고 초청한다. 그는 "가난뱅이가 모두 신선이지. 부자들은 늘 세상에 애착을 가지지만 가난뱅이는 늘 세상에 싫증을 느끼거든. 세상에 싫증을 느끼는 사람이 신선이 아니고 무엇이겠는가"(p.226) "세상에 제일 맛있는 것은 소금이다"(p.227) "불사약으로는 밥만 한 것이 없네. 나는 아침에 밥 한 사발 저녁에 밥 한 사발로 지금껏 이미 70여 년을 살았다네"(p.228) 등과 같은 재담과 풍자를 늘어놓는다. 이에 연암은 "민옹은 말을 할 때면 장황하면서도 이리저리 둘러대지만 어느 것 하나 곡진히 들어맞지 않는 것이 없었으며 그 속에는 풍자를 담고 있었으니, 그는 달변가라고 할 만하다."(p.228)고 칭찬한다. 민옹은 "깊이 잘 생각하면 갓난아기처럼 순수한 마음을 보전하겠으나 생각이 조금 어긋나도 되놈이 되고 만다네. 이를 경계하지 않으면 장차 제 자신을 잡아먹거나 물어뜯고, 쳐 죽이거나 베어 버릴 것이야. 이 때문에 성인은 사심을 극복하여 예로 돌아간 것이며 사악함을 막아 진실된 자신을 보존한 것이니, 나는 나 자신을 두려워하지 않은 적이 없다네"(p.229)와 같이 자신의 삶을 되돌아

---

60) 위의 책, pp.207~08.
　　원문 : 士迺天爵 士心爲志 其志如何 弗謀勢利 達不離士 窮不失士 不飭名節 徒貨門地 酏鬻世德 商賈何異 於是述兩班 (p.73)
61) 위의 책, p.223.

본다. 얼마 안 있어 민옹은 세상을 떠나고 만다. 「민옹전」의 화자는 다음과 같이 민옹의 삶을 평가한다.

옹이 비록 기발하고 거침없이 살았지만 천성이 곧고 착한 일 하기를 좋아한데다, 《주역》에 밝고 노자(老子)의 말을 좋아하였으며, 책이란 책은 안 본 것이 없었다 한다. 두 아들이 다 무과에 급제하였으나 아직 벼슬은 받지 못했다. 금년 가을에 나의 병이 도졌으나, 이제는 더 이상 민옹을 볼 수 없게 되었다. 이에 나와 함께 주고받은 은어와 우스갯소리, 담론(談論)과 풍자를 기록하여 민옹전을 지었으니, 때는 정축년(1757, 영조 33)가을이다. 나는 민옹을 위하여 뇌문(誄文)을 지었는데 다음과 같다. 아아! 민옹이시여 괴상하고 기이하기도 하며 놀랍고 어처구니가 없기도 하고 기뻐함직도 하고 성냄직도 하며 게다가 밉살스럽기도 하구려 벽에 그린 까마귀 매가 되지 못하였듯이 옹은 뜻 있는 선비였으나 늙어 죽도록 포부를 펴지 못했구려 내가 그대 위해 전을 지었으니 아아! 죽어도 죽지 않았구려(嗚呼旻翁 可驚可愕 可喜可怒 而又可憎 壁上烏 未化鷹 翁蓋有志士 竟老死莫施 我爲作傳 嗚呼死未曾)62)

민옹이 소설을 썼더라면 해학을 많이 섞은 풍자소설을 지었을 것이다. 풍자소설은 표현자유의 제한과 비판정신이 만나는 지점에 서있다. 20세기의 한국작가들 중 작가정신을 적극적으로 성실하게 구현한 풍자소설의 작가로 채만식, 이무영, 최태응, 서기원, 이문구, 임철우, 성석제 등을 꼽을 수 있다.

조동일은 「소설시대의 이해를 위한 예비적 고찰」이란 논문에서 조선조의 대표적인 작가 김시습, 허균, 김만중, 박지원 등의 신분과 작가의식의 관계를 논했다.

---

62) 위의 책, pp.230~31.

金時習은 寒微한 武班 출신으로 지배층에서 소외된 반감에서 일생을 보낸 인물이다. 許筠은 불평분자들을 규합하여 국가적인 變亂을 일으키다가 처형된 逆賊이다. 金萬重은 老論 閥閱層 의 일원이면서도 지배층이 배격하는 소설에 대해 깊은 이해를 가지고 소설을 쓰기도 했다. 朴趾源은 날카로운 비판의식을 가진 實學者 로서 정권에서 제외된 士 의 새로운 각성을 대변했다. 한편 민중이 귀족에게 접근하는 것은 민중이 富를 축적하여 신분적 구속에서 해방될 때 나타나는 현상이다. 이들은 《兩班傳》의 賤富처럼 양반의 지위로 상승하려 하거나, 그렇지 않다 해도 몰락한 선비를 訓長으로 고용해 書堂을 차리고 敎養과 學識을 갖춘다. 소설은 民譚이나 民謠와는 달리 상당한 교양과 학식을 갖춘 사람이라야 작가가 될 수 있고 독자가 될 수 있는 것인데, 민중은 그러한 자격을 획득했던 것이다. 민중에 접근하는 귀족이나 귀족에 접근하는 민중은 사회변화를 절감하고 自我와 世界의 대결을 특히 강렬하게 경험할 때 소설을 창작하거나 소설의 독자가 된다.63)

조동일은 민중과 귀족의 접근과 그에 따른 교감이 소설양식 대두의 결정적 계기가 되었다는 주목할 만한 주장을 펼쳤다. 조동일은 「소설의 성립과 초기소설의 유형적 특징」이란 논문의 마무리 부분에서 "김시습과 허균의 사상은 논설문을 통해서 또는 문학의 여러 장르를 통해서도 표현되었으나, 자아와 세계가 서로 용납하지 않으려 해서 생기는 대결의 관계를 생생하게 작품화하기 위해서 소설이라는 새로운 장르를 창출했다"64)와 같이 반항정신이 소설양식의 동기가 될 수 있다고 주장했다.

찬자미상인 『逸史記聞』 (권영대 옮김)에서는 허균에 대해 다음과 같이 비

---

63) 조동일, 『한국소설의 이론』, 지식산업사, 1977, 1996 초판 12쇄, p.192.
64) 위의 책, p.268.

교적 객관성을 갖추어 기록했다.

> 허균은 초당(草堂) 허엽(許曄)의 아들로, 명문에 태어났고 또 그의 문장은 당대 사람의 입에 오르내렸으나, 천성이 요망하고 행실 또한 괴이하였다. 상(喪)을 입는 동안에 기생을 가까이 하는가 하면 참선도 하고 부처도 섬기는 등 보고 들어서 깜짝 놀랄 일이 한두 가지가 아니었다. 그는 만년에 대북(大北)에 투신하여 이이첨을 깍듯이 섬겨 폐모론을 담당하였다. 그는 괴상한 무리들을 불러 모아, 낙천군 김개·사산 신광업 등으로 심복을 삼았는데, 그 종적이 간교하고 비밀스러워서 단서를 알 수 없었다. 그리하여 부형에게 죄를 지어 향당에서 용납되지 않은 하인준·황정필·이국량·서상안·남정엽 같은 자들이 그의 문으로 폭주하여 열 명씩 백 명씩 떼를 지어 다투어 솟장을 올려 폐모하기를 주청하였다. 혹 성균관에 근거를 두어 출세의 디딤돌을 삼기도 하고, 미리 과거 제목을 내서 등제(登第)의 길을 도모하기도 하였다. 그리고 화살에 편지를 묶어 서궁에 쏜 것은 극히 요괴하였으며, 방(榜)을 걸어 남문에 통유(通諭)한 것은 더욱 참혹하였다.65)

이상의 인용문에서는 허균의 죄상이 폐모론 주장, 괴상한 무리 모음, 경운궁 시서 사건, 과거시험 관리 부정 등으로 열거된다. 『광해조일기 3』 정사년 5월(광해군 9년, 1617년)(이한조 옮김)에 있는 "임거만록(林居漫錄)" 사건을 추가할 수 있다.

> 형조판서 허균(許筠)이 화심(禍心)을 품고 먼저 공을 세워 나라의 권력을 잡으려고 항상 근거 없는 말을 만들어내어 조야를 현혹시키더니, 이번에는 북경으로부터 돌아와 중국의 임거만록(林居漫錄)이란 책에 종계피무(宗系被誣)의 사실

---

65) 국역 대동야승 14, 『대동야승 58』, 민족문화추진회, 1975년 초판, 1982년 재판, pp.599~600.

이 지금까지 씻어지지 않았다고 하였다. 광해(光海)는 이 말을 듣고 당황하여 즉시 허균에게 위임하여 변무하도록 위임하였다. 허균은 금은보화를 많이 싣고 갔다 온 듯이 하고 피차의 어보(御寶)와 문적(文籍)을 위조하여 회보하니, 광해군은 크게 기뻐하여 특사를 내리고 증광과(增廣科)를 보였으며, 존호를 올려 서륜입기 명성광열(叙倫立紀 明誠光烈)이라 하였다.66)

위의 기록은 허균에게 냉담하거나 반대하는 존재에 의해 기록된 것으로 볼 수 있다. 당시의 광해조의 작자미상의 야사인 『광해조일기』, 『일사기문(逸史記聞)』, 『응천일록(凝川日錄)』, 조경남(趙慶男)의 『속잡록(續雜錄)』, 신익성(申翊聖)의 『청백일기(靑白日記)』 등의 기록에서는 허균의 행태를 거의 똑같이 그려놓았다. 선비나 소설가로서의 허균의 모습은 전혀 그려지지 않고 대신 당파싸움에 몰두하는 정치가이자 관리의 부정적인 모습만 그려졌다.

1930년대에 발표되었던 지식인론 중 가장 종합적이며 체계적인 최진원의 「인테리겐챠론」(조선일보, 1932.2.13~3.8)에서는 다음과 같이 중간인테리층의 존재방식을 열거하였다.

> 사이비 인도주의적 사회개량주의자, 향락주의자 「데카단트」급 「니히리스트」, 기회주의자, 자포자기의 무관심 무능력한 비겁 봉건잔재의 침륜 등등 무기력한 무골한, 동반자가 될 듯이 분장하고 등장하여 자기의 지위를 안정시키고 또 확장시키려는 배신자, 학구적 진지한 태도를 저버리고 반동역할을 하는 「테로」배, 생활안정을 위하야는 수단방법을 가리지 않는다는 팔방미인계를 쓰는 자들, 맹목적 대중에게는 자부와 교만을 가지고 동배간에는 질투와 증오로 일삼는 「뎀뿌라」학도, 파렴치한급 변절한, 가두로 방황하는 룸펜·인테리67)

---

66) 국역 대동야승 10, 『대동야승 42』, 민족문화추진회, 1974년 초판, 1982년 3판, pp.263~64.

부정적 행태를 부각시키고 있는 최진원의 중간 인테리층론은 무계급적 성격이나 부초적 성격을 지식인의 본질로 파악한 루이스 캠프의 기본생각과 같다. 루이스 캠프는 "대부분의 근대지식인은 그들의 직업이 공동체나 현실과 밀접한 관계가 있다는 관념을 갖고 있지 못했다68)"는 점을 지적하면서 사실상 유럽의 지식인들은 18세기가 되면서 귀족의 품을 떠나 독립된 생활을 모색하게 되었다고 하였다. 루이스 캠프는 유럽에서의 소설가의 원형적 존재가 독립적이지도 못했고 경제적 여유를 갖추지도 못했음을 보여주었다.

> 지식인의 임무를 계급 이데올로기의 선전(propagation of a class ideology)으로 정하는 것은 지식인을 제복 입은 하인이나 회의적인 자유가 박탈된 이데올로그로 강요하는 것을 의미한다. 전자에게는 돈에 대한 바람이라는 구실이 생기는것이고 후자에게는 진리를 충분히 파악하는데 실패한 경우가 된다. 전자의 예로 스위프트(Swift)를, 후자의 예로 데포(Defoe)를 들 수 있다. 스위프트는 전문적 작가가 아니었다. 그는 자신이 이용당하고 있다는 것을 알아차릴 능력도 없었다. 반대로 후자는 살아남기 위해서 써야만 했다.69)

이문열의 『시인』에서 주인공 김삿갓은 구월산 한 자락 오봉산 쪽 후미진 계곡에서 도적떼에게 잡혀 그 두령인 제세선생(濟世先生)의 문초를 받는다. 제세선생은 김병연을 향해 "어쨌든 너는 일하지 않고 먹고, 생산하지 않으면서도 쓰는 자다. 우리가 목숨을 앗으려 하는 것은 바로 너 같은 도둑이다"(p.212)라고 하자 김병연은 선생은 무엇을 생산하는가 하고 묻는다. 이에 제세선생이 "나는 민초들이 믿고 의지할 꿈을 생산했고, 참고 기다릴 앞날을

---

67) 『조선일보』, 1932.3.5.
68) Louis Kampf, *On Modernism*, The M.I.T Press, 1967, p.146.
69) 위의 책, p.147.

생산했다. 그리고 장차는 보다 나은 세상을 생산하려 한다."고 하자 김병연은 "나는 시를 생산했소"라고 답한다(p.213). 제세는 김병연에게 시를 통해서 공포와 무력감과 용기와 믿음을 생산할 수 있는가 하고 묻고는 "공포와 무력감은 우리의 적들을 위해 생산하고, 용기와 믿음은 이곳의 동무들과 산 아래의 우리 편을 위해 생산하도록 하라"(p.214)고 명령한다. 세상을 개혁하는 대열에 끼여 시를 통해 일조하자는 생각은 갖고 있었던 김병연은 점진적 개량주의를 주장하는 반면 제세선생은 급진주의를 택한다. 제세선생은 "그래서 나는 그들 높은 갓 쓰고 긴 수염 기른 선비들을 미워한다. 그것들이 공맹(孔孟)을 추켜세우며 이천 년을 보냈지만 과연 세상이 얼마나 나아졌느냐? 공맹의 생산은 다만 그 개 같은 선비들이 힘있는 자에게 빌붙는 길로 이용되었을 뿐이다70)와 같이 존왕주의적인 선비들을 매도하면서 "힘센 자들과 가진 측이 스스로 뉘우치고 고쳐 갈 수도 있다는 것, 그래서 세상은 혁명 없이도 나아질 수 있다는 주장이야말로 어쩌면 이세상이 지금 이대로 충분히 훌륭하다고 믿는 것보다 우리에게 더 해로울 수도 있다. 얼마나 기다려 온 우리냐?"71)와 같이 지도자들이나 선비들이 곧잘 대안으로 내세우는 점진주의를 보수주의보다 더 나쁘다고 주장하였다.

    실제로 동서양의 여러 소설이 보여주고 있는 것처럼 현실비판은 독재자, 부패한 강자, 비윤리적 존재 등을 대상으로 한다. 소설에서의 비판적 리얼리즘은 이러한 비판정신의 한 예가 된다. 일제 강점기 아래서 강경애, 염상섭, 김남천, 박승극, 백신애, 신채호, 이무영, 채만식 등이 남긴 소설에서 비판적 리얼리즘을 확인해 볼 수 있다. 해방 후 작가들 중에서는 황석영, 조세희, 이문구 등을 대표적인 현실비판의 작가로 꼽을 수 있다. 표현자유가 보장되지 않았던 시대에는 풍자소설, 우화소설, 상징소설 등과 같이 우회적 비판의 방식을 취한 작품들이 현실비판의 역할을 해내었다.

---

70) 이문열, 『시인』, 도서출판 둥지, 1994년 개정 1판, p.216.
71) 위의 책, p.216.

제4장 역사서술의 보조양식

제4장 역사서술의 보조양식

1.

소설은 역사서술의 한 방안이며 양식이다. 역사가들이 정치와 경제 중심, 공동체 중심, 주류 중심, 발전론 중심으로 기술하는데 반해 소설은 개인의 역사를 생활 중심, 개인 중심, 비주류 중심, 실패론 중심으로 기술한다. 물론 이때의 개인의 역사는 일반 역사를 배경으로 삼은 경우, 일반 역사와 무관한 경우, 일반 역사에 적극 참여한 경우 등으로 나누어볼 수 있다. 소설은 역사를 적극적으로 반영하거나 역사에 적극적으로 참여할수록 거대담론이 될 가능성이 크긴 하지만 그렇다고 수준 높은 작품으로 곧장 이어질 수 있는 것은 아니다.

정사의 골격을 갖추면서 설화적 상상력으로 이야기를 이끌어간 『삼국유사』(1281~1283 추정)에는 저자 일연(1206~1289)의 자아를 반영한 화자에 해당하는 존재가 이야기에 대해 논평하는 부분을 담은 것이 여러 편이 있다. 「내물왕과 김제상(奈勿王(一作那密王) 金(朴)堤上」은 "식자왈(識者曰)~"로, 「김부대왕(金傅大王)」은 "사론왈(史論曰)~"로, 「후백제의 견훤(後百濟甄萱)」은 "사론왈(史論曰)~"로, 「가락국기(駕洛國記)」는 "의왈(議曰)~"로, 「아도가 신라에 기초를 닦다(阿道基羅)」는 "의왈(議曰)~"로, 「미륵선화, 미시랑, 진자사(彌勒仙花 未尸郎 眞慈師)」는 "설자왈(說者曰)~"로, 「남백월의 두 성인, 노힐부득과 달달박박(南白月二聖 努肹夫得 怛怛朴朴)」은 "의왈(議曰)~"로, 「낙산사의 두 보살 관음, 정취와 조신(洛山二大聖 觀音 正趣 調信)」는 "의왈(議曰)~"로, 「양지가 석장을 부리다(良志使錫)」는 "의왈(議曰)~"로, 「계집종 욱면이 염불하다가 서쪽 하늘로 올라가다(郁面婢念佛西昇)」는 "의왈(議曰)~"로 끝맺음하였다. "의왈"이 가장 많고 뒤를 이어 "식자왈", "사론왈", "설자왈" 등이 나타나고 있다.

　「남백월의 두 성인, 노힐부득과 달달박박」은 승려를 주인공으로 하여 진정한 득도의 경지를 제시한 불교설화다. 죽마고우인 노힐부득과 달달박박은 20세가 되어 각각 처자를 거느리고 승려생활을 하던 중, 제대로 불도를 닦기 위해 처자를 두고 백월산 무등곡으로 들어간다. 달달박박은 북쪽의 판자집에 기거하면서 미타불을, 노힐부득은 동쪽의 돌무더기 근처의 방에 살면서 미륵불을 구하며 지성으로 도를 닦는다. 3년이 되었을 때 20세 가량의 낭자가 달달박박의 암자에 와 자고 가기를 청하자 박박은 거절한다. 낭자로부터 똑같은 요청을 받은 부득은 처소를 내어주고 마침 산기가 있는 낭자의 뜻대로 목욕을 시켜주던 끝에 함께 목욕한다. 그 순간 낭자의 살결이 금빛으로 변하고 연대가 생겨 난다. 낭자는 자신을 관음보살이라고 밝히고는 대사를 도와 대보리(大菩提)를 이루도록 한 것이라고 하고는 홀연히 사라진다. 다음날 달달박박이 와 보니 부득은 연화대에 미륵존상이 되어 광명을 내뿜고 있다. 부득의 요청에 따라 금빛 물에 목욕을 한 박박도 아미타불로 변한다. 두 부처는 다음날 몰려온 마을 사람들에게 불법의 요지를 설명하고 구름을 타고 가버렸다. 755년에 경덕왕이 즉위하여 신축한 백월산남사 안에 미륵존상과 아미타불을 새로 만들어 모셨다는 것으로 이야기는 끝난다.

　　　논평하여 말한다. 낭자는 부녀의 몸으로 섭화(攝化)한 것이라 할 만하다.

『화엄경』에 마야부인 선지식이 십일지에 살면서 부처를 낳아 해탈문을 여환(如幻)한 것과 같다. 이제 낭자가 순산한 뜻이 여기에 있으며 그가 준 글은 슬프고도 간곡하고 사랑스러워 하늘에서 온 선녀의 분위기가 있다. 아, 낭자가 만일 중생을 따라서 다라니(陁羅尼)를 깨쳐 알지 못했다면 과연 이같이 할 수가 있었겠는가. 그 글 마지막 구절에는 마땅히, "맑은 바람이 한자리함을 꾸짖지 마오"라고 했어야 할 것이나 그렇게 하지 않은 것은 세속의 말과 같게 하고 싶지 않았던 것이다. 72)

이때의 논평은 작중의 20세 가량의 임신중인 낭자 즉 관음보살 성랑이 승려인 박박달달과 노힐부득을 시험해본 행위의 의미를 구체적으로 해석한 것이다. 논평은 소설에서 작가가 인물의 외양과 행동을 그려내는 도중에 또는 그려낸 후 작가가 나서서 말하기, 해석하기, 의미부여하기를 꾀하는 것의 원형이라고 할 수 있다. 그리고 이어 달달박박과 노힐부득의 자세를 기린 7언절귀와 관음보살 성랑을 기린 7언절귀로 구성된 찬불시를 첨부했다.

「낙산사의 두 보살 관음, 정취와 조신」은 의상법사가 당나라에서 돌아와 관음보살의 진신이 동굴에 산다는 이 곳을 서역에 있는 보타락가산을 본떠 낙산(洛山)이라고 부른 것에서 시작한다. 의상법사는 목욕재계한 후 동해의 용으로부터 여의보주 한 알을 받으면서 관음의 참모습을 보게 된다. 관음이 정해주는 곳에 절을 짓고 낙산사라고 이름짓고 자기가 받은 두 구슬을 성전에 모셔놓은 후 그곳을 떠난다. 원효법사가 낙산사를 향해 오던 중 한 여인에게 벼를 달라고 했으나 벼가 영글지 않아 줄 수 없다는 이유로 거절당한다. 조금 더 가다가 한 여인에게 물을 청했으나 여인은 월수백을 빨던 물을 준다. 원효는 그 물을 버리고 다시 냇물을 떠서 마신다. 절에 이르러 조금 전에 만난 여인이 관음보살의 진신(眞身)임을 알게 된다. 굴산조사는 낙산 아래

---

72) 일연 지음, 『삼국유사』, 이민수 옮김, 을유문화사, 2016 개정판 5쇄, pp.352~53.

마을의 물 속에서 정취보살의 불상을 발견하고 불전을 지어 모셨다. 백년 후에 산불이 났을 때도 관음과 정취 두 성인을 모신 불전 만은 화재를 면했다. 세규사에서는 명주 날리군에 있는 장원의 관리를 승려 조신에게 맡겼다. 불공을 드리러 온 태수 김흔공의 딸을 흠모하게 된 조신은 낙산사 관음보살 앞에 가서 그 여인과 인연을 맺게 해달라고 빌다가 잠깐 잠이 들고 만다. 조신은 사랑을 호소하는 김씨 낭자와 부부가 되어 함께 고향으로 돌아간다. 그녀와 40년간 살면서 다섯 자녀를 두었으나 10년 동안 초야를 돌아다니며 의식을 해결하지 못한 나머지 15세 된 큰아이가 굶어 죽는 일을 겪게 된다. 이제 내외는 늙고 병들어 굶주림과 추위를 해결하지 못할 지경이 되었다. 부인의 말에 따라 각각 아이 둘을 데리고 헤어지기로 하고 길을 떠나려 할 때 꿈에서 깨어난다. 부끄러움을 느낀 조신이 꿈 속에서 큰아이를 묻었던 해현의 한 곳을 파보자 돌미륵이 나타난다. 조신은 정성껏 돌미륵을 물로 씻어서 근처의 절에 모신 후 개인 재산으로 정토사를 세워 착한 일을 많이 하게 된다.

논평해 말한다. '이 전기를 읽고 나서 책을 덮고 지나간 일을 생각해 보니 어찌 조신사(調信師)의 꿈만이 그렇겠는가. 지금 모두가 속세의 즐거운 것만 알아 기뻐하기도 하고 애쓰기도(役役) 하지만 이것은 다만 깨닫지 못하였기 때문이다.' 이에 노래(詞)를 지어 경계한다. 잠시 즐거운 일 마음에 맞아 한가롭더니, 근심 속에 남모르게 젊은 얼굴 늙어졌네/모름지기 좁쌀밥이 다 익기를 기다리지 말지니, 인생이 한낱 꿈과 같음을 깨닫게 된다네/몸을 닦을지 말지는 먼저 성의에 달린 것, 홀아비는 미인을 꿈꾸고 도둑은 재물을 꿈꾸네/어찌 가을날 하룻밤 꿈만으로, 때때로 눈을 감아 청량(淸凉)의 세상에 이르리(乃作詞誡之曰 快適須臾意已閑 暗從愁裏老蒼顔 不須更待黃粱熟 方悟勞生一夢間 治身臧否先誠意 鰥夢蛾眉賊夢藏 何似秋來淸夜夢 時時合眼到淸凉)73)

---

73) 위의 책, pp.365~66.

논평 부분에서는 불교를 찬미하기보다는 인생무상을 강조하였다. 인생무상을 강조한 것은 허무의 극복을 역설하는 불교의 정신을 부각시켜준다.
　「자장이 계율을 정하다」는 역사와 소설의 요소가 교직되어 있다. 진한의 진골 소판 무림의 아들인 대덕 자장이 일찍이 두 부모를 여의고 속세의 시끄러움을 싫어하여 처자를 버리고 자기의 전원을 내어 원녕사를 지었고 왕이 여러 번 불러 재상을 시키려 했지만 나아가지 않았음에도 왕이 그가 중이 되는 것을 허락했다는 내용은 역사기록의 부분이다. 자장이 양식 한 알 돌봐주는 사람이 없을 때 이상한 새가 과일을 물어다 바쳐서 손으로 받아먹었더니 꿈에 천인이 와서 오계를 주었다. 이에 자장이 골짜기에서 나오니 향읍의 남녀가 다투어 계를 받았다는 부분은 설화에 가깝다. 자장이 왕명으로 제자들을 데리고 당나라에 가 청량산에서 성인을 만나고 가사와 사리를 받아왔으며 당태종의 배려로 종남산 운제사에 들어가 3년 동안 신들의 계를 받았다든가 자장이 대장경, 번당, 화개 등을 가지고 돌아와 왕의 명령으로 대승론을 강론하고 대국통이 되어 불교를 널리 퍼뜨리며 통도사와 수다사를 세워 많은 사람들을 제도했다는 것은 역사에 가깝다. 꿈에 한 이상한 중이 예견한대로 송정에서 감응한 문수보살이 태백산 갈반지에서 다시 만나자고 하고 사라졌는데 태백산에서 큰 구렁이가 나무 밑에 또아리를 튼 것을 보고 석남원을 세우고 대성이 오기를 기다렸다든가 자장이 세운 10여개의 절과 탑에 이상한 상서로움이 있어 많은 선남들이 모여 훨씬 빨리 완성되곤 하였다는 것은 설화의 부분이다.
　「낭지법사의 구름 타기와 보현수」도 설화적 색채가 짙다. 이량공 집의 종으로 7살 때 출가한 지통에게 낭지가 계를 주려고 하자 지통은 동구 나무 밑에서 이미 보현보살에게서 받았노라고 한다. 그러자 낭지는 거꾸로 지통에게 예를 올린다. 이로 인해 그 나무를 보현수라고 하였다. 낭지는 135년 전에 이 산에 들어온 것이라고 한다. 지통은 의상의 처소에 가서 오묘한 이치를 깨달아 『추동기(錐洞記)』를 저술하였다. 반고사에 있으면서 여러 차례 찾아온 원효에게 낭지는 『초장관문(初章觀文)』과 『안신사심론(安身事心論)』을 저술하게 했다. 낭지법사는 일찍이 구름을 타고 중국 청량산으로 가서 신도들과 함께 강의를 듣고 곧바로 돌아오곤 했다. 낭지법사가 구름을 탄 것은 대개 부처가 세 손가락을 구부리고, 원효의 몸이 1백 개로 분산된 것과 같은 것이라고 하겠다. 이상과 같은 이야기에 대한 평가가 "기리어 말한다. 생각하니 산속에 수도한지 1백년 동안에/고매한 이름 일찍이 세상에 드러나지 않았지만/신새의 한가로운 지저귐을 막을 길 없어/구름 타고 오가는 것이 속절없이 알려졌네"74)와 같이 시의 형식으로 처리되었다.

이 글에서 낭지가 구름을 탄다는 초인적 행위자로 그려진 것은 문학적 상상력의 하나인 공상의 산물이라고 할 수 있다. 이 공상에 의해 구름타고 오가는 것이 낭중지침처럼 알려지고 말았다.

5권으로 구성된 『삼국유사』에서 문학적 상상력이 가장 크게 발휘된 곳은 제5권이다. 제5권은 신주(神呪) 제6(이승(異僧)들의 전기), 감통(感通) 제7(영험·감응의 신령스럽고 이상(靈異)한 기록), 피은(避隱) 제8(은둔한 고승(高僧)들의 기록), 효선(孝善) 제9(효행·선행·미담의 기록)으로 짜여져 있다.75)

문학적 상상력이 잘 발현된 이야기로는 밀본법사가 귀신을 물리쳐 선덕여왕과 승상 김양도를 구해주었다는 「밀본법사가 요사한 귀신을 물리치다(密本摧邪)」, 승려 혜통이 당나라에 가서 주문을 외어 공주의 병을 고쳐주고, 주문을 외어 신라 신문왕의 등창을 낫게 해주었다는 「혜통이 용을 항복시키다(惠通降龍)」, 경덕왕 시절에 아간 귀진의 여종 욱면이 밤낮으로 염불한

---

74) 위의 책, p.548.
75) 위의 책, p.7.

끝에 육신을 버리고 연화대에 올라 앉았다는 「계집종 욱면이 염불하다가 서쪽 하늘로 올라가다(郁面婢念佛西昇)」, 신발 만드는 일을 하던 광덕이 죽자 화전민인 엄장이 광덕처를 범하려 했을 때 생전에 광덕은 도를 닦기 위해 무려 10년 동안 부부관계를 하지 않았다는 광덕처의 말을 듣고 크게 부끄러워하며 원효의 지도를 받고 불도를 닦은 끝에 서방정토로 가게 되었다는 「광덕과 엄장(廣德嚴莊)」 등이 있다. 「선율이 다시 살아나다(善律還生)」는 망덕사 선율이 『육백반야경』을 베끼던 중 갑자기 죽자 염라대왕이 반야경을 끝내고 오라고 놓아 보냈다는 것으로 시작한다. 선율은 오던 길에 한 부모가 논을 빼앗긴 것을 해결해달라는 하소연하면서 또 자기가 감추어둔 참기름으로 불을 켜고 베를 팔아 불경을 베끼는 일을 완성해 달라는 한 여자의 부탁을 받는다. 선율이 무덤 속에서 사흘 동안 외치는 소리을 들은 어느 중이 살려준다. 여자의 집에 가서 여자가 죽은 지 15년이 지났고 참기름과 베는 그대로 있는 것을 확인하게 된다. 기어이 선율은 반야경을 베끼는 일을 완성한다. 「김현이 호랑이를 감동시키다(金現感虎)」는 원성왕 때 김현이라는 낭군이 탑을 돌다 만난 처녀와 정을 통하고 그 집에 가는 것으로 시작한다. 호랑이인 처녀의 세 오빠가 김현을 잡아먹으려 한다. 이때 하늘에서 너희들이 생명을 해치는 것이 너무 많으니 한 놈을 죽여 악을 징계하겠다고 하자 처녀는 세 오빠를 멀리 보내고 제가 혼자 벌을 받겠다고 한다. 처녀는 낭군에게 임금이 높은 벼슬을 내걸고 자기를 잡으려 할 것이니 자기를 죽이고 그 공으로 벼슬길로 나아가라고 일러준다. 김현은 사양했으나 처녀는 자기가 죽는 것은 하늘, 나라사람들, 우리 일족, 낭군, 자기자신에게 좋은 일이라고 설득한다. 처녀 호랑이는 오늘 내 발톱에 상처를 입은 사람들은 흥륜사의 간장을 바르고 그 절의 나팔소리를 들으면 나을 것이라고 하고는 김현의 칼을 빼앗아 스스로 목을 찌르고 죽고 만다. 김현은 벼슬에 오르자 서천 가에 절을 지어 호원사(虎願寺)라고 하고 『梵網經』을 강론하여 호랑이의 저승길을 인도해준다. 이 책에서 가장 짧은 「향득사지가 다리 살을 베어 부모를 봉양하다, 경덕왕대(向得舍知割股供親 景德王代)」는 "웅천주에 향득이란 사지가 있었다. 흉년이 들어 그 아버지가 거의 굶어죽게 되자 향득은 다리의 살을 베어 봉양했다. 고을사람들이 이 사실을 자세히 아뢰자 경덕왕이 곡식 5백석을 상으로 하사했다."76)가 전부다. 「손순이 아이를 땅에 묻다, 흥덕왕대(孫順埋兒 興德王對)」도 아주 짧은 편이다. 손순은 아이가 노모에게 주는 음식을 빼앗아 먹는 것을 보고 아이를 땅에 묻기 위해 취산에 올라가 땅을 파다가 이상한 석종을 얻게 되자 아이를 데리고 돌아온다. 종소리를 들은 흥덕왕은 자세한 사연을 알게 되자 집 한 채와 벼 50석을 주어 손순의 효행을 칭찬했다. 이에 손순은 예전에 살던 집을 절로 삼아 홍효사라고 이름 짓고 석종을 모셔두었다. 이상의 작품들 대부분은 비현실적인 사건담으로 짜여져 있기는 하나 교훈적인 성격이 강한 면을 보여주기도 하였다.

사마천(B.C.145-86)의 『史記列傳』 1·2(BC. 93년 사마천이 53세 쯤에 완성)에는 백이열전(伯夷列傳), 노자·한비자열전(老子·韓非子列傳), 중니제자열전(仲尼弟子列傳), 소진열전(蘇秦列傳), 장의열전(張儀列傳), 맹자·순경열전(孟子·筍卿列傳), 등과 같이 개인의 공과를 기록한 것과 혹리열전(酷吏列傳), 골계열전(滑稽列傳), 화식열전(貨殖列傳) 등과 같이 여러 사람들의 행적을 기술한 것이 있다. 혹리열전은 서한 전기에 살았던 포악한 관리 12명의 행적을 서술한 것이며, 골계열전은 "17개의 이야기로 구성된 것으로, 골계인물인 순우곤(淳于髡), 우맹(優孟), 우전(優旃) 등 세 명의 열전을 기록한 것으로 앞의 두 사람은 진한 때의 하급계층으로 해학과 풍자와 반어법을 잘 구사했다. 이들의 이야기는 화도 가라앉히고 군주가 잘못을 깨닫게도 만들었다. 사마천은 이들의 혜안을 육예와 함께 논하며 찬미했다."77) 순우곤과 우맹은 만담가요 소설가의 원형이라고 할 수 있다. 화식열전은 춘추말기부터 한나라 초기까지 상공업으로 치부한 사람들의 사례를 제시하였다. 혹리열전의 경우, 맨 앞에 있는

---

76) 위의 책, p.575.
77) 사마천, 『사기열전』 2권, 김원중 옮김, 민음사, 2009, p.733.

"법령이 늘수록 도둑은 많아진다"는 소제목 아래서는 공자와 노자 그리고 태사공 즉 사마천의 말을 인용하였다. 골계열전에서는 맨앞에 "육예는 세상을 다스리는 힘이 있다"는 소제목 아래 공자의 육예론을 긍정하면서 골계의 순기능을 인정한 사마천의 주장을 제시했다.

화식열전은 "입고 먹는 것이 다스림의 근원이다", "부잣집 아들은 저잣거리에서 죽지 않는다", "물건과 돈은 흐르는 물처럼 유통시켜야 한다", "세력을 얻어 더욱 세상에 드러난다", "시세 변동에 따라 새처럼 민첩하게 사고 팔라", "목자와 과부가 천자에게 대우 받을 수 있는 이유", "물자와 지역, 그리고 사당의 상호관계", "부귀해지려는 몸부림", "보를 얻는 데는 상업이 최상이다", "부유해지는 데는 정해진 직업이 없다" 등과 같은 제목의 이야기들로 구성되어 있다. "입고 먹는 것이 다스림의 근원이다"는 끝부분을 노자의 말과 태사공의 말로 채웠다. 태사공의 말은 길게 처리된 편이며 교훈이나 계몽의 성격을 지니고 있다.

> 태사공은 말한다. 신동씨 이전의 일에 대해 나는 알지 못한다. 『시경』과 『서경』에서 말하는 우나라 하나라 이래의 것을 보면 귀와 눈은 아름다운 소리와 아름다운 모습을 한껏 즐기려고 하고, 입은 소와 양 따위의 좋은 맛을 다 보려 하며, 몸은 편하고 즐거운 것을 좋아하고, 마음은 권세와 유능하다는 영예를 자랑하고 싶어 한다. 이러한 풍속은 백성의 마음 속까지 파고 든지 오래여서 미묘한 이론을 가지고 집집마다 깨우치려 해도 도저히 교화시킬 수 없을 것이다. 그래서 세상을 가장 잘 다스리는 방법은 자연스러움을 따르는 것이고, 그 다음은 이익을 이용하여 이끄는 것이며, 그 다음은 가르쳐 깨우치는 것이고, 또 그 다음은 백성을 가지런히 바로잡는 것이고, 가장 정치를 못하는 것은 재산을 가지고 백성과 다투는 것이다.[78]

---

78) 위의 책, pp.837~38.

세상을 잘 다스리는 법 다섯 가지 중에 세 번째와 네 번째는 경사류의 대상이 되는 것으로, 소설은 이런 경사류의 글에 힘을 보태는 것으로 기능하며 활용된다.

『사기열전』의 맨 끝에 나와 있는 "태사공 자서"에서는 학자들이 학문의 참뜻에 통달하지도 못하면서 스승을 배척하는 것을 우려하여 삼강오륜(유가), 검소와 절약의 정신(묵가), 무형의 도에 맞게 행동하기(도가), 군신과 상하의 본분(법가), 4계절이 운행하는 법칙(음양가), 명분과 실질의 관계(명가)와 같은 육예의 핵심을 제시한 데서 『사기』의 저술동기의 하나를 찾을 수 있다. 개인적으로는 울분을 이기지 못해 『사기』를 지었다가 하는 점을 강조하였다.79) 사기가 사마천 개인의 울분에서 서술된 것이라는 점은 정설로 남아 있다.

조선조 한문단편들 중에는 "사건제시+논평"의 형식을 취한 것이 많다. 이가원 편역, 『李朝漢文小說選』(민중서관, 1961)에 수록된 62편 중에 25편이 이런 형식을 취하였다. 이중 "사건제시+外史氏曰"이라는 구성방식을 취한 것이 허균(許筠)의 「엄처사전(嚴處士傳)」, 「손곡산인전(蓀谷山人傳)」, 신광수(申光洙)의 「검승전(劍僧傳)」, 정약용(丁若鏞)의 「죽대선생전(竹帶先生傳)」, 「조신선전(曺神仙傳)」, 유본학(柳本學)의 「김풍헌전(金風憲傳)」, 이옥(李鈺)의 「신병사전(申兵使傳)」, 「이홍전(李泓傳)」 등과 같이 8편을 차지하였다. 이가원은 "외사씨"에 대해 당시 문인들이 흔히 쓰는 별칭이라고 하면서 허균, 신광수, 정약용, 유본학, 이옥 등이 각각 자칭한 것이라고 추측하였다. 가장 많은 작품이 수록된 이옥은 매사(梅史), 매계자(梅谿子), 문무자(文無子), 경금자(絅錦子), 화서외자(花漵外子), 도화유수관주인(桃花流水館主人)등 많은 호를 갖고 있었는데80), 이런 호가 논평자의 이름으로 연결되었다. 이옥의 「심아전(심아전)」은 "사건제시+

---

79) 위의 책, pp.869~74.
80) 이가원 편역, 『이조한문소설선』, 민중서관, 1961, p.398.

매계자왈(梅谿子曰)"로, 「성진사전(成進士傳)」은 "사건제시+화서외사왈(花漵外史曰)"로, 「포호처전(捕虎妻傳)」, 「유광억전(柳光億傳)」, 「심생전(沈生傳)」은 "사건제시+매화외사왈(梅花外史曰)"로, 「남령전(南靈傳)」은 "사건제시+화사씨왈(花史氏曰)"로, 「장복선전(張福先傳)」은 "사건제시+경금자왈(絅錦子曰)"로, 「최생원전(崔生員傳)」은 "사건제시+주인왈(主人曰)로 구성되었다. 이옥의 경우, 여러 가지 호에다가 "왈(曰)"자를 붙여 논평 부분을 구분한 것은 "지은이는 다음과 같이 논평한다"와 같이 바꾸어도 무방하다. 결국 작가는 이야기를 들려주면서 맨 끝에 주인공의 행위를 나름대로 해석하고 평가하고 있다. 유몽인의 「홍도(紅桃)」는 사마천의 『사기』의 형식을 그대로 빌려 "태사공왈(太史公曰)"이라고 하였고, 허균의 「남궁선생전(南宮先生傳)」은 "허자왈(許子曰)"이라고 하였고, 채제공(蔡濟公)의 「이충백전(李忠伯傳)」은 "번암집왈(樊巖集曰)"이라고 하였고, 박지원의 「마장전(馬駔傳)」은 "골계선생우정론왈(滑稽先生友情論曰)"이라고 하였고, 이덕무의 「은애전(銀愛傳)」은 "찬왈(贊曰)"이라고 하였고, 「김신부부전(金申夫婦傳)」은 "이덕무왈(李德懋曰)"이라고 하였고, 김려(金鑢)의 「유구왕세자외전(琉球王世子外傳)」은 "논왈(論曰)"이라고 하였다.

   이옥의 「성진사전」은 "이 세상에 인류가 생긴지도 벌써 오래 되었다. 간교로운 일이 날로 치열하고 거짓의 행위가 날로 들끓음도 부인할 수 없는 사실이다"[81]와 같이 세상이 점점 혼탁해진다고 개탄하는 것으로 서두를 떼었다. 한 사기꾼이 굶어죽은 시신을 짊어지고 밤에 와 어떤 집주인에게 시비를 걸어 몸싸움을 하다가 시신을 내려놓고 살인죄를 뒤집어 씌우고 고발하려 했다. 그 집주인은 뇌물을 써서 옥사를 벗어났다. 상주에 사는 성희룡은 자기네 집에서 밥얻어 먹은 데다가 그릇까지 갖고 가는 것을 보자 불러서 오히려 천오백 냥을 주고 그릇을 사들였다. 그러자 거지는 자기를 몰아쳤다면 죽은 아이로 위협하려고 했다고 하면서 돈과 그릇을 도로 주고는 가버렸다.

---

81) 이가원 편역, 『이조한문소설선』, 민중서관, 1961, p.404.

화서외사는 "아까 만일 성씨로 하여금 그렇게 하지 않았더라면 옥사가 반드시 성립될 것이요, 옥사가 성립된다면 요즘 법을 맡은 이들은 반드시 의옥이라 하여 여러 해를 두고 판결하지 못할지니 성씨의 처지로선 어찌 억울하지 않겠는가"[82)라고 논평하였다. "온 세상을 법석대며 오가는 사람은 모두들 이익을 위해서이다. 그리하여 이 세상에서 이익을 숭상한지가 오래였다. 그러나 이익으로써만 살고 있는 자는 반드시 이익으로써 죽는 법이다. 그러므로 군자는 이익이라는 말을 입에도 걸지 않으나 소인들은 이익으로 몸을 희생시키는 것이다"[83)와 같이 서두를 뗀 「유광억전」에서도 사기꾼을 등장시킨다. 유광억은 과시(科詩)를 잘하기로 소문이 나 늘 손님이 끊어지지 않더니 돈의 많고 적음에 따라 답안의 수준을 조절한 끝에 잡혀가게 되자 강물에 투신자살하고 만다. 매화외사는 유광억은 사람으로서는 팔아서는 안될 마음을 팔아먹은 자라고 비판하였다. 말하자면 유광억은 서두에서 말한 "이익으로 몸을 희생시킨 소인배"가 되고 만 셈이다. 옛날부터 우리나라에는 진정한 협사가 없었다는 구절로 시작한 「장복선전」은 구달문이 주인공인 이야기와 장복선이 주인공인 이야기를 제시하였다. 나이 50이고 장가도 들지 않고 가난하지만 부유한 사람들과 어울리기 좋아하는 구달문은 한 친구 집에 놀러갔다가 백금 일봉을 훔치지 않았음에도 의심을 받자 그랬노라고 답한다. 나중에 그 친구는 자기 집에서 백금이 나오자 구달문에게 거듭 사과하고 달문도 흔쾌히 받아들인다. 작가 이옥은 자신의 호를 딴 경금자의 이름으로 "구달문은 민간의 한 점잖은 사람이요, 협사는 아니리라. 대체 협사로서 고귀한 바는 능히 재물을 가벼이 하여 남에게 잘 흩어주며 의기를 숭상하고 곤급한 사람을 구휼해 주고서도 갚음을 바라지 않음에 있는 것이야"[84)라고 구달문을 협사로 볼 수 없는 이유를 제시하였다. 이어 이옥은 장복선이 협사

---

82) 위의 책, p.405.
83) 위의 책, p.426.
84) 위의 책, p.467.

로 인정 받는 과정을 제시하였다. 장복선은 평양 감영의 주은고의 고직으로 은고를 엎어 부포가 이천냥이나 되었으나 집안아 곤궁하여 갚을 길이 없어 사형을 당하게 되었다. 장복선은 사리사욕을 취하기 위해 관가의 돈을 착복했다는 누명을 벗기 위해 그동안 가난한 사람들의 관혼상제라든가 아전들의 포흠 갚는데 보태준 돈을 기록으로 정리한다. 회계를 해본 즉 장복선이 부정했다는 이천냥과 딱 맞아 떨어진다. 복선의 사형집행장에 많은 사람들이 모여 들어 소리치고 울기도 하다가 즉석에서 금은보화를 모아 천냥을 마련한다. 평양감사도 감격하여 장복선을 석방시키면서 오백냥을 보조해준다. 성금을 다 모아 장복선은 이천냥을 다 갚게 된다. 이옥은 장복선이 공금을 유용한 혐의로 사형당하기 직전에 인근 사람들의 물심양면의 보은행위로 죄를 벗는다는 이야기를 들려준 끝에 경금자의 입을 빌려 "관가의 재산을 쥐 도적질하듯 해서 사사로이 은덕을 남에게 베풀었으니 법률에 있어선 의당히 사형을 입어야 되겠지만" 남을 도와주는데 다 썼으므로 "복선은 불과 외읍의 한 개 하찮은 아전놈으로서 이렇게 넉넉히 옛날 큰 협사의 끼친 풍모를 지녔다"고 했다. 그리고는 "우리 나라 사람의 성격이 질박·옹졸할뿐더러 또 재물에 극히 검소하므로 남의 급한 일을 당해서 구휼해주는 자가 드물다"고 하면서 장복선과 같은 협사가 태어난 배경요인의 하나로 "재물을 가벼이 알고 정의를 중하게 여겨서 기절(氣節)을 숭상하며 이름을 좋아하는"85) 관서지방의 습관을 들었다. 작가 이옥은 아전을 대상으로 하여 "협사소설"을 쓰면서 조선인들의 단점을 지적하면서 관서지방을 치켜세우는데까지 나아갔다.

 김성탄(金聖嘆)(1608~1661)은 「제5재자서시내암수호전서(第五才子書施耐庵水滸傳序)」에서 "대저 『장자』의 문장에다 『사기』를 혼합시키면 『사기』 같지 않고 『사기』의 문장에다 『장자』를 혼합시키면 『장자』 같지

---

85) 위의 책, p.469.

않다. 『장자』의 뜻은 괴인지도를 말하고자 하는 것이고, 『사기』는 그 원한과 분노를 진술했을 뿐이다.(莊生意思欲言怪人之道 史記攄其怨憤而已)"86)와 같이 『사기』와 『장자』를 비교하는데 주력한 것에 이어「독제5재자서법-선록(讀第五才子書法-選錄)」에서는 『사기』와 『수호전』을 비교하는데서 출발했다. 그러면서 『사기』와 『수호전』을 비교함으로써 역사기술과 소설의 차이를 밝혀내었고 소설을 쓰는 것이 보다 쉽다고 하였다.

> 나는 일찍이 『수호전』이 『사기』보다 뛰어나다고 말한 적이 있는데, 사람들은 모두 믿으려 하지 않았고 실로 나의 허튼소리가 아니라는 것을 알지 못했다. 사실 『사기』는 글로써 사건을 서술한 것이고, 『수호전』은 글로써 사건을 만들어 낸 것이다. 글로써 사건을 서술하는 것은 먼저 이러이러한 사건이 이미 이루어져 있는 것을 한 편의 문장으로 엮어 내기 때문에 비록 사마천과 같이 재주가 뛰어난 사람이라도 필경 고생스러운 일이다. 그러나 글로써 사건을 만들어 내는 것은 그렇지 않다. 오직 붓이 가는 대로 따라가다가, 내 뜻에 따라 높은 것은 깎고 낮은 것은 메워 나가면 된다.87)

글로써 사건을 서술하는 것(역사)이 글로써 사건을 만들어내는 것(소설)보다 못하기는 하지만 어렵다고 한 김성탄의 주장은 법칙으로 통용되기는 어렵다.

이익이 『성호사설』에서 "역사라고 하는 것은 권선징악하기 위해 쓰는 것이다. 선을 드러내고 악을 덮지 않는 것은 옛 역사기술의 공적 임무다. 후세의 역사가는 야담과 비문에 의지하여 그것들을 모아 국사를 만드는 것에 불과하다. 권선만 있고 징악은 없어 마치 새의 한 쪽 날개가 떨어지고 수레의 한 쪽 바퀴가 빠져버린 것처럼 개인적인 의견에서 헤어나지 못한다"와 같이 역사서

---

86) 최봉원 외 편역, 『中國歷代小說序跋 譯註』, 을유문화사, 1998, p.77
87) 위의 책, pp.88~89

술의 공적 임무인 권선과 징악을 새의 양 날개로 비유한 것은 뛰어나다. 또한 "공정함은 역사를 쓸 때 마땅히 취해야 할 것이나 후세사람들은 이것을 평계 삼아 상협지간(箱篋之間)에서 자기의 분노를 드러내고 거짓말을 만들고 남의 하자만을 들추어내려 하고 피를 토할 문자를 찬란하게 만들어 마침내 사람들로 하여금 옳고 그름의 진실이나 악을 제대로 판단하지 못하게 한다"[88])와 같이 공정한 기술의 어려움을 인정하였다. "후세의 병관자는 야담과 비문에 의지하여 그것들을 모아 국사를 만드는 것에 불과하다"는 말은 한 사회나 국가의 역사기술에는 한 개인의 전기가 포함되는 것임을 주장한 것으로 볼 수 있다.

이익은 어려서부터 글을 많이 읽어 벼슬의 길에 나간 사람들은 배운 것을 제대로 실천하지 않는다고 하면서 "혹자는 위존(威尊)에 눌리고 혹자는 특정 무리에게 유혹을 받기도 하고 혹자는 시대의 압박도 받게 되고 혹자는 이욕에 끌려가기도 하는 바 이는 모두 이욕의 작용에 지나지 않는다. 욕심이 승리하면 마음이 움직이고 마음이 움직이면 일이 제대로 풀리지 않는다"[89])고 하여 올바른 역사기술을 시도할 때 권력, 유혹, 시대의 압박, 이욕에 휘둘리기 마련이라고 하였다. 역사를 기술하는 사람들이 직간접적으로 경험한 시기를 대상으로 할 때 공정성과 객관성을 취하기 어렵다. 현재의 상황에 따라 과거 사실이 재평가되고 재해석될 수 있는 것이며 특정 사관에 따라서는 과거의 사실이 크게 달라진다. 위존이나 유혹이나 압박이나 욕심은 야담이나 소설에게도 작용할 수 있다.

전집은 중국과 고려의 정치가와 학자의 이야기가 중심이고 후집은 시화가 중심인 이제현(李齊賢)의 『역옹패설(櫟翁稗說)』은 후집의 서에서는 저자와 평

---

88) 『성호사설 하권』, "古史善惡" (원문은 경희출판사(1967, p.58) 수록본을 취했다.)
史者所以勸善懲惡 著其善而不諱其惡前史之公也 如後世秉管者不過惡依野談碑誌輳成國史 便是有勸無懲如鳥隆一翼車關一輪不離私意套十矣(중략)作史野宜釆然後人以此爲箱篋之間呈憤售詐衰瘕覓疵紮爛於噴血文字 遂使人迷其臧否之眞則惡矣
89) 위의 책, "讀書仕宦" (원문은 경희출판사(1967, p.122) 수록본을 취했다.)
"故或爲威尊所壓或爲衆咻所誘或爲時勢所迫或爲利欲所牽而都不過其利欲者爲之機枯 欲勝則心遷心遷則事移離

자 사이의 공방전을 소개하였다.

"손(客)이 낙옹(櫟翁)에게 말하기를, <그대가 기술한 이 책의 전집에는 조종(祖宗)의 먼 세계(世系)와, 이름난 공경(公卿)들의 언행도 또한 자못 많이 기재되었는데 도리어 골계(滑稽)의 말로 끝을 맺고, 후집의 기술에는 경사(經史)를 논강한 것은 얼마 없고, 다 장구(章句)를 꾸미고 아로 새긴 것 뿐이니, 어째서 그렇게 특별한 조수(操守)함이 없는가. 이것이 어찌 단아한 선비와 씩씩한 대장부가 해야 할 일이겠는가>라고 하였다"와 같이 『역옹패설』은 비판받는다. 그러자 이제현은 『시경』을 충분히 참고했다고 하면서 "<더구나 이 기록은 본래 한가하고 답답함을 몰아내기 위하여 아무거나 기술한 수필이다. 거기에 해학이 있은들 무엇이 괴이할 것이 있겠는가(本以驅除閑悶信筆而爲之者何怪夫其有戲論也) 또 공자는 장기나 바둑을 두는 것도 아무 용심(用心)함이 없는 것보다는 낫다고 하였다. 장구(章句)를 수식하고 아로새기는 일이 장가 바둑을 두는 일보다는 오히려 좋지 않겠는가. 또 이러한 것이 아니라면 이름을 비설(裨說)이라고 하지는 않았을 것이다>고 하였다"90)고 전한다. 바로 이 대목은 소재를 당대의 삶에서 찾으면서 서술태도를 그대로 견지했더라면 『역옹패설』은 소설이 되었을지 모른다고 추측하게 만든다.

허균, 이옥, 정약용, 박지원 등의 한문소설은 작품에 권위를 부여하기 위해 이야기+사관의 평가의 방법을 택하였다. 이야기를 통해 재미를 살리고 사관의 평을 통해 교훈을 주게 되는 효과를 거둔다는 것이다. 동일한 시기나 존재를 대상으로 한 역사서술도 사관에 따라 내용이 재구성될 수 있고, 역점을 둔 부분이 달라질 수 있고, 해석이 달라질 수 있다. 기본적인 사실을 왜곡시키지 않는다면 특정 사관을 취하거나 특정사항을 강조하는 역사기록이 더욱 설득력을 가질 수 있다. 바로 이 과정에서 소설적 상상력과 서술방법이 든든한 버팀목으로서의 역할을 해낼 수 있다.

---

90) 李齊賢, 『櫟翁稗說』, 南晩星 역, 을유문화사, pp.97~98.

제5장 역사서술의 대체양식

제5장 역사서술의 대체양식

1.

전세계의 독자들은 소설을 통해 역사적 사실을 파악하고 역사의 기능인 권선징악과 감계를 경험한 바 있다. 소설을 통해 역사기술을 꾀하는 역사소설은 가장 오래된 소설유형으로 앞으로도 계속 씌어질 것이며 많이 읽힐 것이다. 3류 역사소설은 기록으로서의 역사를 왜곡하거나 파괴하지만 많은 자료를 수집하는 노력을 보인 소설들은 역사가들에게 참고문헌을 제공하게 된다. 민족문화추진회가 1971년에 정리한 『대동야승』에는 성종 때의 성현(成俔)의 『慵齋叢話』부터 인조 때의 김시양(金時讓)의 『부계기문』(涪溪記聞)까지 59종을 모아놓은 것이다. 59종은 역사서의 성격이 강한 것과 야사나 수필의 성격이 강한 것으로 대별할 수 있다. 이미 제목에서부터 후자에 들어가는 것으로는 성현(成俔)의 『용재총화(慵齋叢話)』, 서거정(徐居正)의 『필원잡기(筆苑雜記)』, 조신(曺伸)의 『소문쇄록(謏聞瑣錄)』, 어숙권(魚叔權)의 『패관잡기(稗官雜記)』, 이륙(李陸)의 『청파극담(靑坡劇談)』, 허봉(許篈)의 『해동야언(海東野言)』, 이중열자(李中悅子)의 『을사전문록(乙巳傳聞錄)』, 심수경(沈守慶)의 『견한잡록(遣閑雜錄)』, 신흠(申欽)의 『상촌잡록(象村雜

錄)』, 조경남(趙慶男)의 『난중잡록(亂中雜錄)』, 박동량(朴東亮)의 『기재잡기(寄齋雜記)』, 정홍명(鄭弘溟)의 『기옹만필(畸翁漫筆)』, 윤국형(尹國馨)의 『문소만록(聞韶漫錄)』, 이기(李墍)의 『송와잡설(松窩雜說)』, 윤근수(尹根壽)의 『월정만필(月汀漫筆)』, 윤두수(尹斗壽)의 『오음잡설(梧陰雜說)』, 이제신(李濟臣)의 『청강쇄어(淸江瑣語)』, 이덕형(李德泂)의 『죽창한화(竹窓閑話)』, 『송도기이(松都記異)』, 김시양(金時讓)의 『하담파적록(荷潭破寂錄)』 등이 있다. 김두종은 「대동야승 해제」에서 중종 때의 기묘사화, 명종 때의 을사사화, 선조 때의 기축옥사 등의 실정을 잘 파악할 수 있는 전문적 기록도 적지 않다고 하면서 "또 임진왜란과 병자호란 등의 참고자료로서 그 가치가 높이 평가되고 있는 「재조번방지」·「난중잡록」 및 「속잡록」 등과 당파의 분열에 대한 공정한 기록이라는 정평을 가진 「광해조일기」·「계해정사록」·「혼정편록」·「묵재일기」 등도 본 총서의 중요한 채집본들이다. 그 외에 역대 왕조들의 일사(逸事), 명인들의 전기, 일화·소화·농담 등 당시의 우리 인정과 풍속을 아는 데에 필요한 다채로운 사료들이 가장 많은 수를 차지하였는데, 「용재총화」, 「필원잡기」, 「패관잡기」·「청파극담」·「해동야언」 등을 비롯한 20여 종에 달하는 중요한 기록들이 여기에 해당된다"91)고 하였다. 김두종은 "용재총화 해제"에서 "용재총화는 성종때 용재 성현의 수필집이다. 그 내용은 고려시대로부터 근세조선의 성종때까지의 황세가들을 비롯하여 장상, 시인, 문호, 서화 및 음악인들에 관련된 일화(逸話)와 해담(諧談)들을 많이 채록하였을 뿐 아니라 그 당시의 사회에서 버림받아 오던 과부·승방·복서(卜筮)·기녀, 심지어는 탕녀들에 얽힌 연화(戀話)와 실태들이 적지 않게 끼어 있어 그 당시의 인정·풍속들을 짐작할 수 있다"92)고 하였다.

---

91) 고전국역총서 49, 『국역 대동야승 제1권』, 민족문화추진회, 1971년 초판, 1982년 재판, p.5.
92) 위의 책, p.8.

성현은 『용재총화(慵齋叢話)』의 제 1권의 서두를 "경술과 문장은 원래 두 가지가 아니다. 육경은 모두 성인의 문장으로 모든 사업에 나타나 있다. 지금 글을 짓는 자는 경술의 근본된 것을 알지 못하고 경술에 밝다는 자는 문장을 모르는데 이는 편벽된 기습 뿐만 아니라 이것을 하는 사람들이 힘을 다하지 않기 때문이다"93)와 같이 주장했다.

『필원잡기(筆苑雜記)』의 서에서 표연수는 "대개 구양 문충공의 귀전록(歸田錄)을 본받았고, 또 국로한담(國老閑談)과 동헌잡록(東軒雜錄)을 취하여 기록하였으니, 사관이 기록하지 아니한 조야(朝野)의 한담을 기록하여 관람에 이바지하고자 한 것으로, 그 후세를 도움이 어찌 적다 하리요, 이로써 선생의 마음씀이 부지런함과 학문의 정밀함을 보겠다"94)라고 하여 서거정은 오늘날의 소설과 같은 글을 쓴 것은 학문의 정밀함으로 평가했다.

"그 저술한 것이 다 우리 동국의 일을 찾아 모아서 위로는 조종의 신사(神思) 예지로 창업하신 대덕을 찬술하였고 아래로는 공경과 어진 대부들의 도덕·언행·문장·정치 등 모범이 될 만한 일에 미쳤으며, 국가의 전고(典故)와 촌락의 풍속이 세상 교화에 관계 있는 것으로서 국사에 실려 있지 않은 것을 갖추어 기록해서 빠짐이 없었다"95)와 같이 『필원잡기』는 모범적인 인물들의 언행을 기록함으로써 경과 사를 겸비하게 되었다고 했다. "대저 필담(筆談)은 임하(林下)에서 듣고 본 것을 말한 것이요, 언행록은 명신(名臣)의 실적을 기록한 것인데, 이 책은 이들을 겸한 것이니, 어찌 수신잡조(搜神雜俎)

---

93) 고전국역총서 49, 『국역 대동야승 제1권』(권오돈·김용국·이지형·안병주 역), 민족문화추진회, 1982년 재판, p.9.
(원문)"經術文章非二致 六經皆聖人之文章 而措諸事業者也 今也爲文者不知本經 明經者不知爲文 是則非徒氣習之偏 而爲之者不盡力也"(p.559)
94) 고전국역총서 49, 『대동야승 제3권』(김익현·임창재 역), p.259.
(원문)"盖法歐陽文忠公歸田錄 又取國老閑談東軒雜錄而爲之 欲記史官之所不錄朝野之所閑談 以備觀覽 其有補於來世 用是見先生用心之勤學文之精"(p.665)
95) 위의 책, p.260.
(원문)"朝宗神思睿智創垂之大德 下及公卿賢大夫道德言行文章政事之可爲模範者 以至 國家之典故閭巷風俗 有關於世敎者 國乘所不載者 備錄無遺"(p.665)

등의 책과 같이 기괴한 일을 들추어서 본 것이 많고 넓음을 자랑하여 이야기 거리가 되기에만 그치는 것과 같으리요."96)라고 하여 필담과 언행록으로 구성되어 있어 단순한 수신기(귀신담과 비현실적 이야기)와 다르다고 하였다.

김두종은 어숙권의 『패관잡기(稗官雜記)』의 해제에서 "권두에 명제(明帝) 주원장의 홍무 원년으로부터 시작하여 근세조선의 건국과 함께 명나라에 왕래하게 되던 사절들과 또는 요동·일본·대마도·유구 등 지역에 관련된 유사·시화·풍속 등을 자세히 기록하였을 뿐 아니라 그 당시의 사환(仕宦)·일사(逸士)·시인·문호들의 인행과 또는 새인, 기예, 축첩, 동요 등등에 관한 사실들을 듣고 보는 그대로 기록하였으므로 필요한 사료로서 후세에 널리 이용되었다"97)고 하였다.

김안로의 『용천담적기(龍泉談寂記)』는 서문에서 다음과 같이 말하였다.

> 그러나 마음을 쓰지 않는 것은 군자가 병폐로 생각하는 바라, 백번 귀양살이 한 사람이 정신이 피로하고 낡아서 성인의 글을 보아도 두어 줄을 읽지 못하고 마음이 혼혼하여 푸르고 붉은 것이 달이 보이어 문득 그 장을 마치지 못하고 걸어 치워 버렸다. 긴 밤과 기나긴 낮을 뜻 둘 곳이 없어 때로 예전에 친구들이 하던 이야기를 기억하며 붓 나가는 대로 기록하여 친구들과 이야기하고 농담하는 것을 대신할까 한다. 또한 새로 얻은 것이 있으면 그 끝에 보충하여 번민을 덜고 적요하고 울적한 것을 위로하는데 도움이 되게 하였다. 비록 이런 것으로 마음을 썼다고 할 수는 없지만 장기나 바둑을 두거나 낮잠을 자는 것보다는 낫지 않겠는가. 어떤 사람이 말하기를 "패관소설도 충분히 박식을 돕고 잃어버리거나 떨어진 것을 주어 모을 수 있어서 역사의 편집을 맡은 사람들이 반드시 참고하여야 할 것이 있으니 어찌 끝끝내 감추어 두어 사유물로만 할 수 있겠는가"(원문 : 或曰稗官小說 亦足資掯博 而綴遺缺職編摩者之所必採 豈能終秘以自私也 p.113)

---

96) 위의 책, p.260.
97) 고전국역총서 49, 『대동야승 제14권』(김종오·이석 번역), p.416.

하니 나는 다음과 같이 답하였다. "아직 그렇게 할 수는 없고 다만 책상안에 두어서 나의 자손들로 하여금 오늘날의 나의 불우(歷落)하고 간신(艱辛)한 꼴을 알게 하여 자손들이 마땅히 힘쓰도록 할 뿐이다"라고 하였다. (가정(嘉靖) 전몽(旃蒙) 작악(作噩) 즉 을유(서기 1552년) 12월 보름 인성당(忍性堂)에서 적음)98)

김안로는 이 책에서 공적 기능과 사적 기능을 고루 인정하였다. 35종의 이야기에는 사실담이 비현실담보다는 많고 무명의 인물이 주인공인 이야기가 정몽주, 손칠휴, 세종대왕, 문종, 김시습, 채빙군, 심종, 성현, 연산군 등과 같은 실존인물을 주인공으로 한 이야기보다는 많았던 것으로 보인다. 비현실담은 항간에 돌아다니는 동요의 예언기능을 밝힌 이야기, 중이 호랑이에게 물려온 소녀를 구해준 이야기, 선비가 죽어서 염라대왕에게 염라부에 간 일 등 5편 정도가 있다.

양대연은 『견한잡록』의 해제에서 "견한잡록은 김안로의 용천담적기와 같이 심심풀이 자료를 심수경이 쓴 것", "수록된 이야깃거리는 총 69편으로 담적기는 신이(神異)를 많이 가미함에 반하여 사실에 치중한 감이 있다." "82개의 서술 가운데에서 특징을 찾는다면 정법이 단연 다수를 차지하고 다음이 사화의 순서로 신기한 것은 별로 소재로 하지 않았다. 풍속 교정과 순화에 주안을 두었음이 역력이 보인다"99) 등과 같이 창작동기, 구성방법, 소재, 효능 등을 밝혀놓았다.

남원에서 태어나 임진왜란 때 의병을 일으켜 호남과 영남 일대에서 많은 적을 섬멸한 산서 조경남(趙慶男)(1570-1641)이 저술한 임진왜란과 정유왜란 중심의 야사 『난중잡록』의 "서"에서 기정진(奇正鎭)은 울분, 우분, 핏덩이 등과 같은 말을 강조하면서 "이에 이 기록을 쓰기로 하여 선조대왕 임오년

---

98) 고전국역총서 51, 『대동야승 제13권』(이한조 번역), 민족문화추진회, 1971년 초판, 1982년 재판, p.460.
99) 위의 책, pp.533~34.

부터 인조 신사년까지 전후 60년간의 천재지변과 요괴한 물상과 조정의 상황과 민간의 풍속과 난중의 공문과 의병의 격문서와 변방 이외의 모든 일들을 다 모았으며 그 중에 혹 소루한 것도 있는 것은 듣고 본 것이 미처 못 미친 때문이고 고의로 빼버린 것은 아니다. 공의 가슴 속의 핏덩이는 이 기록에 다 쏟은 것이다"100)와 같이 열심히 자료를 수집하여 야사를 쓰게 되었다고 밝혔다.

기정진이 강조한 울분, 우분, 핏덩이 등과 같은 단어들은 역사적 사건의 피해자로서 갖게 된 분노는 소설창작의 주요 동기가 될 수 있다는 명제를 만들어 준다. 자서의 끝부분에서 조경남은 "그 가운데는 또 선을 권면하고 악을 징계하여 사람을 감동시키려는 뜻도 많이 들어 있으니 이것이 어찌 한때 잠을 안 자고 심심풀이로 읽는데 그칠 뿐이랴"101)와 같이 『난중잡록』의 가르침을 가볍게 여기지 말라고 하였다.

총 6권으로 된 『재조번방지(再造藩邦志)』는 김용국의 해제(pp.3~12)에 의하면 이 책은 상촌 신흠의 손자요 낙전당 신익성의 아들인 화은 신경(申炅)이 지은 것으로 임진왜란 때 많은 병사를 보내어 조선을 구하고 청나라의 신흥강대 세력과 대항하여 싸우던 명나라를 높이고 우리나라를 "번방"으로 표현하였다. 신경은 이 책의 끝부분에서 저술 동기를 밝혀 놓았다.

> 기축년(인조 27, 1649) 겨울에 큰딸이 애기를 낳고 앓아 누웠다가 한달이나 되어 병은 나았고 그후에 약을 먹으며 조섭 치료하는데 또한 수십 일이 걸리게 되므로 신음하면서 우울할 적에 이상한 말이나 기이한 이야기를 얻어서 소견(消遣)거리를 삼으려 한다. 내 생각에, 전기로서 음일(淫佚)한 것은 족히 볼 것이 없고 고고(古高)한 것은 재미가 적어서 모두 홧병을 씻어내는 처방이 못되므로, 이

---

100) 고전국역총서 54, 『국역 대동야승 25권』(차주환·신호열 역), p.282.
101) 위의 책, p.292.
(원문)其間亦多勸懲感動之意 此豈但一時龍眠而已也哉

에 임진년에 침략당하던 사실을 기록하는데 상촌 신흠의 문고 중 정왜지(征倭志)를 근원 삼고 여러 사람의 문집소설(文集小說)의 유를 모아서 책을 만들었다. 그 새에 차(箚)·주(奏)·장(章)·소(疏)의 번거로움이 있으나 삭제하지 않은 것은 그 변론을 자세하게 하려는 것이고, 거리의 이야기 같은 자질구레한 것을 오히려 기록한 것은 그 인정을 자세하게 살피려는 것이다. 아아! 임진년의 화란이 참혹하였도다. 중국 군사가 아니었으면 나라가 없어졌을 것이고, 나라가 없어졌다면 우리들로 하여금 이같이 번성하게 살 수 있을 것인가? 이는 필부필부라도 마땅히 여러 번 익히 읽어서 그 사실을 자세하게 알아 우리가 살아가는 것이 이 가운데서 얻은 것임을 깨달아야 할 것인데, 어찌 다만 신음하는 중의 소견거리만 되고 말뿐이겠는가. 이에 글씨를 빨리 쓰고 번역을 잘하는 사람에게 부탁하여 한 줄거리로 모아 만들어서 여러 사람에게 알리는 것이다.102)

신경의 설명을 확대해석하면 소설은 소견거리라고 하는 "기이한 이야기", 볼 것이 없다고 하는 "음일한 이야기", 홧병을 씻기 어렵다는 "고고한 이야기", 변론에는 소용이 된다는 "번거로운 이야기", 인정관찰에 도움이 된다는 "거리의 이야기" 등으로 구체화될 수 있다. 신경은 통속소설, 사상소설, 탐구소설, 시대소설 등을 자주 나타나는 소설유형으로 본 듯하다.

『재조번장지 6』이 다 끝난 후 "기해년(효종 10, 1659) 3월 상순 불초고 이화는 피눈물로 삼가 적는다"고 하면서 기록의 정확성에 힘썼고 비속한 표현을 삼가지 않았다고 하였다.

> 이 지(志)는 정왜지(征倭志)를 근원 삼고 징비록·유설 등에서 참고하여 넣었으며, 또 여러 문집 중에서 한 조각 말이거나 한 조각 글자라도 옳은 것이 있으면 채택하여 붙이되, 그 적확하기에 힘을 쓰고 감히 함부로 개인의 의견을 붙

---

102) 고전국역총서 57, 『국역 대동야승 39권』(진치원 역), p.562.

이지 않았으며, 그 너절한 말이나 거리의 말같은 것을 산절(刪節)하지 않은 것은 대개 통속적인 언문 번역에 편케 하고 또 역사에 혐의스럽기 때문이니, 보는 이는 글과 말이 거칠고 졸렬한 것으로 그 모아 편집한 뜻을 나무라지 아니하면 심히 다행이겠다.103)

윤기헌(尹耆獻)의 『장빈거사호찬(長貧居士胡撰)』은 권덕주의 해제에 의하면 "장빈거사호찬은 약칭 장빈호찬(長貧胡撰)으로 불리운다. 이것은 수필, 시화, 일화, 설화 등을 자유롭게 적어 놓은 것인데 찬자의 친지들에 관한 이야기가 많다. 호찬이란 말은 되는 대로 지었다는 뜻이니 자기의 찬술에 대한 겸사로 붙인 이름"104)이라는 의미를 갖는다.

성낙훈은 대사헌에 오른 이정형(李廷馨)의 『동각잡기(東閣雜記)』에 대한 해제에서 대동야승에 편입된 야사 중 가장 가치가 크다고 주장하였다.

이 동각잡기는 야사로서의 가치는 대동야승 중에 제일 가치가 있는 것이라고 본다. 용재총화·필원잡기 등은 시화, 회해(詼諧) 등이 많고, 그밖의 것은 일당일파에 치우친 것이 많으며, 기묘록 및 재조번방지 등은 기사본말의 일종에 불과한 것이다. 그러나 이 동각잡기만은 야사를 만들려고 유의한 저술로서 국가의 정치와 명신의 행적 이외에는 기록되지 않았으니 이야말로 정사의 자료가 될 수 있는 야사이다. 어느 시대에나 완전한 정사를 지으려면 관용기록이나 기거주(起居注) 역조실록(歷朝實錄) 외에 조리있고 근거 있는 야사를 참고하는 것인데 이 동각잡기는 한 개 문인이나 당인들의 멋대로 놀린 붓이 아니다.105)

---

103) 위의 책, p.564.
此志以征倭志爲源 系入懲毖錄類說等書 且采諸集中片言隻字 有可都附之 務其的雅 不敢妄附己意 若其枝辭漫語 街談巷說 不刪不節者 盖便於通俗諺譯 而又嫌於史也, 覽者勿以文辭無挑乏其裒輯之意 幸甚(원문 p.120)
104) 고전국역총서 61, 『국역 대동야승 51권』(권덕주 역), p.39.
105) 고전국역총서 61,『국역 대동야승 53권』(성낙훈 역), pp.325~26.

『동각잡기』는 정사의 자료로 활용될 가능성이 높기에 가치가 크다고 하였다. 성낙훈은 이 야사를 고평하면서 이와 비슷한 야사들의 고급성과 당파성을 문제 삼았다. 완전한 정사를 지으려면 조리있고 근거있는 야사도 참고해야 한다는 것은 소설양식이나 다름없는 야사의 가치를 인정한 것이라고 하겠다.

송강 정철의 넷째 아들인 기암 정홍명이 지은 『기옹만필』(『대동야승』 54권)은 율곡에 의한 서경덕의 이론 비판, 김장생의 마음론, 우계 성혼의 생활철학, 퇴계와 남명의 관계, 하서 김인후의 깨끗한 생활, 토정 이지함의 통찰력과 예견력, 중봉 조헌의 학문과 애국심, 석주 권필의 문학세계, 오산 차천로의 기행, 정광필의 도량, 정암 조광조의 총명, 퇴계와 기고봉의 친교와 토론, 무명 인사들의 일화, 중국 문인들의 학문과 문학세계 등과 같은 내용을 담았다.

정홍명은 이 책의 끝을 "대개 이 만록은 남에게 보이려는 것이 아니요, 다만 내가 오랫동안 병으로 의지할 데가 없어, 때로 혹 들쳐보며 번민한 생각을 씻게 된다면 반드시 청량산(淸凉散) 한 제만 못하지 않을 것이다. 계미년 여름에 기옹이 청정헌에서 쓴다"106)와 같이 마무리하여 기록행위는 마음의 의지처를 제공해주고 생각을 정리하고 정화해주는 계기가 된다고 하였다.

청나라 때의 채원방(蔡元放)은 「동주열국지서(東周列國志序)」(1752)에서 책은 경(經)과 사(史)로 이분할 수 있다고 하였다.

---

106) 위의 책, p.583.
 "盖此錄 非欲示人只以余久病亡憀 時或寓目 澌儵頂愁 未必不敵淸凉散一服耳 (원문 p.111)

책의 이름은 수천 종이지만 그 실체를 궁구해 보면 경과 사 두 가지일 따름이다. 경이란 도를 싣는 것이고, 사란 사를 기록하는 것이다. 육경이 그 근원을 열었고, 뒷사람이 이를 이어서 더욱 발전시켰다. 훈계(訓戒)·논의(論議)·고변(考辨) 같은 것은 모두 경의 부류이고, 감기(鑑記), 기전(紀傳), 서지(敍志) 등은 모두 사의 부류이다. 육경을 살펴보면 성인의 책이다. 말의 근본에는 반드시 用(쓰임)이 있고 말의 쓰임에는 반드시 그 근본이 존재한다. 《역경》과 《예기》, 《악경》은 경 중의 경이지만 사(事)도 기록하고 있다. 《시경》·《서경》·《춘추》는 경 중의 사(史)인데, 동시에 또한 도를 밝히고 있다. 후인들의 재주와 식견이 얕고 짧아서 마침내 갈림이 생겨 그들을 두 가지로 보게 되었으며 이것을 둘로 보는, 즉 어긋남이 생기지 않을 수 없었다.107)

책을 경과 사로 나누었고 다시 "경중의 경"과 "경중의 사"로 세분했다.

事에 있어서는 그렇지 않아서, 나날이 다르고 다달이 바뀌어 천태만상이니, 聖人이 지은 책으로 다할 수 있는 바가 아니다. 그래서 經은 더 증가될 수 없으나 史는 곧 나날이 늘어났다. 史는 진실로 흥망성쇠의 흔적이다. 이미 그러한 것은 事이고 그러하게 되는 것은 理이다. 理는 (그 자체는) 볼 수 없는 것이고 事에 의해 드러나는데, 事는 史만큼 갖추어진 것이 없다. 天道의 감응, 인사의 報施, 지혜로운 사람과 어리석은 사람, 간신과 충신의 변별은 모두 여기서 취하게 되니, 史라는 것은 經을 도와 用이 되게 하는 것이고, 또한 가히 經과 겸하여 體를 세우는 것이라고도 할 수 있다(史固盛衰成敗 廢興存亡之迹也 已然者事 而所以然者理也 理不可見 依事而章 而事莫備於史 天道之感召 人事之報施 知愚忠佞賢奸之辨 皆於是乎取之 則史者可以姷經以爲用 亦可謂兼經以立體者也)108)

---

107) 최봉원 외, 『중국역대소설서발역주』, 을유문화사, 1998, p.245.
108) 위의 책, p.245.

역사는 경의 보충으로 나타난 것으로 역사 속에는 사(事)와 이(理)가 있으며 역사는 나중에 가면 경과 어깨를 나란히 하여 체를 세운다는 주장으로 요약할 수 있다.

"돌이켜보건대, 사람들이 대부분 역사책은 읽지 못하면서도 소설을 못 읽는 사람은 없다. 소설이란 원래 역사의 지류이기도 하며, 특히 역사서의 문장을 풀어서 설명한 것일 따름이다. 소설을 잘 읽는 사람은 또한 역사서를 읽는 데까지 나아갈 수 있으므로 옛 사람들이 없애지 않은 것이다"[109]와 같이 소설발생의 근거를 역사에의 길잡이 에서 찾았다.

그러나 채원방은 소설의 효능을 지적하는 것을 잊지 않았다. 《동주열국》은 소설 가운데 사실에 가까운 것으로 주나라는 오백여 년 사이에 수십 개의 열국과 갖가지 재난, 복잡한 사건들, 번잡한 인물로 이루어져 다른 역사서의 몇 배 어렵기는 하나 소설로 씌어지면서 어린아이들까지 역사를 알게 되었다고 하였다. 그러나 역사와 비교할 때 소설에는 한계가 있다고 하였다.

채원방은 소설은 사실담은 될 수 있으나 역사서처럼 당위론, 원인탐구, 판단력 등으로 나아가지 못하는 한계를 드러낸다고 하였다.

2.

헤겔은 『역사철학강의』에서 철학적 세계사를 근본적 역사(die ursprüengliche Geschichte), 반성적 역사(die reflektierte Geschichte), 여러 가지 사건들과 행위들을 사유의 대상으로 삼는 철학적 역사(die philosophische Geschichte)으로 나누었다. 반성적 역사는 사건와 행동과 사

---

[109] 위의 책, p.246.

람 등을 요약하는 일반사, 역사는 현재 중심으로 기술해야 한다는 실용적 역사(die pragmatische Geschichte), 비판적 역사(die kritische Geschichte), 전문적 역사(die Spezialgeschichte)로 세분했다.

근본적 역사이며 자료적 역사를 설명하는 자리에서는 "역사가들의 서술은 자기가 눈앞에서 보고 자기 자신도 하나의 역할을 한 바 있는 행위·사건·정세에 한정되어 있다. 그들은 자기 주위에 일어났던 일을 정신적 관념(표상)의 왕국에 이입시킨 사람들이다. 물론 이들 직접적인 역사가도 타인의 보고와 이야기에 의존하기는 한다. 한 인간이 단독으로 무엇을 본다고 하는 따위는 불가능하다"(p.60) 와 같이 역사서술의 조건으로 역사가의 직접체험과 관찰을 강조하면서 이중 한 가지만으로는 역사서술이 불가능하다고 하였다. 설화, 민요, 전기는 미개민족의 관념을 반영하고 또 불투명하기 때문에 역사자료로는 부적합하다고 하였다.

헤겔은 실용적 역사에 대해 "실용적 반성은 그것이 어떠한 추상적 반성일지라도 실제로 현재적인 것이며, 과거의 이야기에 생명을 불어넣어서 현재의 생활이게 한다"(p.65)고 하였고 비판적 역사에 대해서는 역사의 역사와 설화의 비평 및 그것의 진리성에 대한 연구가 중요하다고 했다.110)

헤겔이 사건으로서의 역사와 기록으로서의 역사가 별개가 아님을 주장한 데서 역사서술이 공식적이며 객관적인 기록에 멈추는 것이 아님을 깨닫게 된다. 이런 깨달음은 소설과 역사기록을 등위에 놓는 계기를 가져올 수 있다.

> 독일어에서 역사(Geschichte)라고 하는 말은 객관적인 면과 주관적인 면을 통일하고 있어 사건, 일어난 일, 행해진 것(res gestae)을 의미하는 동시에 일어난 일 또는 사건의 기록, 행해진 것의 기록(historia rerum gestarum)도 의미한

---
110) 게오르그 빌헬름 프리드리히 헤겔, 『역사철학강의』, 김종호 역, 삼성출판사, 1990년, 1995년 8쇄, pp.60~68.

다. 즉 역사는 사건(das Geschehene)인 동시에 역사설화{Geschichtserzählung (역사의 기록 : Geschichtsbeschreibung)}이기도 하다. 우리들은 이 두 가지 의미의 통일을 단지 외면적인 우연성 이상의 의미를 가지는 것으로서 보지 않으면 안 된다. 즉 역사적 설화는 본래적으로 역사적인 행위 및 사건과 동시에 나타나는 것으로 보지 않으면 안된다. 거기에는 내면적인 공통적 근저가 있어 그것이 둘을 다 같이 산출해 낸다. (중략) 그러나 역사의 산문(역사설화)에 알맞을 뿐만 아니라, 역사 그 자체(사건 그 자체)까지도 동시에 만들어내는 것과 같은 내용은 극가로 되어서야 비로소 가능하다.111)

이한구는 『역사학의 철학』의 제 1부를 "1장 실재론적 역사 인식론과 반실재론적 역사 인식론은 서로 대립한다" "2장 현재주의 : 모든 역사는 현재의 역사다" "3장 실용주의 : 역사는 필요에 따라 쓰여진다" "4장 인문주의 : 역사는 문학의 한 장르이다"와 같이 구성하였다.112) 이한구는 제 4장에서 역사는 원천적으로 문학에 뿌리를 두고 있다는 요지의 주장을 하면서 역사 연구의 개념화를 연대기, 이야기, 줄거리 구성의 양식, 형식적 논증 양식, 이데올로기 함축 등 다섯 가지로 정리한 헤이든 화이트(Hayden White)의 『Metahistory』의 내용을 소개하는 데서 출발한다. 화이트는 역사가가 역사적 설명의 원초적 요소의 하나인 연대기를 다른 하나의 요소인 이야기로 만드는 과정에서 필요한 여러 가지 설명에 주목하여 연대기를 이야기로 만

---

111) 위의 책, p.121.
112) 이한구, 『역사학의 철학』, 민음사, 2007, pp.1~605.
    이 책은 서론에서 "객관주의 역사학의 정당화를 위한 새로운 시도"라고 서술의도를 밝히면서 본론을 5부로 구성하였다. "1부 반실재론적 역사 인식론 : 역사는 만들어 낸 이야기이다. 2부 실재론적 역사인식론 : 역사는 과거의 재현이다. 3부 역사의 이해와 설명 : 이해와 설명의 통합이 필요하다. 4부 과학적 연구 프로그램으로서의 역사관 : 역사관은 역사 세계에 대한 탐구의 중심 틀이다. 5부 역사관의 유형과 타당성 : 역사관은 다양한 현상에 대한 설명력의 정도에 따라 평가된다." 제 5부에서는 역사관을 역사는 이성의 실현과정이라고 하는 이성사관, 역사는 자유의식의 진보라고 하는 유심사관, 역사는 생산력의 발달과정이라고 하는 유물사관, 역사는 문명들의 생성 소멸의 총합이라고 하는 문명사관으로 나누었다.

들 때, 역사가들은 '어떤 일이 다음에 일어나는가?' '그것은 어떻게 일어났는가', '왜 하필 저런 형태가 아니라 이런 형태로 사건들이 일어났는가', '사건들은 결국 어떻게 되었는가' 등과 같이 독립적인 연대기적 사건들을 서로 연관 짓기 위해서 물음들을 갖는다고 하였다. 이런 물음들은 '이 사건들 모두는 결국 무엇을 의미하는가?', '사건들 모두의 요점은 무엇인가?' 등과 같은 질문으로 이어진다. 이러한 질문들은 완성된 이야기로 간주되는 전체 사건들의 집합이 가진 구조와 연관된다. 이러한 질문에 대한 첫 번째 답이 형식적 논증에 의한 설명이라고 한다. 우리는 가치중립적으로 사건을 바라볼 수 없다고 화이트는 주장한다. '사건들은 자유를 신장시켰는가?', '사건들은 역사의 진보를 가져왔는가?', '사건들은 역사의 퇴보를 초래하였는가?' 이러한 물음들에 대한 설명이 이데올로기 함축에 의한 설명이다.113)

"화이트는 이 세 종류의 설명 각각을 다시 네 가지로 세분한다. 즉 이야기 줄거리 구성에 의한 설명 양식은 로망스, 희극, 비극, 풍자로 세분화하고, 형식적 논증에 의한 설명은 형태주의, 기계주의, 유기체주의, 맥락주의로 세분화하며, 이데올로기 함축에 의한 설명은 무정부주의, 급진주의, 보수주의, 자유주의로 세분화한다(p.103)." 위에서 이야기 줄거리 구성 방식은 그 유명한 노드롭 프라이의 『비평의 해부』에서 따온 것이라고 한다. "화이트는 이 네 가지를 원형적인 이야기 형식으로 보고, 역사가는 이야기를 구성하는 과정에서 이 네 가지 형식 중 하나를 선택하지 않을 수 없다고 본다. 모든 역사는 어떤 방식으로든 이야기로 구성되어야 하고, 이 원형적인 이야기 구성 형식은 각기 독자적인 인식기능을 갖고 있으며, 역사가는 이 인식 기능에 의해서 실제로 일어난 일을 설명하려고 하기 때문이다. 예컨대 미슐레는 모든 역사 저술을 로망스 형식으로 썼으며, 랑케는 희극 형식으로, 토크빌은 비극 형식으로, 브르크하르트는 풍자 형식으로 쓴 것이다(p.105)." "화이트가 말하는

---

113) 위의 책, pp.102~103.

역사적 설명의 이데올로기적 차원은 역사가의 특수한 가정 속에서 존재하는 윤리적 요소를 반영한다. 화이트는 칼 만하임의 『이데올로기와 유토피아』를 모델로 하여, 무정부주의, 급진주의, 자유주의, 보수주의라는 네 개의 이데올로기적 관점을 제시한다. 이들은 사회 현상을 유지하거나 변혁하려는 욕망에 대해서, 현상의 변화가 마땅히 취해야 할 방향이나 그러한 변화를 초래하는 수단에 대해서, 그리고 시간의 정향에 대해서 서로 다른 태도를 드러낸다. 예컨대, 변화의 속도에서 보면 보수주의자들은 자연적인 리듬을 강조하는데 반해, 자유주의자들은 의회의 토론과 같은 사회적 리듬을 강조한다. 이와 반대로 급진주의자나 무정부주의자는 격변의 가능성을 믿는다(p.107)."

이한구의 설명에 의하면 화이트는 줄거리 구성의 양식을 로망스·비극·희극·풍자로, 논증 양식을 형태주의·기계주의·유기체론·맥락주의로, 이데올로기 함축의 양식을 무정부주의·급진주의·보수주의·자유주의로 분류하면서 어떤 역사가든 이 세 수준에서 양식 별로 하나 씩 선택하여 조합하여 체계적인 역사서술을 꾀한다고 하였다. "예컨대 미슐레는 로망스적 이야기 구성과 형태주의적 논증과, 자유주의 이데올로기를 결합한 역사가이고, 부르크하르트는 풍자적 이야기 구성과 맥락주의적 논증과 보수주의 이데올로기를 결합한 역사가이고, 헤겔은 역사 이야기를 미시적 차원에서는 비극적으로, 거시적 차원에서는 희극적으로 구성했고, 유기체주의적 논증과 보수주의 이데올로기를 결합한 역사가이다(p.109)." 이한구는 "화이트의 논의들은 역사가가 사실의 발견을 위해 노력한다고 하지만, 사실상 하나의 이야기를 구성하고 설명해야 하는 한에서, 그는 문학 작가와 차이가 나지 않는다는 것을 함축한다"고 하였고 화이트를 따라가다 보면 "결국 역사와 역사소설은 구별할 수 없게 되고 역사는 우리가 만든 이야기가 된다"고 하였다(p.109).

이한구는 이야기 역사가 구조의 역사에 비해서 역사에 대해 쉽게 이해하게 만든다, 현대소설의 특징들을 활용한다면 이야기는 역사의 생생한 현장을 드러낼 수가 있다, 미시사가 잘 일러 주고 있는 것처럼 소외된 부분들을 비추어 볼 수 있다 등과 같은 장점들을 가지고 있긴 하지만 "이야기 역사의 주관적 구성주의는 정당화될 수 없다. 그것은 역사의 사유화다. 역사의 규범을 넘어서면 역사는 역사소설이 된다. 역사 담론이 실재를 따라서 진행되지 않아도 된다고 본 것은 이야기 역사가들의 치명적인 실수이다"(p.110)라고 비판하였다. 이한구는 소설이라든가 이야기역사의 기본효능을 인정하면서도 소설과 동전의 앞뒷면을 이루는 이야기 역사의 한계를 지적하고 있다.114)

기본적으로 헤겔의 역사철학과 하이데거의 현상학의 영향을 받은 노에 게이치(野家啓一)는 『이야기의 철학』에서 역사철학의 가능성에 대해 여섯 가지 명제로 정리하였다.

> ①과거의 사건이나 사실은 객관적으로 실재하는 것이 아니라 '상기'를 통해 해석학적으로 재구성된 것이다. (역사의 반실재론). ②역사적 사건Geschichte과 역사서술Historie은 불가분의 관계이며, 전자는 후자의 문맥을 떠나서는 존재하지 않는다. (역사의 현상주의). ③역사서술은 기억의 '공동화'와 '구조화'를 실현하는 언어적 제작Poiesis이다. ④과거는 미완결이며, 어떠한 역사서술도 개정을 피할 수는 없다.(역사의 전체론). ⑤시간은 흐르지 않는다. 그것은 축적된다 Time does not flow. It accumulates from moment to moment (산토리 테제). ⑥이야기할 수 없는 것에 대해서는 침묵하지 않으면 안 된다.(역사의 수행론 Pragmatics)115)

"역사의 반실재론"은 『역사란 무엇인가』에서 '역사는 해석'이라고 한 E.H.카(Carr)의 선언을 떠올리게 하며 "역사의 현상주의"는 바로 위에 인용된 것처럼 헤겔이 『역사철학강의』에서 주장한 '사건과 기록의 동시발생설'

---

114) 위의 책, pp.103~10.
115) 노에 게이치, 『이야기의 철학』, 김영주 옮김, 한국출판마케팅연구소, 2009, p.146.

을 따온 것이라고 할 수 있다. "역사의 반실재론"은 "상기는 자연적으로 발생하는 경험의 원근법perspective에 의해 제어되어 있는 것으로, 그곳에는 선택은 말할 것도 없이 강조나 삭제, 변형 같은 요인들이 작용하고 있다. 상기(想起)는 이와 같은 '해석학적 재구성'의 조작으로 성립되는 것이다"(pp.151~52) 와 같이 설명되고 있다. "역사의 현상주의"를 정확하게 이해할 수 있으려면 "상기로부터 분리된 '과거자체'가 존재하지 않는 것처럼 역사서술로부터 독립한 역사적 사건도 존재하지 않는다고 할 수 있다. 이것은 '상기과거설'과 역사의 '반실재론'으로부터의 당연한 귀결이다."(p.154) "그러나 복수의 서로 다른 역사서술은 그 하나하나가 동일한 역사적 사건의 '사영 射映 Abschattung'이라고 생각해야 할 것이다. 현상학의 표현을 빌리자면, 무수한 지각적 사영의 지향적 통일이 하나의 사물인 것처럼, 사영되는 무수의 역사서술의 지향적 통일이야말로 하나의 역사적 사건인 것이다"(p.154) 등과 같은 설명을 종합할 필요가 있다. (3)의 명제에 대해서는 "역사의 미시론의 입장에서 본다면 역사가와 창작가의 차이는 종류의 차이가 아니다. 말하자면 정도의 차이에 지나지 않기 때문이다. 역사가와 창작가의 차이가 정도의 차이에 지나지 않는다고 한다면, 역사와 문학이라는 두 장르는 현저히 접근하게 될 것이다"(p.157)와 같이 미시사 서술을 통한 역사와 소설의 접근가능성이나 중복가능성을 제시했다.

노에 게이치는 '추억'이 '역사'로 전환되는 데 필수조건으로 '언어화', '공동화', '구조화' 등 세 가지 계기를 제시하였다.

'공동화'가 사람과 사람 사이에 성립하는 사건인 이상, 그것은 좋든 싫든 간에 윤리적인 색채를 갖지 않을 수 없다. 이야기 행위는 과거와 함께 미래를 '공동화'함으로써 우리에게 과거나 미래를 전망할 단서를 부여하고, 그것을 통해 현재를 살아가는 우리에게 자기이해의 기회를 제공한다. 이 자기인식의 계기야말로 역사인식의 특징적인 '반성적 거리화' 작용인 것이다. 게다가 추억은 본래 간헐

적이며 단편적이어서, 명확한 줄거리나 맥락을 갖지 않는다. 그 간헐성과 단편성을 보완해서 추억에 일정한 줄거리와 맥락을 부여하는 것이 이야기행위이다. 추억과 역사행위의 차이는, 전자가 비교를 허락하지 않는 독자적인 광채를 갖는 주옥 같은 일회적인 사건인데 비해, 후자는 단편적인 과거의 사건 사이에 인과의 실을 둘러쳐서 기승전결 구조를 마련함으로써 '(해당사건이) 왜 발생했는가'라는 소박한 의문에 답하면서 사건의 유래를 설명하고 있다는데 있다. 그 절차를 '구조화'라고 부른다면, '추억'은 이야기 행위를 통해 구조화됨으로써 비로소 한 편의 '역사'로 이야기된다고 할 수 있을 것이다.116)

역사서술과 소설쓰기를 거의 동일화하고 있는 이 글에서 이야기는 역사서술과 마찬가지로 현재의 이해와 미래의 전망이라는 기능을 발휘하며 이야기는 기억의 내용에 맥락과 의미를 부여하는 행위라는 인식을 확인하게 된다.

신채호의 『꿈하늘』은 서문과 6장으로 구성되어 있다. 1916년 3월 18일자로 씌어진 서문에서는 주인공 한놈이 붓끝이 가는 대로 꿈에 지은 글로 사실에 가깝지 않은 시적이고 신화적인 이야기라고 하여 상상력의 소산임을 강조하였으며 역사상의 일은 『고기』, 『삼국사기』, 『삼국유사』, 『고려사』 등을 참조하였다고 밝혀 놓아 역사서술의 성격이 분명하다고 하였다. 역사서술과 소설쓰기가 별개의 작업이 아님을 실천으로써 입증했다. 『꿈하늘』은 역사서술의 차원에서 한일합방 직전의 현실을 통찰한 점에서 당대소설로, 단군시대부터 구한말까지에 대해 비판적 역사의 기술을 기도한 점에서 역사소설로 볼 수 있다. 그런가하면 고전소설의 한 주요유형인 영웅소설의 면모도 지닌다. 을지문덕과 강감찬이 한놈의 지도자가 되어 기울어져 가는 국운을 바로 잡을 방안을 모색하고 있다.

---

116) 위의 책, p.159.

신채호는 1905년에서 1910년 사이에 『대한매일신보』에서 논설, 잡보, 기사, 시조, 한시 등 여러 양식을 통해 상하, 남녀, 노소를 가리지 않고 공격했던 것처럼 『꿈하늘』에서도 비판 대상을 가리지 않았다. 신채호는 강감찬의 입을 통해 기독교, 유림, 산림처사, 이승만, 안창호, 민족개량주의자, 해외파, 모더니스트, 사대주의자 등을 가리지 않고 공격했다. 신채호는 역사가답게 사표가 될 만한 인물들을 다각도로 추려내었으며 무력투쟁론자답게 나라를 지키는 업적을 남긴 장군들을 열거했으며 아나키스트답게 암살자, 의병 등의 존재를 크게 평가했다. 일반인에게는 잘 알려지지 않은 위업과 인물들을 꼽은 것을 보면 신채호의 역사적 지식이 얼마나 풍부했는가를 알 수 있으며 『꿈하늘』의 창작 동기가 역사기술의 동기에 근접해 있는 것임을 알게 된다.117)

김팔봉은 「조선문학의 현계단」(『신동아』, 1935.1)이란 평론에서 이광수의 『단종애사』, 『이순신』, 김동인의 『운현궁의 봄』 등과 같은 역사소설을 분석하면서 "최근 역사소설의 공통적 결함의 하나는 개인의 영웅화에서 찾을 수 있다.", "위의 작품들은 역사발전의 근간적인 구체적 사실을 주로 하고서 그 정한 시대 사회현실의 전체 가운데서 그 작품을 취급하지 못하고 개인적인 충의·도의·정열·애욕 등 감정적·관념적에서만 전국적(全局的) 사건을 취급하는 것이다." "오늘날 역사소설의 일반적 특성은 조금도 과학적·분석적이 아니요 관념적이며 진취적이 아니고 회고적이요, 투쟁적이 아니고 도피적인 무기력한 점에 있다"118)고 주장하였다. 이광수는 역사적 사건이나 인물에 대해 특정 관념에서 벗어나지 못해 또 김동인은 재미 있는 이야기의 전달에의 유혹에서 벗어나지 못해 역사기록과 소설을 겹치게 하는

---

117) 조남현, 『한국현대소설사 1』, 문학과 지성사, 2012, pp.260~61.
118) 『신동아』, 1935.1, pp.143~44.

데 실패하였다고 할 수 있다.

한문학자 권오돈이 『사상계』 신년호에 발표한 「고증의 모랄」에 답하는 형식으로 문학평론가 홍효민이 쓴 「역사와 역사소설의 기본이념」(『현대문학』, 1963.3)에서는 "역사소설은 역시 소설이기 때문에 구성을 말하는 것이 제일의적이 되고 사실(史實)이나 사건은 제이의적이 되고 있다는 것이다. 역사소설도 소설이 가지는 바 또는 작품이 가지는 예술적 구성이 되는 것을 힘쓰고 있는 것이요, 역사를 정확히 또는 밝히려고 하는 것이 아님을 강조해 두는 바이다"119) 라고 하며 고증은 잘못될 수도 있다고 하자 권오돈은 "홍효민씨의 반박에 답하여"라는 부제가 붙어 있는 「역사소설과 고증」(『사상계』, 1963.4)에서 "한 가지 더 바라는 것은 창작소설이 아니요 역사소설을 쓰는 분들이 역사적인 그 부분은 자의(恣意)로 날조하지 말고 역사사실에 충실을 기하라는 것이다. 역사사실에 충실하여야 예술에도 충실한 것이다. 역사이고 예술이고 공통되는 이념이 있다면 그것은 허위를 배척하는 것이다"120) 라고 주장하였다.

소설은 역사서술보다 과거를 더욱 구체적으로 재현해 낼 수 있으며 주관적인 해석을 꾀할 수 있는 공간이 되기도 한다. 12권으로 구성된 조정래의 대하소설 『아리랑』(1995)은 앞서 논한 신채호의 사상을 추종하는 주인공을 내세우면서 일제 침략사관과 한국 저항사관을 결합시켰으며 투쟁담 중심의 역사소설의 형태를 취하였으며 아나키즘과 민족주의를 재조명하는데까지 나아갔다. 『아리랑』은 일제 침략과 만행의 사실을 전달해 주기 위해 또 역사서의 추상적이고 관념적인 서술방법이 흔히 가져다 주기 쉬운 불감증의 늪에서 독자들을 건져 내기 위해 씌어진 것이라고 할 수 있다. 조정래는 역사적 사실에 크게 위배되지 않는 내에서, 일본의 만행이 심하면 심할수록 우리민족의 투쟁과 반항도 꼭 그만큼 비례하여 적극적으로 되었다는 공식을

---

119) 『현대문학』, 1963.3, p.268.
120) 『사상계』, 1963.4, p.335.

『아리랑』을 쓰는 과정에서 내내 작가정신의 밑바닥에 깔아 놓았다. 조정래는 이러한 방대한 분량으로 되어 있는 소설에서 '역사가 소설을 껴안는' 서술방법을 자주 보여주고 있다. 그의 소설에서 역사와 소설은 때로는 대등한 힘으로 연접되기도 하고 역사 속으로 소설이 용해되기도 한다. 소설 속으로 역사가 끼여들여 간다고 하기에는 조정래는 역사적 사실이나 진실을 밝히기 위해 너무 애를 썼다. 기본적으로 역사소설들 가운데서 의외로 걸작이 많지 않은 것은 바로 이와 같이 소설이 역사에 압도되어 허구성이라든지 창의성이라는 것을 더 이상 보여 주지 못하였기 때문이다. '일제는 160여 만 명을 강제징용했고, 30여 만 명의 여자들을 위안부와 정신대로 끌어갔고, 4천 5백여 명의 학도병을 포함해 징병으로 전쟁터에 끌려간 젊은이들은 40여 만 명이었다'는 제 4부 "아이누족의 온정"의 결말부분의 통계로 제시된 역사적 사실은 앞부분에서의 고난에 찬 모습을 더욱 극적인 것으로 몰아가고 있으며 거꾸로 이러한 소설적 형상화와 구체화는 마지막 부분에 제시된 역사적 사실에 피가 흐르게 하고 살이 붙도록 한다. 역사소설에 없어서는 안 될 역사적 사실과 허구적 요소는 서로간에 의미의 윤색으로서의 기능을 다하고 있다. 조정래는 1890년대에서 1945년까지 50년 간의 역사를 침략사관과 투쟁사관으로 보고 있다. 침략사관과 투쟁사관을 동시에 지니고 한국 근대사를 본다는 것은 결국 독립운동사가 곧 한국근대사의 상징이거나 대표치임을 인정하는 것이나 다름없다. 『아리랑』을 통해서는 하와이 이민, 동학, 의병, 한일합방, 토지조사사업, 3·1 운동, 조선공산당 결성과 와해, 만주사변, 태평양전쟁, 해방 등과 같은 굵직한 사건들로 이어진 한국근대사를 제대로 알게 되며 50년 간에 걸친 일련의 역사적 사건들이 일어난 배경과 경과와 결과를 알 수 있게 된다. 역사적 사실의 파악은 역사 소설의 소극적인 기능에 지나지 않는다. 하기는 이러한 소극적 기능이라도 제대로 행사하는 소설이 생각보다는 많지 않다. 이러한 형태마저도 작가의 비상한 노력이 없이는 불가능하다. 실제로 작가 조정래는 독립운동사로서의 한국근대사를 정확히 파악하기 위해, 또 이제껏 잘 알려지지 않은 역사적 사실과 역사적 진실을 일반독자들에게 알려 주기 위해 일제 때 한국인들의 발길이 닿았던 하와이, 러시아, 만주 등지를 여러 차례 답사한 것으로 전해지고 있다. 작가의 사상은 그 작가가 진정한 프로타고니스트로 내세운 인물을 통해 드러나게 마련이다. 『아리랑』에서는 단연 송수익을 주목할 필요가 있다. 신세호와 마찬가지로 유학에서 출발하기는 하였으나 신세호가 왕권주의자이면서 온건주의자였던 반면 송수익은 무력투쟁만이 유일한 투쟁방법이라고 하면서 왕의 존재를 인정하지 않았다. 그는 앞서 말했던 것처럼, 의병장으로 총칼을 들고 그를 따르는 공허, 지삼출, 배두성, 천수동 등과 함께 일본군과 싸우기도 했고 만주로 무대를 옮겨 처음에는 대종교 신자로, 나중에는 무정부주의자로 독립군을 지휘하던 중 관동군에게 잡혀 옥사하고 만다. 송수익이 마지막으로 기대었던 것은 신채호 류의 무정부주의이자 민족주의였다.121)

　이상에서 논한 선비들의 개인문집은 역사서술로 대치해도 좋은 부분을 지니고 있다. 잡기, 쇄록, 일기, 야언, 전문록, 기사, 호찬, 한화, 일사기문, 만록, 파적록 등으로 불리고 있는 문집은 내용으로 보아 야사나 소설이란 말로 대치가 가능하다. 이런 개인문집의 내용은 당시의 사관들이 궁중사관, 실증사관, 정치사관에서 벗어날 수 있었더라면 야사의 수준에만 머물러 있지 않았을 것이다. 『삼국지연의』가 『삼국지』의 자리를 차지하고 있는 것처럼 역사소설을 통해 역사를 파악하는 경우가 있을 수 있다. 오늘날 독자들도 소설을 사실담으로 혼동하고 있는 것처럼 역사기록과 역사소설의 내용을 혼동하기도 하고, 역사극의 인물이나 사건을 역사적 사실로 믿어 버리는 경향이 있다. 작가가 열심히 고증하고 많은 자료들을 섭렵한 끝에 역사기록을 대체할 만한 역사소설을 쓴 경우는 그렇지 않은 경우보다 훨씬 적다.

---

121) 『아리랑』에 대한 논의는 졸고, 「역사적 진실과 소설적 흥미의 상성」(『작가세계』, 1995년 가을호)에 들어 있는 것으로, 평론집 『비평의 자리』(문학사상사, 2001)의 pp.204~20에서 추려내었다.

제6장 인간심리의 해부도

제6장 인간심리의 해부도

1.

　현대소설의 특징의 하나는 개인심리나 보편적인 인간심리를 파헤치는 데서 찾을 수 있다. 자유가 신장될수록 개개인의 내면공간은 넓어지게 마련이다. 작중인물의 행위를 따라가며 그리는데 힘쓴 소설보다는 내면을 탐색한 소설이 재미는 덜 줄지 몰라도 깊이는 더한 결과를 남기기 쉽다. 이청준은 단편소설 「소문의 벽」(『문학과 지성』, 1971년 여름호)은 소설가의 노이로제를 파헤친 소설가소설이다. 잡지사 편집장인 '내'가 우연히 만난 소설가 박준을 계속 관찰하는 형식을 취하였다. '나'는 박준이 정신병원을 탈출했다는 사실과 우리 잡지사에 글을 보내왔으나 문학담당 기자인 안형이 판단하여 발표를 보류하자 항의한 사실이 있음을 알게 된다. 담당의사 김박사는 박준이 제발로 병원을 찾아오긴 했으나 진술공포증에서 헤어나지 못해 치료에 어려움을 겪고 있다고 털어놓는다. 박준이 쓴 소설에는 박준 자신이 곤경에 빠질 때마다 컴컴한 골방에 들어가 가사상태에 빠지는 버릇이 있었음이 고백되어 있다. 결혼한 후에도 직장생활의 어려움을 겪으며 자주 가사의 잠을 자다가 끝내 영면한다는 것으로 소설은 끝난다. 편집기자 안형은 박준의 소설을 미치광이가 쓴 정도로 폄하하였다. '나'는 박준을 정신병원에 입원시키고 김박사와 박준의 병에 대해 대화를 나눈다. 김박사는 박준은 피해망상이나 타인에 대해 깊은 불신감이 있는데 좀처럼 입을 열지 않는다고 하면서 박준은 광인이기보다는 노이로제환자라고 한다.

'내'가 박준의 소설에서 노이로제의 비밀을 찾을 수 있지 않겠냐고 하자 김의사는 "소설이란 원래가 꾸며낸 이야기가 아닙니까"라는 이유를 들어 박준의 정신병 치료에 박준이 쓴 소설은 별 도움이 되지 않는다고 한다. "소설이란 그것을 현실로 가진 한 개인의 이야기가 될 수도 있지 않겠어요?"[122) 와 같이 소설이 작가 자신의 현실을 일러주는 자료가 될 수 있다고 '내'가 주장하자 김박사는 "환자에게 자기진술을 계속하게 하는 것 그 자체가 일종의 치료행위란 말입니다. 환자의 비밀은 어차피 환자 자신의 입으로 말해져야 합니다"와 같이 소설은 자기진술의 중심자료가 될 수 없다고 단언한다. 김의사가 소설은 허구라는 인식을 표출한데 반해, '나'는 소설에서 작가의 정체성을 찾을 수 있다고 주장한다. 김의사의 소설관은 소설을 거의 읽지 않았거나 소설을 깊이 있게 생각해보지 않은 사람들의 관념을 대변한다. 원래 '나'는 작가를 "세상을 향해 뭔가 끊임없이 자기진술을 계속할 의무를 자임하고 나선 사람"[123)으로 파악해오던 터였다. 이때의 "자기진술"은 '자기에 대한 진술'의 압축어로 '거짓없는' 진술을 해야 한다는 전제를 지녀야 한다.

제1부 실수행위들, 제2부 꿈, 제3부 신경증에 관한 이론 아래 모두 28개의 강의로 구성되어 있는 프로이트의 『정신분석강의』의 제3부의 첫부분에 있는 「정신분석과 정신 의학」에서는 "환자들은 자신의 오랜 인생의 고통을 불과 15분 안에 털어놓기 위해 진료실을 방문하는데 정신분석가는 이런 사람들을 어떻게 어디서부터 치료해야 하는지 난감할 수밖에 없습니다."[124)

---

122) 이청준, 『소문의 벽』, 열림원, 2003년, p.91.
123) 위의 책, p.70.
124) 지그문트 프로이트, 『정신분석강의』, 임홍빈 · 홍혜경 옮김, 열린 책들, 1997년 전집 초간, 2003년 전집 재간, p.336.

라고 고백하였다. "정신분석을 거부하는 것은 결국 정신 의학자이지 결코 정신 의학 자체는 아닙니다. 정신분석과 정신 의학의 관계는 마치 조직학과 해부학 간의 관계와 같습니다. 전자는 기관들의 외적 형태들을 탐구하고, 후자는 조직과 기본 세포들로 구성된 조직들의 구성에 대해 탐구합니다. 이 두 가지 연구 유형들은 서로 연계되어 있으며 이들 간의 모순은 아무리 좋게 생각해도 성립하지 않습니다"125)와 같이 프로이트는 정신분석이 정신의학의 대명사임을 암시하였다.

박상우는 장편소설 『비밀문장』(2016)에서 정신과 환자는 말할 것도 없고 일반인들도 자기가 꾼 꿈의 의미를 파악하지 못하기 때문에 정신과 의사가 있는 것이라고 주장하였다.

> ―정신과 의사가 내담자의 꿈을 분석하는 건 내담자가 이해하지 못하는 스토리의 상징 체계를 대신 해독해주는 것이다. 내담자는 꿈의 저자이지만 자기 무의식이 만들어낸 스토리의 상징성을 이해하지 못해 고통받는다. 자기 인생의 스토리에 대한 해석과 이해, 그리고 그것을 창조적으로 전개하고자 하는 노력은 그만큼 중요하고 결정적이다. 달리 말하자면 인간은 자기 스토리에 대한 무관심, 몰이해, 무지 때문에 고통을 겪는 것이다.126)

「소문의 벽」의 정신과 의사는 소설은 소설가의 자기진술도 담아내지 못할 정도로 허구의 수준에 머물러 있을 뿐이라는 인식을 갖고 있는데 반해 정찬의 장편소설 『그림자 영혼』(2000)에서의 정신과 의사는 정신분석가로 불리기를 더 좋아하며 소설가가 진짜 같은 가짜 이야기를 만들어내는 능력에 감탄하고 있는 것으로 형상화되고 있다. 정신과 의사는 "그들의 상상력은 간혹 서늘할 정도로 인간의 본질을 꿰뚫고 있어 나같은 정신분석가에게는 기

---

125) 위의 책, p.347.
126) 박상우, 『비밀문장』, 문학과 지성사, 2016, pp.128~29.

름진 교과서 역할을 하고 있다. 그런 까닭에 그동안 나는 소설 읽기를 게을리하지 않았다"127) 와 같이 소설을 정신분석의 주요자료로 인정하였다. 정신과 의사인 '나'는 의사의 본업인 진찰과 치료를 잘 해내기 위해 인간의 본질을 파악해야 하고 그런 의미에서 "인간의 본질을 꿰뚫고 있는" 소설을 열심히 읽는다는 것이다.

    정신과 의사는, 능력이 아무리 탁월해도 환자의 존재 전체를 알 수가 없다. 다만 그것을 향해 접근할 수 있을 뿐이다. 이 접근의 유일한 통로가 환자의 이야기다. 환자의 이야기야말로 정신과 의사에게는 알파요 오메가다. 환자가 입을 다물어버리면 치료 자체가 불가능하다. 문제는 자신의 삶을 남에게 이야기한다는 게 결코 쉬운 일이 아니라는데 있다. 그것을 부끄러움이나 수치심없이 드러낼 수 있는 사람이 몇이나 될까. 환자도 예외는 아니다. 비록 치유를 목적으로 병원을 찾은 그들이지만 의사 앞에서 자신을 끊임없이 감추고 위장한다. 감춤과 위장에 대한 그들의 욕망은 어떤 점에서는 정상인들보다 훨씬 치열하다. 이 감춤과 위장에 맞서 정신분석가는 인간에 대한 깊은 호기심과 엄밀한 통찰력, 투명한 상상력으로 무장한다. 상상력이라는 말에 고개를 갸웃거리는 독자가 있을지도 모르겠다. 소설가만이 인간과 세계를 상상하는 것이 아니다. 정신분석가 역시 인간과 세계에 대해 끊임없이 상상한다.
    인간의 정신이 갖고 있는 불가사의한 심연과 마주칠 때 정신분석가는 자신의 지식이 얼마나 보잘것없는 것인가를 뼈저리게 느낀다. 그 심연이 너무나 깊어 때로는 들여다본다는 것 자체가 두려움을 불러일으키기도 한다. 이 한계를 뛰어넘게 하는 날개가 상상력이다.
    꿈의 신비와 현실의 남루함이 절묘한 균형을 이루고 있는 프로이트의 글들을 보라. 무엇이 그것을 가능하게 했겠는가. 상상력이다. 오죽했으면 해럴드 블룸이

---

127) 정찬, 『그림자 영혼』, 세계사, 2000, pp.19~20.

〈프로이트는 작가이고 그의 정신분석은 문학〉이라고 말했겠는가. 나는 서슴치 않고 주장한다. 정신분석가의 자질을 판가름하는 시금석이 상상력임을.128)

프로이트는 작가이고 정신분석은 문학이란 해럴드 블룸의 말을 긍정하는 듯한 작가 정찬은 인간의 심층심리를 파악하는데 소설가는 정신분석학자나 정신과 의사와 경쟁관계에 있다고 암시한다. 이청준의 「소문의 벽」에서의 정신과 의사와 정찬의 『그림자 영혼』에서의 정신과 의사는 소설허구론 대 정신분석자료론으로 맞서고 있는가 하면 상상력 부정 대 상상력 긍정으로 맞서고 있다.

소설은 트라우마의 기록이라는 인식은 상식이나 다름없다. 임철우의 「직선과 독가스」(세계의 문학, 1984년 겨울호)는 지방신문의 만화가인 허상구라는 중년 사내가 만화 그린 것이 잘못되어 낯선 사내들에 의해 모처로 끌려가 조사 받고 나온 후 공포심에 시달리다가 기어이 정신병원에 가게 된다는 이야기를 들려준다. 주인공 허상구는 이청준의 「소문의 벽」의 주인공과는 달리 정신과 의사에게 발병 전후의 과정을 호소하는 투로 말하는 적극성을 보인다. 허상구는 "그저 겨울에도 불기가 잘 드는 아랫목이 있는 집 한 채에다가 심성이 유순한 아내, 그리고 아이는 둘만 낳아서 탈없이 그럭저럭 살아갈 수 있다면 그리 억울한 느낌이 들지 않는"129) 약골인데다가 힘없는 소시민에 불과했다. 허상구는 석방된 그날 밤 폭우를 맞으면서 계속 쫓기고 있다는 공포심에 사로잡히게 된다. 그리고 고약한 독가스 냄새를 환각처럼 맡게 되고, 여러 사람들의 비명과 울음소리를 환청으로 듣게 되고, 한 두름의 굴비처럼 길게 꿰어진 채 어디론가 끌려가는 사람들의 모습을 환상처럼 보게 된다. 눈과 코와 귀가 모두 헛돌고 있는 허상구는 "세상의 모든 사물을 추호의 의심도 없이 두쪽으로 날렵하고도 완전하게 갈라놓는 바로 그 강력

---
128) 위의 책, pp.20~21.
129) 『세계의 문학』, 1984, 겨울호, p.300.

하면서도 단호한"130) 직선을 이제는 더 이상 그릴 수 없다는 생각에 빠지고 만다. 단순한 심리소설과 사건소설로 출발한 「직선과 독가스」는 상징소설의 자력을 갖게 되면서 무의식의 세계를 더욱 깊게 파헤친 심리소설의 틀을 갖추게 된다. 반복어의 하나인 "독가스"는 1980년대의 한국인들이 쉽게 대할 수 있었던 폭력의 현실의 표징일 수도 있으며, "직선을 긋는다"는 행위는 허상구로 대변된 소시민들과 지식인들이 양심과 정의감을 상징한다. 직선을 그을 수 없다는 것은 최소한의 정의감과 저항정신을 갖고 살기가 어려운 현실을 폭로한 것으로 볼 수 있다.

「직선과 독가스」에서의 폭력 모티프는 양귀자의 「밤의 일기」(『문학사상』, 1985.4)에서 설정된 바 있다. 여주인공 태희의 남편은 고등학교 역사과 교사로 어느 날 아침 출근길에서 낯선 사내들에게 강제로 끌려갔다가 일주일 만에 돌아온다. 그후 태희의 남편은 '아침 출근 때가 되면 학교에 관한 일체의 것을 기억하지 못하는' 정신이상 증세를 내보이게 된다. 정신과 의사는 해리신경증이라는 병명을 들려준다. 의사의 설명에 의하면 "출근길에 당한 그 엄청난 상처를 보호하기 위해 출근시간만 되면 자동적으로 기억의 기능이 폐쇄되는 절묘한 작동, 물론 그것은 모두가 다 남편이 은연중에 원하기 때문에 일어나는 것"131)이다. 정체불명의 폭력으로 인해 태희의 남편은 해리신경증을 앓을 뿐만 아니라 트라우마를 극복하기 위해 테러리즘에 관한 서적만 탐독하는 편집증을 보이기도 한다. 마침내 남편은 역사를 움직이는 것은 폭력이라고 확신하게 수준으로 나아가게 된다.

2.

---

130) 위의 책, p.310.
131) 『문학사상』, 1985.4, p.196.

프로이디즘은 여전히 소설가와 소설이론가에게 필독서가 되어 있다. 소설이론가들이 정신분석학의 도식주의 경향이나 성애론 귀결 등과 같은 비판론을 한번 쯤 숙고해야 하는 것처럼 소설가들도 귀를 기울일 필요가 있다. 인간심리는 프로이드의 정신분석의 용어와 이론으로 다 설명될 수 있을 만큼 제한적이지 않다. 소설가는 프로이드 이론을 입증하기 위해 작품을 쓰는 것이 아니라 모든 개인은 개별심리의 소유자임을 인정하기 위해 쓰는 듯하다. 나름대로의 체험을 살리거나 통찰력을 발휘하여 인간심리를 깊게 파헤친 작품을 남긴 작가들은 프로이트에게 부채의식을 가질 필요가 없다.

질 들뢰즈는 『의미의 논리』에서 소설가는 환자보다 의사에 가깝긴 하지만 징후학자라고 볼 수 있기에 정신분석과 문학작품은 만날 수 없다는 독특한 견해를 밝혔다.

> 우리는 정신분석학과 문학작품(또는 문학적-사변적 작품)이 서로 만날 수 있는 것이 아니라는 것을 알고 있다. 이것은 작품들을 가로질러 저자를 가능한 또는 현실적인 환자로 취급함으로써 가능한 것은 아니다(우리가 그에게 승화의 이익을 준다 해도). 이것은 작품에서 '정신분석을 이끌어냄'으로써가 아니다. 왜냐하면 저자들이란 그들이 설사 위대하다 해도 환자보다는 의사에 가깝기 때문이다. 우리는 그들이 그들 자체 놀라운 진단학자들, 놀라운 징후학자들이라는 것을 말하고 있는 것이다. 징후들의 분류화에는, 그러한 징후가 다른 징후로부터 분리되고, 다른 하나에는 접근하는, 그리고 문젯거리나 병의 새로운 형태를 형성하는 탁자에는 많은 예술이 존재한다. 징후학적인 표를 새롭게 할 줄 아는 임상학자들은 예술적인 작품을 만든다. 역으로, 예술가들은 임상학자들이다. 즉, 그들 고유의 경우나 일반적인 경우의 임상학자들이 아니라, 문명의 임상학자들이다.[132]

---

132) 질 들뢰즈, 『의미의 논리』, 이정우 옮김, 한길사, 1999, 2007년 7쇄, pp.385~86.

예술가들은 문명의 임상학자라고 한 질 들뢰즈는 정신분석학을 법칙으로 하여 작품분석을 하는 문학이론가들에게 환자들의 정신병을 정신분석의 절대적 교과서로 여기는 사람들에게도 경고하는 것으로 볼 수 있다.

아도르노는 정신분석학을 입론으로 삼고 있는 예술이론가들에게 경고하고 있다.

> 정신분석학적 이론에서 예술 작품은 본질적으로 그것을 만들어낸 자의 무의식이 투사된 것으로 간주된다. 그 결과 그러한 이론은 소재에 대한 해석학에 치중함으로써 형식 카테고리를 망각하며, 또한 보들레르나 레오나르도와 같이 가장 부적절한 대상에다 민감한 의사들의 속물근성을 적용하게 된다. 이 경우 성문제가 극히 강조되고 있기는 하지만, 기존 상황의 부정성을 작품을 통해 기탄 없이 객관화하는 예술가들을 일종의 전기적인 연구 방법에 의하여 신경 질환자로서 비난하고 있다는 점에서 그러한 이론은 지극히 편협한 면모를 드러낸다.133)

아도르노도 정신분석학적 이론이 도식주의적인 오류, 성애론의 압력, 이상심리의 추종등의 한계를 드러내고 말았다고 지적하였다. 「정신적 기능의 두 가지 원칙」(1911), 「정신분석에서의 무의식에 관한 노트」(1912), 「나르시시즘 서론」(1914), 「초심리학에 관한 논문들」(1915), 「본능과 그 변화」(1915), 「억압에 관하여」(1915), 「무의식에 관하여」(1915), 「꿈―이론과 초심리학」(1917), 「슬픔과 우울증」(1917), 「쾌락원칙을 넘어서」(1920), 「자아와 이드」(1923), 「마조히즘의 경제적 문제」(1924), 「<신비스러운 글쓰기 판>에 관한 소고」(1925), 「부정(否定)」(1925), 「아크로폴리스에서

---

133) 테오도르 아도르노, 『미학이론』, 홍승용 옮김, 문학과 지성사, 1984, 2014 11쇄, p.22.

일어난 기억의 혼란」(1936), 「방어과정에서 나타난 자아의 분열」(1940) 등의 글로 구성된 프로이트의 『정신분석학의 근본개념』(프로이트 전집 11, 윤희기·박찬부 옮김, 열린 책들, 2014)에서 제시된 인간심리의 외연에 비해 소설가들이 제시한 외연이 훨씬 넓다고 할 수 있다. 이상심리를 파헤치는데 치중한 프로이트의 정신분석의 외연은 21세기의 개인의 존재방식이라든가 사회나 국가의 상황을 적절하게 설명하는 데는 아무래도 한계가 있을 수밖에 없다.

에리히 프롬은 『자유로부터의 도피』(1941)에서 "프로이트는 사람과 사회의 기본적인 이분법에 관한 전통적인 생각을 받아들였으며, 또한 인간본성은 악하다는 전통적인 이론도 받아들였다. 프로이트에게 있어서, 사람은 근본적으로 반사회적인 것이었다"134)고 하면서 사회가 본능적 충동을 잘 제어하고 있다고 하였다.

뤼시앙 골드만은 프로이트의 영향을 받아 발생론적 구조주의를 제시할 수 있었음에도 프로이트의 한계를 지적하는 것을 잊지 않았다.

> 유감스럽게도, 발생구조주의로서(qua genetic structuralism) 프로이트에 의해 정리된 형식인 정신분석은 충분히 조리가 있지도 않으며 19세기 말과 20세기 초까지 대학생활을 지배했던 과학주의(scientism)로 너무 오염되었다. 이러한 주장은 다음의 두 가지 점으로 입증된다. 첫째, 프로이트의 설명에 의하면 미래의 일시적 차원은 결여되어 있고 가장 극단적이다. 결정론적 과학주의의 영향 아래 프로이트는 개인이든 집단이든 모든 인간구조에 있는 균형을 잡으려는 적극적 힘을 무시한다. 그에게 정신분석학적 설명은 어린애의 체험으로 돌아가 억압된 본능으로 소급하는 것이다. 반면에 그는 의식이라든가 현실과의 관계가 가질 수 있는 적극적 가설을 외면한다. 둘째, 프로이트에게 모든 개인은 타인을 만족

---

134) 에리히 프롬, 『자유로부터의 도피』, 이규호 역, 삼성출판사, 1983년 8판, pp.49~50.

이나 좌절의 대상으로만 여기는 절대 주체가 된다. 이러한 사실은 내가 앞에서 언급했던 미래의 결여(the absence of future)의 바탕이 된다."135)

골드만의 정신분석한계론은 "과학주의의 오염"과 "균형력의 상실"로 요약된다. "과학주의의 오염"은 "도식주의의 오염"으로 바꿀 수 있으며 "균형력의 상실"은 "경전화"나 "이념화"로 바꿀 수 있다. 억압된 본능, 무의식, 만족, 좌절 등과 같은 말들을 중심으로 하여 법칙화되어 있다는 것이다.

"정신분석학은 전적으로 정신외적인 영역에 대한 보상으로서 예술작품을 조잡한 소재적 요인들에 환원시킨다. 이로 인해 그것은 꿈의 작용에 관한 프로이트 자신의 이론에도 이르지 못하게 된다. 실증주의자들과 마찬가지로 정신분석학자들도 예술작품이 꿈과 유사하다고 상정함으로써 예술작품에 있어서의 허구적 요인을 지나치게 강조한다"136)와 같이 아도르노는 정신분석학이나 그를 추종하는 문학이론가들이 예술작품을 부분적으로 대하려는 점을 우려하였다.

이청준의 「지배와 해방-언어사회학서설 3」(『문학과 지성』, 1976년 여름호)에서 전기 대필사인 지욱은 목사들의 기도회, 경제인들의 시국선언, 언론인들의 세미나 등에 참석하여 사람들의 말을 녹음하여 그 테이프들을 하숙방 서랍 속에 깊숙이 감추어두는 일을 한다. 젊은 소설가 이정훈이 "작가는 왜 글을 쓰는가"라는 연제로 강연하는 곳에 가 녹음용 마이크를 설치한다. 이정훈은 자신의 생각을 글자로 적기 시작한 최초의 글 형식이면서 독자가 전제되지 않은 첫 번째 형식으로 일기를 든다. 독자가 전제되지 않은 두 번째 형식으로 편지체를 들고 일기체와 편지체의 글쓰기의 의미를 이색적으로 복수심으로 푼다. 이 소설에서 "복수심"이란 말의 의미는 "현실의 질서에는

---

135) Lucien Goldmann, *Towards a Sociology of the Novel*, translated from the French by Alan Sheridan, Tavistock Publications, London, 1975, p.164.
136) 테오도르 아도르노, 『미학이론』, 홍승용 옮김, 문학과 지성사, 1984, 2014 11쇄, p.23.

자신이 굴복하고 실패할 수밖에 없으므로 이번에는 그 세계가 거꾸로 자신에게 굴하여 좇을 수밖에 없도록, 그 세계 자체를 아예 자기 식으로 뒤바꿔 놓을 수 있을 어떤 새로운 질서를 꿈꾸기 시작한단 말입니다. 좀더 문학적인 표현을 빌려 말한다면, 자기 삶의 근거를 마련하려는 일종의 복수심이지요"137)라는 구절에서 열리기 시작한다. 일기쓰기나 편지쓰기 좋아 하는 사람들이 나중에 자연스럽게 "이 세계의 현실 질서 속에서 감수하기 어려운 자기 패배를 자주 경험해 왔거나, 적어도 빈번히 패배를 당하기 쉬운 심성의 복수심 많은 내향적 성격의 소유자들이기가 쉽다"138)고 설명된다.

> 보다 떳떳하게 복수하기 위해서는 보다 선하고 의롭고 힘이 있는 새 질서가 마련되어야 합니다. 그런 질서를 위해서는 그 자신을 포함한 모든 인간 심성의 깊은 비밀을 알아야 하고 그 관계를 옳게 이해하여야 합니다. 그는 그런 것들을 독서를 통해 얻어들입니다. 차츰차츰 나은 자신의 질서를 꾸며나갑니다. 그리고 그것을 비로소 글로써 적어보기 시작합니다. 그의 복수심의 이념화를 통하여 자신의 삶을 현실의 갈등으로부터 해방시키고 싶어합니다.139)

위의 인용문의 내용은 독서→인간심성의 비밀 파악과 인간관계의 이해→선과 정의와 힘이 넘치는 질서 마련→글쓰기→복수심의 행사→복수심의 이념화→삶의 해방의 과정으로 요약할 수 있거니와 이러한 과정은 이청준의 소설쓰기의 목적과 방법을 명쾌하게 일러준다.

사실 간단하게 생각하면 간단해 보일 수도 있습니다. 보다 나은 세계를 위해, 보다 많은 사람들의 보다 행복한 행복한 삶을 위해, 조금 더 구체적으로 말하면

---

137) 이청준, 『자서전들 쓰십시다』, 열림원, 2000, p.112.
138) 위의 책, p.112.
139) 위의 책, p.113.

가난한 사람들을 궁핍으로부터 구해내기 위해, 압제받는 사람들의 자유와 생존권을 지키기 위해서, 또는 민족을 위해, 사회정의의 실현을 위해, 불의를 고발하기 위해, 진실을 증언하기 위해서 등등······인간사회 본래의 도덕률에 합당한 일은 무엇이나 나무랄데 없는 작가의 책임이요 작가의 몫으로 말해질 수 있습니다.140)

"보다 나은 세계를 위해 보다 많은 사람들의 보다 행복한 삶을 위해"라는 소설쓰기의 명분은 새삼스러운 것은 아니다. 이미 한국 작가들은 이청준의 지적처럼, 20세기에 빈궁, 억압, 속박 등을 문제 삼았고 민족주의, 사회정의, 불의 고발, 진실증언을 소설 쓰기의 명분으로 삼았다. 사회정의와 불의의 고발은 비슷한 말이기는 하다. 그러나 사명감이나 소명의식은 금방 부정당하면서 복수심으로 바뀌고 만다. "작가가 글을 쓰게 된 애초의 내면동기는 사실상 그처럼 이타적이거나 몰개인적인 순교자풍의 것은 아니었습니다"처럼 창작동기에 얽힌 허세를 털어내면서 "그가 애초에 글을 생각하게 된 동기는 그처럼 순교자적인 것이었다기보다는 오히려 그의 바깥세계에 대한 강렬한 복수심 때문이었습니다"141)와 같이 독특한 소설관을 표방하였다. 오히려 이청준은 대승적이며 대아적인 동기 아래서 개인적이며 사적인 것이 질식당할까봐 우려한다. 바로 복수심이란 개념은 큰 것 때문에 작은 것이, 공적인 것 때문에 사적인 것이 질식당할 것을 우려한 데서 출발한다. 공인의 측면만 강조하다 보면 속임수와 배반이 들어갈 수 있다는 인식은 한국현대소설사가 계몽주의 작가, 이데올로기 작가 등을 통해 잘 입증하고 있다.

작가는 어떤 존재여야 하는가라는 질문에 대해 정훈은 작가지망생이 일기나 편지를 쓸 때처럼 개인적 동기와 욕망과 관련지어 작가의 책임을 생각해야 한다고 했고 지욱도 바깥세계에 대한 사명감만으로 그의 개인적인 삶이

---

140) 위의 책, p.116.
141) 위의 책, p.116.

만족될 수가 있을까와 같이 공적인 명분론에 의문을 품는다.

정훈과 지욱은 글쓰기의 동기나 목적을 해석하는데 있어 단일론은 가능하지 않다고 본다. "글이라는 건 실상 자기 개인의 동기에서만 쓰는 것도 아니고, 독자를 위해 쓰는 것만도 아니고, 현실적인 이해관계에서만 쓰는 것도 아니고, 내면의 이념이나 정신가치를 위해서만 쓰는 것도 아니고, 그리고 그 모든 일들을 따로따로 떼어서 생각하면 그것들이 반드시 소설이라는 글의 창작 형식으로만 가능한 것은 아니니까요."142)와 같이 글쓰기의 동기는 결코 단순하지 않다는 것이다. 인용문 속에 있는 "아니고"를 "이고"로 뒤집으면 복수동기론이 민낯을 드러내게 된다. 정훈은 소설 쓰기의 최초 동기를 복수심에서 찾으면서 복수심이 지배욕으로 연결되는 과정을 제시한다. 복수심과 지배욕은 현실 속에서 좌절을 겪을 때 동시에 나타나는 동질적 반응이긴 하지만 자세히 보면 "첫째는 우선 복수심과 지배욕은 동기와 수단의 관계로 나눠 이해할 수 있다"든가 "둘째로 복수심은 그 복수심 자체로서는 순전히 파괴적 정신 현상인데 반하여, 지배욕은 개인과 사회 간의 한 창조적 생산 질서일 수가 있다"와 같은 차이가 생겨난다고 하였다.143)

이정훈은 시를 쓰다가 철학으로 전공을 바꾼 선배의 이야기를 들려준다. 글을 왜 쓰느냐는 질문에 복수심을 강조했고 복수심이라는 말을 통해 자기 위로나 개인적인 삶의 근거를 제시했고 독자에 대한 책임을 추가했다고 한다. 그 선배는 복수심이니 사회정의 실현이니 하는 것은 다른 직업이나 수단으로도 가능한 것이 아니겠냐며 '지배'란 말이 일상어의 수준으로 사용되는 것을 거부했다고 한다. 작가는 지배하기 위해 쓰지만 독자를 지배한다는 것은 아니라고 단서를 달았다. 이청준은 작가는 복수하기 위해 쓴다는 주장을 지나 지배하기 위해 쓴다는 주장으로 나아갔다.

이승우의 『오래된 일기』(2008, 창비)에 수록된 단편소설 「오래된 일

---

142) 위의 책, p.112..
143) 위의 책, pp.123~24.

기」는 같은 날 태어난 사촌형 규와 '나'의 관계를 따라간 것이다. '규'는 예비고사에 떨어져 대학에 가지 못하고 소설을 쓴다. 행정학도인 '나'는 방위병 복무시절 일기 쓰듯 소설을 쓰고 싶은 충동에서 헤어나지 못한다. 몰래 내 일기를 훔쳐본 규는 소설쓰기를 그만 두긴 하지만 내 노트를 갖고 고쳐서 '나'를 등단시키는 엉뚱한 일을 저지른다. '내'가 발표한 소설을 한 편도 빠짐없이 읽어온 규는 간암으로 죽어가면서 '내' 노트를 읽어달라고 한다. 주인공이 소설가가 된 계기를 바로 복수심과 지배욕을 강조한 이청준의 작품을 탐독한 데서 찾았다.

> 그러나 직접적인 계기는 규의 권유가 아니라 그 무렵 내가 읽은 어떤 소설이었다. 어떤 소설의 내용이 아니라 그 소설을 읽을 때 내 마음 속에서 일어난 어떤 감정의 진동이었다. 소설을 왜 쓰는가, 하는 질문에 대답하는 형식의 그 소설에서 소설 속의 인물인 소설가는 자신의 글쓰기의 기원인 복수심과 지배욕에 대해 집요하게 이야기했다. 현실에서 당한 억울한 일에 대한 소설가의 복수는 현실 밖에서 이루어졌다. 지배의 방식도 현실의 기제인 권력과는 도무지 상관이 없었다. 그는 심지어 자유의 질서로 지배한다고 말했다. 그 소설가가 강변하는, 자유로 질서로 지배함으로써 독자를 해방한다는 소설의 공적 역할에 사실 나는 별로 공감하지 못했다. 내 신경의 어떤 부분을 건드린 것은 소설 속의 소설가, 나아가 그 소설을 쓴 소설가가 그 지루하고 장황한 자기변명을 끈질기게 되풀이함으로써 얻어내려 하고 있는, 마침내 얻어냈을 효과였다.144)

작중의 소설가이면서 동시에 이승우이기도 하다. '나'는 이청준 특유의 '복수심-지배론'의 영향을 받았다고 고백한다. '나'는 복수심-지배욕론이 결국 작가의 자기기록을 담고 있다고 판단한 만큼 일기를 쓸 필요가 없다고 생

---

144) 이승우, 『오래 된 일기』, 창비, 2008, pp.19~20.

각한 것이다. 복수심이나 지배욕은 현실주의적인 색조가 짙은 용어처럼 보이지만 실은 작가의 이상주의적 태도를 일러주는 말로 해석해야 한다. 지배욕은 새로운 세계를 꿈꾸는 행위에서 시작되는 것이기 때문이다.

> 그는 그가 힘을 다해 새로운 세계로의 출구를 열어 젖힌 순간에 그것을 그의 독자들에게 내맡기고 자신은 또 다른 세계를 꿈꾸기 시작하는 것입니다. 그런 의미에서 작가는 당연히 이상주의자일 수밖에 없는 것이지요. 그리고 또 예술가로서의 작가는 당연히 이상주의자여야 하는 것이구요.
> 작가는 근본적으로 어떤 새로운 이념을 창조해내고 그것을 자신의 몫으로 실현하려 하지 않는다는 점, 그의 질서로써 현실적으로 세계를 지배하려 하지 않는다는 점, 그가 창조해낸 세계 안에서 언제나 자신의 자리를 마련할 수 없으며, 다만 그러한 세계의 가치를 승인받기를 기대할 수 있을 뿐, 그는 언제나 자신이 도달한 세계에서 또 다른 다음 번 이념의 문을 향해 끝없이 고된 진실에의 순례를 떠나야 하는 숙명적인 이상주의자일 수 밖에 없다는 점에서, 작가는 혁명가와 다르고, 사회개혁운동가와도 다르고, 목사와도 다르고, 정가의 야당당수와도 다를 것입니다. 그리고 그 작가가 그의 새로운 가치질서에 대한 일반의 공감과 승인을 얻음으로써 그의 지배를 끝내며, 마침내 그가 그의 질서로써 현실의 세계를 지배하려 하지는 않는다는 점에서 우리는 그의 지배욕망을 겁내거나 배척할 필요가 없는 것입니다. 그의 지배욕을 안심할 수가 있는 것입니다.[145]

작가는 자기 소설에 감응하는 독자들을 실제로 지배하는 것처럼 보이지만 자신은 또다른 세계를 꿈꾸게 된다. 작가는 본질적으로 이상주의자이긴 하지만 작가는 작품으로만 말할 뿐 독자와의 현실적 관계는 없다든가 작가는 이상주의자이긴 하지만 혁명가·사회개혁론자·목사·야당 당수와 다르다

---

145) 이청준, 『자서전들 쓰십시다』, 열림원, 2000, pp.126~27.

등과 같은 설명을 통해 이청준 특유의 "지배" 개념을 파악할 수 있게 된다. 새로운 이념이나 세계를 창조해내려 하지만 그를 통해 '현실적인 지배'는 하지 않고 도달한 다시 새로운 이념을 창조하기 위해 구도자처럼 순례의 길을 떠난다는 주장을 들을 수 있다.

이청준은 복수심과 지배욕의 개념을 일반적인 의미로 쓰지 않고, 주관적으로 또 형이상학적 의미로 쓰고 있으며, 새로운 세계의 창조를 하는 순간 현실로부터 발을 빼고는 있지만 소설의 창작동기나 소재를 사회나 현실의 저너머에서 구하고 있는 것은 아니다. 삶의 현장에서 시대와 사회의 이곳 저곳에서 소재를 구하고는 있지만 소설의 기능을 현실적인 차원에서 구하거나 기대하는 것은 아니다. 복수심-지배욕론은 다음과 같은 효용론으로 연결되면서 더욱 독특한 논리를 갖추게 된다.

> 자유롭지 못하게 하는 것을 소설로써 고발하는 것, 의롭지 못한 일을 증언하는 것, 우리의 삶을 부당하게 간섭해 오거나 병들게 하거나 불행스럽게 만드는 모든 비인간적인 제도와 억압에 대항하여 싸우고 그것들을 이겨나갈 용기를 모색하는 것, 소위 새로운 영혼의 영토를 획득해 나가고 획득된 영토를 수호해 나가려는 데 기여하는 모든 문학적 노력이 종국에는 다 우리의 삶을 보다 더 윤택하고 행복스럽고 사람다운 사람으로 살아가게 하려는 삶의 진실을 위한 것이라 할 수 있을 것입니다. 작가가 그의 작품으로 그런 삶의 진실을 위해 싸우는데 독자가 그것을 배척하고 외면할 리 없을 것입니다. 결국은 그 진실의 크기나 깊이가 문제라는 말씀입니다.146)

고발, 증언, 싸움 등과 같은 키워드를 씀으로써 이청준의 작가정신은 강경하지만 방법은 온건한 것으로 나타난다. 이청준의 복수심-지배욕이론은

---

146) 위의 책, p.130.

한 사회의 효율적 진행을 위해 꼭 필요한 것으로 암시된다. 자연스럽게 이청준의 소설관은 인간세계는 갈등관계라는 인식 정도에 얹힌다.

이청준의 주장은 루이스 코저(Lewis Coser)가 『사회적 갈등의 기능』에서 강조한 조정자론과 연결시켜 볼 수 있다.

루이스 코저는 "갈등의 행위들이 사회규범을 만들어내고 조절하는 것을 도와줌으로써 가변적인 상황 아래서도 사회 존속성을 보장해주기 때문에 유연성 있는 사회는 갈등으로부터 이익을 본다. 규범들의 재조정을 위한 메카니즘은 경직된 시스템에서는 거의 유용성이 없다. 경직된 시스템은 갈등을 억눌러버림으로써, 또 그것으로 파국의 위험을 극대화함으로써 유용한 경고 신호음을 외면하게 됨으로써 유연성 있는 사회는 갈등으로부터 이익을 본다"[147]와 같이 유연성 있는 사회는 갈등 때문에 손해를 보는 것이 아니라 이익을 본다는 명제를 제시하였다.

그런가하면 "갈등의 폭발은 당파들 사이의 이전의 화해를 거부한 것을 가리키기 때문에 일단 갈등 당사자들의 각각의 힘이 갈등을 통해 확인이 되면 새로운 균형이 갖추어질 수 있으며 갈등관계도 새로운 바탕에서 전개될 수 있다"[148]와 같이 갈등은 사회의 균형을 지향한다는 명제를 제시하였다.

"어떤 사람들과의 갈등은 다른 사람들과의 연합(association)이나 제휴(coalition)를 빚어낸다. 이러한 연합이나 제휴를 통한 갈등들은 구성원들 간의 유대를 살려냄으로써 사회적 고립을 감소시키는 것을 도와주거나 서로 연결되어 있지 않거나 적대적인 개인들이라든가 집단들을 묶는 것을 도와주기도 한다"[149]는 주장은 한쪽에서의 갈등은 다른 쪽에서의 연합이나 제휴를 빚어낸다는 이치로 정리된다.

"사회들은 적대감이 발생하는 관계들을 그대로 두면서 불만(discontent)과

---

147) Lewis Coser, *The Functions of Social Conflict*, A free press paperback, 1956, A division of Macmillan, 1964, p.154.
148) 위의 책, p.154.
149) 위의 책, p.155.

적대감(hostility)에게 출구를 열어주는 제도들을 배치하고 있다. 이러한 메카니즘은 자주 안전판 제도를 통해 작용하는데 안전판제도(safety-valve institutions)는 적대감을 치환하는 대치물이 될 뿐만 아니라 또 공격성향을 해소시키는 수단을 제시한다. 안전판 제도는 사회구조와 개인의 안전장치를 유지시켜주는데 도움을 주긴 하지만 개인과 사회에게 불완전하게 기능하기도 한다"150)와 같이 갈등은 한 사회에서 안전판제도로 기능하는 법이다 라는 원리로 요약된다.

인물의 심층심리에 대한 묘사는 소설 특유의 유전적 요인이다. 소설은 영화, 연극, 시양식보다는 인간심리를 더 깊게 파내려갈 수 있다. 심리학적 연구방법이나 정신분석학적 연구방법은 소설이나 희곡의 인물들에 대한 연구에서 획기적인 성과를 거둔 것은 틀림없지만 오늘날 소설은 정신분석학적 촉수가 닿지 못하는 인간심리를 만들어내고 있다. 명작 한 편이 추가될 때마다 새로운 인간심리가 하나 더 추가될 수 있다는 통념은 과장된 것만은 아니다.

---

150) 위의 책, p.155.

제7장 고전의 활용

제7장 고전의 활용

1.

 문학의 역사는 후대작가들이 선대의 작가의 정신과 방법을 뛰어넘고자 노력한 역사이기도 하다. 고전은 시공을 초월하여 읽히면서 의미를 생산하는 개념으로 볼 수 있다. 고전이란 개념은 후대가 선대를 맹목적으로 부정하고 습관적으로 극복하는 것이 무위로 돌아가기 쉬운 것임을 일깨워 준다. 과거에 원형이 존재한다는 발상에서 출발한 원형이론이 나오고 고전에 대한 모방을 새로운 창조행위의 한 비결로 본 포스트 모더니즘이 나온 이래 고전의 가치는 높아졌다.
 김원우의 단편소설 「反風土說抄」(『동서문학』, 1998년 가을호)는 소설은 과학일 수 있다는 색다른 주장을 펼친다. 주인공은 팔당호 근처에 집필실을 낸 김선생을 찾아가 대화하면서 자기의 생각을 털어놓는다. 작중 화자는 우리 소설의 화두의 하나인 "근대성"을 화제로 삼으면서 "'근대'란 오후 다섯시에 출발하기로 되어 있는 열차가 정시에 출발지를 떠나 예정된 시간에 정확히 목적지에 도착하는 것이다. 그것이 과학의 힘을 빌린 제도이고, 합리의 한 구조화이다"와 "수많은 사회적 약속, 달리 말하면 '그렇게 하기로 되어 있다'의 유기적인 얽히고 설킴 일체, 그 거대한 관계망이라는 무형의 구체(球體)를 '근대'라고 일컬을 수 있겠는데, 우리에게는 그것이 부분적으로 삐걱거릴뿐더러 수시로 통째 망가져버린다"(p.27)와 같이 정의내린다. 이런 근대성의 의미에서 보면 오늘날 '근대'를 그리고 있는 한국소설도 엄밀히 말하면 '근대 이전'을 그리고 있는 것에 불과하다는 주장을 한다. 그런 일례로 한의 문학의 전근대성을 들었다.

> 비근한 실례를 들어보자. 우리는 흔히 우리 풍토에 뿌리깊게 서식하고 있다고 보는, 풍토심리학 같은 것을 끌어와야 말발이 설 이른바 '한'을 여러 사람이 여러 음색으로 노래하고 있음을 목격하는데, 그것이 우리만의 고유한 정서의 한 갈래라고 치부한다 하더라도 극복의 대상일 뿐인 그 '한'은 보다시피 어떤 지향점도 없다. 그럴 수밖에 없는 전말(顚末)을 열거하자면 하루해도 모자라지만, '근대'가 진작에 '지역적 고유성'을 지양하고 있다는 사실을 조금이라도 고려한다면 그것은 근대소설의 제재(題材)로서 이렇다 할 가치가 없다기보다도 거의 무익하다. 쉽게 말해서 그것은 허울 좋은 '환영(幻影)'이거나 그럴듯해 보이는 개인적 '미신' 차원의 구중중한 애가(哀歌)에 지나지 않는다.151)

'한'의 문학은 알 수 없는 것, 극복되어야 할 것, 지향점이 없는 것, 지역적 고유성에 매몰된 것, 미신 차원의 애가에 불과한 것, 근대소설의 제재로 거의 무익한 것 등으로 주장하는 김선생의 태도는 근대에 대한 과도한 긍정과 기대로 이어질 수 있다.

> 좀 과격한 진술일지는 몰라도 우리의 근대소설에 그런 미신적, 비과학적, 반합리적 요소는 너무나 후안무치하게 산재해 있다. 물론 풍토 탓으로 돌릴 수도

---

151) 김원우, 『객수산록』, 문학동네, 2002, p.28.

있고, 인접 인문사회과학의 성과가 워낙 미흡해서 그런데, 소설이 과학일 수는 없지 않냐고 억지를 부리면 어쩔 수 없기는 하다. 그러나 그럼에도 불구하고 소설은 당연히 과학일 수 있다. 소설이 결국은 다종다양한 여러 '정신'의 변화무쌍을 부여 준다는 점에서도 그렇지만, 제대로 돌아버린 정신병자의 심리조차도 어떤 식으로든 일목요연하게 질서화시킨다는 점에서 그렇다. 이 대복에 이르면 흔히 언어 자체의 한계 많은 공소성(空疎性)에 절망한 나머지 내지른 '진절머리나는 투명성에의 집착'을 매도하고, 오히려 그것의 반투명성이야말로 문학의 아주 귀중한 덕목이라는 반론을 내놓는다.152)

김선생은 오늘날의 한국소설이 근대적 사고, 과학적 사고, 정신의 변화무쌍함, 투명성을 내보이지 않고 있음을 비판하고 있다. 이런 비판은 한국소설의 발전을 위해 경청할 가치가 있기는 하나.

그러나 한의 문학을 근본적으로 부정하고 근대성을 전폭적으로 긍정하는 태도만이 한국문학의 발전을 위하는 길이라고 보기는 어렵다. 오늘날의 한국소설은 말할 것도 없고 앞으로의 한국소설에서도 과학적 사고 못지 않게 인문학적 사고가, 또 '정신' 못지 않게 '혼'이 긍정적으로 기능할 수 있어야 한다.

비과학적인 생각, 편견, 악습 등에서 벗어나지 못한다는 이유를 들어 "우리의 근대소설 속에 명멸하는 숱한 인물들은 대개 다 미치광이들이다"(p.29)라고 단언하면서 '근대'를 제대로 체험하거나 활용하지 않는 사람들이 어떻게 '근대소설'을 쓸 수 있겠는가 하고 질문한다. 이어 인물, 사건, 배경, 플롯을 만드는 근대소설의 보편적인 작법을 부정한다. 김선생은 "아무래도 문학은 그 자체의 힘만으로는, 곧 인접 인문사회과학의 도움 없이는 그 실체 파악에 역불급이라는 사실이다. 또다른 풍토론이 나오게 생겼는데, 문학의 외

---

152) 위의 책, pp.28~29.

투 같은 지식사회 전반의 피상성이 그나마 '근대성'을 담보하지 못하는 우리 근대소설의 실적에 변명거리 하나는 제공해주고 있는 셈이다"(pp.930-31)와 같이 주장하였다. 작중 화자가 "어디선가 읽었거나 언젠가 들은 것 같기도 하건만 뭐가 뭔지 알 수 없다"(p.32)와 같은 반응을 보이고 있기는 하다. 인문학적 도움을 좋은 소설의 필요조건으로 주장한 것은 작가들에게 탐구정신의 필요성을 역설한 것이라고 하겠다.

20세기 말에 실제로 한국현대문학 연구자들 사이에서는 근대성이 키워드가 되었었다. 우리의 근현대사를 면밀하게 관찰하면서 근대성의 개념을 추출하고 정리한 것이기보다는 서양의 모더니즘이론과 국민국가론을 수용한 결과라고 할 수 있다. 안소니 기든스(Anthony Giddens)의 "국민국가론"은 1980년대에 우리나라에 소개되었으나 큰 관심을 끌지는 못했다.

안소니 기든스는 "서구의 2대 혁명으로 산업주의(industrialism)와 국민국가의 발생(the rise of the nation-stste)을 들 수 있다. 서양 사람들은 자신이 특정한 국가의 시민이라고 의식한다. 또한 서양사람들 중에 국가(중앙정부와 지방행정부)가 그들의 삶에서 광범위한 역할을 한다는 점을 부정하는 사람은 거의 없다"153) "국민국가의 일반적 우세가 자본주의의 보급을 동반한다. 오늘날 전세계가 국민국가의 쪽모이세공(a patchwork of nation-states)으로 나누어지고 있다"154)와 같이 국민국가의 개념을 강조하였다.

안소니 기든스는 근대사회를 "오늘날의 세계에서 발견되는 가장 의미있는 변화체계는 농업에 기초한 '전통'사회로부터 기계화된 상품의 생산과 교환에 기초한 '산업'사회로 바뀐 점이다. 연구자들은 이러한 전통사회와 근대사회를 가리키기 위한 다양한 라벨들은 사용했으며 각각 다른 방법으로 두 사회를 설명했다. 연구자들은 '전통'과 '근대성'이 나라에 따라 다양한 양

---

153) Anthony Giddens, *Sociology, A Brief but Critical Introduction*, Fellow of King's College, Cambridge Harcourt Brace Jovanovich, Publishers San Diego, New York, Chicago, Washington.D.C, 1982, p.19.
154) 위의 책, p.21.

태로 결합되는 것을 인식해왔다"와 같이 농업사회에서 산업사회로의 이행과정으로 설명했으며 "전통사회로부터 산업사회로 이동하는 것은 역사 안에서 진보운동으로 표현된다. 산업사회는 귀족계급이나 신사계급과 '보통사람들'(common people)과 같은 사회적 차별의 엄격한 형식이 해체되는 것을 의미한다. 기회균등이 지배하는 사회가 된다는 것을 의미한다"155)와 같이 근대사회를 사회적 차별이 파괴되기 시작하는 것으로 파악했다. 그리고 계급갈등이 해소되는 구체적 현상을 제시했다.

19세기와 20세기 초 서구에서 눈에 띄는 계급갈등은 농업사회에서 산업사외로 전환하는데 따른 긴장의 결과로 설명된다. 가장 영향력 있는 개념은 이따금 "계급갈등의 제도화"(institutionalisation of class conflict)로 일컬어졌다. 새롭게 나타난 산업사회의 초기에는 계급구분이 심각했고 계급관계는 주요 긴장관계의 핵심이 되었다. 그러나 이러한 긴장관계들은 선거권과 정당결성권과 같은 정치적 시민권이 대다수 사람들을 포함한 정도로 확대되는 것과 함께 산업거래의 기존양상이 확립됨에 따라 충분하게 해소되었다.156)

안소니 기든스는 자유민주주의 국가의 발생을 근대성의 대표적인 현상으로 파악했다. 그가 근대화는 서구화로 등식화될 수 없고 산업화는 나라에 따라 다른 양상을 보인다고 주장한 것은 상식이 되어 버렸다.

이어 안소니 기든스는 국민국가의 특징으로 16세기에 싹튼 "자본주의"를 든 다음 "폭력수단의 통제를 성공적으로 독점하는 정치기구(경찰, 군대)의 구성(institutions of political governance whereby a society's rulers successfully monopolise control of the means of violence(the army and police), 민족주의적

---

155) 위의 책, pp.33~34.
156) 위의 책, p.34.

감정(nationalist sentiments) 등을 들었다.157)

근대화하면 떠오르는 것이 "대도시론"이다. 『사회분화론』, 『돈의 철학』, 『사회학의 근본문제』 등을 펴낸 게오르그 짐멜(1858~1918)은 「대도시와 정신적 삶」이란 논문에서 대도시론를 펼쳤다.158)

"대도시에 사는 사람들의 전형적인 심리적 기반은 신경과민인데, 이는 외적·내적 자극들이 급속도로 그리고 끊임없이 바뀌는데서 기이한다"(p.36), "대도시의 정신적 삶이 기분이나 정서적 관계에 더 의존하는 소도시적 삶에 비해 지적 성격을 띠게 된다"(p.37), "대도시적 화폐경제와 정신적·지적 기조의 상호작용이 가장 비옥한 토양이다"(p.39), "대도시 삶이 팽창하고 복잡해짐에 따라 필연적으로 요구되는 정확성, 계산가능성, 치밀성은 대도시의 화폐경제적, 지성주의적 성격과 밀접한 연관을 맺고 있다"(p.40), "정확성과 치밀성으로 가장 비인격적 구조를 만든 바로 그 요소들이 다른 한편에서 가장 인격적인 구조에도 영향을 미친다. 아마 둔감함처럼 절대적으로 대도시에 해당되는 정신적 영향은 없을 것이다"(p.41), "돈은 사물의 모든 다양성을 균등한 척도로 재고, 모든 질적 차이를 양적 차이로 표현하며, 무미건조하고 무관심한 태도로 모든 가치의 공통분모임을 자처함으로써 아주 가공할 만한 평준화 기계가 된다"(p.42), "대도시인들은 냉담, 반감, 적대감에 젖어 있다"(p.43), "대도시는 세계주의의 본거지이다"(p.47), "대도시는 무엇보다 경제적 분업이 최고로 발달한 장소이다"(p.48), "개인적인 것을 구제하기 위해서 극단적으로 자신의 개성과 특성을 짜내야 한다. 관심을 끌기 위해 과장할 필요성이 생긴다"(p.52), "대도시 안에서는 개인의 독립과 인격의 특이성이라는 두 가지 개인주의가 생겨난다"(p.53), "대도시는 이 두 가지 방식 사이의 갈등과 조화의 시도가 이루어지는 장소로서의 기능을 갖는다"(p.53).

---

157) 위의 책, pp.162~63.
158) 『짐멜의 모더니티 읽기』, 김덕영·윤미애 옮김, 새물결, 2005, 2006 2쇄, pp.36~53.

신경과민, 지적 성격, 화폐경제, 정확성과 계산가능성, 냉담과 적대감, 세계주의, 개인주의 등과 같은 대도시 특징론은 도시에 거주하는 현대인의 존재방식을 잘 설명해주기는 하지만 도식적이라는 반론을 맞을 수도 있다. 의식있는 개인들은 오히려 이러한 특징론에 내포된 반인간적 성향에서 벗어나려 하거나 맞서려고 한다. 오늘날의 소설은 바로 이런 개인들에게 주목하고 있다.

2.

최인훈은 장편소설 『소설가 구보씨의 일일』(1976)에서 주인공 구보의 입을 통해 한국인들의 독서하지 않는 풍토를 걱정하며 "책을 읽지 않고는 영원히 그놈의 <민중주의>―무식하지만 마음은 착하다는 그 지경을 벗지 못한다. 마음이 설령 착하다 치고, 알지 못하는 데서 옳은 일을 할 수 있겠는가"159)하고 경고한다. 이 소설에는 앞서 김원우가 「반풍토설초」에서 제시했던 전근대적 작가가 등장하고 있다.

> 예술가와 과학자의 말이, 그것만이 정말이다. 왜 그런가. 그들이 개인적으로 훌륭한 사람들이어서 그런가. 아니다. 예술이라는, 과학이라는, 신(神)대를 잡으면 본의 아니게 정말을 실토하게 된다. 신들린 무당처럼, 용한 무당도 술 먹고, 오입하고, 사기도 한다. 그러나 신대를 쥐고 몸을 와드드 떠는 당장에만은 정말을 중얼거리지 않고는 배기지 못한다. 그게 직업의 허영이다. 신들린 말을 녹음한 기계―그것인즉 바로 책이다. 그래서 인간이 가진 정말의 기록으로서는 아직 책보다 나은 게 없다. 책 속에서는 저자는 자기한테 불리한 말도 한다. 번연히 제

---

159) 최인훈, 『소설가 구보씨의 일일』, 문학과 지성사, 1976년 초판, 1988년 8쇄, p.140.

눈 찌르는 말도 한다. 그러지 않고는 말이 씨가 먹어지지 않기 때문이다. 책이 별 것이 아니다. 팔자소관으로 무당된 사람의 넋두리를 듣고 세상의 속과 겉을 알아서, 자식 기르며 사는 세상에 제 자식이 남의 자식한데 억울한 일 안 당하게 앞길을 짚어주는 〈토정비결〉이요 〈정감록〉이다. 그런 책을 읽지 않는다니. 틀렸어. 이 바닥 잘 되기가 열두 번이나 틀렸어—일러둬야 옳겠는데 구보씨의 이같은 탄식부터가 모름지기 문필노동자의 자기 선전이 섞인 넋두리라는 이야기다.160)

여기서 "책"은 물론 소설로 바꿀 수 있다. 소설은 무당의 넋두리, 토정비결, 정감록 등과 같이 위안과 희망을 주기도 하고 기존 인식세계를 바꾸어주기도 한다.

고대 동서양 풍속의 대백과사전으로 세계 인류학, 민속학, 종교학, 문학에 큰 영향을 준 제임스 조지 프레이저(James George Frazer)의 『황금가지(The Golden Bough)』에 눈길을 돌릴 필요가 있다. 번역자로 해설을 쓴 소설가 신상웅은 "『황금가지』를 읽는 이들에게"에서 "영국의 인류학자, 고전학자이자 민속학자인 제임스 조지 프레이저(Sir James George Frazer, 1854.1.1~1941.5.7)의 『황금가지』는 1890년 2권으로 출판되었다. 그 후 이 책은 1900년이 되어 3권으로 늘어났으며, 1911년~15년에 이르러 12권 대작이 되었다. 그리고 1936년 보충편 1권이 추가됨으로써 모두 13권으로 완결되었다. 그리고 독자들 열망에 따라 1922년에 프레이저가 직접 다시 편집, 요약하여 한 권으로 펴냈다"161) 와 같이 이 책의 출판경위를 밝혔다. 그리고 이 책의 방법론을 다음과 같이 정리했다.

『황금가지』에서 프레이저가 전제로 깔고 있는 방법론과 관점은 크게 두 가

---

160) 위의 책, pp.140~41.
161) 제임스 조지 프레이저, 『황금가지』, 신상웅 옮김, 동서문화사, 1979 1판, 2007년 2판, p.1047.

지로 요약할 수 있다. 첫째, 인간정신은 본질적으로 유사하므로 여러 문화권의 비슷한 사례들을 비교할 수 있다. 둘째, 그 시대의 생물진화론(다윈) 및 사회진화론(스펜서)에 따라, 모든 사회는 동일한 발전단계를 거치며 그 발전방향은 필연적으로 진보와 개선의 방향성을 가진다. 그의 주술→종교→과학이라는 진화론적 도식은 바로 이런 전제를 분명하게 보여준다.162)

그런데 이 책에서 한국에 대해 언급한 부분을 여러 군데서 찾을 수 있다. "제6장 왕으로서의 주술사"에서는 "고대 중국 저술가들의 보고에 따르면, 한국에서는 비가 너무 내리거나 적게 내려서 흉작이 들면 언제나 왕에게 책임을 물었다고 한다"(p.141)는 자료를, "제 9장 나무 숭배"에서는 "한국에서는 역병으로 죽거나 길가에서 죽거나 아이를 낳다 숨을 거둔 사람들의 영혼은 반드시 나무에서 산다고 한다. 이런 혼령을 위해 나무 밑에 쌓아올린 돌더미 위에 과자, 술, 돼지 등의 제물을 바친다"(p.182)는 자료를 찾을 수 있었다. "제21장 터부가 된 사물"에서는 조선의 정조 임금의 사인이 터부로 인한 치료의 포기에 있다고 밝히고 있다.

> 옛날 한국에서도 왕에게는 아무도 손을 댈 수가 없었다. 만일 왕이 신하에게 손을 대주기라도 하면, 그 손에 닿은 곳은 신성시됐고, 이러한 명예를 얻은 사람은 남은 일생동안 눈에 띄는 어떤 표식(보통 붉은 명주실)을 지녀야 했다. 무엇보다도 철을 왕의 몸에 대는 것은 금물이었다. 1800년, 정조대왕은 등에 난 등창으로 죽었다. 그때 바소(침술에서 종기를 째는 데 사용하는 날이 있는 기구)를 썼다면 생명을 구할 수도 있었지만, 누구도 감히 그것을 쓰려 하지 않았다. 한번은 어떤 왕이 입술에서 난 종기로 괴로워하고 있을 때, 그의 어의는 광대를 불러들여서 왕의 종기가 웃음으로 터지도록 했다고 한다.163)

---

162) 위의 책, p.1053.
163) 위의 책, p.341.

"제51장 육식의 동종주술"에서는 "한국에서는 호랑이 뼈가 용기를 불어넣는 수단으로 인식되기 때문에 표범의 뼈보다 비싼 값으로 매매된다. 서울에 살고 있는 한 중국인은 용감하고 사납게 되기 위해 호랑이 한 마리를 사서 통째로 먹었다고 한다"(p.733)는 자료를, "제 63장 불 축제에 대한 해석"에서는 "옛 한국에서는 신년 축제가 시작되기 며칠 전부터 궁정의 내시들이 횃불을 흔들면서 축문을 읽었다고 한다"(p.950)와 같은 자료를 보여주었다.

이러한 민속자료는 민속문학, 구비문학, 설화문학의 콘텐츠로 활용될 만한 가치를 지닌다. 물론 나중에는 문자에 정착되고 기록으로 바뀌면서 속절없이 사라질 운명에서 벗어나게 되었다. 민속자료의 하나로 속담을 들 수 있다. 속담은 선인들의 경험법칙이나 삶의 지혜를 최소한의 길이인 시적 표현에 담은 것으로, 외형상으로는 격언이나 경구와 비슷하다. 대다수 속담이 민중의 표현이라면, 대다수 격언이나 좌우명은 지도자, 학자, 문호가 만든 것으로 볼 수 있다. 속담의 활용도를 기준으로 하여 고전소설과 현대소설의 차이점을 밝혀볼 수 있다. 고전소설에서 많은 속담, 상언 들을 찾을 수 있는데 반해 대부분의 현대소설에서는 찾을 수 없다.

헤겔은 3편으로 된 제 2부 "예술미의 여러 특수한 형식들로 발전하는 이상"의 제1편 "상징적 예술형식"의 제 3장 "비유적인 예술형식 속에 들어 있는 의식적인 상징표현"164)에서 "속담"에 주목했다.

> 속담(Sprichwort)은 때로는 우화로, 때로는 교훈적인 이야기로 바뀐다. 그것들은 대개 인간의 일상생활에서 개별적으로 일어나는 경우들을 제시하지만 그러나 이를 곧 보편적인 의미로 받아들여 만들어진 것이다. 예를 들어, '한 손이 다

---

164) 제 3장은 "A. 외적인 것에서 시작되는 비유들"에서는 우화, 비유담, 속담, 교훈적인 이야기, 변형 등을 논했고 "B.비유적으로 표현할 때 의미에서 시작되는 비유들"에서는 수수께끼, 알레고리, 은유, 이미지, 비유 등을 논했고 "C. 상징적 예술형식의 소멸"에서는 교훈시, 서술적인 시, 고대의 경우 등을 논했다. (번역은 두행숙의 것을 따랐다)

른 손을 씻는다(즉 백지장도 맞들면 낫다)'라든가 '자기 집 문 앞이나 쓸어라(제 걱정이나 하라)', 또는 '다른 사람의 무덤을 파는 자는 스스로 그 속에 빠진다', 그리고 '네가 나에게 소시지를 하나 구워주면 나는 네 갈증을 풀어줄 것이다(가는 정이 있어야 오는 정이 있다)' 따위의 속담들이 그것이다. 또 격언(格言, Sinnspruch)들도 역시 여기에 속하는데, 근래에 와서 괴테는 아주 우아하면서도 심오한 격언들을 많이 지어냈다. 이런 것들을 보편적인 의미와 구체적인 현상이 서로 외적으로 대립되는 방식이 아니라 구체적인 현상을 들어서 직접 보편적인 의미를 표현하는 방식으로 씌어졌다.165)

이기문은 『속담사전』의 자매편으로 낸 『한국의 속담』의 머리말에서 "우리 나라 속담은 어느 다른 나라에 못지 않게 풍부하고 다채롭다. 우리 민족의 지혜가 그 오랜 생활 경험을 완벽한 언어 표현 속에 응결시킨 것들이어서 어느 하나도 진리의 천명 아닌 것이 없고 처세의 교훈 아닌 것이 없다. 비록 우리 나라 속담이 전통사회에서 형성된 것이어서 간혹 현대사회에는 적합하지 않은 것이 없지 않으나, 그 대부분은 시대를 초월한 만고의 철리를 나타내고 있는 것이다"166)와 같이 속담의 기능을 고평했다. 그럼에도 오늘날 대부분의 작가들은 속담이 "현대사회에 적합하지 않다"는 측면에만 집착하고 있는 듯하다. 『한국의 속담』에서 속담을 언어, 인생, 가정, 사회, 지능, 사리, 심성, 행위 등의 부문으로 나눈 것을 보면 속담이 인간생활의 도처에서 사용되고 있는 것임을 확인할 수 있다. 이 중에서도 "사회"(pp.81~139) 편과 "심성" 편은 조상의 삶의 모습을 잘 보여줄 뿐만 아니라 인간과 그 사회의 본질을 잘 보여주기도 한다. "사회"의 부문에는 다음과 같은 주목할 만한 속담들이 있다. "달면 삼키고 쓰면 뱉는다", "간에 가 붙고 염통에 가 붙는다", "등겨 먹던 개는 들키고 쌀 먹던 개는 안 들킨다", "달도 차면 기운다", "양지가 음지 되고 음지가 양지 된

---

165) 헤겔 저, 『미학강의 2』 두행숙 옮김, 은행나무, 2010, p.192.
166) 이기문 편저, 『한국의 속담』, 삼성미술문화재단, 1976년 초판, 1984년 중판, p.4.

다", "물은 흘러도 여울은 여울대로 있다", "밤 잔 원수 없고 날 샌 은혜 없다", "나무는 큰 나무 덕을 못 보아도 사람은 큰 사람의 덕을 본다", "머리 검은 짐승은 남의 공을 모른다", "기르던 개에게 다리를 물렸다", "앞에서 꼬리 치는 개가 후에 발뒤꿈치 문다", "피 다 잡은 논 없고 도둑 다 잡은 나라 없다", "남의 눈에 눈물 내면 제 눈에는 피가 난다", "내 말은 남이 하고 남 말은 내가 한다", "높은 가지 부러지기 쉽다", "돈만 있으면 귀신도 부릴 수 있다", "돈이 없으면 적막강산이요 돈이 없으면 금수강산이라", "왕후장상이 씨가 있나" 등은 인간의 속성이나 경향을 알아차리게 한다. "심성" 편에는 다음과 같은 주목할 만한 속담들이 있다. "흥 각각 정 각각", "인정도 품앗이라", "사람 살 곳은 골골이 있다", "귀신도 빌면 듣는다", "열 길 물 속은 알아도 한 길 사람의 속은 모른다", "내리사랑은 있어도 치사랑은 없다", "생원님은 종만 업신여긴다", "종로에서 뺨 맞고 한강에 가 눈 흘긴다", "바다는 메워도 사람의 욕심은 못 메운다", "한 시를 참으면 백 날이 편하다"[167] 등과 같은 속담들을 외우고 있으면 다른 사람들에게 덜 기대고 덜 실망하게 되는 결과를 맞게 된다.

속담이 대개 우리의 역사서와 야사집과 소설과 시가에서 태어난 것과 달리 중국에서 태어나 우리에게까지 전파되어온 아주 간략한 표현양식으로 고사성어(故事成語)가 있다. 사자성어로 불리우기도하는 고사성어는 복잡한 사연을 한 단어로 압축한 것으로 속담이 웃음의 효과도 거두는 것과 대조적으로 교훈성이 강하다. 속담만큼 삶이나 인간 전체의 속성을 파헤쳐 가르침을 주는 것은 많은 편이 아니다. 조상들이 이런 오류나 실수를 했으니 후손들은 그러지 말라는 투의 가르침으로까지 나아간 것도 그리 많은 편이 아니다.

김병익은 「소설에서의 이야기의 확대와 의미」(『월간문학』, 1974.5)에서 당시의 소설에서 심리소설, 앙티로망(로브 그리예의 소설), 수필체(김승옥의 「확인해본 열 다섯 개의 고정관념」, 성명문체(최인훈의 「총독의 소리」, 서기원의 「마록열

---

167) 위의 책, pp.213~59.

전」), 환상체(이제하의 「초식」, 최인호의 「타인의 방」) 등과 같은 새로운 이야기체를 찾아내면서 신화, 전설, 고전소설 등과 같은 옛날 양식으로부터 기본적인 이야기를 빌려 새로운 소설유형을 만들어낼 수 있다고 하였다. 예컨대 흥부전의 이야기를 빌려 후대의 작가들이 차용하거나 변용하면 "권선징악의 윤리소설로, 자본가 대 무산자의 투쟁으로 해석하는 계급소설로, 박을 탐으로써 이 세계의 보이지 않는 지배자와 만나는 환상소설로, 또는 비극적인 종말을 통한 허무주의적 소설로 얼마든지 새로운 모습으로 재탄생될 수 있다"168)고 하였다.

김연수는 춘향전의 줄거리를 빌려 「남원고사(南原古詞)에 관한 세 개의 이야기와 한 개의 주석」(『나는 유령작가입니다』, 창비, 2005)이란 단편소설을 만들어내었다. 설화소설이며 판본도 다양한 춘향전의 줄거리를 차용하면서 주요 인물의 성격, 주요 갈등관계를 자기 나름대로 재설정하는 방법을 취했다. 춘향이는 퇴기 월매의 딸로 관기에 등록되었으나 이조참의로 승차해간 전임사또의 아들과 연을 맺은 것 때문에 호장과 좌수에 의해 대비정속되어 신임 부사인 변부사의 기생점고에 불참하고 양민선언을 하게 된다. 변부사는 임금 앞에서 여악(女樂)을 철폐해야 한다고 주장했던 정암 조광조를 숭배하는 원칙주의자로 그려진다. 고전소설 춘향전에서 호색한이며 탐관오리로 그려진 변부사의 이미지와는 반대되는 인물로 나타난 것이다. 변부사는 관기의 신분을 제마음대로 바꾼 전임사또 아들과 토호와 아전의 발호를 질타한다. 춘향의 기둥서방인 군뢰사령은 변부사가 춘향에게 음심을 품은 것을 부정하긴 하였지만 변부사와 춘향의 대립을 동헌과 향청 사이의 힘겨루기로 해석한다. 변부사 생일에 출두한 어사는 이몽룡이 아닌 박일평으로, 변부사와는 동문수학한 사이다. 박어사가 좌수놈 패거리의 처분 결과를 묻자 변부사는 국가재산 횡령, 문서 조작, 수령 모함, 유언비어 유포 등과 같은 좌수의 죄상을 열거하고 일단 하옥시키고

---

168) 『월간문학』, 1974.5, p.197.

감영에 보고한 뒤 명령을 기다린다고 답한다. 박어사가 춘향의 존재를 궁금해 하자 변부사는 춘향이는 지난 새벽에 자결했고 기둥서방인 군뢰사령 하나가 옥을 부수고 난동 피우는 사건이 있었다고 알려준다. 작가 김연수는 춘향이를 관기의 신분으로 엉뚱한 신분상승을 꾀하다가 실패하는 인물로, 변부사와 암행 어사 박어사를 깨끗한 사회를 꿈꾸는 개혁주의자로 그렸다. 김연수는 양반세력과 중인세력의 대립담을 그리기 위해 춘향전의 이야기를 차용한 것으로 보이기도 한다.

서정인의 「장명등」(『파라 21』, 2003 가을호)은 발표 당시에 작가 나름의 잠언(箴言)을 남기기에 힘쓴 작품으로 평가되었다. 이 소설은 대화체소설은 천착력, 직핍성, 자유로움 등과 같은 장점을 지니고 있음을 잘 입증해주었다. 이 소설은 진부하지 않은 지혜와 이치를 전달하려고 하고 사물이나 현상을 보다 철학적으로 접근해 보려는 창작의도를 감추어 놓은 특징을 보인다. 그런 만큼 독자들로부터의 높은 이해도가 감응도를 기대하기는 어렵다. 이 소설에서는 늙음, 죽음, 고향, 자연, 예술, 민족문화, 도덕, 운명, 예언, 매스컴, 정보사회, 정치, 부패, 정치사범, 의식주, 옛날 관리, 총독, 식민통치, 선조 임금, 경복궁, 광화문, 군왕의 의미, 빙궁 등에 대해 언급하면서 독자들을 새로운 정보와 새로운 인식으로 유도하고 있다. 이 작품에서는 전체구조와 그것이 품고 있는 의미를 파악하는 것보다는 작중화자의 입을 통해 나온 말 속에 보석처럼 감추어져 있는 잠언들을 주목할 필요가 있다. "사람은 가도 기억은 남소", "좋아하는 것 속에는 싫어하는 것이 들어 있소 아무리 사랑해도 더 사랑할 수 있고 아무리 미워해도 더 미워할 수 있소", "인걸의 오고감은 니 뜻대로 안 되지만, 마음은 니 것이니, 니 생각을 바꿔라", "그림은 질서고 강산은 혼돈이다", "예술이 별 것이냐? 그게 원래 시늉이다", "어떤 일도 일어난 다음에는 이상하지 않다. 그것이 발생한 것은 그렇게 당연할 수가 없다", "믿으면 예언이 아니오. 사람들의 생각과 달라야 예언이요", "매체는 그들에게 정보를 주고 그들의 사고를 가져갔소", "건물이 생각에서 나온 것이 아니라, 생각이 건물에서 나왔다. 의식주가 우리들의 의식을 바꿨다", "안 보이면 잊혀지고, 잊으면 없소" 등과 같은 촌철들은 연륜에 따른 원숙한 사고와 세련된 감성에서 빚어진 것들이다. 물론 이 가운데는 말장난의 수준을 벗어나지 못한 것도 있고 앞뒤 문맥과 연결될 때라야 겨우 이해되는 것도 있다. "우리들이 우리들 것을 부수고 가랑이가 찢어지라고 서양을 뒤따라가는데, 그 서양에는 일이백 년이 뭐요? 오백 년, 천 년 묵은 옛집들이 소중하게 보존돼 있소", "왕의 권력은 대통령의 것 열 배는 된다. 황공무지로소이다는 요즘이 옛날의 열 배는 된다. 옛날 사람들은 무릎 꿇고 엎드려서도 할 소리는 다 했다"는 식으로 오늘날의 한국인들 사이에서 뚜렷하게 보이는 숭신주의와 출세주의를 향해 비판을 꾀한 흔적을 찾을 수 있다. 전반적으로 오늘의 한국인들의 삶의 자세가 비판이나 풍자의 도마에 오르고 있다. 원래 서정인은 풍자나 비판의 정신에 품격을 곁들일 줄 아는 작가다.[169]

이미 20세기에 소설의 제재유한론이 제기된 바 있다. 새로운 직업, 새로운 건물과 길, 새로운 차, 새로운 가치관 등이 나타난다고 해도 먹고, 자고, 일하고, 쉬고, 욕망을 채우고 하는 식의 인간의 삶이 반복되고 있는 이상, 소설의 소재는 근본적으로 새로운 것이 나타나기 어렵다. 새로운 소재를 찾기 어려운 만큼 그에 따라 주제도 제한적일 수 밖에 없다. 이런 제한을 뚫고 나가면서 새로운 소설을 제시할 수 있는 방안의 하나로 온고이지신의 논리를 생각할 수 있다. 소설의 새로움은 과학공상소설, 재난소설, 미래소설 등과 같이 새로운 소재에서 찾는 방법도 있지만 새로운 서술방법에서 찾을 수도 있다. 이미 한국에서도 여러 신진급 작가들이 새로운 서술방법을 시도한 결과로 새로운 소설을 내놓아 긍정적인 평가를 받고 있다. 새로운 소설의 창작을 표어로 내세우는 포스트모더니즘은 아이러니칼하게도 혼성모방, 상호텍스트성과 같이 과거에서 미래를 찾는 방법을 사용하고 있다.

---

[169] 조남현, 「비판의 정신과 소설의 존재이유」, 『한국현대작가의 시야』, 문학수첩, 2005, pp.437~39.

제8장 사상과 형식의 실험실

제8장 사상과 형식의 실험실

1.

　소설의 역사는 일반사나 각종 예술사처럼 중간중간 획기적 변화를 내포한다. 획기적 변화는 전례없는 대작이 출현한 것으로 볼 수도 있고 여러 작가들의 운동 형식으로 새로운 시대를 여는 것일 수도 있다. 전쟁, 혁명, 대재앙 등이 소설에게 획기적 변화를 요구할 수도 있다. 시기상으로 볼 때 한국 개화기 소설은 고전소설과 현대소설의 교량 역할을 하긴 했지만 실험정신은 박약했다. 한국현대소설사에서는 저항적이며 급진주의적 경향의 소설이 식민통치 극복을 위해 인식론적 실험을 감행했던 1920년대를 주목할 필요가 있다. 이때의 인식론적 실험은 고전소설이나 개화기소설과 확연히 다른 형식의 실험을 촉발하여 한국소설의 근대화를 이룩했다.
　영화는 한 영화 감독의 주관과 사상의 산물이라는 작가주의(Auteur theory)라는 말이 있다. "비평가들이 주목한 바와 같이 작가주의는 낭만적 개인주의로 향하는 경향이 있어서 위대한 천재는 역사, 이데올로기, 영화 그 자체의 제약을 초월한다고 종종 가정한다"[170)는 설명은 소설가에게도 적용해 볼 수 있다. 선배작가들의 작품을 읽으면서 자신의 직접체험을 매개로 하여 인간심리와 역사와 사회를 통찰하면서 소설을 쓰는 작가들은 새로운 생각을 하고 있고 새로운 방법을 구사하고 있다고 자임한다. 대부분의 소설가들은 작가주의의 주인공이 되고자 하는 속성을 지니고 있다.

의식 면에서도 형식 면에서도 소설가들은 실험가를 자임하는 가운데 20세기 중엽의 프랑스 중심의 누보로망을 떠올리기 마련이다.

레알 우엘레는 "1955년대의 거의 모든 문학평론가들은 이 새로운 소설적 형태에다가 하나의 타이틀을 붙여 주기 위하여 상상력을 총동원하였다. 시선파(視線派)니 자정동인(子正同人)이니 소탕소설(掃蕩小說)이니 백색소설(白色小說)이니 반(反) 혹은 전(前)소설이니 하는 따위가 그것이다. 그러나 유일하게도 '누보 로망'이라는 표현만이 남게 되었으며, 현금에도 이 표현이 금방 사라질 것으로는 아무도 생각하지 않는다"171)와 같이 누보로망이란 용어가 살아남은 것은 우연이라고 한다. 누보로망 옹호론, 누보로망 거부론, 나딸리 사로뜨론, 알랭 로브 그리예론, 끌로드 시몽론, 루이 르네 데 포레론, 미셸 뷔또르론 등으로 내용을 구성한 레알 우엘레는 『누보로망의 이론』의 서언에서 누보로망을 "현상학적 사실주의"라고 명명하였고 알랭 로브-그리예(Alain Robbe-Grillet)가 「새로운 소설, 새로운 사람」이라는 논문에서 누보로망의 특징을 "누보 로망은 하나의 이론이 아니고, 하나의 탐구다", "누보 로망은 소설장르의 지속적인 진보를 추구하고 있다", "누보 로망은 다만 인간과 이 세계에 있어서의 그의 위치에 대하여서만 흥미를 느끼고 있다", "누보 로망은 다만 전체적인 주체성만을 겨냥하고 있을 뿐이다", "누보 로망은 성실한 모든 사람들에게만 얘기하고 있다", "누보 로망은 완벽한 의미를 제시하지 않는다", "작가에게, 유일한 참여는 문학이다"172)와 같이 정리했다고 지적했다. 프랑스와 모리악(Francois Mauriac)은 「알랭 로브-그리예의

---

170) 조셉 칠더스 · 게리 헨치 엮음, 황종연 역, 『현대문학 · 문화 비평용어사전』, 문학동네, 1999, p.82.
171) 레알 우엘레, 『누보로망의 이론』, 정소성 역, 정음사, 1982 중판, p.9.
172) 위의 책, pp.26~31.

새장(鳥籠)의 기교」에서 "맙소사! 도대체 이 세상에, 세르반테스나 톨스토이, 도스또옙스키, 디킨즈, 그리고 발자끄나 프루스트에 의해 개발되어진 문학장르가 하잘 것 없는 예술이라고 믿는 멍청이가 있을 것인가? 나의 젊은 친구가 옛 여러 기교에다가 퍼부어 대는 경멸은 서구 전체가 신세를 지고 있는 모든 소설적 허구에 파급되는 것인가?"173)처럼 누보로망의 출현에 우려를 나타냈다. 프랑스와 모리악의 우려는 기성작가들이 거부와 파괴를 마다하지 않는 신인들의 실험정신에 대한 불안감과 불쾌감을 대표하였다.

알베레스는 유럽에서 소설의 1차적인 변용은 1920년에서 1950년 사이에 두 가지 차원에서 일어났다고 하였다.

> 소설형식의 변형 속에서 두 가지 요소를 구분할 필요가 있나? 하나는 프루스트, 무질, 뒤렐, 뷔토르에서 볼 수 있는 것처럼 작품의 구성의 변형(une modification de l'architecture du livre)을 말하고 다른 하나는 이미 프루스트에서 보이고 버지니아 울프와 포크너에서 보이고 이어서 나탈리 싸로트, 알렝 로브 그리에에서 보이는 디테일의 파악의 변화(une transformation de la vision de détail)을 말하는 것으로 이는 시각적 효과의 음계를 말한다. 이러한 소설형식의 변형은 단지 탐구 중에 있는 이야기의 운동(le mouvement du récit)을 가리킬 뿐만 아니라 우리들의 주의(attention)와 인식(perception)을 본질로 삼기도 한다.174)

이보다 4년 전에 나온 『현대소설의 역사』(L'Histoire Du Roman Moderne)에서 알베레스는 누보로망에 큰 의미를 부여했다.

"조이스나 버지니아 울프, 도스파소스 등에 의해 영감을 받았으며 저널리

---

173) 위의 책, p.73.
174) R.M. Albérès, *Métamorphoses du Roman*, Edition Albin Michel, Paris, 1966, p.14.

스트들에 의해서 누보 로망이라고 불린 소설은 현실은 여러 개의 두께를 지니고 있다는 사실에 의거한 것이다"175)와 같이 누보로망은 현실파악이 결코 쉽지 않음을 인정하는 데서 출발하였으며, "소설이 하나의 길일 때, 혹은 길을 따라 산보되어지는 거울이라고 할 때 누보 로망은 현실의 내부를 탐색하는 것이라고 할 수 있으며 또한 통로는 어둠 속에 있기 때문에 수많은 갱도 속에서 길을 잃어버리게 되는 그 혼란스러운 광산을 탐색하는 것이라 할 수 있다"176)와 같이 누보로망은 기본적으로 탐구소설이라고 성격화했다. "전에 야수파들과 선기 추상파들은 미술에서 그림의 관습적이고 눈에 보이는 규칙들을 파괴하였다. 그와 같이 누보 로망의 작가들, 영국의 초인상주의 이 계승자들, 불가사의로 변모한 과학소설의 지적 상상력의 사촌들, 바로크 유희를 재발견한 심미주의자들은 비젼과 현실, 양식과 미학 사이의 단절을 느끼게 하는 이외의 어떤 다른 공통된 의도도 가지고 있지 않다"177)는 지적은 누보로망이 20세기 후반의 소설의 모태적 성격을 지니고 있음을 인정하고 있다.

  국내의 연구자들에 의해 누보 로망은 소설의 본질을 드러내 보이는 것으로 평가된다.

  1957~1958년에 걸쳐 다양한 명칭이 계속되는데 '새로운 리얼리즘' '실험소설' '아방가르드 소설' '앙티로망' '소설의 금욕주의' '거부의 학파' '실험실의 소설' '로마네스크가 없는 소설' 등 무수히 많다. 그러나 1958년 이후 '누보로망'이란 명칭이 비평가들에게 지배적으로 사용되기 시작하면서 자리를 잡게 되었다. 그런데 다양한 이런 명칭들을 통해 공통적으로 드러나는 '누보로망'의 특성은 새로운 리얼리즘, 로마네스크한 점이 없는 소설, 탐구로서의

---

175) 알베레스, 『현대소설의 역사』, 정지영 역, 중앙신서, 1978, p.234.
176) 위의 책, pp.241~42.
177) 위의 책, p.244.

글쓰기, 거부의 소설이란 점이다.178)

  1950년대와 1960년대의 한국에서는 앙티로망과 누보로망이 혼용되는 정도로 용어들이 정리되었었다. 다른 명칭이 거의 사용되지 않았다는 것은 누보로망의 내포적 의미가 단순화되었다는 것을 뜻한다. 누보로망의 방법론이 일반화하면서 이론가들은 말할 것도 없고 소설가들도 오히려 무엇이 현실인지 알 수 없다는 일종의 현실미궁론에 빠져들고 만다.
  현실불가지론은 레알 우엘레가 누보로망을 "현상학적 사실주의"라고 규정한 것과 상통한다. 그런데 이러한 현실불가지론은 객관적 사실주의를 제외한 모든 문예사조에서 정도 차이는 있으나 공통적으로 나타나는 것일 수 있다. 작가의 안목과 기법도 바뀌긴 했지만 삶의 내용이 바뀌고 현실이 바뀌었기 때문에 작가들은 어떤 것이 시대의 본질이고 역사의 본질이고 삶의 본질인가를 찾다가 보니 누보로망이 나왔다고 볼 수도 있다.
  릴로이 가르시아(Reloy Garcia)와 리오드 후벤카(Lioyd Hubenka)의 『서사적 감수성 (*The Narrative Sensibility*)』의 제 4장에는 "안전지대를 넘어서: 실험소설의 새로운 방향"이라는 부제가 붙어있다. 제 4장의 서문에서는 리얼리즘의 핵심인 재현론(representationalim)이 쇠퇴하면서 일어난 변화 중의 하나인 안티스토리라고 명명되는 실험소설을 통해 예술가의 변하는 역할과 새로운 전망에 관심을 갖게 되었다고 하였다. 그 여덟 가지 부문은 다음과 같다.

---

178) 김치수 고광단 권은미· 송기정· 유효숙, 『누보로망 연구』, 문학과 지성사, 2016, p.59.
    누보로망의 기원과 작가의 형성, 누보로망의 전개 및 그 작가들의 작품활동, 누보로망 작가들의 수상 기록 및 수용 양상 등을 밝혀 놓은 점에서 종합보고서라고 할 수 있다. 누보로망 작가들에서 공통적으로 나타나는 기법을 미자나빔, 인칭사용 및 시점의 다양화 기법, 인물들의 이름, 객관적 대물렌즈적 기법, 반복의 기법, 콜라주 기법으로 파악하고 상론했다(pp.137~59).

미메시스 부정(소설의 소설)(Against Mimesis(fiction about fiction)), 리얼리티 부정(환상의 사용)(Against Reality(the uses of fantasy)), 사건 부정(작가의 목소리의 우위)(Against Event(the primacy of voice)), 주제 부정(탐색하는 소설)(Against Subject(fiction in search of something to be about)), 평범한 경험세계 부정(새로운 형태의 극단적 상황)(Against the Middle Range Experience (new forms of extremity)), 분석 부정(현상계)(Against Analysis(the phenomenal world)), 의미 부정(부조리의 형식)(Against Meaning(forms of the absurd)), 길이 부정(미니멀 스토리)(Against Scale (the minimal story)) 179)

미메시스, 리얼리티, 사건, 주제, 평범한 경험세계, 분석, 의미, 규모 등은 리얼리즘과 모더니즘 중심의 소설의 기본요소이자 특질에 해당한다. 물론 이런 특질들이 포스트 모더니즘에 의해서만 부정된 것은 아니다. 리얼리즘과 모더니즘이 대세였던 그 당시에 앞선 시대의 소설의 특질들 중 부정된 것도 많았으며 모더니즘은 부분적으로 리얼리즘을 부정했다. "미메시스 부정"은 메타픽션이나 소설가소설이나 실험소설로, "리얼리티 부정"은 환상소설로, "사건 부정"은 관념소설이나 사상소설로, "주제 부정"은 탐구소설로, "평범한 경험세계 부정"은 대형재난소설이나 엽기소설로, "분석 부정"은 실험소설로, "의미 부정"은 부조리 탐구소설로, "길이 부정"은 꽁트나 엽편소설로 나타나는 경우가 많다.

박상우의 장편소설 『비밀문장』(문학과 지성사, 2016)은 세계적인 고봉의 등산을 즐겨하며 등단 후 2년간 다섯 편의 소설을 발표하긴 했으나 10년간 절필해온 작가를 내세워 스토리를 배제한 소설이라든가 과학적 상상력에 의존한 소설의 의미를 밝힌다. 문필수가 써낸 스토리 배제의 소설이라든가 이

---

179) Reloy Garcia & Lioyd Hubenka, *The Narrative Sensibility*, David Mckay Company, Inc. New York, 1976, p.381.

야기성을 추구하지 않은 소설에 대해 출판사원인 '나'는 무의미하다고 평한다.

> 평론가들은 서사가 붕괴될 수밖에 없는 시대성과 인간 의식의 파편성을 앞세우며 그의 소설이 서사의 억압으로부터 완전히 해방된 새로운 소설이라고 치켜세웠다. 이미지 소설, 홀로그램 소설, 양자역학 소설 등등의 수식까지 달라붙어 그의 작품은 보통의 소설과 차원이 다른 것으로 받아들여졌다. 그런 과도한 관심이 그로 하여금 소설을 못 쓰게 만드는 것인지도 모른다는 견해를 신문에 밝힌 평론가도 있었다.180)

문필수는 역시 소설가 지망생이며 출판사원인 '나'(문필우)와 만난 자리에서 "난 소설이 인류에게 읽히는 걸 전제로 만들어지는 것이라면, 그것은 겸허한 소통의 수단과 도구가 되어야 한다고 생각합니다. 좁은 자아를 벗어나 더 많은 자아들과 소통하기 위한 수단과 도구로 이야기구조만 한 게 없으니까요. 소설이 허접한 욕망의 산물이 아니라 겸허한 정신적 구도의 결과물일 때 비로소 진정한 소통의 통로를 확보할 수 있다는 견해입니다"181)와 같이 자아들 사이의 소통이라는 소설의 기능을 제시하면서 진정한 소통을 강조함으로써 3류 대중소설을 냉소하게 된다.

이인성은 「언어의, 언어에 의한, 언어를 위한」(1998)이란 평론에서 20세기 막바지의 한국소설의 위상을 다음과 같이 진단하였다.

> 사실, 최근에 이르러 문학의 위기를 논하는 담론들은 전혀 새삼스럽지 않다.

---

180) 박상우, 『비밀문장』, 문학과 지성사, 2016, p.40.
181) 위의 책, p.53.

하지만 문학위기론의 대부분은 문학이 누려온 지위와 영토가 다른 문화 양식들, 특히 대중문화 양식들에 침윤되고 있는 현상에 대한 우려와 함께, 어떻게 문학을 지킬 것인가 하는 조바심을 드러내는데 머물고 있다. 그 조바심 뒤에는 물론, 문학에 대한 존중, 경우에 따라서는 거의 신앙에 가까운 믿음이 감추어져 있다.

그런 믿음은 때로 감동적이고 비장하기조차 하다. 그러나 그 비장감 속에는 경직된 무엇인가가 뿌리 박혀 있는데, 그것은 문학이야말로 모든 문화의 진정한 중심이라는, 끝내 중심이어야 한다는 무의식적 고정관념이다. 내 생각에, 21세기가 아닌 지금, 사회적·문화적 제도로서의 문학의 문제는 바로 그 경직성에 있다. 보수적이게 마련인 교육 덕분에 문학은 여전히 권위를 인정받고 있으나, 그것은 동시에 일상의 감각과 얼마나 괴리되어 있는 것인가. 이미 오래 전부터 사람들은 만화로, 텔레비전으로, 비디오로, 영화로 몰려가고 있었다. 현실을 직시할 때, 실은, 사람들이 책에서 멀어지는 속도가 너무 빨라서 문학의 존립 자체가 의심스러울 정도가 된 것이다. 문학은 제 모습을 애써 외면하면서 갈수록 변두리로 밀려나고 있다. 거의 요단강 기슭에 이르렀을 정도로, 거기서 지푸라기를 잡는 심정으로 되묻건대, 그렇다면 21세기에도 문학이 여전히 살아남는 길은 정녕 없을 것인가?182)

어찌 되었든 문학은 더 이상 문화의 왕이 아니라는 점을 직시해야 한다고 주장한 것이나 마찬가지다. 문학의 가능독자들이 대중문화 쪽으로 옮아가고 있는 현실이 이런 주장을 뒷받침한다. 이미 1980년대부터 포스트 모더니즘류의 메타픽션을 씀으로써 독자들의 숫자에 기본적으로 무심할 수 있었던 이인성도 21세기에 과연 문학이 살아남을 수 있을까 하고 걱정하고 있다. 일반 독자, 메스컴 종사자, 문화종사자 들을 포함한 잠재독자들의 변화는 평소 실험소설과 실험시를 써오던 소설가들과 시인들도 감당하지 못한다. 평소

---

182) 이인성, 『식물성의 저항』, 열림원, 2000, pp.164~65.

도저한 시적 상상력의 경지를 잘 보여주었던 김혜순은 시와 소설을 "낡은 장르"로 규정한 시 「낡은 장르」183)를 통해 21세기 초의 현상을 비관적으로 지적하였다.

쾌락주의적 풍조와 실용주의적 행태와 생산론적 안목에 압박을 받아 시와 소설은 낡은 장르로 밀려나고 말았다는 현실인식이 기조음을 이루고 있다. 마크 커리(Mark Currie)는 『Postmodern Narrative Theory』에서 일상생활에서 내러티브는 영화, 음악 비디오, 광고, 텔레비존, 신문, 신화, 그림, 노래, 연재만화(comic strips), 일화, 농담, stories of our holidays, accounts of our day 등에서 발견된다고 하였다. 개인의 기억과 자기표상, 지역, 국가, 민족, 성 등과 같은 집단의 정체성에서 아이덴티티 표상에 내러티브가 중심이라고 하였다. 현대 서사학에서의 변화를 요약해줄 수 있는 용어로 다양화(diversification)와 해체(deconstruction)가 있다고 하였다. 1980년대 서사이론의 변천과정은 발견(discovery)에서 발명(invention)으로, 응집(coherence)에서 복합성(complexity)로, 시학(poetics)에서 정치학(politics)으로 바뀌어가는 것으로 정리할 수 있다. 물리학자나 화학자나 미생물학자처럼 서사학자의 전통적인 역할은 대상을 감득하게 하는 숨겨진 디자인의 폭로(to uncover a hidden design which would render the object intelligible)로 요약할 수 있

---

183) 김혜순, 『않아는 이렇게 말했다』, 문학동네, 2016, pp.72~73.
  명령이 하달되었다./ 이제 시와 소설은 낡은 장르다./ 이제 시와 소설의 시대적 소명은 끝났다./ 그러니 이제 디지털미디어에 스토리를 대주는 역할이나 하는 게 좋겠다./ 제발 정치경제사회문화 주변부나 빈둥거리지 말고 산업의 역군으로서 건설적인/ 역할 좀 맡아라./ 광고에 시를 대주고, 게임에 서사를 대주고, 만화에 줄거리를 대줘라./ 그리고 드라마에 밑그림을 그려주고, 영화에 대사 좀 쳐줘라./ 뮤지컬에 밑그림을 그려주는 저 스토리들처럼 좀 써봐라.// 명령이 하달되었다./ 우후죽순처럼 새로운 과목들이 도입되었다./ 방송과 디지털미디어스토리텔링/ 영화와 디지털미디어스토리텔링/ 만화와 디지털미디어스토리텔링/ 출판과 디지털미디어스토리텔링/ 소설과 디지털미디어스토리텔링/ 전국의 인문대학 여러 학과들이 디지털미디어창작 혹은 디지털미디어문예창작, 디지털미디어스토리텔링창작과로 개명된 이름을 사용했다./ 과목의 제목마다 뉴미디어나 콘텐츠 같은 영어가 섞여들어갔다./신화도 역사도 인문학도 수강한 바 없는, 고교를 갓 졸업한 학생들이 디지털뉴미디어스토리텔링콘텐츠 제작 공장에 동원되었다./ 낡은 장르는 팽개치고 디지털미디어 생산 역군이 되어야만 했다.

다.184)

마크 커리는 문학비평과 이론의 언어가 가장 추악한 개인어가 되고 있다는 점과 서사학은 가장 공격적인 용어학이 지배하고 있는 자리가 되고 있다는 점을 지적하면서 29가지의 용어를 예시하여 "추상명사의 철없는 남용"(a puerile overuse of abstract nouns)를 문제시하였다.185)

이미 1967년에 「고갈의 문학」("The Literature of Exhaustion")이란 평론에서 소설장르의 몰락을 예언했던 존 바스(John Barth)는 1980년에 「재생의 문학」("The Literature of Replenishment")에서 포스트 모더니즘을 통해 소설이 재생했다고 주장했다.

> 포스트 모더니스트들의 문학적 미학"의 전조는 20세기 전반기의 위대한 모더니스트—토마스 스턴스 엘리오트, 윌리암 포크너, 앙드레 지드, 제임스 조이스, 프란츠 카프카, 토마스 만, 로베르트 무질, 에즈라 파운드, 마르셀 프르스트, 거트르드 스타인, 미구엘 드 우나므노, 버지니아 울프—등을 거쳐 또 이들의 19세기의 선임자—알프레드 제리, 구스타브 플로베르, 샤를르 보드레르, 스테판 말라르메, E.T.A.호프만—들을 거쳐 로렌스 스턴의 『트리스트램 샌디』(1767)와 미구엘 드 세르반테스의 『동키호테』(1615)로 거슬러 올라간다.186)

존 바스는 포스트 모더니즘의 뿌리를 17세기의 『동키호테』에서 찾으려

---

184) Mark Currie, *Postmodern Narrative Theory*, Macmillan Press Ltd, 1998, pp.2~3
185) 위의 책, p.33.
  예시된 용어는 다음과 같다. textuality, discursivity, narrativity, historicity, referentiality, intertextuality, supplementality, iterability, synchronicity, subjectivity, specificity, directionality, positionality, contiguity, multiplicity, intentionality, plurality, structurality, intelligibility, heterogeneity, homogeneity, temporality, postmodernity, transverbality, linearity, specularity, canonicity, hypercanonicity, hyperreality
186) John Barth, "The Literature of Replenishment", *Essentials of the Theory of Fiction*, edited by Michael J. Hoffman and Patrick D. Murphy, Duke University Press, Durham and London, 1988, p.421.

함으로써 "내 생각에 포스트 모더니즘에 대한 적절한 프로그램은 모더니스트 프로그램의 단순한 연장도 아니고 특정 양태의 모더니즘의 강화도 아니고 반대로 모더니즘을 향해 내가 프리모더니즘이라고 한 것 즉 '전통적인' 부르주아 리얼리즘을 향해 무차별적으로 전복하거나 거부하려는 것이 아니다"187)와 같이 포스트 모더니즘의 출현의 자연스러움을 강조할 수 있었다. 존 바스는 포스트 모더니즘을 리얼리즘을 반대하는 것으로 보는 견해도 모더니즘을 강화하는 것으로 보는 견해도 받아들일 수 없다고 하였다.

"19세기 부르주아 리얼리즘의 엄격성과 여러 가지 제약이 물리학, 심리학, 인류학, 기술 등의 분야에서의 전환기적인 이론들과 발견들의 조명을 받으며 모더니즘 예술이라고 일컬어지는 위대한 적대적 반응을 촉진시켰거나 불을 지폈다는 상식에 동의할 필요가 있다"188)와 같이 문학사조들간의 연결고리에 주목하였다. 그리고 "이상적인 포스트모더니즘 소설은 리얼리즘과 비리얼리즘(irrealism), 형식주의와 '내용주의', 순수문학과 참여문학, 동인문학(coterie fiction)과 쓰레기소설(junk fiction) 사이의 논쟁을 어느 정도 초월할 것이다"189)와 같이 이상적인 포스트 모더니즘 소설의 변증법적 합의 성격을 강조하였다.

포스트 모더니즘을 모더니즘의 발전양태, 리얼리즘과 모더니즘의 종합태 그 어떤 것으로 성격화하든지 간에 포스트 모더니즘의 계도적인 이론이 실제 소설의 발전을 유인했는지에 대해서는 인정하기 어렵다. 누보로망에서 출발하여 포스트모더니즘의 개척자로 보이는 이인성은 20세기 말에 "만약 21세기가 디지털의 시대이고 그에 기초한 멀티미디어 매체가 세계의 소통망을 빈틈없는 그물로 얽게 된다면, 그래서 만약 다른 매체들을 폐기시키는 단계까지 나아간다면, 그것이 곧 문학의 죽음을 뜻하는 것은 아닐까?"190)와

---

187) 위의 책, p.427.
188) 위의 책, p.428.
189) 위의 책, p.430.
190) 이인성, 『식물성의 저항』, 열림원, 2000, p.168.

같이 멀티미디어의 시대가 문학을 근본적으로 위축시켜버린 나머지 "문학의 죽음"을 떠올리게 한다고 하였다.

서하진의 「인터뷰」는 소설집을 두 권 낸 무명 신진작가 만자가 강촌에 사는 대가급 여성 작가 김연숙에게 인터뷰하고 온다는 이야기를 들려준다. 스테디 셀러 작가인 김연숙은 소설이나 문학에게 기대를 걸고 있지 않다. 만자가 소설은 50년 내 박물관에 들어갈 장르라는 시인의 말을 인용하면서 어떻게 생각하느냐고 하자 김연숙은 "순수문학은 이제 양념처럼 되어버렸어요. 중심에 있지 않죠. 하지만 사실 중심이었던 적이 언제 있었나. 문학이란 숙명적으로 주변을 담당하는 기제가 아닐까. 나는 그렇게 생각해요. 그러면 마음이 편하죠"191)라고 순수문학소외론을 받아들인다. 그러면서 "문학은 숙명적으로 주변을 담당하는 기제가 아닐까"라는 주목할 만한 말을 던진다. 실망한 만자가 작가 지망생들을 위해 한 말씀 해달라는 마지막 질문을 던지자 김연숙은 "문학은, 글쎄요, 사실 아무것도 해주지 않습니다. 구원이라거나 안식처라는, 뭐, 그런 말들을 하지만 나는 동의하지 않아요. 그보다는 오히려 고통이죠. 밥이 되지도, 생활을 책임져주지도 않지요. 아무것도 아님, 그것이 사실 문학의 존재 이유가 아닌가, 나는 생각합니다. 마치 짝사랑 같다고 할까. 보상을 바라지 않는 행위이고 실제로 보상이 없더라도 결코 그만둘 수 없는 노동이지요"192)라고 냉정하게 말한다. 구원이 되지도 못하고 안식처를 주지도 못한다는 말은 작가 뿐만 아니라 독자들을 향하기도 한다. 오늘날의 우리 작가들 대부분은 소설을 쓰는 것은 무상식의 행위라고 인식하고 있다.

20세기를 보내면서 수전 손택(1933~2004)도 소설장르의 앞날에 대해 걱정하고 있다.

"전통적으로 모든 문화는 지엽적입니다. 문화란 경계(예를 들면 언어 장벽),

---

191) 서하진, 「착한 가족」, 문학과 지성사, 2008, p.193.
192) 위의 책, p.194.

거리, 번역 불가능성을 내포합니다. 반면 '모던'은 경계· 거리의 폐지, 즉각적 접근, 문화의 균질화, 그리고 문화의철폐 혹은 파기를 냉혹한 논리로 이야기합니다. 표준화, 균질화는 '모던'에 기여합니다"193)와 같이 '모던'을 문화를 균질화하고 파기하는 것으로 색다르게 설명하고 있는 수전 손택은 "소설은 정보의 전달도, 재미난 이야기를 들려주는 것도 아니며, 문학이라는 기획 자체를 영속화하는 것입니다. 현대의 포만에 저항하는 어떤 내성(內省)을 발달시키게끔 하는 것이지요"194)와 같이 소설이 할 수 있는 일을 "포만한 것에 대한 반항"으로 추상화하는 것으로 후퇴한다. 문학의 저항의 대상인 "포만"은 대중문화의 지배 하에 하나의 문화 만을 향유하고 지향하는 것을 가리킬 수 있다.

"텔레비전, 엠티비(MTV), 인터넷 등 대중매체의 헤게모니는 오직 하나의 문화만이 존재한다는 것, 경계 밖에 있는 것도 다 마찬가지라는 것(아니면 언젠가는 그렇게 될 거라는 것)을 가르칩니다. 지구상 모든 사람이 미국이나 일본 등지에서 제조된 표준화된 오락과 성과 폭력의 환상을 먹고 지내니 말입니다. 모든 사람이 똑같은, 끝이 없고 걸러지지 않은(그러나 사실상 검열된)정보와 의견의 흐름 속에서 교환됩니다"195) 와 같이 수전 손택은 대중매체의 성행과 초국가적 문화는 전통적인 글쓰기를 방해한다고 진단하였다.

수전 손택이 "그러나 다른 한편에서는, 예전에는 누릴 수 없었던 확산과 번역의 기회 뒤에 있는 이데올로기(현대사회에서 문화로 간주되는 것을 지배하는 이데올로기)는 소설가의 예언적이고 비판적이고 심지어 전복적이기까지한 임무, 우리 자신의 운명을 깊이 이해하고 때로 필요하다면 그 운명에 맞서게 하는 역할을 무력하게 만들려 합니다"196)라고 한 것은 페터 지마가 『이데

---

193) 수전 손택, 『문학은 자유다』(*At The Same Time*), 홍한별 옮김, 도서출판 이후, 2007, p.298.
194) 위의 책, p.298.
195) 위의 책, p.299.
196) 위의 책, p.300.

올로기와 이론』에서 이데올로기가 시장의 가치무관심 앞에서 무력해진다고 한 것과 유사하다. 물론 페터 지마가 생각한 이데올로기가 주로 거대이데올로기인데 반해 수전손택이 생각한 것은 작은 이데올로기에 가깝다. 수잔 손택은 이어 이 글을 끝내고 굵은 글자체로 "소설가의 임무의 안녕을 빕니다"라고 썼다.

월러스 마틴(Wallace Martin)의 『최근 소설이론들(Recent Theories of Narrative)』에서는 리얼리즘 소설이 20세기 중반에 급격한 사회변화를 맞아 빚어낸 "소설죽음론"이 미국과 프랑스 중심의 새로운 소설의 실험으로 소생할 수 있었다고 기술하였다.

> 인간가치에 의해 만들어진 표상장르로 이해되는 것으로, 소설은 광범위한 설명을 허용한다. 비평가들은 소설을 개인들의 계급근거로 주어진 안정된 사회구조 속에서 개인들의 당면과제들을 기록한 것으로 본다. 또는 개인들이 사회변화에 따라 직면하게 되는 문제들을 기록한 것으로 보기도 한다. 소설은 문화와 문학이 전에는 대수롭지 않게 여겼던 다양한 인간조건들을 의식하게 되는 보고기능으로서 봉사할 수 있다. 소설은 역사가들의 공적인 연대기의 기초가 되고 설명해줄 수 있을 법한 인간경험을 기록할 수 있다. 보다 일반적으로 말하자면, 소설은 상상(illusion)(물려받은 신념과 이데올로기, 자존심, 요구, 낭만적 욕망, 소유욕 등의 형식으로서)이 현실(reality)(이러한 공중누각의 기초가 되는 사회적 경제적 조건들)을 만나는 자리로서 이해될 수 있다.197)

월러스 마틴은 소설죽음론이 대두되기까지 소설은 개인들의 당면 과제의 기록, 역사가들의 공적인 연대기의 기초, 상상과 현실이 만나는 자리 등으로 규정되었다고 하였다.

---

197) Wallace Martin, *Recent Theories of Narrative*, Cornell University Press, 1986, pp.18~19.

"리얼리즘의 옹호자들은 20세기 소설에서 쇠락의 신호를 포착하였다. 2차 대전 직후 10년 간 많은 비평가들이 소설의 죽음(death of the novel)이 다가오고 있음을 지적하였다. 아마도 소설에게 주제를 공급했던 계급구조가 후기 산업자본주의의 대중사회로 바뀌어가고 있는 중이었기 때문인지도 모른다"198)와 같이 대중사회로 바뀌어가면서 소설죽음론이 대두되었다고 주장하고 있다. 대중사회로 바뀌면서 소설의 죽음이 대두되었다는 사실은 소설은 대중의 호응에 따라 성패가 결정되는 양식이 아니라는 점을 깨우치게 한다. 월러스 마틴은 1950년대에 리얼리즘소설의 죽음론이 대두되면서 오히려 소설의 재탄생을 가져오게 되었다고 하면서 "미국에서 1960년대 이후 우화소설풍(fabulation)과 메타픽션(metafiction)으로 불렸었던 존 바스(John Barth), 윌리엄 가쓰(William Gass), 도널드 바셀미(Donald Barthelme), 리처드 브로티건(Richard Brautigan), 로버트 쿠버(Rovert Coover) 등의 작가들, 프랑스의 "신소설"(new novel) 알랭로브-그리에(Alain Robbe-Grillet), 나탈리 싸로뜨(Nathalie Sarraute), 그리고 보르헤스(Jorge Borges), 코르타사르(Julio Cortazar), 마르케스(Gabriel Garcia Marquez) 등과 같은 남미 작가 등에 대해서는 리얼리즘과 관련된 비평장치를 쓰면 적절한 논의를 할 수 없다"199)고 하였다.

몇 가지의 인용문을 연결지으면 책제목처럼 인간 경험의 기록→상상과 현실의 만남→소설죽음론 제기→소설의 재탄생 등과 같이 소설이론의 역사가 드러나는 것을 물론이고 19세기 말에서부터 20세기 후반까지의 서양소설사의 축도가 보인다.

2.

---

198) 위의 책, pp.19~20.
199) 위의 책, p.28.

김용성은 『기억의 가면』(2004)에서 일본인의 입을 빌려 당시 한국소설이 일본소설을 흉내내고 있는 현상을 개탄하였다.

> 택시가 달리기 시작하자 앞자리에 앉은 나카지마가 고개를 뒤로 돌리고는 진지한 목소리로 말했다.
> "요즘 한국 소설에 문제가 있는 것 같아요. 어딘지 모르게 일본소설 냄새를 풍기려는 경향이 있으니까 말예요. 전에는 한국 소설을 읽으면 묵직한 감동이 전해왔는데 최근의 소설들은 가볍고 표피적이어서 가슴에 남는 게 없더군요. 작가들이 바뀌어서인지 독자들이 바뀌어서인지 도무지 말 수가 없어요."
> 진성은 나카지마가 그를 위로하기 위해 하는 말이라고 생각했다.
> "어쩔 수 없는 일이에요. 한국도 이제 소비문화, 대중문화시대에 들어섰다는 증후일 테니까요. 그게 이 시대의 통과의례라면, 나쁜 것만은 아닐지도 몰라요."
> "아니, 선생님께서 그렇게 말씀하시다니요? 일본을 흉내낸다는 건 그 자체로도 죄악입니다. 저 거리 좀 보십시오. 온통 허섭스레기들뿐이에요. 생산적인 건 아무것도 없어요. 먹자판, 입자판, 마시고 놀자판뿐이에요."200)

김용성이 기성작가의 입장에서 한국소설에 드리운 소비문화와 대중문화의 그림자를 우려 어린 눈으로 포착하고 있는 반면, 김경욱은 신인답게 한국소설의 새로운 방안을 제시하였다. 김경욱은 「천년여왕」에서 아내의 조언과 지원을 받아가며 소설가로 등단하기 위해 애쓰는 남자를 주인공으로 설정하였다. 여성 잡지사 기자로 틈틈이 소설을 습작하던 나는 신춘문예 본선에 오르자 잡지사를 그만 두고 아내의 동의에 따라 지리산 자락으로 들어가 집과 서재를 근사하게 짓는다. 대학에서 스페인어를 전공하고 외국어 학원

---

200) 김용성, 『기억의 가면』, 문학과 지성사, 2004, pp.25~26.

강사로 일하면서 독서광인 아내는 적극적으로 남편의 작품을 읽고 충고해준다. 남편이 습작한 것을 보여주면 플루랑스의 「결혼행진곡」이라든가 훌리오 루이스 곤잘레스의 「산티아고에서 온 편지」 같은 작품들이 떠오른다고 하였다. 작중의 작가는 창작 못지 않게 독서에도 열중한다. 마침내 아내는 "반복은 창조의 산파이면서 가장 치명적인 독이죠. 태양 아래 새로운 것이 없다면 태양 너머를 보세요. 이 우주에서 오직 당신만이 쓸 수 있는 이야기가 있을 거예요. 아니에요. 멀리 갈 것 없이 당신 자신에 대해 써보는 건 어때요? 이 우주에 당신이라는 존재는 오직 하나뿐이니까요"201)라고 한다. 아내 말대로 나에 대한 이야기를 썼으나 번번히 본심에도 오르지 못하자 마침내 나는 독창성을 확보하기 위해 아내에 대한 이야기를 쓰기로 결심한다. 김경욱은 성공적인 소설을 쓰려면 소재가 새롭고 독창적이어야 한다는 생각을 품고 있다.

　김경욱의 「위험한 독서」에서는 독서치료사가 독서치료 대상자에게 읽기를 권한 각종 책의 목록이 소개되어 있다. 미시마 유키오의 『금각사』, 루소의 『에밀』, 제임스 케인의 『포스트 맨은 벨을 두 번 울리다』가 소개되었는가 하면 구청 도서관 사서로 있으면서 독서치료 대상자인 여성이 작성한 독서카드 내용이 소개되기도 한다. 이외에도 이 소설에서는 '내'가 도서관 사서에게 권한 블라디미르 나보코프의 「롤리타」, J.D.샐린저의 「호밀 밭의 파수꾼」, 밀란 쿤데라의 「참을 수 없는 존재의 가벼움」, 대실 해밋의 「몰타의 매」, 다자이 오사무의 「인간실격」, 알베르 카뮈의 「이방인」, 아니 에르노의 「아버지의 자리」, 「탈무드」 등이 거론되어 있다. 김경욱 소설은 작가가 창조성에 닿기 위해 포스트모더니즘소설의 방안의 하나인 상호텍스트성을 충실하게 이행하는 과정을 보여주고 있다. 그러나 창조는 적극적인 모방의 산물이라는 이치를 보여준 상호텍스트성은 포

---

201) 김경욱, 『위험한 독서』, 문학동네, 2008, pp.88~89.

스트 모더니즘의 전유물이 아니다. 고려말의 신의(新意)와 용사(用事)의 논쟁에서 상호텍스트성의 원형을 찾아 볼 수 있다.

> 오늘날 어느 시인이 평한 곳에서―문순공 이규보의 시의 기운은 넘치고 말은 웅장하고 창의성이 새롭고 기이하다. 학사 이인로의 시어는 대개 격조가 뛰어나 용사하는 것이 신의 경지에 이르렀다. 비록 고인의 근본과 법칙을 따르기는 했지만 절차탁마하는 기술은 청출어람이다.202)

이규보의 시가 기운은 넘치고 말은 웅장하고 창의성이 새롭고 기이하다는 것을 신의론의 특징을, 이인로의 시가 격조가 뛰어나 용사하는 것이 신의 경지에 이르렀다고 한 것은 용사론의 모범이 된다.

> 대개 송(頌)은 공덕을 포상하고 찬미하는 것으로 찬(讚)도 역시 같은 성격이다. 부(賦)는 시(詩)에 근원을 두고 사(詞)에서 파생되어 나왔다. 정확하고 미세하게 이치를 따지는 것을 논(論)이라 한다. 근거를 밝혀 어려움을 헤쳐 가는 것을 책(策)이라고 한다. 형식과 내용을 잘 갖추어 표현하는 것을 비(碑)라고 하고 사실을 맑고도 윤기있게 서술하는 것을 명(銘)이라고 한다. 표(表)를 통해서는 진실에 호소할 수 있고 소(疏)를 통해서는 뜻을 펼치며 책(冊)은 공적을 기념하며 뇌(誄)는 삶을 아름답게 마무리하며 잠(箴)은 모자라는 것을 보충하며 격(檄)은 명령서를 전해준다.203)

송, 찬, 부 등과 같은 시의 양식과 논, 책, 비, 명, 표, 소, 책, 뇌, , 잠, 격 등과 같은 산문의 양식은 소설에 포함될 수 있으며 찬, 논, 책 등은 독립된 소설유형으로 나타날 수 있다. 찬이나 책은 영웅소설이나 위인소설로, 논은

---

202) 『補閑集』 원문은 『역주 補閑集』, 박성규 역주, 보고사, 2012에서 취했다. p.191.
203) 위의 책, p.306.

토론체소설이나 사상소설로 구체화 될 수 있다.

> 미수 이인로가 말하기를 내가 집안에만 있으면서 황정견과 소동파 두 사람의 문집을 정독하고 나니 후에 시어가 군세고 운율이 금옥이 부딪혀 나는 소리 같은 것을 내고 시를 지을 수 있을 때 삼매에 빠질 수 있었다. 문순공은 나는 옛사람의 말을 답습하지 않고 새로운 뜻이나 감정을 만들어내었다고 말하였다. 당시 사람들이 이 두 사람의 말을 듣고 두 사람이 들어선 길이 다르다고 한 것은 맞지 않다. 그 글의 깊이가 비록 다르기는 하지만 들어선 길은 하나다. 어떤 이유에서인가. 학자가 경전, 역사서, 제자백가서를 읽는 것은 뜻을 얻고 도를 전하는데만 목적을 둔 것이 아니다. 말뜻을 익히고 문체를 본받음으로써 내면을 깊게 하고 재주를 늘려 글을 쓰거나 읊게 될 수준에 도달했을 때 마음과 입이 서로 어울려 좋은 문장이 된다.(學者讀經史百家 非得意傳道而止 將以習其語效其體 重於心 熟於工 及賦詠之際 心與口相應 發言成章)204)

대표적인 용사론자 미수 이인로와 신의론자 문순공 이규보는 높은 수준의 시의 창작이라는 결과를 가져온 점에서는 마찬가지지만 그 결과에 이르는 방법에서는 분명 차이가 있다는 것이다.

> 시문은 기를 중심으로 하는 것으로 기는 성에서 발생하고 뜻은 기에 기대고 말은 정에서 나오는 것이니 결국 정과 뜻은 같은 것이 된다.(詩文以氣爲主 氣發於性 意憑於氣 言出於情 情卽意也)그러나 신기한 뜻은 말로 세우기가 어려우므로 서두르다 보면 시가 서투르고 난삽해지기 쉽다. 문순공도 경사백가(經史百家)를 열심히 읽어 향기에 젖었고 수사법에 물들었기에 (薰芳染彩) 그 문장이 자연 넉넉하고 풍부해진 것이다.205)

---

204) 위의 책, p.346.
205) 위의 책, p.346.

대표적인 신의론자 이규보도 경전와 역사와 제자백가서 등 많은 책들을 열심히 읽었기에 즉 용사를 열심히 하였기에 "문장이 넉넉하고 풍부해진" 경지에 이르게 되었다. 이쯤되면 신의와 용사의 우열을 가리기 어렵다. 신의론자는 결과를 용사론자는 과정을 중시한 것이라고 비교할 수 있다. "한 개인에게 있어 대체로 재주가 감정을 이길 경우 비록 좋은 뜻은 없으나 말은 오히려 원숙해진다. 거꾸로 감정이 재주를 이길 경우 단어와 문장이 촌스럽게 되어 좋은 뜻이 있음을 깨닫지 못하게 된다"206)는 말은 신의론의 폐단을 지적한 것이라고 할 수 있다.

> 오직 청을 뽑아내어 백과 짝을 이루고 하나를 세워 둘과 짝을 이루게 하고 생소한 것을 갈아버리고 시원치 않은 것을 깎아내는 것 정도로 공력을 다했다고 생각한다. 그러므로 조상의 시를 보다가 단아하고 바르고 간단한 것을 보면 질박한 것이 오히려 본뜨기 어렵다고 하고, 웅장하고 모험적인 것을 보면 구부러져 펴지지 않아 어렵다고 하고 넉넉하고 풍부한 것과 부드러운 것을 보면 성글고 엉성하고 세련되지 못하다고 하여 용납하지도 않고 깊게 생각하려 들지도 않는다.207)

"탄식하노니, 시문(時文 : 중국에서 科擧에 쓰이던 문체, 현대에 보통 쓰이던 문체) 이 크게 변하여 비속한 것이 되어버렸고 이 비속한 시문이 또 한 번 변해 광대들이 쓰는 말투로 바뀌었으니 이대로 가다간 어떻게 될지 알 수 없다"208)와 같이 최자가 문체의 타락을 우려한 것은 오늘의 소설에도 그대로 적용된다. 문장력이 뛰어날수록 내용이 다듬어져 작품이 좋아질 가능성이

---

206) 위의 책, p.346.
207) 위의 책, p.346.
208) 위의 책, p.346.

높아지는 것은 여러 작가들이 입증한 바 있다. 이야기를 전달하기에 바빠 문장에 공을 들이지 않으면 소설의 수준이 낮아질 수 밖에 없다. 문장은 이야기 전달의 도구로 멈추어서도 안 되고 내용치장술로 끝나서도 안 된다. 문장은 이야기의 의미를 파헤칠수 있는 기구가 되어야 한다.

　최자는 『보한집 하』에서 시의 등급을 상중하로 매겼다. 신기(新奇), 절묘(絶妙), 일월(逸越), 함축(숨蓄), 험괴(險怪), 준매(俊邁), 호장(豪壯), 부귀(富貴), 웅심(雄深), 고아(古雅)는 상으로, 정준(精雋), 주긴(遒緊), 상활(爽豁), 청초(淸峭), 표일(飄逸), 경직(頸直), 굉섬(宏贍), 화유(和裕), 병환(炳煥), 격절(激切), 평담(平淡), 고막(高邈), 우한(優閒), 이광(夷曠), 청완(淸玩), 교려(巧麗)는 그 다음으로, 생졸(生拙), 야소(野疎), 건삽(蹇澁), 한고(寒枯), 천속(淺俗), 무잡(無雜), 쇠약(衰弱), 음미(淫靡)는 병든 것으로 보았다.209) 정준은 정확하고 훌륭한 것을, 주긴은 굳세고 단단한 것을, 상활은 높고 도량이 큰 것을, 굉섬은 크고 풍부한 것을, 병환은 빛나는 것을, 고막은 높고 먼 것을, 이광은 밝고 환한 것을, 건삽은 교만하고 어려운 것을, 생졸은 졸열한 것을, 건삽은 괴로워하며 머뭇거리는 것을, 한고는 추워서 말라붙은 것을, 음미는 음란하고 사치스러운 것을 뜻한다. 물론 이런 용어들은 시의 등급을 나타내는 것이긴 하지만 소설에도 적용이 가능하다. 하급의 시는 서툴거나 졸열하거나 말라붙었거나 천하거나 약하거나 음란한 느낌을 주는 것으로 볼 수 있다. 소설로 치면 문장이 엉성하거나 구성이 느슨하거나 작가의 생각이 유치한 것을 말한다.

　이익은 『성호사설 하권』의 "탈태환골"조에서 "오늘날 재주있는 생각을 하는 무리가 수염을 쓰다듬으며 고통스럽게 생각하여 새로운 뜻을 만들어내었다고 긍지를 갖지만 어느 시대 어느 곳 어느 사람이건간에 반드시 이 말을 갖고 나중의 창작을 기다리지 않았을 것이다. (중략)한우충동할 만큼 많은 작

---

209) 위의 책, p.414.

품들을 누가 자세히 조사할 수 있겠느냐. 따라서 시를 짓는 것은 어렵지 않다. 이를 모방하여 작품을 구성하니 잘되지 않을 이치가 없다. 후세의 시는 대개 이처럼 도도하다"210)고 하여 후세로 갈수록 속으로는 용사의 힘을 빌렸음에도 겉으로는 자력으로 신의에 도달한 것처럼 자부하는 사람들이 많은 세태를 꼬집고 있다.

자연스러운 표현을 제일로 삼은 김만중의 다음과 같은 지적은 용사의 폐단을 지적한 것으로 볼 수 있다.

> 지금 우리나라의 시문은 자기 말을 버려두고 다른 나라의 말을 배워서 표현하므로, 설령 아주 비슷하다 하더라도 이는 단지 앵무새가 사람의 말을 하는 것에 불과하다. 민간의 나무하는 아이나 물 긷는 아낙네들이 소리 내어 서로 주고받는 노래가 비록 비루하다 할지라도, 그 참과 거짓을 논한다면, 정녕 학사(學士) 대부(大夫)들의 이른바 시부(詩賦)와는 동격에 두고 논할 수 없다.211)

사상의 실험은 혁명이니 개혁이니 하는 말로 표현된다. 작가들은 자신이 살고 있는 시대를 충실하게 그려내는 것 만으로도 새로움을 확보할 수 있다. 최소한 소재의 면에서 현재는 과거보다 새로운 것이기 때문이다. 문제는 방법이다. 고전이나 명작은 그때 그때 사상이나 형식의 면에서 실험을 꾀하거나 성공시켰다는 공통점을 지니고 있다. 사상이나 형식 면에서의 실험정신은 좋은 소설의 충분조건이기보다는 필요조건에 가깝다.

---

210) 이익, 『성호사설 하권』, 경희출판사, 1967, p.487.
211) 김만중, 『서포만필』, 심경호 옮김, 문학동네, 2010, pp.665~66.

제9장 반항의 정신과 방법

제9장 반항의 정신과 방법

1.

고대소설과 현대소설을 구별하는 기준의 하나로 전자가 대체로 귀족이나 영웅을 프로타고니스트로 내세운 것에 반해 후자는 필부필부, 갑남을녀를 주인공으로 내세웠다는 점을 들 수 있다. 개화기 소설이 양반 집안 내부의 갈등을 많이 다룬 반면 1920년대 소설은 농민, 노동자, 도시 빈민, 지식인 등을 내세웠다. 1920년대에 이런 존재들이 주인공으로 많이 나타난 이유로 민중에 대한 연민이 확산된 점과 기본적으로 지식인인 작가들이 자신의 이야기를 다룰 수 밖에 없는 점을 들 수 있다. 당시의 농민, 노동자, 빈민, 일부 지식인 등은 극도의 가난과 식민 통치 아래서 하루하루 어려운 삶을 영위하고 있었기에 기본적으로 낙오자, 패배자, 뿌리 뽑힌 자의 모습을 취할 수 밖에 없었다. 192,30년대에 염상섭, 이기영, 조명희, 최서해 등의 작가들은 이들의 비참한 실상을 있는 그대로 그려내기에 힘을 썼다. 작가들이나 소재가 된 사람들이나 현실을 부정하든가 현실을 초극하는 과정에서 그러한 현실을 빚어낸 사람들과 제도들과 관습에게 직접 간접으로 반항하는 자세를 취하였다. 오늘날 소설가를 중에는 자신들이 불합리하다고 생각하는 강자, 부자,

권력자, 제도, 관념 등을 향해 "나는 반항한다. 그러므로 소설을 쓴다"고 자임하는 사람들이 훨씬 더 많다.

한스 이 노자크는 문학은 정치권에 관심을 보일 때 혁명적이 되기 쉬운 속성을 지니고 있다고 하면서 그렇게 된 이유를 날카롭게 파헤쳤다.

> 근본적으로 진화의 형태로 발전해 나가는 과학과는 아주 반대로 문학은 항상 새로 시작하는 것이지 결코 계속되는 것이 아닙니다. 거기에는 기존했던 것과의 연결은 있을 수 없습니다. 문학이 혁명적이라는 이유는 그것이 항상 제도적인 것에 반대하며 생명있는 것을 옹호하기 때문입니다. 언제나 과거에 반대하여 현재를, 항상 진리의 독단적인 소유에 반대하여 진리의 탐구를, 기성의 해답에 반대하여 항상 질문을, 어제나 인간을 사회적으로 영 이하의 것으로 타락시키는 것에 반대하여 인간을 옹호하기 때문입니다. (중략) 명백한 이 앙가주망을 통해 오로지 이것만을 통해 문학은 정치면에 대해서도 혁명적으로 작용할 수 있습니다. 정치가와 실용주의자들은 이를 무정부주의자라고 부르겠지만 그것도 무방합니다. 카테고리가 하나 더 는 셈이니까요. 제도에 대해 인간을 옹호하는 것을 무정부주의라고 부른다면 우리들은 이를 명예로운 칭호로 받아들이겠습니다.[212]

한스 이 노자크는 문학이 반대하는 대상을 제도적인 것, 과거, 독단론, 독재주의, 반휴머니즘 등으로 정리하였고, 이와 반대로 옹호의 대상을 현재, 진리 탐구의 정신, 질물하는 자세, 인간 등으로 정리하였다. 보수주의의 범주에 드는 정치가와 실용주의자들은 문학의 반대정신을 두고 무정부주의자라고 부른다고 하였다. 결국 진정한 문학은 낡은 것을 뛰어넘고 진리를 탐구하고 늘 의문을 갖는 자세 그리고 휴머니즘을 지니고자 한다. 한스 노자크가 문학이 반대하거나 옹호하는 쪽을 추상적으로 설명한 반면 뤼시앙 골드만은

---

[212] 한스 이 노자크, 『문학과 사회』, 윤순호 역, 삼성문화재단 출판부, 1975, pp.129~30.

문학의 반항 대상을 구체적으로 설명하였다. 그 중 하나가 테크노크라트 사회였다.

뤼시엥 골드만은 테크노크라트가 중심이 되는 사회가 오면 물질적으로는 잘 살지 모르지만 개개인은 기능인으로 전락하게 될 것이며 문학의 설 땅은 더욱 좁아지게 될 것이라고 우려했다.

> 개개인의 개성의 위축현상은 우리가 현재 살고 있는 과도기적 시기에서조차도 불안스러운 현상이다. 사람들이 대부분 전문화된 테크니션으로서 높은 생활수준과 연장된 휴가기간과 충분한 보수를 향유하며 점점 더 물질적으로만 잘 사는—그러면서도 의식은 제약된 상태에서—단순한 기능인으로 전락해가는 사회에서, 그 사회의 전개가 사실상 사람들로 하여금 사회에의 완전한 적응만을 종용하는 방향으로 나아갈 경우, 이 현상은 점점 더 심각한 성격을 띠게 된다. 바로 이것이 내가 테크노크라트 사회의 근본문제라고 믿는 것이다.213)

이어 골드만은 누보로망이 모델의 하나가 되고 있는 문학의 반항적 성격을 "새로운 표현 형태를 발견함으로써 사회를 거부하는 것"과 "일부 작가들과 예술가들의 작품이 반항 자체를 주제로 삼고 있다는 점"214)으로 나누면서도 이 두 가지의 상호보완적 성격을 강조했다.

레온 트로츠키(Leo Trotzki)는 혁명의 예술은 혁명을 주제로 한 작품으로 나타나기도 하고 주제로는 연결되지 않지만 혁명의 정신과 기운이 하나의 새로운 의식의 수준으로 드러난 작품으로 나타나기도 한다고 하였다.215) 레온 트로츠키는 러시아 혁명의 동반자 문학, 미래주의, 형식주의 시학파, 프롤레타리아 예술, 공산주의 예술정책 등과 같은 다양한 유파에 대해 기대를

---

213) 뤼시엥 골드만, 『현대사회와 문화창작』, 천희상 역, 기린문화사, 1982, p.86.
214) 위의 책, p.86.
215) Leo Trotzki, *Literatur und Revolution*, Eugen Schäfer und Hans von Riesen 역, Arbeiterpresse Verlag, 1994, s.226.

걸기도 하고 비판하기도 함으로써 혁명과 문학을 다 살려보려고 한 『문학과 혁명』을 1924년에 썼다.

허버트 마르쿠제도 문학의 반항정신에 주목하여 "관례화된 것이든 그렇지 않은 것이든 간에, 예술은 부정의 합리성을 지니고 있다. 그 가장 진보된 위치에서 예술은 존재하는 것에 대한 항의로서 위대한 거부(Great Refusal)이다. 그 안에서 인간과 사물이 노래하고 나타나고, 소리 지르고, 말하게 만들어지는 양식은 인간과 사물의 실제적 존재를 거부하고, 파괴하고, 재창조하는 양식이다"216)와 같이 거부, 파괴, 재창조 등으로 나타나는 부정의 정신을 예술의 본성이라고 하였다. 허버트 마르쿠제는 마르크시즘을 지지하면서도 문학이 혁명이나 변혁에 복무한다는 명분 아래 독립성을 유지하지 못하는 것은 반대하였다.

> 예술과 혁명이 합치되는 것은 '세계의 변혁', 즉 해방이라는 점에서이다. 그러나 그 실천에 있어서 예술은 그 자신의 요구를 저버리는 일이 없으며, 그 자신의 차원에서 떨어지는 일도 없다. 예술은 어디까지나 비조작적(非操作的)인 것이다. 예술에서 정치적 목표는 미적 형식이라는 변형에서만 나타난다. 예술가 자신이 '참가'하고 있는 혁명가일 때에도, 혁명이 그 작품에 나타나지 않아도 무방한 것이다.217)

예술과 혁명은 변혁의 논리라든가 해방의 요구라는 정신에서는 일치할 수 있지만 예술은 고유한 방법과 원래의 자리를 지켜야 한다고 하였다. 마르쿠제는 예술이 선전도구가 된다든가 정치에 복무해야 한다든가 하는 주장을 거부하였다.

---

216) 허버트 마르쿠제, 『미학과 문화』, 최현·이근영 옮김, 1982, 1999 증보 2쇄, p.153.
217) 위의 책, p.310.

허버트 마르쿠제는 1871년에 콤뮨의 평의회 일원으로 활동했던 화가 쿠르베와 콤뮨에 동조했던 랭보와 앙드레 브르통 등을 예로 들면서 현실참여의 의미를 "예술(시)을 현실로 표현하는 것이 아니라, 현실이 새로운 미적 형식으로 표현되는 것"과 "영원한 미적 전복과 파괴, 이것이야말로 예술의 태도다"218)라고 하였다.

20세기에 들어서서 형성되고 전개된 한국현대소설의 작가들은 일제 강점기, 해방직후의 혼란, 한국전쟁, 남북분단, 쿠데타, 독재정치, 광주민주화운동 등을 겪으면서 선량한 개인들의 기본권을 마구 유린하는 강압적인 타자들에게 반항하는 태도를 취해 왔다. 일례로 일제강점기에 옥살이 모티프를 중심모티프로 취한 소설이 많이 나타난 점은 이러한 반항적 태도를 잘 입증해준다.

강경애의 「파금」(1931), 『인간문제』(1934), 「번뇌」(1935), 김남천의 「물!」(1933), 「처를 때리고」(1937), 「녹성당」(1939), 「경영」(1940), 김유정의 「만무방」(1935), 김이석의 「환등」(1938), 김동인의 「태형」(1922), 박승극의 「재출발」(1931), 「풍진」(1935), 「색등 밑에서」(1935), 「항간사」(1935), 「화초」(1935), 「풍경」(1936), 박영희의 「피의 무대」(1925), 박화성의 『북국의 여명』(1935), 백신애의 「나의 어머니」(1929), 송영의 「용광로」(1926), 「솜틀거리에서 나온 소식」(1936), 심훈의 『영원의 미소』(1933), 염상섭의 「표본실의 청개구리」(1921), 『사랑과 죄』(1928), 『무화과』(1932), 유진오의 「송군 남매와 나」(1930), 「형」(1931), 「상해의 기억」(1931), 「수난의 기록」(1938), 「가을」(1939), 이광수의 『무정』(1917), 「거룩한 죽음」(1923), 「무명」(1939), 이기영의 「해후」(1927), 「채색무지개」(1928), 「고난을 뚫고」(1928), 「김군과 나와 그의 아내」(1933), 『신개지』(1938), 이무영의 「나는 보아 잘 안다」(1934), 「노래를 잊은 사람」

---

218) 위의 책, p.311.

(1934), 이북명의 「공장가」(1935), 「민보의 생활표」(1935), 이태준의 『구원의 여상』(1931), 이효석의 「주리야」(1933), 「성화」(1935), 「부록」(1938), 장응진의 「다정다한」(1907), 장혁주의 『무지개』(1934), 정비석의 「이 분위기」(1939), 「삼대」(1940), 조명희의 「R군에게」(1926), 「낙동강」(1927), 채만식의 『인형의 집을 나와서』(1933), 「치숙」(1938), 최명익의 「심문」(1939), 최서해의 「해돋이」(1926), 『호외시대』(1931), 한설야의 「태양」(1936), 「임금」(1936), 「귀향」(1939), 「이녕」(1939), 현진건의 『적도』(1934) 등 많은 작품들을 추려낼 수 있다.219)

위의 작품들은 옥살이 모티프를 취한 작품들 중 한국소설사에 남는 문제작들을 추려낸 것이다. 옥살이 모티프는 당시 프로레타리아 작가들만이 취한 것은 아니었다. 이기영, 조명희, 한설야, 김남천, 최서해, 이북명, 송영, 박영희, 박승극 등과 같은 프로작가들이 옥살이 모티프를 취했는가 하면 유진오, 이효석, 이무영, 강경애, 박화성, 백신애 등과 같은 동반자 작가들도 옥살이란 소재에 큰 관심을 가졌다. 이광수, 김동인, 염상섭, 채만식, 현진건, 이태준 등과 같은 민족파 작가들도 옥살이 모티프를 중심모티프로 살려내어 문제작을 써내었다. 이 중에서도 김남천, 박승극, 유진오, 이기영, 이무영, 한설야 등은 옥살이 모티프를 취한 문제작을 여러 편 남겼다. 옥살이 모티프를 작중에서 원인적 사건으로 설정했든 현장으로 그려내었든 출옥 후의 모습을 그리는데 치중했든 이들 작가들은 옥살이 모티프가 성공작의 필요조건인 것처럼 생각하게 하고 있다. 현실의 실상을 제시하는데 창작의 목표를 둔 작가들에게 옥살이 모티프는 반항적 인간의 모습을 그리는데 가장 효과적인 수단이 된 것일 뿐만 아니라 우수작을 내는 데 충분조건이 되기도 한다.

20세기 앙가쥬망 문학의 입안자인 장 폴 싸르트르는 『문학이란 무엇인

---

219) 조남현, 『한국현대소설사 2』, 서울대학교 출판문화원, 2012, pp.843~50.

가』에서 문학의 혁명정신을 단계별로 설명했다.

"작가는 세계를 그려내기(폭로하기)를 택했으며, 특히 사람을 다른 사람에게 폭로하기를 — 이렇게 숨김없이 벗겨진 대상 앞에서 다른 사람들이 전책임을 질 수 있도록 폭로하기를 선택했다"(p.34)고 한 다음, 창작이 독서를 통해 완성된다는 논리를 펼쳐 "작가의 세계는 오직 독자의 검토, 감탄과 분개에 있어서만 가장 깊이 드러나는 것이다. 너그러운 사랑은 지지하겠다는 맹세다. 너그러운 분개는 변혁하겠다는 맹세다. 감탄은 본받겠다는 맹세다"(p.79), "1918년 이래로는 문학을 소모하기 위하여 쓴 것이다. 문학적 전통과 언어는 낭비되고 사람들은 그것들을 서로 던져서 폭발시켰다. 절대적인 부정으로서의 문학은 드디어 반문학(反文學)이 되었다. 일찍이 문학이 그보다 더 문학적이었던 일은 없다"(p.164)와 같이 무엇인가를 위해 소비하고 반대하는 문학이 가장 문학적이라는 반어를 남겼다. 싸르트르의 앙가쥬망론은 이야기꾼이며 상상계의 역사가인 작가가 고독, 무상성, 주체성 등을 찾는 것에서 시작되었다는 역설을 펼친다. 그리고 "정신성은 항상 이데올로기에 근거를 두고 이데올로기는 그것이 형성될 때는 자유이지만 그것이 일단 형성된 후에는 억압으로 일변하는 것"(p.164)이라고 이데올로기의 속성을 밝힌 다음, 독자를 변혁의 주체로 내세운다. 싸르트르는 문학 특히 소설을 통해 독자를 계몽시켜 계급의 철폐와 독재성의 철폐로 나아갈 수 있다고 보았다. 그리고 "문학은 본질상 끊임없이 혁명상태에 있는 사회의 주체성"(p.196)이라는 선언을 하였다. [220)]

수전 손택의 다음과 같은 작가본질론과 문학본질론에서 "회의적이고 의심하는 존재", "대립경향", "반신화" 등과 같은 반항의 여러 가지 구체적 태도나 방법을 확인할 수 있다.

---

220) 장 폴 싸르트르, 『문학이란 무엇인가』, 김붕구 역, 문예출판사, 1972년 초판, 1994년 개정판, 4쇄, pp.34~196에서 중요한 부분을 뽑고 페이지를 표시했다.

작가는 뭔가 옳은 일을 하고 지지하려는 사람보다 더 회의적이고, 스스로를 의심하는 존재입니다. 문학의 임무 가운데 하나는 사람들을 지배하는 경건함에 질문을 던지고 반대 진술을 만들어 내는 것입니다. 예술은 무언가에 반대하는 경우가 아니더라도 대립적인 것으로 쏠리는 경향이 있습니다. 문학은 대화이고 반응입니다. 문학은 문화가 진화하고 상호 작용하는 과정에서 무엇이 살아 있고 무엇이 죽어 가는가에 대한 인간의 반응의 역사라고 설명할 수 있습니다. 이러한 차이 혹은 분리라는 상투어구를 물리치기 위해 작가들이 할 수 있는 일이 있습니다. 작가들은 신화를 전달하는 사람일 뿐 아니라 만들어 내는 사람이기도 하기 때문입니다. 문학은 신화도 만들어 내지만 반反신화도 만들어 냅니다. 자기가 생각하고 느끼고 믿는다고 생각한 것을 뒤흔들어 놓는 경험, 곧 反경험을 삶이 제공하는 것과 마찬가지입니다.221)

소설유형 가운데는 한국전쟁을 소재로 한 소설들 대부분이 귀착되었던 반공소설과 반전소설 외에 반도시소설 반유토피아소설 반정치소설 등과 같이 특정 이데올로기나 특정 존재나 특정 상황을 반대하는 소설유형들이 적지 않다. 기성체제나 구질서나 옛날 가치관에 저항하는 소설이 소설의 저항정신을 잘 대변한다.

앞서 싸르트르가 문학이 너무 부정의 정신만 밀고 가다 보면 초현실주의처럼 된다고 한 것과 연결지어 초현실주의에서 반항의 정신을 찾을 수 있다. 데미언 그랜트는 『리얼리즘』에서 의식적 리얼리즘의 한 예로 초현실주의를 포함시켰다. 이브 드프레시는 『초현실주의(Le Surrealisme)』에서 초현실주의의 수법으로 유머, 초자연적 경이, 꿈, 광기, 초현실주의적 사물, 상냥한 산 송장, 자동기술법 등을 제시했다. 그리고 초현실주의의 두 가지 방법을 무의식세계의 신비를 암시하는 것(suggérer le mystère de l'inconscient),

---

221) 수전 손택, 『문학은 자유다』, 홍한별 옮김, 도서출판 이후, 2007, p.268.

현실적인 것의 전복(bouleverser le réel)으로 보면서 이 두 가지가 다 나타난 작품의 예로 피카소의 그림을 들었다.222)

이브 드프레시는 초현실주의의 부정, 변혁, 반항의 성격을 잘 설명하기 위해 프로이드주의와 마르크시즘을 끌어들였다.

> 프로이드주의는 개인을 제한된 도덕적 개념들로부터 해방시켜 주었으며 본능의 힘을 보여주긴 했지만 이렇게 해방된 생의 약동은 세계를 개조시킬 수 있을 때만 인간존재를 변형시킨다. 따라서 초현실주의는 현실적 행위와 꿈의 이율배반성을 화해시키고자 하는 목적을 갖게 된다. 초현실주의는 무의식적인 것과 의식적인 것의 결합의 심리적인 개념과 잘 어울리는, 칼 마르크스의 "보다 더 많은 의식"이라는 구호를 적용하는데 있어 유물변증법의 범위 내에서 발전되어 온 인식의 세계가 된다.223)

이브 드프레시는 헤겔의 철학을 향해 "천상에서 지상으로 내려오는 철학"(la philisophie allemande qui va du ciel à la terre)라고 하며 이와 반대로 키에르케고르는 심리학적인 면에서 마르크스는 사회학적인 면에서 "지상에서 천상으로 올라간다"(allant ainsi de la terre au ciel)고 하였다.224)

이브 드프레시는 불행한 자각의 모순 속에서 키에르케고르와 마르크스가 함께 출발했지만 "그 중 한 사람은 자기자신의 숨겨진 부분을 거쳐서 자유에 도달하려고 애썼던 반면에 다른 사람은 인간해방이 사회적 변혁에 달려 있는 것을 실천에 옮기려고 하였다"225)고 대비하였다. 이브 드프레시는 "현실의 결핍된 것에 대한 초현실주의자의 반항은 그러니까 신비로운 것, 환

---

222) Yves Duplessis, *Le Surréalisme*, Presses Universitaires de France, 1950, 1967, p.67.
223) 위의 책, p.113.
224) 위의 책, p.117.
225) 위의 책, p.117.

상적인 것, 그들이 이런 모든 것을 파악할 수 있다고 생각했던 꿈의 세계 쪽으로 방향을 잡았다"226)고 함으로써 소설의 반항적 태도는 여러 가지가 있음을 암시하였다. 반항의 강도에 있어서 싸르트르의 문학적 반항론은 리얼리스트와 초현실주의자의 중간 쯤에 있다.

2.

이청준은 작가에 따라 시대에 따라 소설은 다양한 형태로 나타나긴 하지만 자유를 수호한다는 공통점을 지닌 것으로 파악하였다.

> 그러므로 문학이란 이를 테면-여기선 일단 소설에만 한정해 말해야 할지 모르겠습니다만-순수경향이라고 이름붙여져 온 것들이나 투철한 참여정신으로 평가되어 온 것들이나, 고발문학이나 증언문학이나, 인간성의 비밀을 탐색한 것이거나 사회질서에 관심이 집중된 것이거나, 농촌소설이나 도회소설이나, 전쟁소설이나 전원소설이나, 정치소설이나 공상소설이나, 고전주의나 낭만주의나, 사실주의나, 초현실주의나, 말의 정직성에 매달려 땀을 흘리는 소설이나 힘찬 행동성을 앞세우는 소설이나, 어떤 유파 어떤 경향의 소설이라도 그 모든 것이 종국에는 우리 삶의 자유와 관계될 수밖에 없으며 또 그것을 넓혀가는 일이거나 지키려는 일이거나 결국은 그것 때문에 썩어지고 있는 것이라고 말할 수 있을 것입니다.227)

농촌소설, 도시소설, 전원소설, 전쟁소설, 정치소설, 공상소설 등은 비교적 구획이 분명하고 변별력이 강한 소설유형이다. 반면 순수소설, 참여소설,

---

226) 위의 책, p.117.
227) 이청준, 『자서전들 쓰십시다』, 열림원, 2000, p.134.

고발소설, 증언소설, 낭만소설이라는 소설유형을 만든다면 지시영역이 너무 넓어 소설유형으로 통용되기 어렵다. 현실초월의 태도와 현실참여 정신이 대립하거나 상호보완하면서 한국문학을 이끌었던 1920년대에서 1970년대까지 시단은 순수시와 참여시로 2분되는 경향이 있었다. 1980년대가 지나가면서 이런 용어는 거의 쓰이지 않았다. 상황도 변했지만 용어 자체가 안고 있는 모호성이 한계를 드러내었기 때문이다. 고발문학은 한국소설사에서 한국전쟁 때 많이 보였던 르포르타주문학이나 해방 직후에 집중적으로 나타났던 자기성찰소설을 예로 삼을 수 있다. "인간성의 비밀을 탐색한 것"은 성장소설이나 심리소설이나 사랑소설과 같은 작은 서사로 나타나는 반면 "사회질서에 관심이 집중된 것"은 사회소설이나 시대소설 또는 역사소설 같은 거대 담론으로 나타나는 경향이 있다. "행동성을 앞세우는 것"은 사건소설이나 행동소설 또는 모험소설로 나타난다. 고전주의, 낭만주의, 사실주의, 초현실주의 등의 사조명은 고전주의소설, 낭만주의소설, 사실주의소설, 초현실주의 소설 등과 같은 소설유형이 가능하다고 하는 주장[228]으로 이어진다. 이청준의 주장은 그 어떤 소설유형을 막론하고 자유와 관계있거나 자유를 넓혀가거나 자유를 지키려고 하거나 자유 때문에 씌어지는 것을 중시한 점에 핵심이 있다.

「지배와 해방」은 1977년 봄에 발표된 작품이다. 이청준은 1978년 8월에 쓴 작가노트 「왜 쓰는가」에서 "왜 쓰는가"라는 문제를 한 소설에서 집중적으로 다루었는데 해가 갈수록 분명한 해답이 떠오르지 않는다고 하였다. 그러면서 우선 창작동기를 여러 각도에서 파헤쳤다.

---

[228] 소설유형론자들 중 Robert Stanton은 *An Introduction to Fiction* (Holt, Rinehart and Winston, 1965)에서 romantic novels, realistic fiction, naturalistic novels, expressionism novels, existentialist fiction 등과 같은 문예사조에 따른 소설유형을 제시하였다. 이런 소설유형은 특정 시기의 소설만 가리키기 때문에 로버트 스태인턴의 소설유형론의 범위는 제한적일 수 밖에 없다.

쓰지 않을 수 없으니까, 쓰는 게 즐거우니까, 우리의 삶을 좀더 살 만한 것으로 만들기 위하여, 우리 삶의 터전을 넓히기 위하여, 자신의 삶을 위로받고 영혼의 아픔을 달래기 위하여, 가난하고 억눌린 자들의 용기를 위하여, 비리(非理)와 부정을 증거하기 위하여, 새 시대의 이념을 위하여, 자유를 위하여, 사랑을 위하여…또는 그 문학 행위 자체의 아름다움과 즐거움 때문에…229)

위와 같은 여러 가지 창작동기들은 글쓰기는 충동이며 본능이다, 나·우리·가난한 사를 위해 쓴다, 비리와 부정을 고발하기 위해 쓴다, 새시대의 이념·자유·사랑 등과 같은 미래지향적인 목적의식 때문에 쓴다 등으로 정리해볼 수 있다. "문학행위 자체의 아름다움과 즐거움 때문에"라는 동기는 정찬이 단편소설 「죽음의 질문」에서 강조한 "무상성"의 개념으로 대치해 볼 수 있다. 이청준은 소설은 무엇보다도 감동을 줄 수 있어야 하는데 소설의 감동은 작가와 독자가 공유한 상상력의 공간 속에서 이루어지는 것이라고 하였다. "상상의 공간에서 함께 만난다는 것은 작가와 독자가 함께 꿈을 꾸는 것에 다름아닌 것이다. 그리고 함께 꿈꾸지 않으면 감동이 생길 수 없고, 감동을 낳을 수 없는 것은 이미 소설이 아니다"230)라고 하였다. 꿈을 꾼다는 것은 희망이나 기대를 갖는다는 것으로 속박에서 벗어나고 싶어 하는 일일 수도 있고, 욕망충족을 기대하는 것일 수도 있다. 현실, 질서, 이성, 법, 도덕 등에서 잠시나마 벗어나고 싶어하는 충동을 반영할 수도 있다. 위에 제시된 창작동기론이나 창작목표론 중에서 드러나는 이청준의 소설관은 종합적인 성격을 지닌 것으로 1970년대와 1980년대의 민중문학론과는 화이부동의 관계에 놓이게 된다. 정신은 같지만 방법은 달랐다. 같은 민중문학이라 하더라도 1970년대와 1980년대의 민중문학이 방법 상에서 분명하게 차이를 드러내고 있음을 필자의 평론 「우리 문학의 나아갈 길」(『계간 연세』, 1991

---

229) 이청준, 『자서전들 쓰십시다』, 열림원, 2000, p.136.
230) 위의 책, p.138.

년 봄)에서 확인해볼 수 있다.

　1970년대가 끝날 때까지 민중문학은 집권세력의 탄압, 문학에 대한 형식주의적, 초월주의적 시각의 보편화 및 전통화, 문학의 정치화나 도구화에 대한 상당수 문인들의 거부감 등의 요인으로 소수의 주변세력에서 벗어나지 못했다. 그러던 것이 80년대 들어와 광주항쟁, 5공출범 등을 겪으면서 문학적 지식인들 사이에 저절로 형성된 분노, 좌절감, 부끄러움 등은 단시일 내에 엄청나게 민중문학을 증폭시키는 결과를 가져 오게 되었다. 양적 팽창은 질적 전환을 모색하는 터가 될 수 있는 것이다. 80년대 전반기에 70년대 민중문학의 정신과 방법론은 모델과 교사로서의 가치를 충분히 인정 받는 가운데서도 비판과 극복의 대상으로 떠오르게 되었다. 70년대의 민중문학이 지식인 중심, 이론성향, 계몽주의적 발상 등의 방법론으로 이루어진 것이라면 80년대의 민중문학은 기층민 중심, 실천성향, 현장성과 운동성의 논리 등으로 개편되어야 할 것이라는 주장이 신진 민중문학론자들 사이에서 큰 목소리로 울려나오게 된 것이다. 70년대의 민중문학이 아직은 '미학'과 '실천'의 조화에 마음을 쓰고 있었던 것에 반해 80년대의 민중문학은 '미학무용론' 또는 '실천을 통한 미학의 성취'로 나아가기도 했다. 80년대의 중반 쯤에 들면서 운동성, 투쟁성, 실천성, 전위성 등과 같은 용어들은 일반 문인들 사이에서조차도 더 이상 낯설다는 반응은 일으키지 않게 되었다.231)

　이청준은 장편소설 『자유의 문』(1989)에서 자유와 사랑이라는 창작목표에 방점을 찍었다. 첫째 마당 "산노인과 젊은 방문객"은 지리산 서쪽 봉우리 아래 사는 채밀꾼 백상도 노인에게 추리소설가 주영섭이 찾아와 소설에 대해 토론하는 장면을 보여준다. 주영섭은 백노인이 어떤 식으로 채밀하는가 또 다른 일을 하는 것이 있는가 하고 궁금해 하면서 빨치산에 대한 이야기도 나눈다. 주영섭이 노인에게 왜 산에 들어와 이렇듯 무섭고 외로운 생활을 하

---

231) 조남현, 『풀이에서 매김으로』, 고려원, 1992, pp.134~35.

게 되었냐고 묻자 노인은 자기 사연을 소설화하는 것이 아닌가 하고 경계한다. 주영섭은 다른 사람들의 삶에 관심을 갖고 함께 체험하는 것은 소설 쓰는 일과 맞먹는 것이라고 한다.

"하나의 집단 이데올로기로 변질된 신념의 체계에선 어떤 개인이나 그 개별적 삶에 대한 사랑이 깃들 여지가 없다는 말씀입니다. 집단의식과 신념의 거대한 흐름 앞에, 그 준엄한 행동의 계율 앞에 그것은 한낱 예외적인 사안으로 도외시될 뿐이지요. 한다면 그 예외적인 개인, 아니 우리 삶 전체의 기조로서의 개별성, 구체적 실체로서의 모든 개인에게 그 사랑이 없는 신념의 체계나 계율은 무엇입니까. 그것은 우리 삶에 대한 무서운 폭력일 수도 있는 것이지요."[232)와 같이 개인의 삶에 대한 집단 이데올로기의 폭력가능성을 지적하고 있는 위의 대목에서 이청준이 소설은 복수심과 지배욕으로 쓰는 것이라고 주장하면서 작가가 공적 임무를 강조하다보면 개인의 삶을 외면하기 쉽다고 우려했던 것이 재현되고 있다. 주영섭을 통해 집단주의보다는 개인주의를 지지하는 태도를 드러내고 있는 이청준은 "집단"이란 말이 중의, 중론, 여론, 정론으로 등식화되는 것은 잘못이라고 암시하였다.

"굳이 어르신네 교회가 아니더라도 우리의 삶이나 세상을 지탱하고 그 삶의 값을 높여주는 다른 길들은 얼마든지 많습니다. 다른 종교나 예술 장르들, 법률이나 윤리체계, 심지어는 철학이나 역사학 같은 학문의 길들도 다 그런 것 아닙니까. 어르신네 교회의 교리나 계율도 우리 인간들의 지혜가 창조해낸 그런 문화체제나 장치의 하나일 뿐이지요."[233)와 같이 주영섭은 교회는 종교, 예술, 학술, 윤리의식 등과 같이 삶의 값을 높여주는 길의 하나일 뿐이라고 주장함으로써 백노인의 교회절대론을 고쳐주려고한다. 그러자 백노인은 소설이 무엇을 할 수 있고 어떻게 하느냐고 질문한다. 노인과 영섭의 토론은 "종교가 하나의 신념의 체계라면 소설은 정신의 마당"이라는 말로

---

232) 이청준, 『자유의 문』, 열림원, 1998, p.253.
233) 위의 책, p.260.

요약된다. "어떤 절대의 계율에 얽매이지 않고 유연하고 탄력있는 정신력 위에 우리 삶을 끊임없이 재창조해 나가는 도정"이라는 주영섭의 소설관은 절대의 계율 즉 법칙을 부정하게 만든다. 바로 위에서 소설은 "자유로운 정신의 마당"이라고 주장했던 것을 재현한 것이다.

소설은 "소설은 끊임없이 자기계율을 버리거나 바꾸는 일이 필요해지는 것", "인간의 유한성과 그 도덕성에 바탕한 실천적 자유와 사랑을 목표로 하는 것", "소설의 길은 끊임없는 자기반성과 변화가 이루어져 나간다는 것", "소설은 증거와 도로를 끝없이 되풀이해가는 과정 속에 그 참값을 드러내는 것"234) 등과 같은 주영섭의 소설방법론은 작가 이청준의 생각을 대변하고 있다.

소설이 자기계율을 버리거나 바꾸는 것으로 무엇을 할 수 있느냐는 질문은 계속 나온다. 주영섭은 소설이 자기계율을 바꾸는 것은 소설의 파탄이 아니라 소설이 삶과 정신의 자유, 소설의 자유를 보여주는 것이라고 한다. 김병익은 「새로운 지식인 문학을 기다리며」에서 장편소설 『자유의 문』의 의미를 『자유의 문』은 그래서 문학을 포함한 지적 행위가 우리에게 들씌워진 집단적 허위 의식으로부터 벗어남을 지향하는 것임을 우리에게 가르쳐준다. 나는 이 허위 의식이 이청준이 지목하고 있는 좌파적 이데올로기에서만이 아니라 우리를 한 세대 이상 억압해온 우파의 그것에도, 더구나 그것이 우리 사회와 지식 체계의 주도적 이념으로 작용해왔기 때문에 더욱 심하게, 잠재해 있으리라고 생각한다"235)와 같이 좌우 이데올로기 비판으로 정리했다.

자유론의 고전이라고 할 수 있는 에리히 프롬의 『자유로부터의 도피』(1941)는 개인의 자유는 자본주의 제도에서의 삶에 대한 고민에서 시작한다는 인식을 출발점으로 삼는다.

---

234) 위의 책, pp.262~63.
235) 김병익, 『열림과 일굼』, 문학과 지성사, 1991, p.182.

"우리의 목적은 근대사회의 구조가 동시에 두 가지 방법으로 사람에게 영향을 미치고 있다는 사실을 밝히는 것이다. 즉, 사람은 보다 독립적·자율적·비판적으로 된다는 것과 , 보다 더 고립되고 외로우며 두려움을 갖게 된다는 사실이다. 자유의 모든 문제에 대한 이해는 과정의 양쪽을 다 봄으로써, 한쪽을 따라가면서 한쪽의 진로를 잃지 않는 능력에 따라 좌우된다"236)와 같이 자유로운 한 개인이 자본주의 제도 아래서 갖게 되는 변화에 대한 관심을 전제로 하였다. "자본주의는 사람을 전통적인 속박으로부터 해방시켰을 뿐만 아니라, 증대하는 적극적인 자유, 즉 활동적이고 비판적이며 책임질 수 있는 자아의 성장에도 역시 막대한 기여를 하였다. 이러한 점은 자본주의가 자유의 성장과정에서 이룩한 <하나의> 효과이기도 하지만, 동시에 자본주의는 개인을 점점 더 외롭고 고립되게 만들었으며 그에게 무의미감과 무력감을 안겨 주었다"237)는 주장은 자본주의의 양면성을 직시하라고 충고하고 있다.

　자본주의 아래서 점점 무력해지고 고독해지는 개인은 이를 극복하기 위해 적극적인 자유에의 진전을 꾀하든가 아예 자유포기의 길을 선택한다고 한 에리히 프롬이 "사랑과 일을 통하여 그리고 자기의 정서적·감각적·지성적인 능력을 표현함으로써 자신을 세계에 연결시킬 수 있다"238)고 제시한 방법 속에는 글쓰기도 들어 있다. 종래는 시, 소설을 쓰고 읽는 행위를 통해 일시적으로나마 자유를 누렸으나 오늘날에는 대다수 사람들이 통신수단의 혁명적 발달로 고독을 벗어나고 타인과 교섭하고 세계와 소통하고 있는 것처럼 보인다. 그럼에도 개인의 고독이라든가 고독한 개인은 좀처럼 줄어들지 않고 있다. 통신수단의 혁명적 발달이 문학이 설 땅이 점점 좁아지는 결과를 가져오고 있는 것이 현실이다.

---

236) 에리히 프롬, 『자유로부터의 도피』, 이규호 역, 삼성출판사, 1982년, 1983년 8쇄, p.113.
237) 위의 책, p.116.
238) 위의 책, p.136.

'다양성'과 '경계'라는 개념에 중점을 둔 수전 손택은 "우리가 떠올릴 수 있는 문학은 사회 참여 문학, 개인의 영적 추구 문학, 국민문학, 세계문학 등등 정신적인 자족, 허영심 충족, 자축의 형태일 수 있습니다. 문학은 기준, 야망, 충성의 체계입니다. 그 체계는 단일한 것이 아니라 복수(複數)의 체계입니다. 다양성이 중요함을 가르치는 것도 문학의 윤리적 기능 가운데 하나입니다"239)와 같이 문학의 다양한 생각과 형태를 제시하는 것이 문학의 윤리라고 하였다. 수전 손택은 개인의 자유와 권리는 집단의 권리에 밀려 버렸다고 개탄하면서 이럴수록 문학은 자유로운 표현과 개인의 권리에 대한 믿음을 지지해야 한다고 했다. 수전 손택은 개인의 자유를 억압하는 세력이 점점 늘어간다고 지적하면서 작가의 최강의 무기는 진실의 증언이라고 강조했다.

> 작가가 가장 중요시해야 할 일은 의견을 갖는 것이 아니라 진실을 말하는 것입니다. 거짓과 그릇된 정보의 공모자가 되기를 거부하는 것입니다. 문학은 단순하게 만들려는 목소리에 반대하는 뉘앙스와 모순의 집입니다. 작가가 할 일은 정신적 약탈자들의 말을 믿지 않게 만드는 것입니다. 작가가 할 일은 세계를 있는 그대로의 모습으로, 여러 가지 다른 주장과 파편과, 경험으로 가득 찬 것으로 보게 하는 것입니다.240)

프로이트는 「세계관에 대하여」란 글에서 마르크스의 유물론을 받아들이기 어려운 이유의 하나로 비슷한 경제적 조건에서도 민족이나 개인은 얼마든지 다르게 존재하고 생각하고 있다는 점을 제시하면서 "그러한 심리적인 요소는 이미 경제적인 관계들의 생성에 관여하고 있을 뿐만 아니라 경제적 요소가 지배하고 있는 그 상황에서조차 인간들은 그들의 본래적인 본능 충

---

239) 수전 손택, 『문학은 자유다』, 홍한별 옮김, 도서출판 이후, 2007, p.204.
240) 위의 책, p.206.

동, 즉 자신의 자기 보존 본능, 공격 성향, 사랑에 대한 욕구, 쾌락을 얻고자 하는 충동, 불쾌한 것을 피하고 싶어하는 본능 등을 억제할 수 없기 때문입니다"241)라고 하였다.

에리히 프롬은 훗날 1955년에 출간된 『건전한 사회』에서 소외의 개념을 발전시켰다.

> 소외란 한 개인이 스스로 자신을 하나의 소외물로 느끼는 경험의 양식이다. 사람이 그 자신으로부터 멀어지게 되었다고도 말할 수 있겠다. 사람이 그 자신을 세계의 중심이나 자기 행위의 창조자로 경험하지 않고 그의 행위와 그 행위의 결과가 주인이 되며 이것에 그는 복종하거나 심지어는 존경하기까지 한다. 이와 같이 소외된 사람됨은 다른 사람 뿐만 아니라 그 자신과도 접촉이 되지 않는다. 다른 사람과 마찬가지로 그 자신도 사물이 경험되는 바와 같은 방식으로 경험된다. 이 경험에는 물론 일상적인 의미가 담겨 있으나 동시에 자기 자신이나 외부 세계와의 아무런 생산적인 관계도 찾아볼 수 없다.242)

에리히 프롬은 이 인용문 뒤에 소외를 가리키는 프랑스어나 스페인어는 원래 정신이상자를 가리킨다든가 영어의 Alienist는 아직도 정신이상자를 치료하는 의사를 가리키는 말로 쓰이고 있다든가 헤겔과 마르크스에 의하여 사용된 소외라는 말은 사람이 자기자신으로부터 멀어진다는 것을 뜻한다는 식의 어원론을 덧붙였다. 현대소설은 소외된 자에 대한 기록이라는 명제를 부인할 수 없는 점에서 소외 개념의 중요성은 커질 수 밖에 없다.

---

241) 지그문트 프로이트, 『새로운 정신분석 강의』, 임홍빈・홍혜경 옮김, 열린책들, 1997년 전집 초간, 2003년 전집 재간, pp.240~41.
242) 에리히 프롬, 『건전한 사회』, 이규호 역, 삼성출판사, 1982년 초판 발행, 1983년 8쇄 발행.

큰 도시에 불이 나거나 자동차사고가 생긴다면 많은 사람들이 모여 구경할 것이다. 수백만의 사람들이 범죄보도와 추리소설에 매일 사로잡혀 있다. 이들은 범죄와 정열이 주제가 된 영화를 보러 마치 예배를 드리러 가듯이 간다. 이러한 모든 취미나 광신은 단순한 취미나 감각주의로만 볼 수 없고 거기엔 사람의 존재나 삶·죽음·범죄·벌 또는 사람과 자연과의 투쟁 등의 궁극적인 현상의 극화에 대한 깊은 갈망이 서려 있다.(중략)경쟁적인 스포오츠나 범죄와 정열에 열광하는 것도 기계적인 일상생활의 피막(皮膜)을 관철하려는 욕구에서 나온 것이지만, 이러한 식의 만족은 문제에 대한 우리의 해결책이 얼마나 빈곤한가 하는 점도 반증해준다.243)

에리히 프롬은 현대인들이 범죄보도, 추리소설, 영화, 스포츠 등과 같이 특정 대상을 향한 매니아의 증후를 보임으로써 인생고와 시대고를 잊으려 한다는 점을 일깨워주었다. 이런 현상은 매스컴의 발달과 확대로 더욱 심화되고 있다. 정문길은 에리히 프롬의 『희망의 혁명』의 한 구절을 인용하며 "현대인에게 있어서 소비는 이제 하나의 권리이기도 하다 의무로서 주어지게 된다. 특히 그것은 <모든 욕망은 그 어떠한 욕구도 좌절당하지 않도록 즉각적으로 충족되어야 한다>는 프롬의 이른바 비좌절non-frustration의 원리와 결합되어 현대인을 인간적으로는 무력하나 소비자 구매자로서는 절대적인 <호모 컨주멘스 homo consumens>로 변모시킨다는 것이다"244)와 같이 호모 컨주멘스에 주목했다.

정문길에 의하면 에리히 프롬은 컴퓨터의 출현이 '생명력' 뿐만 아니라 '인간적 사고'까지도 포기하게 만들어 인간의 사고유형은 수량화, 추상화, 비교로 일관되는 것을 우려했다고 한다.245) 컴퓨터의 부작용을 우려하는 것

---

243) 위의 책, p.349.
244) 정문길, 『소외론 연구』, 문학과 지성사, 1986 15쇄, p.174.
245) 위의 책, p.175.

은 그야말로 낡은 생각이 되고 말았다. 4차 산업혁명이 공론화되고 있을 만큼 세상은 하루하루 가공할 만한 속도로 달라지고 있다. 그에 따라 인생관과 가치관도 확연하게 바뀌고 있다. 소설가들 중 상당수가 세상의 변화상을 제때에 파악하기 힘들다고 고백하고 있다.

제10장 시적 특질의 내면화

제10장 시적 특질의 내면화

1.

시적 자질이란 무엇인가. 미문, 압축된 표현, 언어사랑, 무한한 상상력의 반영, 대상의 깊이 있는 천착 등을 지적할 수 있다. 시에는 서사시, 이야기시, 산문시 등과 같이 서사성을 함유하는 형식이 있다. 소설도 시적 자질을 기준으로 삼거나 기대는 면이 있다. 시는 언어가 목적이며 소설은 언어를 일정한 발화의 수단으로 삼는다는 관념은 언제나 맞는 것은 아니다. 소설은 종합문학의 양식이라는 명제를 받아들이면 소설본질론에서 시 본질을 논하는 것은 시간낭비일지도 모른다. 요컨대 우리 소설사에서 염상섭, 채만식, 이효석, 김유정, 이상, 박태원, 황순원, 최상규, 이문구, 김원일, 윤흥길, 조세희 김연수 등이 잘 보여주고 있는 것처럼 소설은 시의 표현방식이라든가 시의 구성방식 등을 수용할수록 성공 가능성이 높다. 언어에 적극적인 관심을 가지면서 정확하고 아름다운 표현에 힘써야 한마디로 시적 표현에 힘써야 사상도 깊어지는 것임을 여러 작가들이 입증해 주었다.

알베레스는 『현대소설의 역사』의 서두에서 "20세기 중엽에 이르자 소설은 가장 널리 퍼진 표현양식이 되었다. 예전에 소설이 했던 일이란 상상력이나 감상적인 것에 대한 오락, 안이한 포만감을 만족시켜 주는 것이었다. 그러나 오늘날 소설은 지난날의 서사시, 연대기, 도덕론, 신비주의 그리고 어느 정도는 시의 의도와 임무, 불안감을 표현하기에 이르렀다"246)고 함으로써 소설은 계속 살아남기 위해 실험을 꾀했고 바로 이 과정에서 시의 방법을 적극적으로 활용했다는 것이다.

> 이른바 '시적'인 의도는 릴케나 호프만스탈의 경우 불가사의함을 추구하고 쉬페르빌르나 P.J.툴레에게 있어서는 단순한 환상으로 변형되며 1909년 이후 장 지로두에게 있어서는 사람과 사물, 사건과 감정을 결합시키는 마력에 대한 ― 분명히 세련된 멋을 풍기는 ―동화와도 같은 주석으로 발전한다. 묘사하고 설명하고 정보를 제공하고 가르쳐주는 대신에 마술을 걸거나 놀라게 하는 것 이러한 것들이 이단적인 새로운 소설의 의도이다. 그것은 모든 19세기의 유산, 즉 사회적 관찰에 대한 지루하고 답답한 설명, 심리학의 적용, 규칙에 따라 전개시키는 이야기, 현명하고 교육적인 묘사, 정성들인 생생한 장면 등을 거부한다.247)

시적 특질로 불가사의함, 환상, 동화적 발상 등을 들면서 바로 이런 특질들은 소설을 계속 새로운 양식으로 이끈 동력이 되었다고 한다. 20세기 중엽 유럽의 실험소설 하면 누보로망을 떠올린다.

김치수는 『누보로망 연구』에서 전통적 소설개념의 거부의 항목으로 사물화, 불연속적인 줄거리, 기하학적 공간화, 시점의 서술, 객관화된 주관, 미자나빔 외에 "시적 산문"을 들면서 누보로망을 시적 산문의 모델로 보았다.

> '누보로망은 시인의 막다른 골목'이라는 표현에서 보듯이 누보로망의 글쓰기는 시적 산문에 가깝다. 역설적 언어, 그리고 언어 자체가 바로 목적이 되는 것이

---

246) 알베레스, 『현대소설의 역사』, 정지영 역, 중앙신서, 1978, p.9.
247) 위의 책, pp.135~36.

시라면 산문은 보편적이고 근본적인 언어 형식이라고 할 수 있을 것이다. 그러나 누보로망에서는 가장 보편적인 새로운 언어의 창조, 기본 문법 체계를 뛰어넘는 각종 구두점의 자의적 사용, 그리고 같은 단락 안에서의 서로 다른 시제의 사용 등을 그 특징으로 꼽을 수 있을 것이다.248)

 미자나빔 mise en abyme의 구체적인 예로 든 반복법, 압축법, 예견법 등과 장 리카루드가 "묘사는 물체나 주제를 직접 묘사하는 방법에서 벗어나 물체나 주제의 그림·초상화·입상·이미지 따위를 묘사하는 방법으로 전환되고 있음을 알 수 있다"고 한 것249)은 시의 표현방법에 속한다.
 『논어』의 "양화(陽貨)" 제17에서는 "공자님이 말씀하셨다. 제자들아 어째서 시를 배우지 않는가. 시는 흥을 줄 수 있고 관찰할 수 있게 하고 무리지을 수 있게 하고 원망할 수 있게 한다. 시를 배우면 가까이로는 어버이를 섬기고 멀리로는 임금을 섬기고 짐승들과 초목의 이름을 많이 알게 된다"(子曰 小子何莫學夫詩 詩可以興 可以觀 可以羣 可以怨 邇之事父 遠之事君 多識於鳥獸草木之名)와 같이 시의 기능을 설명한 대목을 만나게 된다.
 이때의 시라면 『시경』에 실린 시를 의미한다. 흥을 주는 것은 주로 서정시, 사랑시, 자연시이며 인간과 시대와 사회를 관찰할 수 있게 하는 것은 서사시, 사회시, 시대시이며 원망을 표출하는 시는 빈자와 피지배자에 의해 많이 나타난다. 어버이와 임금을 섬기는 시는 충효사상이 빚어낸 시의 형태로 나타난다. 짐승과 초목 이름을 많이 알게 하는 시는 자연시에서 많이 찾아 볼 수 있기는 하지만 시를 지식의 보고로 여기는 태도로 볼 수 있다. 물론 각 개념에 대해 간단히 설명할 수는 없지만 흥관군원(興觀羣怨) 중에서 관찰을 뜻하는 '관', 집단적 사고나 시대정신이나 이데올로기를 뜻하는 '군', 원한이나 복수심을 뜻하는 '원' 등은 소설양식의 방법을 잘 설명해준다.

---

248) 김치수 외, 『누보로망 연구』, 문학과 지성사, 2016, pp.128~29.
249) 위의 책, p.130.

『삼국유사』에서 이야기+찬시의 형식으로 되어 있는 글로는 다음과 같은 것들이 있다. 「하늘이 내려준 옥대(天賜玉帶)」, 「순도가 고구려에 불교를 처음 일으키다(順道肇麗)」, 「마라난타가 백제에 불교를 처음 열다(難陁闢濟)」, 「아도가 신라에 불교의 기초를 닦다(阿道基羅)」, 「원종이 불법을 일으키고 염촉이 순교하다(原宗興法 厭髑滅身)」, 「법왕이 살생을 금지시키다(法王禁殺)」, 「보장왕이 도교를 신봉하자 보덕이 절을 옮기다(寶藏奉老 普德移庵)」, 「금관성의 파사석탑(金官城婆娑石塔)」, 「황룡사의 장륙존상(皇龍寺丈六)」, 「사불산, 굴불산, 만불산(四佛山 掘佛山 萬佛山)」, 「미륵선화, 미시랑, 진자사(彌勒仙花 未尸郞 眞慈師)」, 「남백월의 두 성인, 노힐부득과 달달박박(南白月二聖 努肹夫得 怛怛朴朴)」, 「낙산사의 두 보살 관음, 정취와 조신(洛山二大聖 觀音 正趣 調信)」, 「원광이 당나라(서쪽)에 유학하다(圓光西學)」, 「양지가 석장을 부리다(良志使錫)」, 「천축국으로 간 여러 법사(歸竺諸師)」, 「혜숙과 혜공이 갖가지 모습을 나타내다(二惠同塵)」, 「자장이 계율을 정하다(慈藏定律)」, 「원효는 모든 일에 구속 받지 않는다(元曉不羈)」, 「의상이 화엄종을 전하다(義相傳敎)」, 「사복이 말을 못하다(蛇福不言)」, 「진표가 간자를 전하다(眞表傳簡)」, 「심지가 진표조사를 계승하다(心地繼祖)」, 「유가종의 대현과 화엄종의 법해(賢瑜珈 海華嚴)」, 「혜통이 용을 항복시키다(惠通降龍)」, 「선도성모가 불교행사를 좋아하다(仙桃聖母隨喜佛事)」, 「계집종 욱면이 염불하다가 서쪽 하늘로 올라가다(郁面婢念佛西昇)」, 「경흥이 큰 성인 문수보살을 만나다(憬興遇聖)」, 「진신석가가 공양을 받다(眞身受供)」, 「월명사 도솔가(月明師兜率歌)」, 「선율이 다시 살아나다(善律還生)」, 「영재가 도둑을 만나다(永才遇賊)」 등이 있다. 이 중에서도 「아도가 신라에 불교의 기초를 닦다」, 「미륵선화, 미시랑, 진자사」, 「낙산사의 두 보살 관음, 정취와 조신」, 「양지가 석장을 부리다」, 「계집종 욱면이 염불하다가 서쪽 하늘로 올라가다」 등은 시 바로 앞부분에 '논평'을 달아 놓았다.250) 7언 절구로 된 이러한 찬시(讚詩)들은 아도, 관음, 정취, 원광,

혜숙, 혜공, 자장, 원효, 의상, 심지, 대현, 경흥, 혜풍, 월명사 등과 같은 각 이야기의 주인공인 고승의 정신을 기리면서 불교의 정신을 선전하는 형식을 취하였다.

진평왕이 죽령 신비스러운 곳에 사불산에 대승사를 짓고, 경덕왕이 땅속에서 염불하는 소리가 들리며 사방불이 새겨진 돌이 있는 곳에 굴불사를 지은 내력과 경덕왕이 당나라 대종 황제가 불교를 숭상한다는 말을 듣고 만불산을 지어 바치자 당태종이 삼장법사를 보내 경축하게 했다는 이야기를 들려준 「사불산, 굴불산, 만불산」은 맨 끝에 "기리어 말한다. 하늘은 만월을 단장시켜 사방불을 마련했고/땅은 명호를 솟구어 하룻밤에 열렸도다/교묘한 솜씨로 다시금 만불을 새겼으니/부처님의 풍도를 하늘·땅·인간에 두루 퍼지게 하리(讚曰, 天粧滿月四方裁 地湧明毫一夜開 妙手更煩彫萬佛 眞風要使遍三才)"251)와 같은 찬시를 배치했다.

신라인인 승려 아리나가 당나라를 거쳐 오천축(인도) 나란타사에 머물며 공부를 열심히 했으나 홀연히 세상을 떠나고 그 이래 많은 승려가 인도로 가서 당으로 돌아오지 못했다고 하는 「천축국으로 간 여러 법사」는 "기리어 말한다. 천축의 먼 길은 산이 만 겹이나 가려 있는데/가련타, 힘써 올라가는 유사들이여/몇 번이나 저 달은 외로운 배를 보냈는가/한 사람도 구름 따라 돌아오는 것 보지 못했네(讚曰 天竺天遙萬疊山 可憐遊士力登攀 幾回月送孤帆去 未見雲隨一杖還)"252)과 같은 일종의 조시(Leichengedicht)로 마감했다.

「의상이 화엄종을 전하다」는 "기리어 말한다. 험한 덤불을 헤치고 연기와 티끌을 무릅쓰고 바다를 건너니/지상사의 문이 열려 귀한 손님 접대했네/화엄을 캐다가 고국에 심었으니/종남산과 태백산이 함께 봄을 맞았네(讚曰 披榛跨海冒煙塵 至相門開接瑞珍 采采雜花我(栽)故國 終南太伯一般春)"253)와 같이

---

250) 각각의 글 제목의 번역은 이민수 옮김 『삼국유사』, 을유문화사, 2016년 개정판 5쇄를 따랐다.
251) 일연 저, 『삼국유사』, 이민수 옮김, 을유문화사, 2013, 2016, pp.310~11.
252) 위의 책, p.435.

마무리되었다. 의상법사가 고생하면서 신라에 화엄종을 전한 것을 찬미하는 시다.

헤겔은 『미학강의』 3부 "개별예술들의 체계"의 제3편 "낭만적인 예술"의 제 3장 "시문학"은 "1.시적인 이해와 산문적인 이해", "2.시적인 예술작품과 산문적인 예술작품", "3.시를 짓는 주관성" 등과 같은 절로 짜여져 있다.

"서정시에서는 풍요로운 세계로 확대되는 관계 속에 있는 객관적인 행위의 발전이 아니라 개별적인 주체 및 그와 더불어 개별화되는 상황이나 대상들이 내용이 되며, 그러한 내용 속에서 심정은 주관적인 판단, 즐거움, 경탄, 고통 느낌을 가지고 의식한다. 이처럼 서정시 안에 들어 있는 특수한 것들이 개별화되는 원리에 의해 내용은 아주 다양해질 수 있으며, 민족적인 삶의 모든 측면과도 관계할 수 있다"254)와 같이 서정시 안에는 판단, 즐거움, 경탄, 고통 등이 번득이고 있음을 암시하였다. "이처럼 서정시로 개별화되어 가는 가운데 보편적인 것, 즉 인간의 믿음, 표상, 최고의 인식, 가장 심오한 것이 들어선다. 즉 종교, 예술, 심지어 학문적인 사상조차도 본질적인 내용이 된다"255)와 같이 종교, 예술, 사상의 씨앗이 서정시 속에 있다고 암시하였다. "서정시에서는 주체가 자신을 표현하므로 이를 위해 우선 주체는 하찮은 내용으로도 충분히 만족할 수 있다. 순간적으로 스쳐지나가는 느낌, 심정의 흐느낌, 무상하게 지나가는 근심 없는 쾌활함이나 기지 번뜩이는 농담, 우울함, 즉 모든 단계의 감정이 여기서는 순간적인 움직임이나 여러 다른 대상들에 대해 개별적으로 착상하는 가운데 고정되어 표현되고 지속적인 것으로 만들어진다"256)는 부분은 서정시에서 중시하는 감정들이 산문적 주제의식의 맹

---

253) 위의 책, pp.463~64.
254) 게오르그 빌헬름 프리드리히 헤겔, 『미학강의 3』, 두행숙 옮김, 도서출판 은행나무, 2010, p.787.
255) 위의 책, pp.787~88.

아가 된다고 추측하게 한다.

> 진정한 얘기는 드러난 형태로든 숨겨진 형태로든간에 유용한 그 어떤 것을 내포하고 있는 법이다. 이러한 유용성은 설교 속에 있을 수도 있고, 실제적 충고에도 있을 수 있으며, 또 속담이나 생활의 좌우명 속에 있을 수도 있다. 아무튼 얘기꾼이란 얘기를 듣는 사람에게 조언을 해줄 줄 아는 사람이다. 그러나 오늘날에 와서는 조언을 해주는 일은 바야흐로 케케묵은 것이 되기 시작하였다. 이렇게 된 근본 이유는 경험과 의사소통의 직접성이 점차 감소하고 있기 때문이다.[257]

이 인용문에서 보이는 유용성은 계몽성이나 교훈성으로 바꿀 수 있다.
하이데거는 존재론을 좀 더 깊이있게 이행하기 위해 시에 주목했고 시의 핵심을 언어로 파악하여 존재의 문제와 언어를 연결시키고 있다.
"인간은 경험과 결의와 기분을 전달하기 위하여 언어를 사용한다. 언어는 이해시키는데 소용된다. 그 때문에 유용한 도구로서의 언어는 '재보'다."[258] "오히려 언어가 비로소 존재자의 한복판에 설 수 있는 가능성을 주는 것이다. 언어가 있는 곳에만 세계가 있다. 다시 말하면 결단과 활동, 행동과 책임, 자의와 소란 내지 퇴락과 착란이 끊임없이 변전하는 세계가 있다. 오직 세계가 있는 곳에 역사가 있다. 언어는 훨씬 더 근원적인 의미에 있어서 재보(財寶)다"[259] 등과 같은 구절들은 인간과 세계에 있어 언어가 재보라는 점을 강조하였다.
"시인은 신들을 명령하고, 모든 사물을 그 본질에 있어서 명명한다. 이 명명은 이미 알려진 것을 다만 명칭만으로 불러 보는 것이 아니다. 시인은 본

---

256) 위의 책, pp.788~89.
257) 발터 벤야민, 『발터 벤야민의 문예이론』, 반성완 편역, 민음사, 1983년 1쇄, 2002년 14쇄, p.169.
258) 마르틴 하이데거, 『시와 철학』, 소광희 역, 박영사, 1975, p.48.
259) 위의 책, pp.48~49.

질적인 언어를 말하기 때문에, 이 명명으로 하여 비로소 존재자가 그 본질로 규정되는 것이다. 그리하여 그것은 존재자로서 알려진다. 시는 언어에 의한 존재의 건설이다"260)와 같이 하이데거는 시는 모든 사물에 대한 명명행위이며 이 명명행위를 통해 존재가 본질로 바뀌는 과정을 제시하며 "시는 언어에 의한 존재의 건설"이라고 하였다. 언어가 없으면 철학할 수도 없고 존재 규명을 해낼 수가 없다. 여기서 "시는 언어에 의한 존재의 건설"은 "소설은 언어에 의한 존재의 건설"로 바꿀 수도 있다고 본다. 시가 소설에게 영향을 주는 것은 물론이고 거꾸로 소설이 시에게 영향을 주는 것을 상정해 보는 것은 어려운 일이 아니다.

이브 디프레시는 초현실주의를 계기로 시가 인생으로 들어갈 수 있게 된 계기의 하나로 3류소설의 영향을 들었다.

> 시인은 '공포, 이상한 것에 대한 유혹, 행운, 호사취미' 등을 원동력으로 삼으며 더러운 소설(romans noirs), 성인용 동화로부터 영감을 받을 수도 있다. 인간의 억제된 본능의 표출은 어쩌면 치유될 수 없을 것 같은 불안감에서 벗어나게 해줄 것이다. 조르즈 유네의 언급처럼 초현실주의는 시에게 크나큰 진전을 이루게 했다. '문학으로부터 또 원고로부터 떠나 시는 삶의 활기가 넘친는 인생의 중심으로 들어갔다. 시는 더 이상 예술도, 정신의 상태도 아니고 바로 인생이고 정신이다. 시는 느낌의 방식이면서 강한 감정의 방식이며 어떤 시각과 이중적 시각의 적용의 방식이며 인식의 방법이다.261)

오르한 파묵은 소설을 쓸 때 가장 중요한 감관은 시각적 기능이라고 하며 소설쓰기는 "우리가 이 세상에 살면서, 존재하면서, 매 순간 우리 나름대로

---

260) 위의 책, p.53.
261) Yves Duplessis, *Le Surrealisme*, Presses Universitaires de France, 1950, 1967, p.53.

느꼈던 경험들 가운데 가장 뚜렷한 것은, 당연히, 보는 것입니다. 소설 쓰기는 단어로 그림을 그리는 것이고, 소설 읽기는 다른 사람의 단어를 가지고 우리 머릿속에 그림을 그리는 것입니다"262)와 같이 단어로 그림을 그리는 것이라고 하였다.

시각화한다는 것은 한시에서 강조된 '시는 글씨요 그림'이라는 공식을 떠올리게 한다. 시가 오관으로 감득한 것을 언어로 표출한 것과는 달리 오관을 동원한 그 상태에서 멈추 소설을 기대하기는 어렵다. 오관으로 감득된 것이 지각이나 인식으로 연결될 수 있어야 이야기가 만들어질 수 있다. 물론 사람을 이해하고 설명하는 능력이 인식의 수준에만 있는 것은 아니다.

이한구는 헤이든 화이트(Hayden White)의 *Metahistory* 를 인용하여 역사 기술과 시적 상상력을 연결시켜 "역사가는 본질적으로 시적 활동을 수행하는 사람"이라고 하면서 보충설명을 붙였다.

> 과거 자체는 우리가 알 수 없다. 과거는 그 자체로는 사실, 상태, 사건들의 무의미한 덩어리며, 역사가가 이해하기 어려운 정형이 없는 혼란이다. 그러므로 역사가는 과거라는 산문을 역사 서술을 통해 이야기 시가로 번역하지 않으면 안 된다. 이런 번역을 가능하게 하는 것이 은유, 환유, 제유, 반어라는 네 가지 수사학적 비유법이다. 이들 비유법이 없이는 역사는 이해 가능한 이야기로 번역되지 않는다. 말하자면 이 네 가지 비유법은 각각 과거라는 혼란으로부터 그 나름의 방식으로 자료들을 선택하고 추상하여 역사를 우리가 이해 가능하게 만들어 준다.263)

은유, 환유, 제유, 반어라는 수사학의 도움을 받아 "이야기시가"를 만들 때 역사가 이해가능한 이야기가 된다는 것이다. "니체는 은유법을 주로 사용

---

262) 오르한 파묵, 『소설과 소설가』, 이난아 옮김, 민음사, 2012, pp.92~93.
263) 이한구, 『역사학의 철학』, 민음사, 2007, pp.170~71.

했고 마르크스는 환유법을 최대한 활용했다. 헤겔은 제유법의 대가이고, 크로체는 반어법에 정통했다. 비유법은 다시 줄거리 구성양식과 논증 양식, 이데올로기 함축의 양식의 조합과 연결되어 짝을 이룬다. 예컨대 은유법은 로망스—형태주의—무정부주의와 짝을 이루며, 환유법은 비극—기계주의—급진주의와 연결된다"264)에서 볼 수 있는 것처럼 은유, 환유, 제유, 반어법 사이의 변별력이 분명하지 않는 이상 화이트의 역사서술 유형화 작업은 도식적이라는 비판을 면하기 어렵다. 화이트는 소크라테스적 아이러니에서 반어법의 원형을 찾았다.

2.

뮈케(D.C.Muecke)의 『아이러니(Irony)』를 집중적으로 파헤치는 것은 시의 표현방법을 규명하는 것은 물론이고 소설의 정신과 방법을 통찰하는데도 유용하다.

뮈케는 유럽의 사상사를 수놓은 플라톤, 키에르케고르 같은 철학자, 괴테, 바이론, 하이네 같은 시인, 스탕달, 톨스토이 같은 소설가를 40명 가까이 열거하며 이들의 공통점을 아이러니의 구현으로 파악했다.265)

소설가로 세르반테스, 스위프트, 괴테, 스탕달, 고골리, 도스토에프스키, 프로베르, 톨스토이, 마크 트웨인, 헨리 제임스, 체호프, 프루스트, 토마스 만, 카프카 등의 이름이 제시된 점에서 아이로니의 중요성이 입증된다.

톰슨(A.R.Thompson)의 *The Dry Mock* (1948)를 인용하여 상반되는 고통과 쾌락이 뒤섞인 것으로 효과가 나타날 때 아이러니가 제대로 된 것이라고 말하면서 아이스킬러스에서 입센에 이르는 위대한 극작가들 중 에우리피데

---

264) 위의 책, p.175.
265) D.C. Muecke, *Irony*, Methuen & Co Ltd, 1976, pp.2~3.

스와 입센 만이 '근본적으로 아이러니칼한 세계관'을 지녔기 때문에 아이러니스트가 될 수 있다고 말하기도 한다.266) 그리고 플라톤과 시세로에게서 아이러니의 어원을 찾았다.

> Eironeia는 플라톤의 『공화국』에서 제일 먼저 나타났다. 소크라테스에 의해 희생물이 된 사람이 소크라테스에게 적용한 것으로, '부드럽긴 하지만 비열한 방법으로 상대방을 끌어들이는' 기술을 가리키는 것처럼 보인다. 데모스테네스에 오면 에이론(eiron)은 못난 척하여 시민으로서의 의무를 기피하는 자를 가리킨다. 테오프라스투스에 오면 에이론은 포착하기 어려우며 현실에 관여하지 않으려 하고, 자신의 적대감을 감추고, 친한 척하며, 자신의 행위를 진실하게 드러내지 않고, 절대로 정직한 대답을 하지 않으려는 존재를 뜻한다. 시세로에 오면 이로니아(ironia)는 그리스어처럼 욕설과 같은 의미를 지니지 않게 된다. 시세로가 아이러니를 수사법이나 소크라테스 류의 품위있는 위장술로 사용하면서 아이러니는 설득력 있는 대화법이 되었다.267)

뮈케는 프랑스 비평가 조르주 빨랑뜨(George Palante)의 「아이러니의 심리학적 연구」(1906)를 검토한 후, 이 책에서 제시된 아이러니의 형이상학적 원칙은 "우리 인간 본성에 있는 모순들과 우주나 신의 세계에 있는 모순들 속에서 생성된다. 아이러니칼한 태도는 사물들 속에는 기본적으로 모순이 즉 이성의 관점에서 보면 근본적이며 해결할 수 없는 부조리가 있다는 생각을 품게 한다고 말했다"268)고 소개하였다. 뮈케는 모순, 부조리 등과 같은 개념들과 아이러니를 연결지음으로써 아이러니를 철학적 차원으로 끌고 갔다. 여기서 철학자들 뿐만 아니라 소설가들도 아이러니를 통해 인간을 파악

---

266) 위의 책, p.11.
267) 위의 책, pp.14~15.
268) 위의 책, p.67.

하고 세계를 통찰할 수 있게 되었다.

아이러니의 상 아래서(sub specie ironiae)라는 말을 만들어내어 아이러니가 모든 존재나 현상에 작용하는 것으로 본 키에르케고르의 「아이러니의 개념」과 찰스 글릭스부르크의 「근대문학에서의 아이러니의 시야」를 검토한 후 뮈케는 "우주의 기원과 목표, 죽음의 확실성, 모든 생명의 우연한 소멸, 미래의 예측불가능성, 이성 감정/본능, 자유의지/결정론, 객관적인 것/주관적인 것, 사회/개인, 절대적인 것/상대적인 것, 인본적인 것/과학적인 것 등과 같은 갈등과 같은 논제들에 대해 사람들이 생각할 때 직면하게 되는 분명하게 근본적이며 풀 수 없는 모순들이 바로 일반적인 아이러니(General Irony)의 기초라고 할 수 있다"(pp.67-68)와 같이 아이러니는 문학 뿐만 아니라 철학에서도 중심 개념의 하나가 되고 있다고 주장하였다.

뮈케가 "유럽에서 여러 사람들의 논의를 거친 끝에 아이러니는 의미하는 것과 반대로 말하는 것, 말하는 것과 뜻하는 것이 별개의 것, 비난하기 위해 칭찬하고 칭찬하기 위해 비난하는 것, 조롱과 냉소 등의 뜻으로 정리되었다"(p.16)고 한 것처럼 문학작품에서는 복잡하지 않은 표현기법으로 통용되고 있기는 하지만 "초월, 거리, 이탈, 자유, 태연함, 객관성, 냉정, 명랑, 장난, 세련미 등은 아이러니스트의 위장된 태도 속에 있기도 하고 아이러니스트의 솔직한 태도나 아이러니칼한 관찰자의 솔직한 태도 속에 잠재된 것일 수 있다"(p.35)고 한 것처럼 소설의 경우 작중인물의 언행이나 상황 속에서 복잡하게 나타난다.

뮈케는 희극적 아이러니(comic irony), 비극적 아이러니(tragic irony), 극적 아이러니, 운명의 아이러니, 자기아이러니, 태도의 아이러니, 성격의 아이러니, 무의식적인 자기노출의 아이러니, 소크라테스 식 아이러니, 사건의 아이러니, 상황의 아이러니(situational Irony), 언표된 아이러니(verbal Irony), 세계의 아이러니, 우주의 아이러니, 철학적 아이러니, 수사적 아이러니(rhetorical irony), 변증법적 아이러니, 빈정거림, 몰개성적 아이러니

(impersonal Irony), 자조적 아이러니(self-disparaging Irony), 순진한 아이러니, 자기배반의 아이러니(irony of self-betraya)등 많은 종류의 아이러니를 제시했다.

이중에서도 몰개성적 아이러니, 자조적 아이러니, 하찮은 부조화의 아이러니 등은 시 못지 않게 소설에서도 잘 나타난다. "아이러니스트의 성격과 무관한 아이러니다. 언표된 아이러니(Verbal Irony)는 대개 여기 속하는 것으로 무미건조하거나 근엄한 태도로 특징지어진다. 이 아이러니의 어조는 논리적이고(rational), 무심하고(casual), 사무적이고(matter of fact), 점잖고(modest), 이지적인(unemotional) 화자가 취하는 어조다. 결과적으로, 조심조심해서 말하는 태도(understatement)는 이 아이러니의 빈번한 형태가 된다"(p.52)와 같이 설명되는 몰개성적 아이러니(impersonal irony)는 작가와 비슷한 화자가 등장하는 소설에서 쉽게 발견된다.

"몰개성적 아이러니처럼 가면을 쓰기는 하지만 이때의 가면은 위장이나 페르소나로 적극적으로 기능행사하기 위한 것이다. 이때의 아이러니스트는 무식하고(ignorant), 쉽게 믿고(credulous), 진지하며(earnest) 또는 지나치게 열광하는 인물로 등장한다. 이 경우의 아이러니스트는 조심조심해서 말한다. 소크라테스, 초서, 파스칼에게서 이 아이러니의 예를 찾아 볼 수 있다"(p.56)와 같이 설명되는 자조적 아이러니는 부차적 작중인물을 화자로 내세우는 소설에서 잘 찾아 볼 수 있다.

"하찮은 부조화의 아이러니(irony of simple incongruity)는 아주 고도로 부조화하고 모순되는 현상이 병치되는 것을 말한다. 예를 들면 매튜 아놀드가 득의양양한 민족적 자긍심과 어지러운 구빈원의 비참한 모습을 병치한 것이 있고 알렉산더 포우프가 난장판이 된 베린다의 화장대의 모습을 분첩, 분, 헝겊조각, 성경책, 연애편지 등이 널려 있는 것을 보다 경제적으로 묘사한 것이 있다"(p.61)고 작품을 예시하며 설명한 것을 보면 아이러니는 시에서건 소설에서건 자연스럽게 취할 수 있는 수사법임을 알 수 있다.

"확신에 찬 무지(사실이건 가장된 것이든)(confident unawareness), 외양과 리얼리티의 대조(a contrast of appearance and reality), 희극적 요소(a comic element), 초연함의 요소(an element of detachment), 미적 요소(aesthetic element)"(p.48) 등으로 정리되는 아이러니의 기본특질들은 인간세계를 모순의 현장, 부조리의 판으로 보는 시와 소설에서 쉽게 발견된다.

그러나 "토마스 만은 『소설의 기술』에서 '소설은 사물들과 일정한 거리를 유지한다. 서사문학의 방법은 아폴로적이다. 아폴로는 원거리 사격의 명수로서 거리와 객관성의 신이요, 아이러니의 신이다. 객관성은 아이러니이며 서사문학의 정신은 바로 아이러니의 정신'이라고 말했다"(p.48)와 같은 주장은 아이러니는 소설의 정신과 방법을 더 잘 설명해주는 것이라는 판단을 유도한다.

역사적 비평(양식론), 윤리적 비평(상징론), 원형비평(신화론), 수사학적 비평(장르론) 등 네 개의 논문으로 구성된 『비평의 해부』에서 저자 노드럽 프라이의 특징을 가장 잘 드러내는 것은 바로 세 번째 원형비평론이다. 원형비평론은 "봄의 신화(희극)", "여름의 신화(로망스)", "가을의 신화(비극)", "겨울의 신화(아이러니와 풍자)"로 짜여져 있다. 인간세계의 어둡고 춥고 절망적인 면을 드러내는 데 치중하는 "아이러니와 풍자"는 소설의 본질을 가장 잘 밝혀준다. "아이러니와 풍자의 가장 큰 차이는 풍자가 공호전적인 아이러니(militant irony)라는 점에서 찾을 수 있다. 풍자의 도덕규범은 상대적으로 명료하고, 그로테스크하고 부조리가 측정되는 그런 기준에 반대하고 있다. 직설적인 독설(sheer invective)이나 매도(name-calling)는 아이러니 색채는 거의 없는 풍자이다. 반대로 독자가 작가의 태도나 자신의 태도가 어떤 것이며 또 어떻게 될지 잘 모를 때는 풍자의 기운은 거의 없는 아이러니가 된다."[269] "아이러니는 내용이 완전한 리얼리즘과도 일치하고 작가의 편을

---

[269] Northrop Frye, *Anatomy of Criticism*, Princeton University Press, 1957, 1971, 1973, p.223.

들어 태도를 감추는 것과도 일치한다", "풍자는 환타지나 그로테스크한 느낌이나 부조리에 기초한 위트나 유모어를 첫 번째 요소로 삼고 공격의 대상을 두 번째 요소로 삼는다. 유모어가 없는 공격이나 순진한 고발은 풍자의 한 영역을 형성한다"270)등과 같이 노드럽 프라이는 아이러니와 풍자의 차이점을 여러 각도에서 밝혀놓았다.

월러스 마틴도 아이러니를 중요한 기법의 하나로 인식했다. "문학적 전통과 일상어는 진술과 의미의 간극을 일러주는 많은 용어들―아이러니(irony), 비꼼(sarcasm), 과장(overstatement), 풍유(allegory), 냉소(mockery), 패러디(parody)―을 갖고 있다. 이러한 용어들의 풍요함은 이러한 현상의 일반화를 증명한다"271)와 같이 아이러니의 친족개념을 밝힌 월러스 마틴은 "전도서사perverse narrative의 기교들을 그것들이 발표되던 그 시기에 용인되던 문학적 인습으로부터 벗어나는 방식에 기초해서 다음과 같이 두 가지 종류로 나누는 것이 유용하다. 풍자, 패러디, 아이러니 등을 통해 문학적 사회적 인습에 도전하는 것이 첫 번째 유형이요, '메타픽션'이란 말과 연관된 기교들을 포함시키는 것이 두 번째 유형이다"272)와 같이 아이러니를 풍자와 함께 전도서사의 주요방식이라고 주장하였다.

알베레스는 『현대소설의 역사』에서 "소설 속에 도입되는 아이러니는 거기에 신비성을 존속시키려는 필요성, 완벽하고 노골적이고 교사와 같은 태도, 즉 모든 것을 설명하려는 태도를 막기 위한 필요성이다"고 하면서 토마스만은 1922년 아이러니를 음악에서 발견하였다고 한 후, 아이러니를 문학에 적용한다면 이단적인 소설이 첫 출발이라고 할 수 있는 후기상징주의 소설의 기법을 이보다 더 잘 정의하기는 어려울 것이라고 하였다.273) "이야

---

270) 위의 책, p.224.
271) Wallace Martin, *Recent Theories of Narrative*, Cornell University Press, 1986, p.178.
272) 위의 책, p.179.
273) 알베레스, 『현대소설의 역사』, 정지영 역, 중앙신서, 1978, p.124.

기의 탈선, 이야기의 이야기, '팔뤼드'에서처럼 소설의 소설이 되는 소위 아이러닉한 계보는 아주 뚜렷하다. 즉 '지드'에서 '아폴리네르', '아폴리네르'에서 '콕토'와 '브르통'까지 아이러닉한 시적 소설은 상징주의에서 초현실주의에 이르기까지 분별과 사실성에서 벗어나 엉뚱한 것에 대한 찬미를 통해 초현실성을 발견하기 위하여 자신을 뚜렷이 드러낸다"274)고 하여 아이러닉한 시적 소설은 프랑스 소설사의 분명한 한 계보임을 암시하였다.

조지 오웰은 『나는 왜 쓰는가』에서 소설이나 에세이를 쓰는 과정에서 익히 봐왔던 비유는 절대 사용하지 않는다, 짧은 단어를 쓸 수 있을 때는 절대 긴 단어를 쓰지 않는다, 빼도 지장이 없는 단어가 있을 경우에는 반드시 뺀다, 능동태를 쓸 수 있는 데도 수동태를 쓰는 경우는 절대 없도록 한다, 외래어나 과학 용어나 전문용어는 그에 대응하는 일상어가 있다면 절대 쓰지 않는다, 너무 황당한 표현을 하게 되느니 이상의 원칙을 깬다 등과 같은 원칙을 지키겠다고 한 것(pp.274~75)은 결국 시적 표현을 살려내겠다고 하는 의지의 표시가 된다. 소설이 성공하려면 시적 표현과 구성방법을 취해야 한다는 것은 극단론이 아니다.

조지 오웰은 "산문을 쓸 때 얼버무리기 위해 흔히들 써먹는 다양한 수법을 설명과 예를 곁들여 제시하였는데" "죽어가는 비유", "기능어, 또는 언어적 의수족", "젠체하는 용어", "무의미한 단어" 등이 바로 그것이다. "무의미한 단어"는 특히 예술비평이나 문학비평에서 의미불통으로 마주치게 된다고 하였다. '낭만적인', '조형적인', '가치', '인간적인', '죽은', '감상적인', '자연적인', '활력' 등과 같은 단어들은 알아볼 만한 대상을 지시하지 않을뿐더러 독자들도 거의 기대하지 않는다. '파시즘'이란 단어는 '바람직하지 않은 무엇'이라는 뜻으로 사용될 뿐 별 의미가 없다. '민주주의', '사회주의', '자유', '애국적인', '현실적인', '정의' 같은단어는 각각 서로 어울리기 힘든 다

---

274) 위의 책, p.137.

른 뜻을 여러 가지 지니고 있는 경우가 된다. 실제로는 여러 가지 뜻을 갖고 있으며 대부분의 경우 속임수에 가깝게 쓰이는 단어로는 '계급', '전체주의', '과학', '진보적인', '반동적인', '부르주아', '평등' 같은 것들이 있다.275)

　20세기 후반의 한국의 대표적인 풍자작가인 이문구의 풍자정신은 시적 표현에 얹혀서 더욱 효과를 발휘하고 있다. 8편의 중단편소설로 구성된 『내 몸은 너무 오래 서 있거나 걸어왔다』는 일곱 편이 「장X리 XX나무」라는 제목으로 가지런히 놓인 농촌소설 연작소설이다. 「장석리 화살나무」, 「장이리 개암나무」, 「장척리 으름나무」, 「장곡리 고욤나무」에서의 나무들은 비슷한 이미지를 지니고 있다. 화살나무, 개암나무, 으름나무, 고욤나무는 이것도 아니고 저것도 아니고, 볼품없고, 쓸모없는 것처럼 보이는 공통점을 안고 있기는 하나 작중에서의 기능은 조금씩 다르게 나타나고 있다. 이들 나무들은 품위, 가용성, 자립성 등을 유지하지 못하고 있다. 화살나무는 주인공 홍쾌식이 한국전쟁 때 생사를 걸고 도망가는 데 도움이 되었고, 개암나무는 주인공 전풍식이 아들의 대학 합격을 위해 신앙의 대상으로 삼는 까치가 옮겨 앉는 바람에 졸지에 보호와 사랑을 받는 존재가 된다. 그런가하면 으름나무는 버릇없고 탐욕스런 젊은이들로부터 늙은이 대접을 받고 있고, 고욤나무는 작중 주요 인물 이기출이 목매달고 죽은 나무라는 이유로 베임의 운명에 놓이게 된다. 이상의 네 나무들은 한데 모여 한 목소리를 냄으로써 힘없고, 볼품없고, 소용없는 인간존재에 대한 보고라는 창작의도를 열어 보인다. 사실은 「장평리 찔레나무」, 「장동리 싸리나무」, 「장척리 소태나무」의 나무들도 화살나무, 개암나무, 으름나무, 고욤나무 등과 비슷한 이미지를 안고 있다. 「장이리 개암나무」의 전풍식은 개암나무처럼 무기력 증세를 보이고 있고, 「장척리 으름나무」의 이상만은 으름나무처럼 이도 저도 아닌 존재가 되어 버렸고, 「장곡리 고욤나무」의 이기출도 자신을 고

---

275) 조지 오웰, 『나는 왜 쓰는가』, 이한중 옮김, 한겨레 출판, 2010, pp.263~64.

욤나무처럼 소용없는 존재로 인식한 나머지 자살하고 만다. 그런가 하면 「장평리 찔레나무」에서의 이금돈 김학자 부부나 「장천리 소태나무」에서의 이송학은 아예 작품을 뛰어넘어 개암나무와 비슷해지기도 하고 고욤나무를 닮아 가는 모습으로 나타나기도 한다. 이들 나무들은 장삼이사와 같은 농민들과 연결되면서 민초의 개념을 빚어내게 된다. 이미 『우리 동네』 연작소설에서 잘 보여주었던 것처럼 이문구는 민초의 약간 거리를 두었지만 더불어 있고 속에 있다. 나무들만 공통점을 보이고 있는 것은 아니다. 각 작품의 주요인물들은 1990년대 한국 농촌에 실재하는 농민들을 모델로 햇다는 공통점과 함께 현실비판정신이라는 공동목표를 보여준다. 형제갈등, 도농갈등을 일단 농민 편에서 보여 주고 있는 「장평리 찔레나무」에서는 1997년 말 이후의 외환위기 사태 직후의 농촌의 침체에 빠진 분위기를 만나게 되고, 부자 갈등을 아버지 세대의 입장에서 서술하고 있는 「장곡리 고욤나무」에서는 지자제, 우리 나라 특유의 정당정치, 각종 농업정책, 한국인 특유의 속물근성 등에 대한 풍자와 비판을 대면하게 된다. 이 작품에서는 아들로부터의 압박, 농업정책에 대한 실망, 과거의 삶에 대한 허망감을 이기지 못해 자살하고 마는 이기출이 살아 생전에 아예 '나쁜 놈들'의 목록을 가지고 있을 정도다. '나쁜 놈들' 속에는 비현실적인 정책도 포함되고 정부당국자, 여야정객, 학자, 기자, 일부 직업적 재야 인사까지도 포함된다. 「장척리 으름나무」에서도 남북, 여야를 가리지 않고 전방위적인 비판과 풍자의 대상으로 삼고 있거니와 농민운동, 농민관련단체, 농민에 내재된 문제점들을 끄집어내기도 한다. 이문구가 비판대상에서 제외한 유일한 존재는 건강하게 상식에 맞추어 살려는 농민이다."[276]

 소설양식을 더욱 힘있는 것으로 유도하는 힘은 시적 자질의 하나인 미적이며 압축된 언어표현력에서 찾을 수 있다. 매력적인 단어들과 미문들은 자

---

276) 조남현, 『비평의 자리』, 문학사상사, 2001, pp.233~37.

국어에 대한 작가의 수호와 발전의지를 잘 보여준다. 기본적으로 미문을 잘 구사하고 국어의 깊이와 넓이를 잘 증명해주는 작품들은 호평을 받는 경우가 많다. 문장력은 문제작의 필요조건까지는 되지 않는다고 하더라도 충분조건은 된다.

 염상섭의 장편소설 『삼대』(1931), 장편소설 『무화과』(1932), 김유정의 「소낙비」(1935), 「동백꽃」(1936), 심훈의 장편소설 『상록수』(1936), 김정한의 「항진기」(1937), 현덕의 「남생이」(1938), 채만식의 장편소설 『금의 정열』(1939), 중편소설 「냉동어」(1940), 현진건의 장편소설 『무영탑』(1939), 염상섭의 장편소설 『취우』(1952), 김원일의 『마당 깊은 집』(1988), 박완서의 『그 산이 정말 거기 있었을까』(1995), 이문구의 장편소설 『내 몸은 너무 오래 서 있거나 걸어 왔다』(2000), 김원일의 「고난일지」(2003), 구효서의 「시계가 걸렸던 자리」(2003), 김연수의 소설집 『나는 유령작가입니다』(2005) 등이 그 좋은 예다.

제11장 총체성의 인식

제11장 총체성의 인식

1.

기본적으로 질적 개념이냐 양적 개념이냐 하는 논란을 불러 일으키고 있는 총체성은 totality나 wholeness의 번역어이다. 이 말이 총체성 대신 완전성이라든가 완결성으로 번역되었더라면 혼란은 좀 줄어들었을 것이다. 그리고 유토피아와 같은 완전한 사회나 이상사회로 이해되었을 것이다. 총체성은 일반어로 사용되기도 하고 전문용어이기도 하다. 일반어로 사용될 때는 전체성, 전면성이란 뜻을 갖지만 문학이론에서는 완결성, 완전성이란 질적 개념으로 쓰이곤 한다.

조성기의 「홍소령기」(『문예중앙』, 1987년 가을호)는 1980년대에 등단 후 10년 만에 문예지에 장편소설을 연재하게 된 작가가 1970년대에 대학로에서 데모하는 장면과 5.16 직후에 아버지가 육군 형무소에 갇혀 있었던 것을 다룬 부분에 붉은 줄이 쳐지는 것을 경험하게 된다는 이야기를 담았다. 제5공화국이 들어선 1980년대에 한국작가들은 직간접적인 언론통제를 겪으며 활동했다.

그는 자신이 소위 팔십년대 작가라는 사실을 그 흐린 의식 속에서도 비교적 명료하게 떠올렸다. 그리고 팔십년대 작가는 팔십년대의 총체적인 현실을 작품 속에 담아야 한다는 책임같은 것도 느꼈다. 그런데 그 총체적인 현실이라는 것이 어디에 있는가. 그는 그걸 찾기라도 하듯이 갑자기 고개를 번쩍 들어 사방을 들러보다가 다시 고개를 숙였다. 그는 지금 다리를 건너고 있었다. 난간 근방에 배수를 위한 듯 구멍 하나가 뻥 뚫려 있어 그 동그란 구멍을 통하여 흘러내려가는 물살이랑 물거품들을 볼 수 있었다. 그래서 마치 많고 많은 개천의 물 중에서 동그란 물 표본을 채취하여 현미경으로 들여다 보고 있는 기분이 되었다. 이 총체적인 현실의 속성을 이해할 수 있는 가장 적합한 표본은 어디서 떼어내야 하는가. 그 표본을 수십 수백 배로 확대해서 들여다 보면 이 현실을 파먹어들어가고 있는 병균의 실체도 파악할 수 있을 텐데. 아니, 수천수만 배로 확대해야 겨우 보일지도 모르지.277)

총체성이란 말 대신에 "총체적인 현실"이란 말을 쓰고 있다. 조성기는 1980년대 작가가 총체적 현실을 제대로 보는 방법을 일러줌으로써 "총체적 현실" 또는 "총체성"의 의미를 설명하려 하였다. '80년대 작가'에게는 제5공화국 정부가 들어선 시기에 적극적이든 소극적이든 민주화투쟁을 해온 존재라는 의미가 따라다닐 수 있다. 조성기는 「홍소령기」에서 "총체적인 현실"이란 말을 양적 개념으로 쓰고 있다. 조성기는 총체성을 전체성이라든가 전체의 반영이라든가 전체와의 연계성으로 쓰고 있어 부분으로서의 전체라는 뜻을 지닌 단면이란 말을 떠올리게 한다. 위의 인용문에서 "난간 근방에 배수를 위한 듯 뻥 뚫려 있어 그 동그란 구멍을 통하여 흘러내려가는 물살이랑 물거품들을 볼 수 있었다."와 같은 비유는 총체성을 양적 개념으로 파악하게 한다. 조성기는 근 30년 후에 간행된 『우리는 아슬아슬하게 살아간

---

277) 조성기, 『통도사 가는 길』, 민음사, 1996, p.282.

다』(민음사, 2016)에 수록된 단편소설「금병매를 아는가」에서도 "우리 시대상을 총체적으로 그리는 연작 작품들을 몇 년 간 써 오는 중에 사랑이 성적 방종으로 흐르는 세태를 풍자한 작품도 썼고, 성폭력 현상을 다룬 소설들도 출간했으며"278)와 같이 자신의 창작경향을 정리하면서 "총체적"이란 말을 "다측면"이라든가 "요모조모"의 대용어로 쓰고 있다.

조성기의 「우리 시대의 소설가」(『문학사상』, 1991.7)에서도 총체성이 주요개념으로 나타나 있다. 대학로 낡은 집에서 살면서 조간신문을 열심히 보는 가운데 특히 이규태의 '일사일언'이란 컬럼을 열심히 읽는 소설가를 등장시키고 있다. 작중 소설가 강만우는 방대한 자료를 체계적으로 활용하면서 시사에 맞추어 순발력 있게 매일같이 "일사일언"(一事一言)을 써내는 이규태 논설위원을 모델로 삼기에 이른다.

이 소설의 신선한 발상은 강만우가 쓴 「염소의 노래」라는 재미없는 소설을 읽느라고 시간낭비했으니 환불해달라는 독자의 존재를 설정한 데서 확인할 수 있다. 강만우는 소설가로서 큰 야심을 갖고 있었다.

> 만우씨는 푸슈킨이 「모차르트와 살리에르」라는 작품을 쓴 것처럼, 서로 대립되는 인물을 소재로 하여 몇 작품을 쓸 계획을 가지고 있었다. 칼뱅과 세르베투스, 프로이트와 융, 헤겔과 셸링, 더 나아가 마르크스와 베버도 다루고 싶었다. 세계지성사에 획을 그은 대조적인 인물들을 먼저 다룬 후, 한국적인 상황으로 옮겨와 김시습과 정인지같이 동시대를 살면서 전혀 다른 길을 걸은 인물들도 다룰 예정으로 있었다. 한국 현대정치사로 넘어와도, 그런 소재의 틀 속에 담길만한 인물들은 얼마든지 찾아 볼 수 있을 것이었다.279)

기어이 만우는 환불해달라는 기상천외의 독자인 자동차영업사원 민준규

---

278) 조성기, 『우리는 아슬아슬하게 살아간다』, 민음사, 2016, p.83.
279) 조성기, 『통도사 가는 길』, 민음사, 1996, p.81.

를 명륜당에서 만나게 된다. 괴짜 독자인 민준규는 이제 책도 엄연히 하나의 상품으로 유통되고 있는 점에서 소비자의 권리가 한층 더 강화되어야 한다고 말한다. 민준규는, 꿈은 크지만 실천력이 따라주지 못하는 것 때문에 괴로워하는 작가 강만우의 자의식을 대변하는 존재라고 할 수 있다.

"팔십 년대 최대의 비극인 광주사태조차도 나승식의 눈에는 그런식으로밖에 보이지 않는 것입니다. 총체적으로 그린다고 했지만, 결국 떠내려가는 세태의 파편들만 보여주었을 뿐입니다. 파편들을 많이 모아 두었다고 해서 그것이 그대로 총체가 되는 것은 아닙니다. 작품을 관통하는 작가의 확고한 인생관, 세계관, 다시 말해 절묘한 세계해석이 있어야 총체성을 획득할 수 있는 것입니다."

만우씨는, 그때서야 민준규가 루카치의 『소설의 이론』 같은 책을 읽고 저리 큰 소리를 친다는 것을 눈치 챌 수 있었다. 만우씨는 침을 한번 꿀꺽 삼키고 나서 약간 떨리는 목소리로 말했다.

"총체성 운운한 루카치의 이론은 시대착오적인 교리라는 판정이 난 지 오래요"

"이건 또 무슨 말입니까? 당신도 작가의 말에서 이 시대의 비극적인 상황을 총체적으로 그리겠다는 등 운운하지 않았습니까?"

"내가 말하는 총체적이라는 말과 루카치가 말한 총체성하고는 다른 말이오."280)

만우가 "내가 말하는 총체적이라는 말과 루카치가 말한 총체성하고는 다른 말이오"라고 엉겹결에 말한 것은 총체성이 다의로 해석될 수 있음을 일러준다. "루카치에서 하버마스까지"라는 부제을 붙인 『마르크시즘과 총체성』이란 저서에서 마틴 제이(Martin Jay)는 게오르그 루카치, 칼 코쉬, 안토

---

280) 위의 책, p.112.

니오 그람시, 에른스트 블로흐, 막스 호크하이머, 테오도르 아도르노, 앙리 르페브르, 뤼시앙 골드만 등의 총체성론을 검토하였다. 총체성의 긍정적 의미의 유사어로 응집성(coherence), 질서(order), 성취(fulfillment), 조화(harmony), 포만(plenitude), 의미심장함(meaningfulness), 합의(consensus), 공동체(community) 등을 제시했고 대립어로는 소외(alienation), 분열(fragmentation), 혼란(disorder), 갈등(conflict), 모순(contradiction), 연속성(serialization), 세분(atomization), 소원(estrangement) 등을 제시했다.281) 마틴 제이는 헤겔의 총체성 개념을 선의 무한성(good infinity), 우주 전체의 창조자 주체의 안에 있는 모든 집합적인 실체(all coherent entities within the cosmic whole creator subject), 절대정신(the Absolute Spirit) 등으로 해석했다.282)

결국 마틴 제이는 총체성을 질적 개념으로 파악했다고 볼 수 있다. 마틴 제이가 총체성의 긍정적 유사어로 제시한 개념들 속에 매튜 아놀드(Matthew Arnold)의 "교양"(culture)이란 개념을 넣을 수 있고 부정적 유사어들 가운데는 "혼돈"(anarchy)을 포함시킬 수 있다. 바로 매튜 아놀드는 1869년에 당시의 영국을 대상으로 한 사회평론집 『교양과 혼돈』(*Culture and Anarchy*)을 썼다. 그는 이 책에서 혼돈의 사회를 극복할 교양의 핵심개념으로 희랍사상에서 추려낸 미(sweetness)와 지혜(light)를 제시했다. 매튜 아놀드는 교양의 1차적 요건으로 사물을 있은 그대로 보려는 욕망을 가리키는 "과학적 열정"(scientific passion)을 들었다. 이어 "이웃사랑"(love of our neighbours), "실천·도움·자선에의 충동", "인간의 오류를 제거하고, 세상의 혼란을 정화하고, 인간의 재난을 감소시키려는 욕망", "우리 눈에 띈 것보다 더 좋고 행복한 세계를 남기려는 고귀한 포부" 등을 교양의 근거로 삼았다. 한마디로 교양은 완전에 대한 탐구정신(a study of perfection)이라고 할 수 있다.283)

---

281) Martin Jay, *Marxism and Totality*, University of California Press, 1984, p.21.
282) 위의 책, pp.59~60.
283) Matthew Arnold, *Culture and Anarchy*, Cambridge University Press, 1986, pp.44~45.

매튜 아놀드는 완전의 추구는 곧 미와 지혜의 추구라고 등식화하였다.

미(sweetness)를 위해 일하는 사람은 결국 지혜(light)를 위해서도 일한다. 거꾸로 지혜를 위해 일하는 사람은 결국 미를 위해서도 일한다. 그러나 통합된 미와 지혜를 위해 일하는 사람은 이성과 신의 의지가 지배하게끔 만든다. 기계를 위해 일하는 사람과 증오심(hatred)을 위해 일하는 사람은 혼란(confusion)만을 위해 일하는 셈이다. 교양은 기계보다 시야가 넓으며 교양은 증오심을 경멸한다. 교양은 위대한 열정 즉 미와 지혜를 위한 열정을 지니고 있다. 교양에게는 아직도 더 큰 열정이 있다. 즉 미와 지혜가 지배하게끔 만들려는 열정을 갖고 있다. 우리 모두가 완전한 사람이 될 때까지 교양은 만족해하지 않을 것이다.[284]

루카치는 『소설의 이론』에서 소설의 형식을 "초월적인 무숙성의 표현"(ein Ausdruck der transzendentalen Obdachlosigkeit)[285]로 본다. 중국에서 요순시대를 완성된 시대로 보는 후향사관처럼 그리스인들의 삶을 완성된 것으로 보고 그 이후 풍요하고 발전된 모습을 보이지만 총체성은 오지 않은 것으로 본다. "위대한 서사시는 삶의 외연적 총체성(die extensive Totalität des Lebens)을 형상화했고 드라마는 본질적 성격을 내포하는 총체성(die intensive Totalität der Wesenhaftigkeit)을 형상화[286] 했던 것처럼 소설은 외연적 총체성과 내포적 총체성을 겸비하는 것으로 이해했다.

"소설은 한 시대의 서사시다. 시대를 위해 삶의 외연적 총체성이 더 이상 의미 깊게 주어지지 않았고, 또 시대를 위해 의미의 삶의 내재성이 문제가 되고 있음에도 불구하고 소설은 총체성을 지향한다."[287], "서사시가 스스로

---

284) 위의 책, p.69.
285) Georg Lukács, *Die Theorie des Romans*, Hermann Luchterhand, Verlag GmbH, Neuwied und Berlin, 1971, s.32.
286) 위의 책, s.37.
287) 위의 책, s.47.

완결된 삶의 총체성을 구체화하는 것과 달리, 소설은 구체화하면서 삶의 감추어진 총체성을 드러내려 하고 작품으로 건축하려고 시도한다"288) 등과 같은 주장에서 소설은 삶의 감추어진 총체성을 드러내는 식으로 총체성의 문제에 관여한다.

프레드릭 제임슨은 『정치적 무의식』에서 "에밀 졸라가 철도, 금융, 농민, 전쟁, 종교, 도시 빈민 등등과 같은 다양한 주제들로 루공 마카르 총서를 구성할 계획을 정밀하고도 체계적으로 세우고 있는 것을 보라"고 하면서 "사물화, 사회적 파편화, 노동분업, 테일러주의 등과 같은 동일한 현상이 사회적 총체성의 위기를 불러왔으며. 이런 현상이 자연주의적 구성방략의 용어들을 받아쓰게 한다"289)고 하였다. 프레드릭 제임슨은 테일러주의(Taylorization)에 대해 프레드릭 윈슬로 테일러가 생산을 최소이며 가장 효율적인 단위들로 분류함으로써 노동과정을 합리화하려 했다는 설명을 각주로 달아놓았다.

레이먼드 윌리엄즈는 마르크시즘 류의 유물론적 관점에서 벗어나는 방안의 하나로 사회총체성론을 제기했다. 총체성론은 자본주의가 가져오는 변형(deformation)에 대한 치명적인 무기라고 하였다.290) 루카치는 총체성을 유토피아나 완전한 사회로, 프레드릭 제임슨은 조화나 평화의 개념으로, 레이먼드 윌리엄스는 조화와 균형으로, 한국작가 조성기는 양적인 전체로 파악했다.

창작활동하기 위해 조용한 곳 찾아 다니는 소설가의 소망을 담은 「우리 시대의 소설가」는 책값을 환불해 달라는 민준규가 소설가 강만우의 집에

---

288) 위의 책, s.51.
    Die Epopöe eine von sich aus geschlossene Lebenstotalität, der Roman sucht gestaltend die verborgene Totalität des Lebens aufzudecken und aufzubauen
289) Fredrick Jameson, *The Political Unconscious*, Cornell University Press, 1981, p.190.
290) Raymond Williams, *Problems in Materialism and Culture*, Verso Editions and NLB, 1982, p.21

와 계속 초인종을 누르는 것으로 끝낸다. 총체성이 결여된 소설을 썼으니 환불해달라는 독자의 요구와 작가의 거절이 맞선 것은 해결될 수 없는 사건임을 암시한다.

조성기는 「우리 시대의 무당」(『한길문학』, 1990.5)에서 "나의 글쓰는 행위는 옛날 선비놀음이 아니라 산업사회의 무시무시한 생존경쟁에서 살아남으려는 개인사업인 셈이다. 글쓰는 행위의 사회적인 책임이 있다면 개인사업가들이 자기자본과 수익금의 한도 내에서 져야 하는 그런 종류의 책임이 있을 뿐이다"291)처럼 독자에 대해 작가는 책임감을 가져야 한다고 함으로써 「우리 시대의 소설가」에서의 민준규의 환불요구를 용인하게 된다.

작가들이 총체성을 인식하는 방법의 하나로 현실을 위기의식을 갖고 바라보는 태도를 들 수 있다. 현실 가운데서 위기의 측면을 파악해내는 능력은 작가적 상상력의 한 정채라고 할 수 있다. 20세기 말에 존 베어리(John Barry)는 전세계를 감도는 위기를 지구온난화 현상·멸종 생물 증가·오존층 파괴·생태계 파괴 등으로 감지되는 생태학적 위기(Ecological risks), 유전자변형으로 인한 식량 부족·피부암·식량안전 상의 공포(광우병)·천식과 암과 심장병 등과 같이 환경오염과 관계있는 질병 등이 빚어내는 위생위기(Health risks), 실업과 구직기회 감소로 나타나는 경제위기(Economic risks), 개인안전 부족·범죄 증가·공동체 붕괴·이혼과 별거 증가 등으로 나타나는 사회위기(Social risks) 등 네 가지로 정리했다. 그러면서 이들 위기는 가끔 감지할 수 없기도 하고 멀게 느껴지는 점, 이들 위기는 불확실하고 예측하기 어렵다는 점, 누가 특정 위기의 피해자가 되는지 알기 어렵다는 점 등과 같이 세 가지 특징을 들었다.292) 이러한 위기론은 문명화, 사회발전, 과학발전을 인간의 삶의 질의 향상과 등식화하는 태도를 발생원인의 하나로 삼는다.

---

291) 조성기, 『통도사 가는 길』, 민음사, 1996, p.180.
292) John Barry, *Environment and Social Theory*, Routledge, 1999, p.155.

소설은 시보다는 창작기간이 길 수 밖에 없는 데다 감정이나 정서 만으로는 작품을 이루어내기 어려워 현실에 반응하고 대안을 제시하는 면에서 불리하다. 소설양식은 주제에 따라 인물과 사건을 설정해서 이야기를 만들어내는 시간을 가져야 하기 때문에 현실이나 상황에 대한 시의 즉각적이면서 직접적인 감정표출이나 의사 표시를 도저히 따라 잡을 수는 없다. 물론 특정 소재나 상황이나 사건에 대한 정보와 해석을 잘 보관할 수는 있다.

총체성을 헤아린다는 것은 이데올로기적 사고에서 빠져 나와 시대나 사회를 전체적으로 조망할 줄 안다든가 미래를 예견할 줄 안다는 것을 의미한다.

채만식의 「歷路」(『신문학』, 1946.6)는 정치소설, 시대소설, 사상소설 등의 요소를 배합한 대화체소설이다. 서울역에서 부산으로 가는 기차를 기다리며 작가 자신인 '나'와 성격이 느긋한 친구 김군이 나누는 시국담, 서울역에서 천안 가는 기차 속에서 늙은 농부와 잠바 청년과 시골 신사와 나누는 정치담, 대전으로 가는 기차 속에서 천안에 쌀을 사러온 월급쟁이 청년이 끼어들어 나누는 이야기, 이튿날 새벽에 미군 전용 열차 편승을 거부당하고 다음차를 기다리며 '내'가 김군과 나누는 이야기 등과 같이 네 부분으로 구성되었다. 첫 번 째 시국담에서 김군은 농담 반 진담 반으로 '나'에게 재빠른 변신을 권한다. 해방 전에 일본에 협조하는 강연을 몇 번 나갔던 '나'에게 친일 행위는 인정하지만 그 죄의식 속에 파묻혀 있지 말라고 충고한다. 정당에 자금을 대든가 신문 잡지를 매수하든가 사회단체에도 기부금을 내는 식으로 돈을 부리면 고약한 체취가 향그러운 체취로 변할 것이라고 한다. 두 번 째 시국담은 정치 이야기였다. 김군이 누구를 대통령으로 뽑겠냐고 묻자 늙은 농부는 이승만 박사가 낫다고 하고 잠바입은 청년은 박헌영이 좋기는 하나 지금 우리나라를 공산주의로 만드는 것은 시기상조라고 하고 여운형을 뽑겠다고 한다. 김군이 공산주의와 토지개혁을 긍정적으로 또 이해하기 쉽게 설명하자 늙은 농부는 아무리 평등사회를 만든다고 해도 지주의 땅을 강제로 빼앗는 것은 찬성할 수 없다고 한다. 시골 신사는 미국식 민주주의를 지지한다고 한다. 새벽에 조선 노인이 보기에 민망할 정도로 굽신거려가며 미군 전용 열차에 오르려고 하자 새파란 미군이 제지하는 장면을 보고 김군과 '나'는 불쾌감을 느끼면서 남북에서의 외국군 동시 철수라는 주장도 일리 있다고 잠간 생각한다. 김군과 '나'는 해방 후 1년 동안 사회부조리와 무질서 심리를 개탄한 바 있고 조선인들이 단합하지 못하고 개인주의나 당파주의에 빠져 있다고 개탄한다. 김군이 유물변증법이 가리키는 좌익이나 나치즘이 가리키는 우익이나 한 발자국씩 양보해야 한다고 한 것처럼 작가 채만식은 상호양보론을 가진 자나 못가진 자를 향해서 요구하고 있다. 김군과 내가 나누는 시국담은 계몽담론의 수준을 유지하고 있고 나머지 인물들은 민심을 반영하고 있다."293)

소설가가 헤겔 식으로 총체성을 그리려면 절대정신과 같은 문제를 다룬 사상소설이나 영웅소설을 써내야 하고 마틴 제이 식으로 그리려면 심훈의 『상록수』나 이청준의 『당신들의 천국』처럼 보다 나은 공동체를 이룩하기 위해 노력하는 인물을 제시할 수 있어야 한다. 프레드릭 제임슨 식의 총체성 개념은 일찍이 1920년대와 1930년대의 우리 소설에서 쉽게 볼 수 있었던 노동파업과 소작투쟁의 장면에서 확인할 수 있다. 총체성이란 개념은 한 사회 속에서의 개인들은 투쟁과 대립을 일삼으면서도 보다 나은 사회를 향한 노력을 기울이고 있다는 점을 일깨워준다. 소설가들은 바로 이러한 인식을 갖고 창작에 임해야 한다는 것이다.

---

293) 조남현, 『한국현대소설사 3』, 문학과 지성사, 2016, pp.118~21.

제12장 이념선택과 초월

제12장 이념선택과 초월

1.

이데올로기는 경전을 떠받드는 사고나 사고의 실용화 과정으로 볼 수도 있다. 존재와 현실에 대해 가변적이거나 융통성 있는 접근 방법을 버리는 태도로 나타날 수도 있다. 대체적으로 이데올로그들은 지지하는 이데올로기에 대해서는 사상, 정신, 신념, 신앙이라고 하지만 반대하는 이데올로기에 대해서는 광신, 허위의식, 폭력 등의 이름을 부여하곤 한다.

1948년에 남북분단이 공식화된 이래 70년이 다 되어가는 현시점에서, 또 종교전쟁에서 비롯된 각종 국지전과 테러가 계속 벌어지고 있는 현 시점에서, 지구상의 여러 나라에서 좌파와 우파의 대립이 계속되고 있는 현시점에서, 거대이데올로기를 가리킨 것이긴 하지만 이데올로기의 종언을 주장하는 것은 시기상조이거나 판단착오라고 할 수 있다. 한국 현대소설은 개화파와 수구파의 대립(1900년대), 계몽주의(1910년대), 민족주의와 사회주의의 대립(1920년대), 현실 참여파와 초월파의 공존(1930년대), 과잉순응주의(1940년 전반), 좌우세력의 대립(1940년대 후반), 반공주의(1950년대), 독재정치와 산업주의(1970), 민주주의 운동(1980), 민주화의 진행(1990~2010년대) 등의 이데올로기적 배경에서 진행되었고 발전되었다.

프리드리히 니체는 『선악의 피안』(1886)에서 "사람은 자신의 주의(Grundsatz)에 따라 자신의 습관을 독재하거나(tyranisieren) 정당화하거나(rechtfertigen) 존중하거나(ehren) 모욕하거나(beschimpfen) 감추려고(verbergen) 한다. 이념이 같은 두 사람도 근본이 상이한 것을 의욕할 수 있을 듯하다"294)고 하여 이데올로기가 개인에게 줄 수 있는 것을 양면적으로 파악하였다. "착각은 개인들에게는 기이한 일이 되지만 집단, 당파, 민족, 시대의 경우에는 엄연히 규범이 된다"295)와 같이 이데올로기는 착각에서부터 규범까지 양극화될 수 있다고 하였다. 이데올로기가 아무리 다수가 믿는 것이라고 할지라도 반드시 옳은 것은 아니라는 주장이 깔려 있다.

아놀드 하우저(Arnold Hauser)는 「프로퍼갠더와 이데올로기 그리고 예술」296)에서 "예술가의 작품은 공공연한 프로퍼갠더의 성격을 띨 수도 있고, 은폐되고 감추어지며 억압된 이데올로기의 성격을 띨 수도 있다."(p.82) "프로퍼갠더가 공표하고 확립하고 과시하면서도 그것의 규범과 기준의 유효성에 대해 논의하기를 단호히 거부하는 반면에 이데올로기는 논쟁하고 증명하며 승인될 것을 요구한다"(p.84). "예술은 항상 누구가를 위해 누군가에게 말하며 어떠한 특별한 사회적 입장에서 보여진 현실을 그러한 사회적 입장에서 보여지도록 반영한다"(p.85) 등과 같이 여러 각도에서 이데올로기와 프로퍼갠더의 차이를 밝혀내었다.

"이데올로기와 계급의식은 아직도 경제적 토대에 의해 결정된다. 그럼에도 불구하고 마르크스주의가 이데올로기를 '허위의식'으로 계급의식을 '올바

---

294) Friedrich Nietzsche, *Jenseits von Gut und Böse*, 1994 für diese Ausgabe, Könemann Verlagsgesellschaft mbH, s.79.
295) 위의 책, s.93.
  "Der Irrsinn ist bei Einzelnen etwas Seltenes, —aber bei Gruppen, Parteien, Völkern, Zeiten die Regel".
296) 아놀드 하우저 외 지음, 『역사와 사회의식』, 김대웅 옮김, 인간사, pp.81~115.

른 의식'이라고 말하고 있다면, 이것은 이데올로기는 관념적 동기에 의해 고양되어지는 듯이 보이는 것인 반면에 계급의식은 사실상의 물질적 이해의 중요성을 인정하고 있기 때문이다"(pp.90-91), "모든 사고는 이데올로기적이다. 그러나 이데올로기적 사고라고 해서 무조건 잘못된 사고는 아니며, 올바른 사고라고 해서 반드시 이데올로기에서 탈피하는 것은 아닌 것이다"(p.91), "이데올로기의 비판은 계급의식의 부분성이나 편파성을 인식해야만 이루어진다"(p.92) 등등의 구절에서 볼 수 있는 것처럼 이데올로기와 계급의식은 분명한 차이를 드러낸다. 아놀드 하우저는 유럽에서 작가들이 독자적인 직업이나 계급으로 나서면서 작품경향이 어떻게 달라졌는가에 주목했다.

> 예술가는 단순히 의무와 인습에 따라서일 뿐만 아니라 확신과 확신의 마음으로 그들의 고용주, 지배자 및 후원자들의 이데올로기를 자기의 것으로 해왔다는 실례를 역사는 수없이 보여주고 있다. 그들이 직업계급으로서 해방될 때까지 이 현상은 일반적인 상례였다. 그 이후, 특히 계몽주의 이후로 그들은 점차 계급의식을 갖게 되었을 뿐만 아니라 그들 중에는 하층계급의 대변자가 늘어갔다. 계몽주의 문학의 두드러진 대표자 가운데 다수는 귀족의 자손들이었고, 19세기에 산업노동 계층의 이데올로기를 명확히 표현하여 체계적으로 발전시켜 가장 감동적으로 포고한 사상가, 작가, 예술가들은 예외없이 시민계급 출신이었다.297)

소설가는 이단의 양식으로 글을 쓴 사람을 원형으로 삼고 있지만 대부분의 소설가는 처음부터 반항의 길을 걸어온 것은 아니다. 한 체제나 시대에서 크게 핍박 받은 일도 없고 가난하지도 않으면 특정 이념을 선전하기보다는 인간을 탐구하는 쪽으로 방향을 잡은 작가들도 있다. "한 예술가에게 어떤 근본적인 이데올로기나 단 하나의 결정적인 이데올로기를 확장시키는 것은

---

297) 위의 책, p.95.

항상 가능한 일이 아니다"(p.99) 라는 주장이 타당성을 인정 받으려면 그 예술가가 1급이거나 정통이라는 전제가 붙어야 한다.

페터 지마(Peter Zima)는 『이데올로기와 이론』에서 "오늘날의 시장사회에서 긴요한 것은 생활세계와 '침묵을 지키는' 하위체계 사이의 대립이 아니고 이데올로기적 의미 기부(ideologische Sinnstiftung)와 시장이 빚어낸 의미 무관심(marktbedingter Sinnindifferenz) 사이의 대립처럼 보인다"라 든가 "공동사회와 정치체계에서 뿐만 아니라 철학분야와 문학분야에서도 이데올로기와 교환가치 사이의 변증법적 대당관계가 결정되었는데 이러한 대립관계는 생활세계와 하위체계에도 그대로 적용된다"298)등과 같이 자본주의 사회에서는 이데올로기적 사고가 시련을 겪을 수 밖에 없음을 지적했다.

페터 지마는 이데올로기의 종언을 선언 한 레이몽 아롱, 다니엘 벨, 위르겐 하버마스 등의 이론을 검토하면서 그들은 근대 산업사회에서 이데올로기적 결정이 차츰 실용적이고, 기술적이고, 가치라는 문제에 무관심한 결정에 의해 쫓겨난다는 공통점을 지닌다고 판단하였다. 이들 종언론자들은 시장이 빚어낸 가치외면과 이데올로기적 반응 사이의 변증법을 생각하지 못했음을 또 근본적으로 가치라는 문제에 대해 무관심한 교환가치가 이데올로기적이며 이원론적인 대응을 불러 일으킬 수 있다는 점을 생각하지 못했음을 한계점으로 지적하였다.299)

한국에서는 오랫동안 이데올로기란 말 자체가 금기어로 여겨지기도 하였고 사회주의 이데올로기의 대명사로 사용되기도 하였다. 정치적으로 진보와 보수를 표방하는 세력 사이의 갈등과 대립이 계속되면서 이데올로기는 부정적이거나 애매모호한 용어로 인식되고 있다. 페터 지마는 이데올로기의 달갑지 않은 언어상황을 직시하면서 이데올로기론을 개진하기 시작하였다.

---

298) Peter V. Zima, *Ideologie und Theorie*, A.Francke Verlag GmbH Tübingen, 1989, s.235.
299) 위의 책, s.266.

이렇듯 고무적이지 못한 언어상황은 정파적인 오용에서 원인을 찾을 수도 있고 사회과학의 영역에서의 평가절하에서도 원인을 찾을 수도 있다. 사회과학에서는 이데올로기를 의식, 문화, 세계관, 신화, 허위적 사고, 심지어 관념과 동의어로 빈번하게 사용해왔다. 이데올로기 문제의 개론서인 『이데올로기아』에서 페르치오 로시-란디는 "신화와 민속학", "환상과 자기기만", "상식", "거짓말, 위장, 계몽반대론", "허위적 사고 일반", "철학", "세계관" 등과 같이 이데올로기의 11가지 정의를 유별해 놓았다. 이런 불충분한 정의의 나열은 이데올로기란 단어의 혼란이 당장에 해결될 수 있는 것이 아님을 추측하게 한다.[300]

이병주의 소설 「소설・알렉산드리아」(『세대』, 1965.7)는 작가 이병주를 거의 그대로 옮겨 놓은 '형'이 감옥에서 멀리 알렉산드리아에 살고 있는 동생에게 보낸 편지의 내용을 소개한다. 형이 일본 동경의 한 대학에 다니고 있을 때 동생은 삼류중학에 다니면서 공부보다는 피리 부는 데 열중했다. 형은 출세와는 거리가 먼 공부를 하면서 코스모폴리탄을 자처하였다. 이따금 동생은 자신을 한심하게 여겼지만 출세와는 거리가 먼 공부를 하면서 코스모폴리탄을 자처하는 형도 한심한 인물로 여긴다. 철부지 동생의 눈에 이데올로그인 형은 현실인식이라곤 없는 한갓 몽상가로 비칠 뿐이다.

결국 형의 불행은 동생의 눈에 "사상을 가진 자의 불행"으로 비치게 된다. 그동안 2천 편의 논설을 써온 형은 5·16 후 "한 사람의 희생도 있어서는 안 되지만 통일은 해야 한다", "조국이 없다. 산하가 있을 뿐이다", "이북의 이남화가 최선의 통일방식, 이남의 이북화가 최악의 통일방식이라면 중립통일은 차선의 방법은 되는 것이다" 등과 같은 논설을 쓴 것이 화근이 되어 사상범으로 체포되어 재판을 받아 10년 형을 받게 된다.[301] 『행복어사전』에서

---

300) 위의 책, s.17.
301) 이병주, 『소설·알렉산드리아』, 한길사, 2006, pp.20~22.

상제교의 일을 맡아보는 정진동과 식사를 같이 할 때 정진동이 신앙을 강조하자 주인공 서재필은 이데올로기를 부정하는 태도를 보인다.

  그렇다면 내 얘기를 조금만 더 하지. 인류에 엄청난 해독을 끼친 게 뭔 줄 아나? 신앙이야, 믿음이야. 인정만 하면 될 일을 믿는다고 고집하는 바람에 불행한 사건이 생긴거다. 공산주의의 해독은 그걸 믿는 마음이 너무나 강한 때문에 생겨난 거다. 유럽 중세의 종교재판이란 것도 천주님을 지나치게 믿었기 때문에 생긴 일이고, 이씨 왕조의 천주교도 학살도 유교를 너무 믿은 탓이다. 자본주의의 탈은 돈의 힘을 너무 믿는 데서 비롯된 것이고, 다시 말해 인류의 불행은 사실을 인정하고 사실에 따라 유연성있게 대처해나가면 될 것을 뭣 한 가지를 믿겠다고 고집하는 사람들이 있는 통에 빚어진 거야. 태양은 강렬하다. 태양 없인 지구가 사멸한다. 그 사실을 인정하고만 있으면 되는 거지. 태양이 강력한 존재라고 해서 꼭 그걸 믿어야 되냐?302)

"인류의 불행은～통에 빚어진 거야"라는 말처럼 공산주의, 유럽의 종교재판, 조선조 때의 천주교도 학살, 자본주의 부작용 등을 예시하면서 이데올로기의 역기능을 강조한다.

  이문열의 『영웅시대』(1984)의 끝부분에는 이데올로기 비판, 공산주의 비판, 한국전쟁성격론으로 요약되는 "동영의 노트"라는 부록이 붙어있다. 북한으로부터 탈출에 실패하는 것으로 그려진 이동영은 이제 공산주의자나 당원이기에 앞서 인간이 되고 싶고 그중에서도 조선인이 되고 싶다고 전제한 다음, "이념이란 빵을 달라는데 공헌한 말씀을 내준 종교에 절망한 사람들에게 돌을 주며 빵이라고 우기며 내주는 종교의 대용품"303)라고 이데올로기비판의 첫발을 내디디었다. 이동영은 북쪽이 선택한 이데올로기 그 자

---

302) 이병주, 『행복어사전 3』, 한길사, 2006, p.273.
303) 『영웅시대(하)』, 민음사, 1984, p.628.

체는 그 같은 요소들을 다 갖추고 있지만 그것을 받아들인 의식과 자세는 결코 이데올로기적이 아니어서 한국전쟁은 이데올로기전이 못 된다고 하였다. 한국전을 이념전쟁이라고 하는 것과 함께 또 하나의 미신은 한국전쟁이 우리들만의 전쟁이라고 믿는 것이라고 하였다. 6·25는 남북한에 의한 이데올로기 전쟁이라는 상식을 부정하고 있다. 임진왜란이 대륙 세력을 대표하는 명나라와 해양세력을 대표하는 일본이 반도에서 부딪쳤던 전쟁이었던 것처럼 한국전쟁도 대리전의 성격이 짙다는 것이다. "남쪽은 자유란 이름으로 계급에 딸린 특권의 폐지를 선언함으로써, 그리고 북쪽은 평등의 이름으로 계급을 통일하려 함으로써, 사실상 계급의 소멸을 시도하고 있다"(p.646)와 같이 남북한을 비교하면서도 "이땅의 영웅들은 남과 북 어느 쪽에 섰더라도 결국 보편적이고 정당한 대의는 될 수 없었다. 각기 강력한 부정(否定)이 존재했으므로"(p.647)와 같이 비판한다. 아버지 이동영이 아들에게 주는 형식으로 되어 있는 충고는 작가 이문열이 독자들에게 주고 싶은 말이기도 하다.

> 그러므로 아들이여.
> 너희는 먼저 지워라. 부정해라. 진정시켜라. 그것이 어떠한 이념 어떠한 사상이건 언제까지고 교묘한 논리와 현란한 수식으로 민중을 현혹하도록 놓아 두지 마라. 모든 이데올로기에 거역하고, 그 찬란한 약속 뒤에 감추어진 독이빨과 날카로운 발톱을 경계하여라. 그 대의(大義)가 아무리 휘황스럽더라도, 그걸 위해 죽겠다는 사람이 있으면 한껏 비웃고 경멸하여라. 하나의 이념, 하나의 사상에 대한 신념과 열정이 부질없음을 깨우쳐 주고, 그 위험천만한 분기(奮起)를 야유하여라. 몸과 마음이 성한 사람 가운데서 단 한 사람이라도 반대자가 있거나 그로 인해 불이익을 받을 사람이 있다면 모든 이데올로기, 모든 사상은 지워지고 부인되어야 한다.304)

---

304) 위의 책, p.650.

이데올로기와 선동가와 광신자를 경계하라고 충고했지만 화자 이동영과 작가 이문열이 염두에 둔 것은 공산주의 이데올로기였다.

싸르트르는 『문학이란 무엇인가』에서 "정신성은 항상 이데올로기에 근거를 두고 이데올로기는 그것이 형성될 때는 자유이지만 그것이 일단 형성된 후에는 억압으로 일변하는 것이다"305)라고 하여 이데올로기가 때로 창작의 자유를 억누를 수도 있다고 하였다. 어빙 하우(Irving Howe)는 정치소설은 "정치사상이 주역을 맡고 있거나 정치적 환경이 주무대가 되고 있는 소설"306)이라고 정의하면서 정치소설은 도덕심(moral sentiments), 열정, 정서 등을 다루려는 소설과 추상적인 이데올로기의 갈등은 피할 수 없으며 오히려 이런 데서 정치소설은 관심을 끌게 되며 고급 드라마의 아우라를 갖게 된다고 하였다.307) 어빙 하우는 정치소설가의 임무를 "이론과 체험의 관계, 예상한 이데올로기와 감정의 혼란 사이의 관계, 작가가 나타내고자 노력하고 있는 여러 관계들을 제시하는 것"308)이라고 하였다.

현길언은 제주도 출신 작가들이 공통적으로 관심 갖고 있는 제주 4·3 사건을 등단 초기에 집중적으로 다루면서 이데올로기의 문제를 천착하게 되었다.

현길언으로서는 네 번 째 소설집인 『닳아지는 세월』은 「그믐밤의 제의」, 「미명」 등 3편의 중편과 「작은 악마」, 「껍질과 속살」, 「닳아지는 세월」 등 6편의 단편소설을 수록하였다. 이미 제목에서부터 창작의도가 잘 드러나고 있는 「껍질과 속살」을 통해 이데올로기에의 맹신과 그의 무

---

305) 장폴 사르트르, 『문학이란 무엇인가』, 김붕구 역, 문예출판사, 1972년 초판, 1994년 개판 4쇄, p.194.
306) Irving Howe, *Politics and the Novel*, A Fawcett Premier Book, 1957, 1967, p.19.
307) 위의 책, p.22.
308) 위의 책, p.23.

분별한 폭력적 행사가 한 개인의 삶을 참으로 쉽게 또 어처구니없게 파괴시켜버린 경우를 잘 들려주고 있다. 이 작품에서 송여인이 일제 때 징용갔다가 해방 이후 돌아와 좌익운동에 뛰어든 남편과의 사이에서 아들을 두었고 또 서북청년단 간부와의 사이에서 딸을 두게 되었다는 것은 해방 이후 한국인들의 정신적 무주성을 상징적으로 일러주는 사건이라고 할 만하다. 「미명」「바람과 불길」「닳아지는 세월」「껍질과 속살」 등의 작품들이 그 좋은 실례가 되고 있는 것처럼, 현길언은 이데올로기에의 맹신과 폭력화에 의해 무너져버리거나 온통 뒤틀려지고 마는 개인의 삶의 경우에 특별히 주목하고 있다. 그는 특정 이데올로기가 그에 직접 간접으로 얽혀 있는 개인들의 삶을 부당하게 또 뿌리채 뒤흔들어버리고 마는 식으로 행사되는 방법와 과정에 대해 더욱 큰 관심을 두고 있다. 사상이 특수한 관점으로 한정될 때 이데올로기가 되며, 이데올로기는 처음부터 한 개인의 사고·의지·정서 따위는 아랑곳하지 않는 속성을 지니고 있으며, 또 이데올로기는 추종자의 소유욕·명예욕·권위욕 등에 의해 얼마든지 왜곡되거나 악용될 수 있는 것임을 현길언은 이제껏 그의 많은 작품들을 통해 잘 실증해왔던 것이다. 이데올로기의 기본의미를, 한 개인이 자신이 살고 있는 시대와 사회에 품고 있는 인식의 체계화·도식화·신념화 정도로 정리하는 것이 용인된다면 현길언은 이데올로기 그 자체를 부정한 것은 아니라고 할 수 있다. 현실의 모순과 허위에 맞서 싸우는 인물들과 또 그 인물들은 나름대로 품고 있는 신념과 전망에 대해 긍정적 의미를 주고 있는 「그믐밤의 제의」, 「작은 악마」, 「밤나무꽃」 등은 위의 추론을 잘 뒷받침해준다. 이 세 편의 소설들은 이데올로기의 긍정적 속성을 일구어내려 한 점에서 이데올로기의 '폭력' '광기'에로의 연결가능성을 한 껏 강조한 「미명」, 「껍질과 속살」, 「닳아지는 세월」, 「바람과 불길」, 「흔들리는 어둠」 등의 작품과는 맞섬의 관계를 이루는 것으로 보인다. 현길언은 이데올로기·집합의지·시대정신 등과 같은 초개인적이며 탈개인적인 개념의 공동화 가능성을 지적하는데 주력한 작가라고 할 수 있다. 이런 개념들은 먹고, 자고, 일하고, 사랑하고 하는 형태로서의 삶과 한번쯤 조응되는 기회를 저버린 채 최초의 자기 모습을 고집할 경우 대체로 개인에게 암영을 던져주기 쉽고, 덫으로 작용하기 쉽다는 것이다. 그는 이데올로기 자체를 부정한 것이기보다는 자신과 이웃의 인간다운 삶의 가능성을 송두리째 짓밟으면서 이데올로기에의 맹신을 보이는 행태와 존재들을 비판하려 한 것이었다.309)

입만 뜨면 개혁을 주장하고 자본주의를 비판해온 중년 남자가 여우사냥을 하는 모습을 그려낸 윤후명의 「여우사냥」에서는 러시아가 막 개방되자 러시아어 연수를 명분으로 하여 러시아에 가서는 인플레를 이용한 돈벌이 궁리를 사회주의라든가 종교를 이데올로기에 포함시키면서 다음과 같이 이데올로기 한계론을 제시하였다.

> 엄밀히 말하면 모든 이데올로기는 그것을 창조한 사람만의 것이지 다른 사람의 것은 될 수 없는 것이다. 그렇기 때문에 모든 이데올로기는 그 창조자의 삶 속에서만 구현될 수 있는 것이다. 왜냐하면 우리들은 결코 다른 사람의 삶을 살 수도 없고 또 살아서도 안 되기 때문이다. 베드로가 예수의 이데올로기의 계시를 받았다 해도 그것은 예수의 것일 뿐이며, 가섭이 부처의 이데올로기의 꽃을 보고 미소를 지었다 해도 그것은 부처의 것일 뿐이다. 그래서 레닌의 이데올로기와 스탈린의 이데올로기는 다른 것이다. 그러므로 모든 이데올로기는 하나이면서 무수하다. 이것이 이데올로기의 비극인 것이다.310)

황석영은 장편소설 『손님』(2001)에서 북한을 무대로 한 공산주의와 기독교의 대립을 다루었다. 이 작품에서 우선적으로 주목할 것은 한국전쟁을

---

309) 조남현, 「이념의 고체화와 삶의 진실」(『삶과 문학적 인식』, 문학과 지성사, 1988, pp.207~13.
310) 윤후명, 『여우사냥』, 문학과 지성사, 1997, pp.261~62.

전후로 한 시기의 북한에서의 좌우 대립구도를 마르크시즘과 기독교의 대립구도로 구현한 점이다. 종래의 소설에서 간혹 기독교인들이 공산주의 이데올로기로부터의 피해자와 순교자로 그려져 있던 것에 비하면 『손님』에서 기독교인을 가해자요 기득권과 특권의식을 놓치지 않으려는 보수세력으로 그린 것은 새로운 발상으로 다가온다. 황석영 자신이 "천연두를 서병(西病)으로 파악하고 이를 막아내고자 했던 중세의 조선 민중들이 '마마' 또는 '손님'이라고 부르면서 '손님굿'이라는 무속의 한 형식을 만들어 낸 것에 착안해서 나는 이들 기독교와 맑스주의를 '손님'으로 규정했다"(작가의 말)로 밝힌 데서 알 수 있는 것처럼 그는 양비론의 입장을 취하고 있지만 실제 작품에서의 주제의 줄기는 기독교인을 더욱 거세게 비판하는 쪽으로 잡히고 있다. 이 소설은 기독교인이든 마르크시스트이든 이념적 색채가 뚜렷한 주요 인물들이 돌아가면서 화자를 맡아 자기 나름대로의 경험을 드러내는 방법을 쓰고 있다. 기본사상을 달리하는 화자들이 다수 등장하여 자기 입장을 밝히면서 사건의 진상을 밝히는 절차를 가지게끔 한 것은 민족주의의 보호라는 동기가 작용한 것으로 볼 수도 있다. 화자가 바뀌었다기보다는 작가가 계속 목소리를 바꾼 것으로 볼 수도 있다. 이를 보면 이 소설은 진실이 무엇인가를 밝혀주는데도 창작목표를 두었지만 피해자의 한풀이와 가해자의 참회의 공간을 제공하려는 데도 목표를 두었다. 이 소설의 또 한 가지 큰 특징은 꿈꾸기라든가 헛것보기와 같은 초자연적 모티프를 적극적으로 활용한 점에서 찾을 수 있다. 이 작품에서 자주 볼 수 있는 헛것보기 모티프는 다분히 작가가 의도한 것이 된다. 살아 있는 사람들 사이의 화해와 상생은 아직도 이루어지지 않는 만큼 헛것들의 대화와 화해를 통해서나 작가 자신이 꿈꾸는 세상을 드러내 보자는 것이다.311)

빌헬름 딜타이는 『체험과 문학』에서 "문학창작의 바탕에는 개인체험

---

311) 조남현, 『비평의 자리』, 문학사상사, 2001, pp. 255~62.

(persönliche Erleben), 타인의 정황에 대한 이해(Verstehen fremder Zustände), 이념을 통한 경험의 확대와 심화(Erweiterung und Vertiefung der Erfahrung durch Ideen)가 함유되어 있다"312)고 하여 사상 또는 이데올로기가 창작에서 필수요소임을 주장한 바 있다. 이데를 우리말로 "사상"으로 옮길 경우와 "이데올로기"로 옮길 경우 딜타이의 문학관이 크게 다르게 해석된다. 딜타이가 정신사 또는 정신과학의 창안자였던 만큼 그 기본요소인 이데는 사상과 이데올로기를 포괄하는 것으로 이해해야 한다.

김연수는 『소설가의 일』(문학동네, 2014)에서 자신을 "황희 정승 스타일"의 소설가라고 하였다.

> 세상에는 헤밍웨이처럼 하드보일드 형의 소설가도 있고 디자이 오사무처럼 자멸파 형의 소설가도 있는데, 나로 말할 것 같으면 황희 정승 스타일의 소설가다. (중략)기분 나쁜 말을 들었을 때도 최대한 그 사람의 입장에서, 그 사람에게 호의적으로 생각한다는 것, 이게 바로 황희 정승 스타일의 소설가가 하는 일이다. 그런데 하드보일드 형의 소설가도, 자멸파 형의 소설가도 소설을 다 쓰고 나면 자신의 황희 정승 스타일이라는 걸 인정할 수밖에 없으리라. 소설을 쓴다는 건 끊임없이 등장인물들에게 "그건 네 말도 맞아"라고 말하는 것과 마찬가지니까. 이건 단순히 선언적인 문제가 아니라 작법의 문제다. 등장인물에 대한 감정이입 혹은 이해 없이 소설가는 단 한 줄의 문장도 쓸 수 없다.313)

김연수에게서는 특정 이데올로기를 주입시키기 위해 소설을 쓰는 작가의 입상을 기대하기 어렵다. 이데올로그를 자임하는 작가는 계몽주의 작가의 극상이다. 황희 정승 스타일을 표방한다는 것은 계몽주의를 포기했으며 탐

---

312) Wilhelm Dilthey, *Das Erlebnis und die Dichtung*, Vandenhoeck & Ruprecht in Göttingen, 1965, 14 Auflage, s.139.
313) 김연수, 『소설가의 일』, 문학동네, 2014, pp.57~58.

구적인 작가가 되겠다는 뜻이 될 수 있다.

조지 오웰은 「작가와 리바이어던」(1948)에서 "오늘날 문단의 지식인들은 언제나 두려움 속에 살고 글을 쓴다. 그런데 이 두려움은 넓은 의미에서의 여론에 대한 것이 아니라, 자신이 속한 그룹의 여론에 대한 것"이라는 경험에 입각한 주장을 하면서 "지난 15년 정도 동안, 지배적인 정통성은 특히 젊은 층 사이에선 확실히 '좌파'였다. 키워드는 '진보적'이니 '민주적'이니 '혁명적'이니 하는 말이 되었고, 무슨 일이 있어도 '부르주아'니 '반동적'이니 '파시스트'니 하는 단어가 자신에게 딱지로 붙는 경우를 피해야 한다. 대다수의 가톨릭과 보수당원들까지도 '진보적'이며, 아니면 적어도 그렇게 여겨지기를 바란다. 내가 아는 한 자신을 '부르주아'라 칭하는 사람은 아무도 없다"314)고 지적하였다.

조지 오웰은 『동물농장』이나 『1984』를 통해 권력에 의해 철저하게 통제되는 사회를 풍자했고 예견했거니와 그후의 유럽 사회에서는 진보, 혁명 등을 키워드로 삼은 좌파 청년에게서 "지배적인 정통성"을 감지하였다.

> 물론 나는 양심적 불성실이 사회주의자들와 좌파 세력 일반에게 특수하거나 아주 흔한 속성이라는 주장을 하는 게 아니다. '어떤' 정치 이념을 받아들이면 문학적 성실성을 지키지 못하는 경향이 있다는 점을 지적하고 싶을 뿐이다. 이는 일반적인 정치투쟁의 영역 밖에 있다는 주장들을 하는 평화주의나 개인주의 같은 운동에도 똑같이 적용된다. 사실 무슨 주의-ism로 끝나는 말은 소리만 들어도 선전의 냄새가 나는 것 같다. 집단에 대한 충심은 필요하기는 하지만, 문학이 개인의 창작물인 한에서는 문학에 독이 된다. 그런 충심이 창조적인 글쓰기에 어떤 영향을, 심지어 부정적인 영향을 끼치게 된다면, 창의성이 왜곡될 뿐만 아니라 사실상 고사되는 경우가 허다하다.(중략)작가가 정치에 관여할 때는 일반 시

---

314) 조지 오웰, 『나는 왜 쓰는가』, 이한중 옮김, 한겨레 출판, 2010, pp.439~40.
이 글은 "Writers and Leviathan"(*Politics and Letters*, 1948.3)에 들어 있다.

민으로서, 한 인간으로서 관여해야지 '작가로서' 그래서는 안 된다."315)

조지 오웰은 거대 이데올로기든 작은 이데올로기든 현체제에 대한 반항적인 것이든 긍정하는 것이든 또 한 집단에 충성하는 것이든 모든 이데올로그를 향해 창작 주체의 개인주의적 성향에 독이 되는 것이라고 했다. 정치 이데올로기는 선전의 냄새가 나면 문학적 성실성을 지키지 못하게 한다는 경향은 어느 나라의 작가들에게서도 확인할 수 있다. 장 폴 싸르트르, 조지 오웰, 아놀드 하우저, 이병주 등은 특정 이데올로기의 고수나 선전은 예술정신에 오히려 방해가 된다는 인식을 공유하고 있다.

---

315) 위의 책, p.444.

제13장 기억과 상상력

제13장 기억과 상상력

1.

　직접체험은 기억의 창고 속에 있다가 시간이 가면서 흐릿해지거나 소멸되기 마련이다. 그러나 트라우마, 콤플렉스, 억압관념, 부끄러움, 원한 등을 촉발하면서 강력하게 또는 오랫동안 남아 있을 수 있다. 기억은 창작의도에 맞게 재구성되거나 축소되거나 증대되기도 한다. 기억은 소재를 모으는 과정이 될 수도 있고, 과거사실을 확인하는 장치일 수도 있고, 글쓰기의 충동으로 재생될 수도 있다. 개인사적 차원의 기억은 반성, 향수, 자부심, 한 등을 수반하곤 한다. 작가는 기억을 통해 이야깃거리를 풀어놓으면서 상상력의 도움을 받아 주제가 있는 이야기나 재미있는 이야기나 진실을 찾는데 힘쓰는 이야기를 만들어 놓는다. 공상, 환상, 몽상 등과 같은 상상력의 친족개념들은 이야기의 재미를 높여주기도 하지만 진실탐구라는 이야기의 목표를 뒷받침해주기도 한다.
　이승우의 장편소설 『생의 이면』은 소설가인 작중의 '내'가 출판사의 '작가탐구'라는 기획에 맞추어 소설가 박부길의 삶의 이력을 구성하는 과정을 담은 것이다. 남해 바닷가의 작은 마을에서 태어나 고시공부하던 아버지가 의처증에 시달리다 미치고, 어머니는 친정으로 쫓겨난 후 박부길은 아버지 무덤가에 불지르고 마을을 떠난다. 박부길은 신학대학 입학, 실연, 군 입대, 부적응자 조치, 강원도 시골 교회에서 중편소설과 단편소설 습작 등이 이력을 거친 끝에 등단한 후 15년 동안 열 권의 장편소설과 일곱 권의 중단편집을 써낸다. 박부길은 작가 이승우의 이력을 고스란히 대변한다. 작가 이승우는 작중의 '나'와 소설가 박부길을 통해 소설론을 적극적으로 개진한다.

"작가의 말"에서는 소설은 허구다, 소설은 자전적 기록이다, 소설은 작가가 원하든 원하지 않든 독자들에 의해 작가 개인의 삶의 이력으로 읽힌다는 평범한 소설론을 제시하였다. "작가는 물론 자신의 삶을 사실 그대로 베끼지는 않는다. 그러려고 하지 않을 뿐 아니라 그럴 수도 없다. 어떤 작가도 사진사이기를 원치 않고, 또 설령 원한다고 하더라도 사진사가 될 수는 없다"고 하면서 "선택과 배제를 통해 '사실'이 구성된다. 거기에 굴절과 왜곡이 끼어든다. 그것이 작품이다"라고 하였다. 그리고 "한 작가의 작품은 어떤 식으로든 그 작가인 것이다. 작가는 자신의 삶의 의식, 무의식의 다양한 파편들을 선택과 배제, 굴절과 왜곡이라는 방법을 동원하여 교묘하게 조작함으로써 소설들을 만든다"316)와 같이 작가의 삶의 내용을 한 편의 소설로 만드는 방법을 제시했다.

이승우는 작가가 전기적 사실이나 직접체험을 대상으로 하여 선택과 배제, 굴절과 왜곡의 방법을 구사함을 반복해서 주장한다. 이는 글쓰는 사람과 그 사람의 직접체험을 연결지을 때 일반법칙이 된다. 그런데 굴절과 왜곡이 심하게 될 경우, 소설은 상상력이 이끌어가는 경우가 된다. 소설에서 상상력의 작용이 표현으로 노출되면 공상의 장면, 엽기적인 장면, 비현실적인 상황이 나오게 된다. 상상력에 크게 기대는 한국 작가로 장용학, 최상규, 윤후명

---

316) 이승우, 『생의 이면』, 1992년 초판, 1996년 개정판, pp.189~904.

등을 들 수 있다. 1950년대에 최상규는 전후의 암담하기 짝이 없는 현실을 상상력으로 돌파하려고 하였다.

한국전쟁 직전에 좌익 단체 가입 혐의로 전쟁 중에 경찰서에 가 조사 받고 나온 이후로 죄책감과 불안감에서 헤어나지 못하는 남편에게 반항하는 의미로 자기 젖꼭지를 면도칼로 잘라 보이는 아내를 설정한 단편소설 「단면」(1956), 남편이 성병에 걸려 아내가 중절수술한 후 목이 없는 아기를 유리병에 넣어 오자 남편이 "인종학 제일장"이란 글자를 써서 붙이고 나서 웃는다는 단편소설 「제일장」(1957), 사람에게 잡혀 집안에 갇힌 매 한 마리가 오랫동안의 길들이기 끝에 인간성과 수성(獸性)을 조화시키게 되고 배가 고프면서도 위엄을 차리기 위해 초식을 거부하는 것처럼 판단되었으나 그 집에서 유일하게 친절하게 대해주었던 소녀의 눈알을 빼먹는다는 섬뜩한 장면을 설정한 단편소설 「초식」(1977) 등을 발표하면서 전율, 공포심, 아이러니 등을 자극하여 상상력을 발휘한다.

윤후명은 「돈황의 사랑」, 「바오밥나무」, 「모든 별들은 음악소리를 낸다」, 「누란의 사랑」, 「섬」 등의 단편소설에서 환상의 수법을 적극 구사함으로써 대상에 얽힌 지식을 제공하고, 향수를 자극하고, 근원의 개념을 떠올리게 하고, 오늘의 독자들에게 먼 곳과 보이지 않는 것에 눈길을 돌리게끔 한다. 이런 소설들을 통해 돈황, 누란, 중동지방, 바오밥나무, 엉겅퀴, 열대식물, 상어 등에 대한 정보를 들으면서 현대인들은 잠시나마 휴식을 취하게 된다.

「예술가에 대해」라는 글에서 예술가의 천재성을 창조적 상상력, 천재성, 영감 등으로 3분하여 자세히 논한 헤겔은 상상력과 기억의 상보성을 강조했다. 상상력(Phantasie)은 창조적인 것이기에 가장 뛰어난 예술적 능력이 되었다고 하면서 "이 창조적 행위를 하기 위해서는 우선 현실을 포착하고 이를 형상화하는 재능과 감각이 있어야 한다. 이는 주의 깊게 듣고 봄으로써 현존하는 다양한 형상에 대한 인상을 정신 속에 간직하는 일이다. 그런 행위에는 다양한 형상들이 드러내는 형형색색의 세계를 보존하는 기억력도 포함된다. 대체로 개성이 있는 위대한 인물들은 거의 항상 뛰어난 기억력을 지니고 있었듯이 예술가도 많은 것을 보고, 듣고, 마음 속에 간직해야 한다. 왜냐하면 인간은 자기가 관심을 두는 것을 기억하고 이를 통해 자기의 심오한 정신으로 하여금 무수한 대상들에 대해 관심을 넓히게 하기 때문이다"317)와 같이 상상력은 뛰어난 기억력을 바탕으로 현실을 포착하고 형상화하는 능력을 전제로 해야 한다고 했다. 말하자면 상상력은 기억이라는 밭에서 현실포착과 형상화라는 얼매를 맺는 것으로 비유할 수 있다. 상상력론의 고전은 빌헬름 딜타이에서 찾을 수 있다.

① 공상(Phantasie)은 우리에게 경이(Wunder)로, 완전히 다양한 현상에 있는 사람들의 일상적 활동으로부터 벗어나 경이로 맞서긴 하지만, 공상은 확고한 기본과정의 특이한 힘에 근거를 둔 특정 인간의 강력한 기구의 하나에 지나지 않는다. 그러나 이런 기구로부터 정신적 삶이 자신의 일반적 규칙에 맞게끔 인습적인 것과 어긋나버리는 형상을 만들게 된다.318)

② 기억에 의존하지 않은 상상력(Einbildungskraft)이 없는 것처럼 상상력의 한 측면을 함유하지 않은 기억(Gedächtnis)도 없다. 동시에, 회상(Wiedererinnerung)은 변형(Metamorphose)이다. 그리고 이런 인식은 심적인 기본적인 과정과 우리의 창조적 가능성의 가장 큰 성취 사이의 관계를 보이게 해준다.319)

③ 이러한 측면에 따라 지각(Wahrnehmung), 기억(Gedächtnis), 재생

---

317) 헤겔, 『헤겔미학 1』, 두행숙 역, 나남출판, 1996, 2001, p.403.
318) Wilhelm Dilthey, *Das Erlebnis und die Dichtung*, Vandenhoeck & Ruprecht in Göttingen, 1965, 14.Auflage, s.127.
319) 위의 책, s.129.

(Reproduktion)의 단순한 진행과정의 힘 속에서 작가의 기구가 스스로 드러나게 되며 이러한 지각, 기억, 재생의 진행과정을 수단으로 다양한 본성, 성격, 운명, 상황 등의 형태가 의식 속에서 드러나게 된다. 기억(Erinnern) 자체 속에서 상상력과 아주 가까운 일면을 파악하게 된다. 변형은 우리들의 영혼 속에 있는 형상들의 모든 생명을 완전히 지배한다. 이러한 변형은 우리의 외관의 진기한 현상 속에서도 발견된다.320)

④ 앞서 살펴본 것처럼 공상(Phantasie)은 전체적인 정신적 연관 속에 밀착되어 있다. 일상생활 속에서 이루어지는 모든 표현행위는 체험한 바를 자기도 모르는 사이에 변형시켜 버린다. 소원, 공포심, 미래의 꿈 등은 현실을 뛰어넘는다. 모든 행위는 현존하지 않는 바로 그 것에 대한 표상에 의해 결정된다.321)

⑤ 상상력(Einbildungskraft)은 꿈의 형식으로 자기도 모르게 나타나는 것으로, 꿈은 모든 시인들중 가장 오래된 시인이다. 인간이 스스로 현실의 속박으로부터 벗어나고자 애쓸 때 상상력은 삶 자체 속에서 자기 마음대로 제2의 세계를 창조해낸다.322)

①에서 ⑤까지의 딜타이의 상상력론은 공상도 인간의 강력한 정신기구의 하나다, 기억과 상상력은 상보관계에 있다, 회상은 사실의 재현보다는 변형에 가깝다, 지각·기억·변형이다, 상상력은 제2의 세계를 창조해낸다 등과 같이 요약된다. 딜타이가 소설의 창작과정을 지각― 기억― 재생의 과정으로 요약한 것은 기억의 기능을 강조한 것으로 볼 수 있다.

노에 게이치도 체험과 경험을 구별하는 데서 출발하여 '체험을 말하는 것'

---

320) 위의 책, s.129.
321) 위의 책, s.130.
322) 위의 책, s.131.

은 지금 현재의 지각상황을 묘사하고 기술하는 것을 의미하는 것으로 '경험을 말하다'와는 다르다고 하였다.

> 다시 말해 경험을 이야기하는 것은 과거의 체험을 정확하게 재생 또는 재현하는 것이 아니다. 그것은 그대로의 묘사나 기술이 아니라 '해석학적 변형' 또는 '해석학적 재구성'의 조작이다. 그리고 체험을 경험으로 해석학적으로 변형하고 재구성하는 언어장치가 바로 우리의 주제인 이야기행위이다. 그러므로 이야기행위는 독립된 체험에 맥락과 굴절을 주어 새로운 의미를 부여하는 반성적인 언어행위라고 할 수 있다. 즉 '체험'은 이야기되는narrate 것에 의해 '경험'으로 성숙될 수 있는 것이다.323)

아무리 과거사실의 객관적 재현에 힘쓴다고 하더라도 소설적 이야기는 주관적이며 현재적인 해석에 의한 체험의 재구성에 지나지 않는다는 것이다.

폴 리쾨르는 『폴 리쾨르, 비판과 확신』에서 개인의 기억이 아닌 집단기억이 바로 역사의 가장 큰 자료이며 밑그림이라고 했다. 그는 유럽에서 1933년에서 1945년 사이에 벌어진 참상들의 증인들이었던 그 마지막 세대에 속한다고 하면서 그때의 집단기억은 굴욕, 죄의식, 찬양, 증오와 경배의 장소였던 집단기억에 들어있다고 밝힌 후, 집단기억의 개념을 상정한 필요성을 역설하였다.

> 예컨대 19세기 역사의 대부분은 정치권력의 역사였습니다. 그 당시 역사는 국가의 위대함에 대한 봉사, 집단 기억에 대한 봉사로서 생각되었습니다. 역사는 집단 기억에 대해 자신의 비판적 경계 기능을 행사하지 않고 오히려 그것을 강화하기에 이르렀습니다. 공식 역사는 말하자면 비판되는 대신에 공식화된 집단

---

323) 노에 게이치, 『이야기의 철학』, 김영주 옮김, 한국출판마케팅연구소, 2009 pp.107-08.

기억이라고 할 수 있습니다. 저에게 있어서 역사의 집단 기억의 이와 같은 변증법은 매우 흥미로워 보입니다. 그리고 이 두 요소는 서로 번갈아가며 주도권을 쥐게 됩니다. 기억은 다음과 같은 두 가지 기능을 갖습니다. 기억은 시간의 축 위로 이동하면서 시간적 연속성을 보장해 줍니다. 또한 기억은 나를 알아보도록 해주고 '나', '나의'라고 말하게 해줍니다.324)

역사소설이란 유형이 일러주고 있는 것처럼 작가는 전쟁, 내란, 재난 등과 같은 대사건에 얽힌 집단기억을 갖고 있지 않아도 소설을 쓸 수 있지만 집단기억이 있으면 특정 감정의 뒷받침을 받아 보다 실감나는 소설을 쓸 수 있는 것도 사실이다.

스탠리 코엔(Stanley J.Coen)은 "창작과 독서에 대한 정신분석학적 접근"이란 부제가 붙은 『작가와 독자 사이에서』(*Between Author and Reader*)(1994)에서 창조성(creativity)을 새롭게 설명했다.

> 나는 창조성의 두 가지 다른 의미들에 대해 접근하였다. 보통 창조력을 독창적이고 의미있고, 중요하고, 아름다운 것을 만드는 것으로 생각한다. 창조력을 전에는 근본적으로 달랐던 것을 종합하고 통합하는 것으로 생각한다. 작가들에게서는 비속하고, 추악하고, 위험한 인생의 측면을 신기하게 표현하는 것에 적용한다. 삶의 암흑면의 창조적 표상은 이러한 글쓰기의 주요주제와 과업이다. 창조력의 두번째 의미는 잘못된 것을 대면하고 통합함으로써 변화시킬 수 있는 능력을 의미한다. 암흑을 대낮의 빛 속으로 낳게 하는 것은 창조행위다. 성서의 표현을 빌리면 무에서의 창조다.325)

---

324) 폴 리쾨르, 『폴 리쾨르, 비판과 확신』(*La critique et la conviction*) 1995), 변광배 · 전종윤 옮김, 그린비출판사, 2013, pp.234~35.
325) Stanley J. Coen, *Between Author and Reader*, Columbia University Press,1944, p.182.

첫 번째 기능은 진실을 파헤치고 제시하는 것을 말하며 두 번 째 기능은 권선징악으로 표현할 수 있다. 하이데거 식의 은폐/개방의 논리를 떠올리게 한다.

2.

프로이트는 예술을 현실과 환상 사이를 오가고 쾌락원칙과 현실원칙 사이를 오가는 것으로 파악했다.

> 예술은 아주 독특한 방식으로 쾌락 원칙과 현실 원칙, 이 두 원칙을 화해시킨다. 예술가란 본디 처음부터 스스로가 현실이 요구한 본능적 만족의 포기를 받아들일 수 없기 때문에 현실에 등을 돌린 사람이다. 따라서 그는 환상적인 삶 속에서 자신의 야심에 가득 한 소망과 성애적인 소망을 마음껏 펼쳐 보이고자 하는 사람이라 할 수 있다. 그러나 그의 환상을 다른 사람들이 진정한 현실의 반영이라며 높게 평가하는 새로운 종류의 진실로 바꾸는 자신의 특별한 재능을 십분 활용하여, 환상의 세계에서 다시 현실의 세계로 되돌아오는 방법을 찾아내는 사람이기도 하다. 그러므로 그는 외부 세계에 어떤 현실적인 변화를 꾀하는 긴 우회로를 택하지 않고서도 자신 스스로가 영웅이 되고, 왕이 되고, 창조주가 되고, 혹은 그가 바라는 소망스러운 존재가 되는 것이다. 하지만 예술가가 이렇게 될 수 있는 것은 그와 마찬가지로 다른 사람들도 현실에 의해 강요된 포기와 그에 뒤따르는 불만을 똑같이 느끼기 때문이다. 그리고 쾌락원칙을 현실 원칙으로 대체함으로써 비롯된 그와 같은 불만이 바로 현실의 한 부분이기 때문이기도 하다.326)

---

326) 프로이트, 『정신분석학의 근본개념』, 윤희기 박찬부 옮김, 열린 책들, 1997년 초간, 2014년 재간 15쇄, pp.19~20.

프로이트의 창조적 이론이기도 한 쾌락원칙, 현실원칙, 열반원칙 등을 착실하게 공부한 마르쿠제는 이성과 공상의 차이, 공상과 상상의 차이를 밝히는데까지 나아갔다.

"공상은 심적 구조 전체에서 가장 결정적인 기능을 수행한다. 그것은 무의식의 가장 깊은 층을 의식이 생산해 내는 최고의 산물(예술)에 연결시키고, 꿈을 현실과 연결시킨다"327) 등과 같이 공상의 연결기능을 설명했고 "이성은 불쾌하기는 하지만, 유용하고 옳은 것이다. 반면에 공상은 유쾌한 것이기는 하지만, 무용하고 진실이 아니다. 그것은 단순한 유희이고 백일몽이다. 이렇게 해서 공상은 쾌락원리의 언어를, 억압으로부터 자유의 언어를, 금지된 욕망과 만족의 언어를 계속 말하게 된다. 그러나 현실은 이성의 법칙에 따라서 발전하고, 결코 꿈의 언어에 관여하지 않는다"328)와 같이 공상과 이성의 차이를 설명했다.

"상상은 개인과 전체, 욕망과 그것의 실현, 그리고 행복과 이성을 화해시키려는 꿈을 지니고 있다. 비록 이런 조화가 기성의 현실 원리에 의해서 유토피아의 영역으로 추방되어 버렸지만, 상상은 그 조화가 반드시 실현되어야 하고, 또 실험될 수 있다고 주장하며, 또 환상의 배후에는 지식이 있다고 주장한다"329)와 같이 상상력은 조화라든가 화해의 꿈을 지니고 있다고 하였다.

이승우의 「전기수(傳奇叟) 이야기」(2006)는 논술과외를 해서 돈번 대학동창과 의기투합해서 "서울, 21세기 전기수"라는 그럴 듯한 이름의 싸이트를 열고 본격적으로 이야기사업을 시작하는 여성을 등장시킨다. 아내는 "두려

---

327) 허버트 마르쿠제, 『미학과 문화』, 최현・이근영 옮김, 범우사, 1982, 1999, p.74.
328) 위의 책, p.75.
329) 위의 책, p.76.

움과 불안 때문에 세상의 현란한 불빛 속으로 차마 얼굴을 내밀지 못하고 검고 어두운 구멍과 같은 공허 속에 스스로를 유폐시킨 불쌍한 영혼들"(p.104) 이 조선시대 문맹의 숫자보다 많을 것이라고 하면서 이들이 지닌 "소통에의 욕구"를 충족시킬 필요를 느끼게 된다. 책을 읽어주거나 이야기를 들려주는 사람을 모집하고 교육시켜 회원들에게 보낸다. 아내의 부탁으로 화자가 되어 59세된 남자에게 이야기하나 나중에 "30년을 숨어산 노인의 비밀"을 듣게 된다. 결국 그 노인도 고해성사하고 세상을 떠난다

> 타인에게 이야기를 하는 일이 그렇게 에너지 소비가 많은 노동인 줄 몰랐어. 우리 머릿 속에 있는 이야기는 하나의 이미지 덩어리로 존재하지. 그것을 이야기로 풀어낸다는 것은 그 이미지에 육체를 부여하는 과정이야. 자잘한 세목(細目)의 연쇄가 이야기-육체이기 때문이지. 덩어리인 이미지를 세목으로 잘게 분리한 다음 사슬로 잇듯 일일이 연결해야 해. 그것이 누군가에게 어떤 이야기인가를 할 때 우리 안에서 일어나는 과정이야. 세목들은 일차적으로 기억 속에서 불러내져야 하지만, 그런 일이 일어나지 않을 때는, 즉 기억이 제기능을 수행하지 않을 때는, 지어내기라도 해야 하지. 지어내는 일이야 말할 필요도 없고, 기억을 재생하는 것 역시 보통 노역이 아니라는 걸 그때 알았어. 나는 거의 탈진상태였지.330)

작중 화자이자 주인공이 이야기를 들려준다든다든가 이야기를 만들어내는 것은 소설쓰는 행위와 비슷하다. 이야기 하는 과정에서 또 소설쓰는 과정에서 "기억"의 작동을 확인하게 된다. '나'는 책을 들고 가서 낭독하는 대신 이 책 저 책에 얽힌 이야기를 만들어 들려주는 화법을 택한다.

"신화나 전설, 소설, 텔레비전 드라마, 우화, 코미디, 신문기사, 법어나 설교까지 써먹었어. 내 경험담도 사이사이에 끼워넣었고, 나중에는 이야기

---

330) 이승우, 『오래된 일기』, 창비, 2004, p.116.

의 목록을 만드는 일이 그리 힘들지 않게 되더군. 아니, 그보다 그게 별로 중요하지 않다는 쪽으로 생각이 바뀌어갔어"331)와 같이 이야기를 만들어내는 요령을 터득해가고 있음을 보여준다.

작가는 소설을 쓸 때 어떤 태도를 취하느냐에 따라 또 어떤 의도를 갖고 어떤 방법을 쓰느냐에 따라 여러 가지 모습으로 나타난다. 제럴드 프린스(Gerald Prince)의 서사학사전(Dictionary of Narratology)332)에서는 소설의 화자로 분석적 화자(analytic author), 상상적 작가(implied author), 극적 화자(dramatized narrator), 초점화자(focalizer), 이종제시화자(heterodiegetic narrator), 동종제시화자(homodiegetic narrator), 프로타고니스트로서의 나("I" as protagonist), 증인으로서의 나("I" as witness), 공적 화자(impersonal narrator), 감추어진 화자(covert narrator), 여기저기 참견하기 좋아하는 화자(intrusive narrator), 전지적 화자(omniscient narrator), 극화되지 않은 화자(undramatized narrator), 신뢰할 만한 화자(reliable narrator) 등을 제시했다.

「전기수 이야기」에서 '나'는 휠체어를 타고 다니는 노인에게 의무삼아 이야기해주다가 서로 속을 털어놓는 사이가 된다. 어느덧 '나'는 노인의 반응에 관계없이 내 이야기하는데 주력하게 된다. "들음으로써 그가 얻는 것보다 말을 함으로써 내가 얻는 이득이 크다면 누가 누구에게 의지하고 있는 것지? '듣는 자'가 아니라 '말하는 자'가 사람의 본성에 더 가까운 것이 아닐까"333)와 같은 의문은 사람은 독자보다는 소설가가 되고 싶어한다는 속설을 일깨워준다.

정찬의 단편소설 「죽음의 질문」은 소설은 순수함으로서의 무상성을 보여주어야 한다는 색다른 당위론을 제시하였다.

작가 K는 다섯 번째 장편소설을 완성하고 허탈감과 착잡함에서 헤어나지

---

331) 위의 책, p.120.
332) Gerald Prince, *Dictionary of Narratology*, University of Nebraska Press, 1987, pp.1~103.
333) 이승우, 『오래된 일기』, p.123.

못한다. 등단 직후 본격소설을 썼던 초심을 버리고 상품에 불과한 장편소설을 썼다는 자괴감에서 빠져나오지 못한 것이다. 그는 울적한 심사를 달래기 위해 소양호반에 있는 청평산으로 간다. K는 경춘선 기차 안에서 또 청평산 정상에서 잠간 잠들었을 때 누군가 자기를 쫓아다니고 감시하는 것을 느낀다. 작가로서 최선을 다하지 못했다는 자의식은 누군가에게 쫓기고 있고 관찰 당하고 있다는 환상으로 빠지게 한다. 경운산장에서 저녁 식사하고 잠자다 깨어 검정색 양복을 입은 1960년대 스타일의 청년의 방문을 받는다. 이 청년은 작가는 인물을 창조하고 그 운명을 결정하는 뜻에서 신이라고 했고 작가는 영원을 응시하는 존재이기에 경의의 대상이 된다고 하였다. 청년은 K의 처녀작 「죽음의 질문」의 창작동기를 고아의식으로 설명하면서 이런 고아의식은 눈앞에 보이는 것을 경멸하게 만들면서 부재하는 것들을 향한 그리움을 빚어내었다고 한다. 여기에 암울한 정치현실도 정신의 공허를 부추겨 마침내 모든 호기심을 상실하여 "무상성"이라고 할 수 있는 상태가 되었다고 하였다.

소설의 세계는 허구입니다. 허구 속의 인물은 그가 아무리 탁월해도 소설 밖으로는 한 발짝도 나갈 수 없습니다. 소설 속에서는 놀라운 능력을 발휘하는 존재가 현실의 시간 속으로는 단 한 발짝도 내디딜 수 없다는 것. 이것이야말로 무상성의 극치라고 선생님은 생각하셨던 것입니다. 극치란 하나의 불꽃입니다. 그 불꽃을 본 순간 죽은 듯이 움직이지 않았던 선생님의 근육은 요동을 쳤습니다. 그리하여 선생님은 무상성의 가장 깊은 곳으로 뛰어 들어가셨던 것입니다. 하지만 그곳은 더 깊은 죽음의 세계였지요. 소설이란 무상성의 극치니까요. 이 기막힌 역설이야말로 삶의 신비지요. 조금 전의 물음에 대한 답이 자연스럽게 나왔군요. 선생님 소설의 뿌리는 바로 무상성이었습니다.[334]

---

334) 정찬, 「죽음의 질문」, 『춘천에서 만나다』, 유인순 편, 솔과학, 2013, p.345.

몇 번 말을 주고받곤 하더니 청년은 "무상성을 무의미성이라는 말로 대치할 수가 있습니다만 순수성이라는 말로도 대치할 수가 있지요. 아무것도 바라지 않는다는 것. 바라기는커녕 바람 그 자체가 없다는 것. 이것이 순수가 아니고 무엇이겠습니까. 무상성의 순수지요."라고 하면 "인간이 신으로 변할 수 있는 마술의 구슬이 바로 무상성의 순수지요. 선생님은 그 마술의 구슬을 통해 신으로 변신하셨고, 「죽음의 질문」이라는 놀라운 작품을 세상에 내놓으셨던 것입니다"335)이라고 하였다. K가 자네의 정체가 무엇이냐는 물음에 청년은 선생님이 무상성을 바탕으로 하여 창조하여 천사의 영혼을 불어넣은 존재라고 하면서 K가 무상성을 버리는 순간 신의 자리에서 추락하였기 때문에 지금은 작가가 아니라고 하였다. 「죽음의 질문」의 인물로 태어난 청년은 그 후 K가 무상성을 지키지 못한 바람에 생명력이 떨어지고 말았다고 불만을 터뜨린다. 자신의 명망은 값싼 대중작가의 명망과는 다르다고 하는 K의 변명을 받아들이지 않는다. 청년은 선생님은 더 이상 작가가 아니다, 영원을 응시하지 못하고 있다, 선생님이 만든 인물들은 다 쓸쓸하게 죽어가고 있다 등등의 말을 하여 K를 괴롭힌다. 실제 작품에서는 청년과 K의 대화는 꿈 속에서 이루어진 것인지 K의 환상 속에서 이루어진 것인지 모호한 데가 있다. 다음날 아침 식당 아주머니는 산장 안에서 K의 주검을 발견하게 된다.

기억이 직접체험과 연결되어 있는 것이라면 상상력은 독서체험을 중심으로 한 간접체험에 의해 형성되는 경향이 있다. 기억과 상상력이 같이 살아나려면 직간접적인 체험의 뒷받침을 받아야 한다. 오늘날 작가들은 과거의 작가들보다는 비개성적이며 제한된 직접체험의 양상을 보이고 있다. 매스콤의 발달과 소통매체의 증폭은 개인의 삶을 비슷한 태도와 관심사로 몰아가는 경향이 있다.

---

335) 위의 책, p.346.

제14장 현상학적 시각

제14장 현상학적 시각

1.

사실이 아닌 기록이나 거짓의 기록을 주장할 때 "소설 같은 이야기", "소설을 쓰지 말라"고 한다. 허구와 거짓말은 동의어로 사용되기도 하시만 다른 말로 인식되기도 한다. 거짓말은 도덕적으로 부정의 개념이지만 허구라는 말은 부정과 긍정을 초월해 있다. 허구는 이야기를 꾸며낸다는 뜻을 지니고 있지만 단순히 거짓말을 한다든가 공상담을 늘어놓는다는 것은 아니다. 소설이 이야기를 만들어 내고 꾸며내는 의도를 알아야 한다. 소설은 진실이나 앎을 가져다주기 위해 이야기를 만들어낸다. 사실이나 진실을 들려주기 위해 거짓말을 의도 한다는 것이다. 소설은 진실의 탐구나 전달을 목표로 삼고 허구를 방법으로 삼는다. 소설에 의해 사실이 만들어지는 경우가 많다. 역사기록이나 신문기사나 자서전에 의해 1차로 확정된 사실은 소설에 의해 2차로 확정된다. 3류소설, 통속소설, 환상소설 등을 세외한 대부분의 소설은 사실이나 진실을 만드는 방법의 하나가 된다. 개방/은폐, 진리/허위, 삶/죽음 등의 세계를 내세우며 진실, 진리를 제시하는 것을 가장 큰 목소리로 표방했던 것은 리얼리즘이었지만 사실이나 진실의 발견과 표출에 대한 철학은 현상학에서 찾아볼 수 있다.

알베레스는 누보로망을 논하는 자리에서 "인식의 고전적 이론에 있었던 경우로서, '보여지는' 세상과 '보는 자'로서의 작가라는 것은 이미 존재하지 않게 되었다. '보여지는' 세상과 '보는 자'로서의 작가가 서로 뒤섞여 있는 복합적인 총체가 있을 뿐이다. 새로운 소설은 '현상학적'인 것이다"336)와 같이 현상학적 발상에서 진실의 기록을 향한 의지를 중심으로 한 새로운 소설을 예견했다.

> 소설적인 갈등은 따라서 이와 같은 경우에는 꾸며낸 이야기의 허구적 인물 사이에서 생기지 않고 저자와 저자의 환각 사이, 작가와 그의 세상을 보는 '비전' 사이에서 일어난다. 이것은 안정의 문제이다. 만약 현실 세계가 존재한다면 그 현실세계 스스로가 이루는 영상과, 소설가가 세계와의 관계로써 이루려고 시도하는 영상이라는 두 개의 '허상'을 일치시키는 것이 문제가 된다. 따라서 소설은 '문자의 갈등'이 된다.337)

알베레스는 저자와 저자의 환각, 작가와 그의 비전 사이의 틈에 착안하였다. 현실세계가 자동적으로 보여주는 영상과 소설가가 빚어낸 영상이 따로 존재한다고 보는 데서 소설가와 현상학자는 근접한다.

"존재자로부터의 존재의 배제와 존재 자체의 의미해명이 바로 존재론의 과제다.", "존재의 의미에 대한 지도적인 물음을 동반한 탐구는 철학일반의 근본물음에 도움을 준다. 이런 질문에 대한 처리방법이 바로 현상학적인 것이다.", "'현상학'이라는 표현은 본질적으로 '방법개념'(Methodenbegriff)을 의미한다. 현상학은 철학적 탐구의 대상의 본질이 무엇인가를 성격화하기보다는 그 대상의 존재방식을 성격화하는 것이다.", "현상학이라는 표제는 "사

---

336) 알베레스 저, 『현대소설의 역사』, 정지영 역, 중앙신서, 1978, p.247.
337) 위의 책, p.248.

실 그 자체로!"(zu den Sachen selbst!)로 공식화될 수 있는 원칙으로 표현된다"338) 등과 같은 말은 현상은 사실과 동의어임을 주장한다. 현상학은 존재론의 한 방법으로 "사실 그 자체에" 관심을 둔다. "사실 그 자체에"는 현상학과 소설의 공동목표가 될 수 있다.

"현상학이라는 말은 현상과 로고스라는 두 가지 요소로 나누어진다" "겉으로 보면 현상학이라는 표제는 신학, 생물학, 사회학 등과 같은 학문에 응해서 취해진 것이다. 이런 분야의 말들은 신, 생명, 공동사회 등에 대한 학문으로 바꿀 수 있다. 이에 따라 현상학은 현상에 대한 학문이 된다(Äusserlich genommen ist der Titel Phänomenologie entsprechend gebildet wie Theologie, Biologie, Soziologie, welche Namen übersetzt werden : Wissenschaft von Gott, vom Leben, von der Gemeinschaft. Phänomenologie wäre demnach die Wissenschaft vonden Phänomenon"(s.28)), "현상의 그리스어 어원은 스스로를 드러내는 것(das, was sich zeigt), 자기현시(das Sichzeigende), 개방하는 것(das Offenbare)을 의미한다", "현상이라는 표현의 의미는 자기 자신에게 자아를 드러내는 것(das Sich-an-ihm-selbst-zeigende)과 개방 (das Offenbare)으로 파악된다"339) 등과 같은 부분에서는 현상은 신, 생명, 공동체 등과 같은 단어와 상통하는 것임을 알게 되며 '현상'의 어원을 스스로 드러내는 것, 자기현시, 개방하는 것으로 확인하게 된다. 현상은 현시나 개방과 동의어가 된다. 현상은 신, 생명, 공동사회 등을 주요 구성요소로 삼고 있는 만큼 현상학은 기본적으로 소설의 정신과 상통하는 것으로 볼 수 있다. 소설은 인간은 이상을 생각할 줄 아는 존재라는 신학의 발상에서도 배우고, 인간은 육신으로 이루어진 존재라는 생물학적 시각을 취하고, 인간의 삶의 대부분은 공동사회에서 이루어지는 법이라는 사회학적 상상력을 필수로 하고 있기 때문이다.

---

338) Martin Heidegger, *Sein und Zeit*, Max Niemeyer Verlag/Tübingen. Siebente unveränderte Auflage, 1953, s.27.
339) 위의 책, s.28.

"현상이라는 용어와 함께 가상(Schein), 외관(Erscheinung), 단순한 외관(blosse Erscheinung) 등으로 불리우는 식으로 패노메논의 복잡한 다양성은 자기자신을 내보이는 것(das Sich-an-ihm-selbst-zeigende)으로 처음부터 이해될 때 저절로 해결이 될 수 있다"340)에서는 가상과 외관이란 말에 주의하게 된다. 가상은 진상의 반대어이며 외관은 내면의 반대어임을 상기하면 가상과 외관의 차이를 쉽게 짐작하게 된다.

"잡담(Gerede)의 무근거성은 공공성의 입구를 봉쇄하지 않고 오히려 그를 허용한다. 잡담은 사실의 선행적인 헌정 없이 모든 것을 이해하려는 가능성이라고 할 수 있다. (중략) 잡담은 어떤 것으로서 어떤 것에 대한 의식된 지불과 같은 존재방식이 아니다. 근거 없이 말해진 것과 광범위하게 유도된 것은 개방성이 폐쇄성으로 바뀔 수 있는 것으로 내어 놓을 수 있다"341), "잡담 속에 빠져 있는 현존재는 세계내 존재로서 세계(Welt), 공동존재(Mitdasein), 내존재(In-Sein)와 기본적이며 근원적인 존재관계로부터 단절되어 있다"342)는 말은 잡담 속에서 허우적대는 존재는 세계, 공동존재, 내존재와 단절되어 있는 식으로 실존에서 멀어진 존재를 뜻한다.

"잡담은 호기심(Neugier)의 길도 제어하는데 이는 사람들이 읽어야 하고 보아야 하는 것을 말한다. 호기심은 어디에도 있고 어디에도 없다(Das Überal-und-nirgends-sein der Neugier)는 것은 잡담에게도 위임되어 있다. (중략)어떤 것도 감추어두지 않으려는 호기심과 어떤 것도 이해되지 않은 채 내버려두지 않는 잡담은 스스로 호기심과 잡담 속에 존재해 있는 현존재에게 실제의 생생한 인생을 보증한다"343)에서는 호기심과 잡담의 속성을 알 수 있게 되며 동질적인 것임을 이해하게 된다. 잡담에 대한 부정적 인식은 『논어』 제17 "양화(陽貨)"편에 나오는 "공자님은 길에서 듣고 말하는 것은

---

340) 위의 책, s.31.
341) 위의 책, s.169.
342) 위의 책, s.170.
343) 위의 책, s.173 .

덕을 버리는 것과 같다고 말씀하셨다"(道聽塗說 德之棄也)는 구절의 속뜻과 통한다. 도청도설은 곧 잡담이라고 할 수 있다. 1급소설은 잡담(Gerede)을 부정하고 뛰어넘지만 3급소설은 잡담을 만들어내고 유지시키는 것으로 볼 수 있다. 『장자』의 제2편 "제물론(齊物論)"에서의 "큰 지혜를 지닌 사람은 여유가 있지만 작은 지혜를 지닌 사람은 남의 눈치만 본다. 위대한 말은 담담하고 너절한 말은 수다스럽기만 한다(大言炎炎 小言詹詹)"[344]라는 구절도 잡담의 성격을 파악하게 해주는 자료가 된다.

　　일상적인 상호존재에 있어 누구에게나 접근할 수 있고 누구와 아무 말이라도 할 수 있는 그런 사람과 부딪치게 될 때 실제의 이해가 닫혀 있는지 아닌지 구별하기 어렵게 된다. 이러한 모호성(Zweideutigkeit)은 세계(Welt)에까지 뻗쳐 있을 뿐만 아니라 상호존재(Miteinandersein)라든가 현존재의 존재(Sein des Daseins)까지 뻗치게 된다.[345]

잡담과 호기심과 모호성은 타락으로 이어진다.

　　① "잡담, 호기심과 모호성의 현상은 그들 자체에서 이미 존재연관으로 보여지는 방식으로 명시된다.", "잡담, 호기심, 모호성은 현존재가 일상적으로 현(《Da》)가 되는, 즉 세계내존재의 열쇠가 되는 현(《Da》)가 되는 방식을 결정해준다.", "세계에서 타락(Verfallenheit)해 있다는 것은 상호존재가 잡담, 호기심, 모호성을 통해 끌려가는 한에서 상호존재와 동화되는 것을 의미한다."[346]
　　② "시험에 빠뜨리기도 하고 위안을 가져다 주기도 하는 타락이 빚어낸 소외는 고유의 동요 속으로 몰아가 현존재가 자기자신에게 사로잡히게 한다. 위에 제

---

344) 장자 지음, 『장자』, 김학주 옮김, 연암서가, 2010, 2015, p.60.
345) Martin Heidegger, *Sein und Zeit*, Max Niemeyer Verlag/ Tübingen, Siebente unveränderte Auflage,1953, s.173.
346) 위의 책, s.175.

시된 시험(Versuchung)과 위안(Beruhigung)과 소외(Entfremdung)와 자기혼란(Sichverfangen)은 타락의 특별한 존재양식을 특화한다."347)

③ "개방의 일상적인 존재방식은 잡담, 호기심, 모호성 등을 통해 설명된다. 이들 세 가지는 시험(Versuchung), 위안(Beruhigung), 소외(Entfremdung), 혼란(Verfängnis) 등의 본질적인 특징들과 함께 타락의 불안감을 나타낸다."348)

①~③의 인용문들은 타락의 의미를 일러주는 것으로, 타락의 현상은 뤼시앙 골드만이 말하는 문제적 인물과 분제적 상황으로 나타난다.

이기상은 『존재와 시간』의 번역서의 역주에서 "잡담"(Gerede)에 대해 "말은 한번 언어에서 밖으로 말해져 근원적인 세계이해와 존재이해에서부터 떨어져 나오게 되면 말해진 것을 눈앞에 놓여 있는 것으로 간주하여 그 근원을 잃게 될 위험이 생기게 되는데, 이때 세계내존재를 하나의 구분된 이해 안에서 드러내려고 애쓰지 않고 오히려 세계내존재를 폐쇄시키고 세계 내부 존재자를 덮어버리는 구체적 일상성에서의 '말'을 잡담이라고 부른다"349) 와 같이 잡담은 세계이해, 존재이해, 세계내존재와 거리가 먼 결과를 빚어내기 쉽다고 하였다.

전양범은 『존재와 시간』의 번역서의 뒷부분의 해설「하이데거의 생애와 사상」에서 "퇴락"과 그 하위개념인 잡담과 호기심과 애매함에 대해 알기 쉽게 해석했다. "일상성에서는 이미 말한 것처럼 우리는 대개 '사람'에 몰입하여 '사람-자기'가 되어 진정한 자기 자신을 잃고 있다. 이러한 모습을

---

347) 위의 책, s.178.
348) 위의 책, s.180.
하이데거는 『존재와 시간』이 제1부 제5장 Das In-Sein als solches의 B항 Das alltägliche Sein des Da und das Verfallen des Daseins의 하위항을 Das Gerede, Die Neugier, Die Zweideutigkeit, Das Verfallen und die Geworfenheit와 같이 설정했다.
349) 마르틴 하이데거, 『존재와 시간』, 이기상 역, 까치글방, 1998초판, 2009년 9쇄, p.584.

하이데거는 퇴락이라고 불렀다", "현존재는 '이야기'라는 개시성을 가지고 있다. 그러나 일상생활에서 사람들은 유명인의 가십이나 타인의 소문, 유행 따위의 금세 잊어버리는 화제에 열중하는 것이 보통이다. 과연 이러한 이야기가 정말로 우리의 존재를 개시한다고 말할 수 있을까? 분명히 평균적인 이해를 따른 이러한 전달은 널리 다수의 사람들에게 전해진다. 또한 사람들은 그런한 이야기에 따라, 자기 이야기인 것처럼 이야기하기도 하고, 남들이 그렇게 말하니까 그렇다고 동조하기도 한다. 하지만 이야기되는 것을 향한 진정한 관계를 잃은 이러한 이야기는 뿌리를 잃은 헛된 이야기이며, 단순한 '잡담'일 뿐이다. 잡담에서는 이야기의 개시성은 흐려져서 닫혀 있다. 현존재의 일상적인 교류를 지배하는 것은 바로 이 잡담이다." "잡담과 호기심은 언제나 손을 맞잡고 있다. 호기심은 잡담의 화제를 제공하고, 잡담은 호기심의 진로를 결정한다. 흥미본위의 저속한 주간지나 신문, 잡지, 텔레비전 프로그램의 범람은 이것의 좋은 예이다", "단순한 소문에서 시작되어 진정한 자기의 것으로 만들지 않는 이 잡담 속에서는 애매함이 그 내용의 진정성을 잃게 하여 현존재의 가능성을 질식시킨다."350)

『논어』 15편 "위령공(衛靈公)편"에 보이는 "공자님이 말씀하셨다. 무리 지어 종일토록 함께 있으면서 나누는 말이 의에 미치지 못하고 작은 지혜를 행하기 좋아하면 덕을 쌓기 어렵게 된다(子曰 群居終日 言不及義 好行小慧 難矣哉)"는 구절은 인간세계에서 말은 덕이나 진리와는 거리가 먼 '잡담'을 유발하기 쉬운 것임을 암시한 것이라고 볼 수 있다.

앞서 논급한 노에 게이이치(野家啓一)는 기다겐(木田元), 무라타 준이치(村田純一), 와시다 기요카즈(鷲田淸一)와 함께 『현상학사전』을 엮어내었다. "말"(Rede)이라는 항목에서는 "일상적이고 비본래적인 현존재는 세계로 퇴락하여 평균적인 이해가능성 속에 몸을 두고 있기 때문에 말은 당장은 대개

---

350) 마르틴 하이데거, 『존재와 시간』, 전양범 번역, 동서문화사, 1992년 초판, 2013년 3판 7쇄, pp.630~32에서 주요부분을 추렸다.

수다(Gerede)로 화한다. 이러한 모습을 타파하는 것이 침묵하는 양태로 자기에게 향해 말하는 '양심의 부르는 소리'이다"351)와 같이 쉽게 수다로 변할 수 있는 가능성을 제시하였다.

"잡담"이라는 번역어는 말의 질의 낮음을 뜻하는 것이며 "수다"라는 번역어는 "수다를 떨다", "수다스럽다"라는 용법이 있는 것처럼 말의 양이 넘치는 것을 의미한다. 하이데거는 말이 진리와 거리가 멀어지는 현상을 특별히 주목했던 것인 만큼 "잡담"이라는 번역어가 옳을 듯하다. 언외지의(言外之意), 언정이순(言正理順), 언중유골(言中有骨), 언즉시야(言則是也) 등과 같이 말은 이치를 담는 것임을 지적한 단어들이 있는가 하면, 어불근리(語不近理), 어불성설(語不成說), 언어도단(言語道斷) 등과 같이 말과 이치의 거리를 지적한 단어들도 있다. 인간의 타락에 관심을 갖고 인간과 사회에 호기심을 갖는다고 해서 소설은 잡담의 위에 있고, 잡담과 멀리 있다고 생각해서는 안된다. 소설도 "말하는 소설"과 "잡담을 늘어놓는 소설"로 나눌 수 있다.

이청준의 소설「지배와 해방」은 "언어사회학서설"(3)이고 「가위잠꼬대」는 "언어사회학서설"(4)이다. 「가위잠꼬대」의 화자는 「지배와 해방」에서 자서전 대필업을 하는 지욱이다. 지욱은 "자서전 대필에 동원된 내 말들에 믿음을 잃고 방황하던 참에 이정훈이란 소설장이의 '왜 쓰는가'라는 강연을 듣게 된 것이 인연이 되어"(p.154) 역 앞의 2층 다방 '기적'으로 이정훈을 찾아가 평론가 백경태, 시인 강한욱 등과 첫인사를 나눈다. 이들은 자기들의 모임을 입으로 글을 쓴다는 의미에서 "조율실"이라고 부른다. 조율실 멤버들은 시 북쪽 공설운동장 옆에 포장막을 친 부흥회의 강사 안춘근 장로의 이적에 대해 큰 관심을 갖는다. 조율실의 분위기는 이적을 믿고 싶어하는 희망파와 의심하고 조소하는 체념파로 갈라진다. 여기서 지욱은 이정훈과 그의 친구들이 글을 쓰지 못하는 이유를 짐작하게 된다.

---

351) 기다겐 외 엮음, 『현상학사전』, 이신철 옮김, 도서출판 b, 2011, pp.99~100.

말들은 이미 실체와의 약속 단계에서 벗어나 제멋대로 세상을 떠돌고 있어 소설이고 시고 사람이 시도하는 어떤 통일적인 구조 속에 놓일 수가 없기 때문이랬다. 존재의 집을 떠나버린 말들은 그 말들이 지금까지 겪어온 혹사와 학대와 배반으로 하여 이젠 거꾸로 자신들의 독자적인 기능으로 배신의 복수극을 시작했다 하였다.352)

이청준은 문인인 작중인물들을 통해 잡담이 실존을 떠나버리는 과정을 보여주었다. 존재의 집 하면 언어를 떠올리게 되면서 언어는 존재의 집이라고 한 하이데거를 떠올리게 된다. 불교에 不立文字와 같이 참선을 가리키는 말이 있긴 하지만 언어가 없으면 생각을 나타낼 수 없고 생각을 나타낼 수 없으니 대상의 실체를 알기 어렵다. "존재의 집을 떠나 버린 말들"은 실체를 가리키는 기호로서의 기능을 상실한 상태를 가리킨다. 이 사람 저 사람에 의해 말들은 혹사를 당하고 학대 받고 배반을 당한다는 것은 말을 피해자로 놓긴 했지만 앞서 하이데거의 『존재와 시간』에서 잡담을 타락의 한 징후로 파악한 것을 떠올리게 된다. 『장자』의 제2편 "제물론"에서 "말이란 소리가 아니다. 말이란 것은 말로 어떤 생각을 표현하는 것이나, 그 말로 표현하는 생각은 일정하지 않은 것이다(夫言非吹也 言者有言 其所言者特未定也)"353)고 말한 것처럼 언어가 없으면 생각은 할 수도 없고 표현할 수도 없다. 같은 제2편 "제물론"에서 말에는 좌우(左右), 윤의(倫義), 분변(分辯), 경쟁(競爭) 등 8덕이 있다고 주장한 것은 "말로 표현하는 생각이 일정치 않다"는 명제를 보충설명해준다. 김학주의 역주에 의하면 "좌우"는 두 가지 극단적인 주장으로, "윤의"는 이론과 설명으로, "분변"은 분석과 분별로, "경쟁"은 대립과 다툼으로 해석된다.354)

---

352) 이청준, 『자서전들 쓰십시다』, 열림원, 2000, p.155.
353) 장자 지음, 『장자』, 김학주 옮김, 연암서가, 2010, 2015, p.67.

조율실의 멤버들은 글쓰는 것을 업으로 한 이상 말들과의 신뢰를 회복하기 위해 노력했다. 그들은 "말이 말할 수 있는 것을 말하려 하고, 말이 말할 수 있는 방법을 잊지 않으려 자기들끼리 말연습을 하는 것—그게 이를테면 조율이라는 것"이라고 주장하면서 매일같이 기적 다방에 모여 "말들의 허물을 들추어대면서 말들의 배신에 반성과 절망을 되풀이하였다."355) 말이 우리를 부리고 있다고 하고 신문과 텔레비전을 통해 말들이 떼를 지어 다니면서 우리 위에 군림하고 있다는 것을 보면 이때의 말은 단순한 단어나 문장이란 뜻을 벗어나 '생각'이나 '담론'으로 바꾸어 볼 수 있다. "말들은 이제 실체와의 모든 약속에서 해방이 되었다"라든가 "말들은 이제 우리의 생각이나 희망과는 상관없이 스스로 생각하고 기능할 것이다"356) 등과 같이 말이 진실을 배반하는 현상을 점검하는 것은 사람들이 특정한 목적을 가지고 말을 제멋대로 사용했음을 가리킨다. 평론가 백경태, 시인 강한욱은 부흥회를 둘러싼 소문의 진실을 가려내기 위해 부흥회 현장에 나가본다. 강한욱이나 "나"(윤지욱)는 장로가 사기성이 있다는 점에 공감하면서 "말의 가위눌림"에서 깨어나지 못하였다. 현장을 다녀온 강한욱과 다녀오지 않은 윤지욱은 안 장로에 대한 소문의 의미를 거론한다. 두 사람은 자신들 주위에 이제 소문의 형식 밖에 남지 않았다고 한다. 한욱은 "순결을 잃지 않은 말처럼 이 세상과 자신에 대한 구원의 힘이 분명한 것은 없다", "말을 잃는 것은 구원 자체를 잃는 것이 될 수도 있다"357)고 한다.

하지만 이제 우리에게 순결을 지켜갈 정직한 말이 어디 있어. 구원의 능력을 지닌 말들이 어디에 아직 남아 있느냐 말이야. 남은 것은 다만 소문 뿐이지. 슬픈 일이지만 그래. 우리는 그 소문을 살아갈 수밖에 없다는 거야. 소문을 살아가면

---

354) 위의 책, pp.81~82.
355) 이청준, 『자서전들 쓰십시다』, 열림원, 2000, p.156.
356) 위의 책, p.158.
357) 위의 책, p.176.

서 그 소문 속에나마 아직 조그맣게 남아있는 어떤 진실의 씨앗을 새로운 말과 구원의 힘으로 키워나가기 위해 끈질긴 인내와 지혜를 가지고……소문의 그 파괴적인 속성과 진실을 분별하는 지혜 말이야.358)

소설은 소문을 적는 수준에서 멈출 수도 있고 소문 속에서 진실을 찾아내는 작업일 수도 있다. 이청준은 말이 실체와 괴리를 보이는 가장 대표적인 현상으로 '소문'을 들었거니와 말이 실체를 떠난 것으로 상투어, 의례적인 인사말, 기도, 광고어 등을 들 수 있다. 「가위잠꼬대」에서의 "소문"과 달리 소문에는 진실의 전달방법이라는 긍정적 측면도 있다. 한국인들은 언론통제가 심했던 1970년대와 1980년대에 소문의 순기능을 많이 체험할 수 있었다. 「지배와 해방」(1977), 「가위잠꼬대」(1981) 등을 썼을 때만 하더라도 표현자유가 제대로 보장되지 않아 오히려 소문이나 유언비어가 진실을 드러내는 경우가 많았다. 1970년대와 1980년대에 이청준이 "말"의 문제라든가 "소문"의 문제를 다루었던 것은 우연의 소치라고만 보기는 어렵다. 이 무렵의 대다수 지식인들처럼 이청준도 동시대의 신문방송이 사실보도를 제대로 하고 있는 것인가 또 유언비어는 일말의 진실을 담고 있는 것인가 하는 의문에서 헤어나지 못하였다.

니체는 『선악의 피안』의 제 28번 "신뢰할 수 없는 말(Verrufene Worte)"에서 "낙관론과 비관론 같이 염증이 날 정도로 사용된 단어들은 물러 가라! 이런 말들을 사용해야 할 이유는 하루하루 지날수록 없어지고 있기 때문이다. 단지 요설 속에서나 그런 단어들이 불가피할 뿐이다"359)라고 하여 이 세상은 낙관적이지도 비관적이지도 않고 선하지도 악하지도 않은 데 신학자와 교역자를 맹종하여 모멸적이거나 찬양하는 세계관을 가질 필요가 없다고

---

358) 위의 책, p.176.
359) Friedrich Nietzsche, *Menschliches, Allzumenschliches und andere Schriften*, Könemann Verlagsgesellschaft mbH, 1994, s.281.

하였다.

페터 지마는 『이데올로기와 이론』에서 이데올로기 프로파간다에 사용된 말의 가치(Wort-Werte)는 평가절하되었다고 현실을 진단하였다. "민주주의", "자유", "정의", "명예" 등과 같은 단어들은 공허해지고 다른 말로 대치 가능한 언어의 껍질들이 되고 말았다고 한다. 이러한 언어쓰레기들은 시장지향적이고 이윤추구적인 언어의 시체들과 별로 다르지 않다고 하였다.360)

> 가치무관심과 이데올로기 사이에서 이론가들은 양가성의 입장을 취한다. 이 양가성의 입장은 현대시장사회에서 "자유", "정의", "민족주의", "과학성", "미적 특질" 등과 같은 언어들의 가치는 이데올로기적 영역에서 서로 경쟁하는 모순되는 의미들이 달라붙고 있다는 인식에 근거를 둔다.361)

이렇듯 가치지향적인 단어들이 사용자의 자의에 따라 오염되는 현상은 쉽게 볼 수 있다. 20세기에 들어와 작가들 사이에서 언어의 혹사, 언어의 오염 등이 관심사가 된 것에 부응이라도 하듯 문학이론가들은 언어사용방법의 규명을 통해 사상의 규명을 꾀하는 넓은 의미의 형식주의를 제기했다.

조란 콘스탄티노비치는 현상학적 비평과 러시아 형식주의와 영미 신비평의 연구방법론을 하나로 묶으면서 그 차이점들을 찾아내는 것도 잊지 않았다.

"현상학, 러시아 형식주의, 신비평은 기호(Zeichen(Ausdruck))-의미(Bedeutung(Sinn))-대상(Gegenstand) 등의 세 가지 차원에서 다른 시점을 취하는 것이 사실이다", "이들 세 연구방법론은 소위 언어도구화(Wortinstrumentation, Wortinstrumentierung)이라는 공통점을 보인다", "현상학은 의식의 구조를 탐구하고, 러시아 형식주의는 문학작품의 특별한 성격

---

360) Peter V. Zima, *Ideologie und Theorie*, A.Francke Verlag GmbH Tübingen, 1989, s.341.
361) 위의 책, s.343.

을 탐구하며 신비평은 통사적 관점에서 작품을 보려 한다", "시어와 언어외적인 내용을 분리하는 것은 현상학, 러시아 형식주의, 신비평의 공통점이기도 하다"362)등이 보여주고 있는 것처럼 공통점과 차이점을 지적했다.

오스카 발젤(Oskar Walzel)은 그의 저작 『문학작품의 내용과 형태』 *Gehalt und Gestalt im Kunstwerk des Dichters* (1923)에서 실증주의로부터 작품의 비단일성이라는 발상을 얻게 되었다. 발젤에 의해 예술작품은 사상의 풍부함(Ideenreichtum), 사건의 구축, 장면연속, 구조화의 표징, 언어, 시형 등으로 남김없이 분해된다. 오스카 발젤은 문예학의 과제를 '주어진 사상(事象)의 분석'(aus der Analyse der gegebenen Tatsachen)과 '현상의 다양한 구성요소에 대한 역사적 종합'(aus der geschichtlichen Synthese einer grösseren oder kleineren Zahl von Erscheinung)으로 나누었다. 발젤은 실증주의가 대상을 한 외관(Erscheinung)이라든가 현상(Phänomenon)의 우연한 축적으로 파악했다. 그리고 이러한 현상들은 완전히 독립되어 있지 못하고 하나의 의미있는 연관으로 귀결된다고 보았다. 종합에의 욕망(Der Wunsch nach Synthesen)는 20세기가 시작되면서 문예학의 표지로 떠오르게 되었다.363) 훗서얼은 『논리적 분석』(*Logischen Untersuchungen*)의 「전체와 부분에 대한 논지」에서 단일성(Einheit)은 언제나 확대될 수 있고 다복화될 수 있는 자립태이자 비자립태라고 하였다. 문학작품은 여러 현상들의 단일화로서 하나의 총체성이며 여러 가치들의 합계다. 작품의 의미는 부분들의 의미를 통해 결정된다. 오스카 발젤은 "가장 중요한 것은 단테의 시는 총체적이라는 점이다. 당신은 어떤 부분이라도 이해할 수 있도록 결국 모든 부분을 이해해야만 한다"고 엘리오트가 단테론에서 한 말을 인용하였다.364)

에르마팅거(F. Ermatinger)는 『문학작품(*Das dichterische Kunstwerk*)』

---

362) Zoran Konstantinovic, *Phänomenologie und Literaturwissenschaft*, Paul List Verlag KG. .München 1973. ss.54~59.
363) 위의 책, ss.65~67.
364) 위의 책, ss.68~69.

(1921)에서 작품 안에 뭉쳐 있었던 체험(Erlebnis), 사고의 체험(Gedankenerlebnis), 소재의 체험(Stofferlebnis), 형식상의 체험(Formerlebnis) 등으로 분류해내었다. 에르마팅거는 작품을 물려받은 것(Ererbtem), 체험한 것(Erlebtem), 배운 것(Erlerntem) 등과 같은 실증주의적 3요소의 반영체로 보면서 문학사서술의 두 가지 방법 즉 역사적·실증주의적 방법과 철학적·반성적 방법을 하나의 자의적인 수단으로 흡수하려 하였다. 그는 유물론적 실증주의 뿐만 아니라 심리주의로부터도 달아나려 했다.365)

쿨트 뮐러-폴머(Kurt Müller-Vollmer)는 현상학적 이론의 원류를 빌헬름 딜타이에서 찾으며 딜타이가 창안한 정신사의 3요소를 시대정신(Zeitgeist), 세계관(Weltanschauung), 내적 체험(Erlebnis)으로 파악하였으며, 딜타이의 후계자로 에르마팅거, 뮐러-프라이엔휄스, 발젤, 군돌프 등을 꼽았다. 그리고 조란 콘스탄티노비치처럼 에르마팅거의 3가지 체험유형을 제시하였고 더 나아가 군돌프의 원체험(Urerlebnis, basic existential experience)과 형상체험(Bildungserlebnis, formative experiences)을 제시하였다.366)

에드문드 훗서얼(Edmund Husserl)의 『논리적 분석』(*Logische Untersuchungen*)』의 내용을 주관적 문장구조 작업의 파악, 순수한 서술문과 판단 사이의 차이, 명목상의 단어의미의 실질적 내용과 형식적 내용의 차이, 연관된 문장들 사이의 다중성 속에서 순수한 지향대상의 구성방법의 분석 등으로 파악한367) 로만 인가르덴(Roman Ingarden)은 『문학예술작품(*Das Literarische Kunstwerk*)』(1931)에서 현상학을 문학연구에 접목시켜 성층론으로 발전시켰다. 그는 문학작품에는 언어음성조직의 성층(Die Schicht der sprachlichen Lautgebilde), 의미단일성의 성층(Die Schicht der Bedeutungseinheiten), 표상

---

365) 위의 책, ss.70~71.
366) Kurt Müller-Vollmer, *Towards a Phenomenological Theory of Literature*, Mouton & Co·The Hague, 1963, pp.33~37.
367) Roman Ingarden, *Das Literarische Kunstwerk*, Dritte, durchgesehene Auflage, Max Niemeyer Verlag Tübingen, 1965, s.XV.

된 대상성의 성층(Die Schicht der dargestellten Gegenständlichkeiten), 도식적 견해의 성층(Die Schicht der schematisierten Ansichten) 등이 잠복해 있다고 하였다. 모두 68절로 구성된 이 책의 제 7절 "문학작품에 속하지 않는 것은?"에서 (1)작가의 운명, 체험, 심리상황은 작품 밖에서 독립해서 존재한다, (2)독자의 본성, 체험, 심정 상황은 작품 건설에 참여하지 않는다, (3)문학작품 밖에서 대상의 영역과 사실연관의 영역은 분리된다368) 고 하였다.

논리실증주의와 비교되면서 현상학의 목표와 방법론이 보다 선명하게 나타날 수 있다.

> 논리실증주의자(logical positivists)들이 사실들에게 의문의 여지가 없는 믿음을 보낸 반면, 현상학자들은 '사물 자체'(die Sache selbst)에 역점을 둔다. '사물자체로(To the things themselves!)는 현상학의 지배적인 모토다. 이러한 모토를 내걸면서 현상학자들은 사물의 영역은 객관성(objectivity)과 확실성(certainty)의 궁극영역이라는 짐을 인정해왔다. 현상학은 이런 객관적인 영역의 새로운 과학으로 여겨졌다. 이러한 과학의 방법은 이런 영역에서 대상들의 직접이해를 확립하는 것이다. 이러한 직접이해를 현상학적 직관(phenomenological intuition)이라고 한다. 현상학적 탐구의 첫 단계는 이런 편견들과 가정들로부터의 벗어나는 것에 있다.369)

앙티로망의 출현 과정, 앙티로망의 철학, 프랑스에서의 앙티로망론 등을 소개하면서 앙티로망은 문학의 현실일탈과 달콤한 성향을 부정하는 것이라고 한 클로드 모리악의 주장을 받아들이고 있는 박이문의 「사조로서의 앙티로망」(『사상계』, 1961.3)에서는 에드문드 후설의 현상학의 정신이 바탕이

---

368) 위의 책, ss.19~23.
369) T.K.Seung, *Semiotics and Thematics in Hermeneutics*, Columbia University Press, New York, 1982, p.7.

되어 앙티로망이 나타났다고 주장하였다. "현상학이 불변하는 실재, 일관된 논리적 세계를 믿지 않는 데서 나타났듯이 비문학, 반소설도 역시 재래의 철학에 근거를 둔 세계나 인간의 합리성을 거절한데서 출발된 것이다. 인간이나 인간을 둘러싸고 있는 어떤 이야기처럼 짜여진 것이 아니요, 보다 복잡하고 무질서하며 일관성이 없고, 한편 어떤 논리 위에 구축된 인간이나 세계의 의미나 가치 따위도 거짓이 아니냐?"와 같이 의문을 표시한 다음 "인간은 실제에 있어서 일관된 심리로만 움직이지 않고 일관된 이론을 따라서 생활하지도 않으며, 어떤 가치나 윤리의 척도로만 생활하지 않으며, 한편 인간을 둘러싸고 있는 세계도 지리멸렬한 것인데 소설이 정연한 심리에 끌려가는 인간, 일정한 가치를 위해서 꾸준히 살아가는 인간을 그리며, 이론적인 세계를 묘사한다는 것은 전혀 허위가 아니냐? 이러한 자각에서 싹튼 것이 이른바 비문학, 반소설일 것이다"370)와 같이 현상학적 의문에서 앙티로망의 출현배경을 설명했다.

호세 오르테가 이 가제트는 현상학의 방법을 다음과 같이 구체적인 예를 들어가며 설명했다.

"현상학에 관한 몇 가지 이야기"라는 소제목 아래 다음과 같은 내용을 전한다. 저명인사가 임종 직전에 놓여 있다. 병상 머리에 서 있는 부인, 맥을 짚고 있는 의사, 죽음의 장면을 취재하러 온 신문기자, 우연히 온 화가 등 네 사람이 있다. 이 네 사람은 한 사나이의 단말마는 동일한 사실을 지켜 보면서 서로 상이한 관점을 지니고 있다. 하나의 현실은 이것을 상이한 시점에서 보면 많은 상이한 현실로 쪼개지거나 분열된다. 어느 것이 진실이냐 하는 선택은 자의적이며 변덕스러운 것일 수 있다. 아내의 경우에는 남편의 임종은 슬픔과 격렬한 고통 속

---

370) 『사상계』, 1961.3, p.315.

으로 몰아 넣어 사건과 그녀의 인격은 일체가 된다. 아내는 사실을 바라보고 있는 것이 아니라 그 사실 속에서 살고 있다. 의사의 경우에는 이 사건은 직업상의 한 경우로 눈 앞에 벌어지고 있는 사건에 진지하게 달려들 의무는 있지만 슬픔은 전혀 느끼지 않는다. 아내 만큼 전면적인 것은 아니지만 그는 이 상황의 포로가 된다. 최소한의 직업적 양심이 발하는 감동을 가지고 이 슬픈 사건에 생명을 부여한다. 의사라는 직업은 의사에게 사건에의 개입을 강요하고 있는 반면 신문기자라는 직업은 신문기자에게 사건에 관여하지 말고 단지 관찰하는 것만을 요구하고 있을 뿐이다. 신문기자는 이 사실에 생명을 부여하지 않고 방관하는 상태에 있다. 화가는 사건 그 자체에서부터 수천 킬로미터나 떨어져 있다. 사건의 전모를 보려고도 하지 않는다. 그는 사실이 내포하는 비극적인 의미는 그의 지각 밖에 있다. 그는 외재적인 것, 즉 빛, 그림자, 색채에만 주목하고 있다. 화가에게 있어서 심리적 거리는 최대가 되고 감정적 개입도는 최소가 된다."371)

오르테가 이 가제트는 대상에의 접근도는 감정적 개입도에 반응하며 원근도는 사건으로부터의 해방도에 상응한다는 법칙을 붙여놓았다. 우리 사회에서는 이념을 달리하거나 입장이 상반된 사람들 사이에서 "현실을 직시하라"라는 똑같은 말을 듣는 현상을 자주 목격할 수 있었다. 시공간적 배경이 같고 사건이 같은 현실을 바라보는 시각이 전혀 다르게 나타나는 엄연한 현실이 빚어지고 있다는 것이다. 이념적 갈등이 치열한 사회일수록 "현실"이라는 시그니피앙은 동일한데 시그니피에는 상반되기까지한 현상이 나타나고 있다. 오르테가 이 가제트가 동일한 사건을 대상으로 하여 감정적인 개입도와 사건에서부터의 해방도를 변수로 놓은 것만으로는 부족하다. 대부분의 소설가가 일반인들보다는 많이 품고 있는 휴머니즘만 해도 누구를 위한 것이냐 하는 면과 또 어느 정도냐 하는 점에서 차이가 나기 마련이다.

---

371) 우나무노 『생의 비극적 감정』, 오르테가 이 가제트, 『예술의 비인간화』, 장선영 역, 삼성출판사, 1982, pp.355–57.

인간의 현실은 갈등, 혼란, 불안, 미정형의 양상이나 부분으로 다가온다. 현실이란 개념은 나, 너, 우리가 주체가 되어 나타나거나 형성되는 개념이다. '나'의 현실은 그밖의 주체들이 현실에 영향을 줄 수도 있고 반대로 영향을 받을 수 있다. '나'의 현실은 현실축소론이고 '우리'의 현실은 현실확대론이다. 현실축소론은 심리소설, 연애소설 등과 같은 작은 서사로 나타나고 현실확대론은 역사소설, 거대사건소설 등과 같은 큰서사로 나타난다.

동일한 사건도 입장의 차이에 따라 얼마든지 달리 이야기될 수 있다. 앞서 오르테가 이 가제트가 죽어가는 사람을 앞에 둔 사람으로 아내, 의사, 신문기자, 화가 등을 설정하면서 접근의도라든가 시각에 따라 동일한 상황도 얼마든지 다르게 볼 수 있음을 설명해보인 바 있다.

노에 게이치는 일본어로 "이야기하다"(kataru)라는 말은 "속이다"(kataru)라는 단어에서 유래했다는 속설을 소개했다(p.175). 그리고 일례로 교통사고가 났을 때 운전자, 동승자, 경찰, 신문기자 등등의 화자의 입장 차이로 이야기에 미묘한 차이가 있다고 하면서 누가 진실을 이야기하는 것인지는 알 수가 없다고 하였다.

  처음부터 '화자의 시점'이라는 것은 아무런 흠이 없는 투명한 카메라 렌즈 같은 것이 아니다. 그것은 생활의 내력을 통해 양육된 이해와 관심의 원근법에 의해 형성되어 있으며, 또한 감수성의 역사를 내포하는 감성의 필터로 채색되어 있다. 나아가 우리가 '이야기'에 사용하고 있는 언어로 표현한 시점에서, 그것은 이미 사실이나 사태에 대한 틀림없이 정확한 '사상(寫像)'이라고 할 수 없다. 초여름의 바람냄새, 눈부신 감청색 바다를 상대방에게 정확히 전달하기 위해 백만 가지 단어를 사용하더라도 결국에는 헛수고였다는 허무함만 남게 될 것이다. 그와 반대로 한 줄의 시구가 한순간에 눈앞의 익숙한 풍경을 이 세상 같지 않은 모습으로 변하게 해주는 것도 드문 일은 아니다. 그러므로 언어는 사실을 과함도 부족함도 없이 정확하게 묘사하는 사실(寫實)의 수단이 아니다. 그것은 언제나 대상을 '다소' 또는 '과다'하게 '이야기해(속여?)'버리는 변덕스러운 변형장치이다. 그렇다면 '진실'이라는 것은 전적으로 '사실'에 속하는 것이 아니라, 오히려 '사실'과 '거짓' 사이에 존재해야 하는 것이라고 해야 하지 않을까. 그런 의미에서 호모 로쿠엔스(Homo loquens), 즉 '언어를 이야기하는 동물'이라는 호칭은 인간이 '거짓과 진실 사이'에서 살고 있는 존재임을 시사하는 호칭이라고 생각할 수밖에 없다.372)

소설가가 진실을 말해야겠다는 사명감을 갖고 소설을 쓴다고 해도 화자를 내세워 말하는 이상 특정한 시각에 설 수 밖에 없고 한 쪽으로 치우친 판단을 따를 수밖에 없다. 객관적인 사실담은 기대하기 어렵다는 것이다. 소설적 진실은 사실과 거짓 사이에 있는 것이라는 주장은 소설은 허구라는 인식에서 벗어나지 못한 것을 의미한다.

염상섭의 「만세전(萬歲前)」은 처음에는 「묘지」라는 제목으로 『신생활』 1922년 7월호부터 9월호까지 연재되었다. 그 후 『시대일보』에 1924년 4월 6일부터 6월 7일까지 59회에 걸쳐 「만세전」이라는 제목으로 연재된 바 있다. 고려공사라는 출판사에서 단행본으로 나온 것은 1924년 8월이었다. 한일합방 직후의 일본과 조선을 시공간배경으로 하여 조선인의 현실을 새롭게 각성한 끝에 당시 조선의 사회를 묘지로 상정하였다. 조선이 일본의 식민지가 되었다는 기본인식도 뒤로 한 채 일본에서 대학을 다니고 있던 '나'는 아내의 부음을 듣고 다녀오기로 한다. 그 사이에 일본인 순사들과 조선인 형사들로부터 몇 차례 검문을 당하고, 굶주림과 공포감에 찌든 조선인들의 모습을 목격하는 등 예상치 못한 경험을 하면서 '우리'에 눈뜨게 되고 '나'를 각성하게 된다. 시대와 역사에 대한 무관심과 미자각으로 얼룩진 낡은 세계

---

372) 노에 게이치, 『이야기의 철학』, 김영주 옮김, 한국출판마케팅연구소, 2009, p.176.

에서 개안과 각성이 이끌어가는 새로운 세계로 입사하는 과정을 보여주었다. 낡은 세계를 자연주의가 비추고 있었다면 새로운 세계는 비판적 리얼리즘의 조명을 받고 있다.

 소설은 진실의 탐구나 전달을 목표로 삼는 점에서 철학과 같고 허구를 방법으로 삼는 점에서 철학과 다르다. 잡담, 호기심, 모호성, 타락 등과 같은 현상학의 키워드들은 소설에서의 진실탐구라는 문제와 연결시켜 설명할 수 있다. 철학이 철학하기란 말로 대치될 수 있듯이 소설은 소설읽기란 말로 대치될 수 있다. 소설을 통해 구체적인 정보를 얻는 것보다는 진실을 생각하고 가치를 추구하는 계기를 가지며 또 그런 자세를 터득하게 된다.

제15장 진실탐구와 시련

제15장 진실탐구와 시련

1.

봉건사회, 반민주적인 정체, 독재국가에서는 작가가 진실의 탐구와 제시라는 작업을 할 때 검열에 의해 시련을 겪는 일이 발생하곤 한다. 검열은 정치권력이 체제와 정파를 지키기 위해 사전검열이나 사후조치의 형식으로 행사하는 것을 뜻한다. 특히 정치권력이 행사하는 검열의 촉수는 리얼리스트를 겨냥하는 경우가 많다. 20세기 한국문학사는 특히 일제 강점기에 검열의 피해자가 많이 남았음을 보여주고 있다. 검열이라는 것을 전혀 의식할 필요 없이 표현자유가 보장된 국가제도 아래서도 작가들은 독자반응이라든가 비평가의 반응을 의식하면서 작품을 쓰기 마련이다. 작가가 소설을 써가는 사이에 스스로 독자가 되어 끊임없이 독자반응을 유도하는 것은 좋은 작품을 쓰는 요령의 하나가 된다.

이청준의 「소문의 벽」에서 편집장인 '나'와 편집사원인 안형은 박준의 소설에 대해 다른 견해를 표출한다. 안형은 박준의 소설을 "무의미한 한 개인의 내면적 비밀 쪽으로 독자의 관심을 끌고 감으로써 자기 시대의 요구를 배반하여 실패하고 말았다"고 주장한다. 이어 안형이 작가는 절대로 자기 시대양심의 가장 우선적인 요구를 배반해서는 안 된다고 하자 '나'는 모든 작가들이 자기 시대의 요구나 압력을 똑같이 받아들일 수는 없는 것이라고 했다. 안형과 '나'는 작가는 시대의식을 지녀야 한다는 점에 공감하지만 안형이 시대요구나 시대정신을 작가의 필요조건으로 여기는 반면 '나'는 충분조건으로 본다.

리얼리즘이 여러 하위 갈래로 나타났던 것373)을 보면 안형이 좁은 소설관을 지녔다고 단정하긴 어렵다. 박준의 소설 전작을 다 받았으나 한 두 번 연재하나가 중단시킨 R사로 '나'는 박준의 원고를 받으러간다. R사가 선선히 내준 소설의 제목은 「벌거벗은 사장님」이었다. 사장은 호화저택에 살면서 술과 여자의 나체 춤을 즐기는 일에 갔다가 오면 예외없이 운전수를 자르곤 했다. 사장은 감시당하는 것 같아 주의력 결핍을 보였다는 이유로 운전수를 쫓아내곤 했다는 이야기다. '나'는 박준의 두 편의 소설이 또 말썽을 일으킬까봐 게재거부를 당한 것으로 추정한다. '나'는 박준이 작가로서의 진술의 권리를 완전히 박탈당한 것으로 생각했고 "작가적 양심과 현실의 비극을 우화적으로 소설화하고 있는 작품마저 게재가 중단되고 만 것"374)으로 해석했다. '나'는 박준의 주치의 김박사로부터 정전사고가 났을 때 박준이 손전등을 켜들고 병실에 들어와 간호원의 목을 졸랐다는 이야기를 듣는다.

뤼시앵 골드만이 단순한 현실모사론을 넘어서서 "집단의식의 구조화와 유사관계 혹은 상동관계에 놓여 있는 허구적 세계의 창출"375)을 작가의 이상으로 제시한 것과 "소설은 어떤 한 개인의 전기인 동시에 사회적 연대기이기도 하다"376)라고 한 것은 시대나 사회의 진실을 드러내야 한다고 주장

---

373) 예컨대 스테판 코올이 쓰고 여균동이 편역한 『리얼리즘의 역사와 이론』(한밭출판사, 1982)은 플라톤에서부터 20세기에 이르는 유럽의 문학사에서 종합적 리얼리즘, 형식적 리얼리즘, 시적 리얼리즘, 시민적 리얼리즘, 사회주의 리얼리즘, 심리적 리얼리즘, 정황중심적 리얼리즘, 비판적 리얼리즘, 부르주아 리얼리즘 등이 나타났다고 하였다.
374) 이청준, 『소문의 벽』, 열림원, 2003, p.207.
375) 뤼시앵 골드만, 『현대사회와 문화창작』, 천희상 역, 기린문화사, 1982, p.112.
376) 위의 책, pp.115~16.

한 것이나 마찬가지다. 호세 오르테가 이 가제트는 『예술의 비인간화』에서 "현실은 예술가들이 자기로부터 도피하는 것을 방지하고자 언제나 잠복근무를 하고 있다. 그럼에도 불구하고 소위 현실도피를 감행하려는 예술가라면 여간 민첩하고 눈치가 빠르지 않으면 안될 것 같다"377)와 같이 검열을 비유적으로 표현하였다.

「소문의 벽」에서 '나'는 신문에 난 박준의 인터뷰기사를 읽으면서 박준에 대한 궁금증을 풀게 된다. 박준은 한국전쟁때 경찰대인지 지방공비인지 모르는 사람이 자기 정체를 숨기고 비친 전짓불 앞에서 생사를 걸고 엄마가 피아를 구분해야 하는 선택을 강요당했던 일이 있었음을 털어놓는다. 박준은 작품 속에서 어머니의 원체험을 살려내었다. 박준은 엄마가 느낀 공포를 털어놓기 위해 소설가가 되었으며 소설가가 되자 엄마의 공포를 자기 것으로 환치하게 된다. 박준은 소설을 쓰는 것은 "마치 그 얼굴이 보이지 않는 전짓불 앞에서 일방적으로 나의 진술만을 하고 있는 것같다"고 주장하는 데까지 나아간다. 이때의 "보이지 않는 얼굴"은 검열만을 가리키지 않는다. 모든 글쓰기는 특정 독자를 의식하는 상태에서 이루어진다. 작가가 독자를 의식한다는 것은 기본적으로 자기검열에 속한다. 일기 쓰기에서부터 시를 쓰는 행위에 이르기까지 모든 글쓰기는 상상의 독자(implied reader)를 갖기 마련이다. 박준은 자기정체는 밝히지 않으면서 전짓불을 비쳐 공포감을 안겨주는 존재를 상상의 독자로 상정했음을 고백한다. 박준의 누이는 오빠가 자기가 미치면 그때 팔라고 했던 원고를 들고 온다. 이 원고에는 6.25때 마을 청년을 숨겨주자 순경이 전짓불을 방안 가득히 비치며 청년을 못 보았느냐고 다그치는 장면이 들어있다. "박준은 소설을 쓰는 사람인 만큼 무엇보다 자기 소설작업을 그 자신의 진술행위로 이해하고 있었음에 틀림없다"378)와 같이 이청준은 작가의 자기진술에서 소설의 본질을 찾아내고 있다.

---
377) 호세 오르테가 이 가제트, 『예술의 비인간화』, 장선영 역, 삼성출판사, 1982, p.362.
378) 이청준, 『소문의 벽』, 열림원, 2003, pp.133~34.

전짓불이 상대를 복수하고 간섭하기 위해서만 존재하는 만큼 작가는 결국 침묵을 지킬 수 밖에 없지 않느냐는 기자의 질문에 박준은 "괴로운 일이지만 작가는 결국 그 정체가 보이지 않는 전짓불의 공포를 견디면서 죽든 살든 자기의 진술을 계속해 나갈 수밖에 다른 도리가 없는 사람들이다"379)와 같이 답한다. 이는 이청준의 작가관의 정체다. 이청준은 우리 근대소설이 일제의 가혹한 검열제도 아래서 출발하고 전개되었음을 잘 알고 또 표현자유가 충분히 보장되지 않은 1960년대에 작가로 출발했던 만큼, 정체가 드러나지 않은 전짓불로 비유되는 공포를 잘 감지할 수 있었다. 박준이 병원을 탈출하자 '나'는 김박사가 박준을 제대로 치료하지 못했다고 항의한다. 박준은 정신병원에 가서 자신을 광인으로 심판받음으로써 "그 전짓불과 불안한 소문들과 모든 세상일로부터 자신을 해방시키고 싶었던 것"이라고 한다. 그런데 병원은 제2의 전짓불의 추궁을 행사한다. "박사님은 그가 누구보다 큰 진술의 욕망을 지니고 있기 때문에 오히려 더욱 철저하게 그 욕망을 숨기려고 했던, 그러지 않을 수 없었던 박준을 이해하지 못한 것입니다"380)와 같은 '나'의 비난을 통해 박준은 자기진술을 제대로 하지 못해 소설가로서 실패하고, 정신과 의사는 박준의 자기진술을 이끌어내지 못해 소설독자로서는 실패했음을 알게된다.

이청준의 『씌어지지 않은 자서전』(『문화비평』, 1969.3)에서 '나'는 대학 졸업하고 등단하기 위해 여러 잡지와 신문사에 투고하고 기다리던 중 신문에서 필화사건을 읽게 된다. 신문기자를 부정적으로 묘사하여 작가가 신문기자의 요구에 따라 사과한 일과 의사를 그릇되게 묘사했다는 이유로 작가와 신문사가 의사협회의 요구에 따라 연재를 중단하고 사과한 일이 벌어졌다.

---

379) 위의 책, p.143.
380) 위의 책, pp.149~50.

진정한 시민 정신은 정치권력보다도 문학의 존립을 더욱 크게 좌우할 수 있었다. 그의 몰락과 소멸, 혹은 일방적 감시 간섭과 외면 현상은 정치권력 이상의 큰 억압이자 무서운 검열대가 될 수 있었다. 그런데 어찌 된 일인가. 기자들은 문학으로부터 자기 집단의 권익을 앞장서 옹호하고 나섰다. 의사들도 문학을 일방적으로 감시 간섭하고 나섰다. 문학이 한편으론 그 정신과 영혼의 지표격인 '시민'을 잃어가는 징조였다.[381]

기본적으로 소설 공간에서도 자기 속내를 잘 드러내지 않는 이청준도 이 대목에서는 정색을 하고 개탄한다.

나는 직장이 명색 잡지사가 되어 주위에 글을 쓰는 이들이 많은 편이라, 그들의 이야기를 듣고 생각한 것이 대략 이런 것이었다. 말하자면 그런 상황에서는 문학이 거의 불가능한 일이 되고 말리라는 쓰디쓴 소회— 문학예술 활동은 당사자 자신의 자기 검열 과정을 제외하고서도 늘상 다른 두 부류의 감시자들로부터 시달림을 당해오고 있었다. 하나는 거의 언제나 그것을 달갑게 생각지 않는 정치권력이었고, 다른 하나는 의식이 오염된 소시민 대중의 자의적 일방적 간섭과 퇴영적 무관심이었다. 물론 전자의 감시는 오늘날 대부분의 문학예술인들의 오랜 싸움(이 경우 예술 활동을 싸움이라고 말한다면)을 통해 그 최소한의 권리와 역할의 확보가 가능해지고 불편스런 갈등상도 점차 해소의 길이 틔어가는 조짐이었다. 문학예술은 어떤 정치권력의 간섭이나 억압 아래서도 그가 속한 시대와 시민의 정신 속에 얼마든지 정직하고 꿋꿋하고 값있게 존재해갈 수 있음에서였다. 뿐더러 그 불멸의 시대와 시민 정신에 뿌리를 둔 문학은 어떤 권력의 억압이나 소장(所藏)에 관계없이 영구불변하며 그 자체가 곧 문학의 불멸의 목적이기도 한 때문이었다. 소련 밀송파 작가들의 작품이 그 훌륭한 예증이 될 수 있었다. 그

---

381) 이청준 전집 9, 『썩어지지 않은 자서전』, 문학과 지성사, 2014, p.234.

런 작품들은 어떤 권력의 폭압 아래서도 결국은 어딘지 허술한 틈새를 찾아내어 인간 정신의 불굴성과 보편성을 아름답고 힘차게 꽃피워내곤 했다.

그러나 결코 모든 시민 정신 혹은 시민 의식이 문학 작업의 길에 한결같이 미덥고 우호적일 수만은 없었다. 불행하게도 이미 의식의 오염이 심하게 진행된 일부 소시민층은 문학에 대한 진정한 인간 정신의 보편성을 담보 받기가 어려웠다. 때로는 무기력한 자기의식의 몰락과 무중력 진공 상태로, 더욱 위험하게는 적대적 우중의 감시와 간섭으로, 이 파괴적 우중의 집합체는 오히려 문학의 또 다른 억압과 검열 세력인 셈이었다. 그런데 실제의 작품 생산이 전제되고 그 반응으로 자신의 주장과 싸움을 수행해가는 문학 작업에 그 작품 발표가 억제되고 혹은 감시나 외면만 뒤따른다면 그것은 애초부터 무기를 빼앗긴 싸움이요, 그 적수 앞에 손발까지 꽁꽁 묶여버린 꼴이 아닐 수 없었다.382)

실제로 일제 강점기에서 한국작가들은 신문지법(1907.7.24), 보안법(1907.7.27), 출판법(1909년 2월)에 따른 검열제도를 혹독하게 겪었다. 완전 삭제의 조치를 받아 제목만 전해지고 내용은 알 수 없는 것으로는 김팔봉의 「Trick」(1925), 최서해의 「농촌야화」(1926), 이기영의 「호외」(1927), 윤기정의 「빙고(氷庫)」(1927), 한설야의 「새벽」(1929) 등이 있다. 몇 행씩 삭제조치된 것으로는 전영택의 「K와 그 어머니의 죽음」(1921), 김팔봉의 「붉은 쥐」(1924), 조명희의 「동지」(1927) 주요섭의 「첫 사랑 값」(1927) 등이 있다. 단어들이 복자처리된 곳이 남아 있는 작품으로는 조명희의 「농촌사람들」(1927), 「낙동강」(1927), 「아들의 마음」(1928), 송영의 「선동자」(1926), 「석탄 속의 부부들」(1928), 「다섯 해 동안의 조각 편지」(1929), 윤기정의 「미치는 사람」(1927), 「딴 길을 걷는 사람들」(1927), 한설야의 「그 전후」(1927), 「인조폭포」(1928), 이기영의 「민며느리」

---

382) 위의 책, pp.232~34.

(1927), 박승극의 「농민」 등이 있다.383)

압수, 전면 삭제, 단어들이나 행들의 삭제 등의 조치를 받은 소설들은 사실이나 진실을 제대로 기록하려 한 것으로 평가할 수 있다. 위에 제시되지 않은 작품들 외에 몇 단어가 삭제된 정도의 작품들은 매우 많다. 이러한 조치들은 1920년대의 경향소설 뿐만 아니라 해방 전 한국전체 소설의 특질의 하나이기도 하다.

2.

소설가들의 진실 탐구 정신이 소박한 리얼리즘, 진보적 리얼리즘, 변증법적 리얼리즘 등 여러 가지 유형의 리얼리즘을 빚어내었고 소설의 발전을 가져왔다. 리얼리즘은 소설의 정신이요 활무대요 시험장이 되었다. 데미언 그랜트(Damian Grant) 리얼리즘을 대상지향적인 것과 주관지향적인 것으로 나누어 전자를 대응론적 리얼리즘으로, 후자를 통일론적 리얼리즘으로 해석했다. 리얼리즘을 크게 둘로 나누었다.

"리얼리즘이란 말을 사용할 때 리얼리티의 원칙으로 반영되거나 수행된 것으로서의 대응과 통일 사이의 유사한 긴장을 인식할 수 있다. 대응론적 리얼리즘은 흔히 문학의 양심(the conscience of literature)이라고 부르는 것의 표현이다. 이때의 양심은 외부 현실이 외면되거나 경멸될 때 저항한다. 또, 마치 존슨 박사가 부초적이며 방탕한 능력이라고 불렀던 것과 같은, 그런 자유로운 상상력만으로부터 자양분을 추출해내려 하고 또 그것을 위해 존재하려 한다"384)는 대목에서 잘 설명되고 있는 것처럼 현실이나 사실을 제대로 그려야겠다는 작가의 각오는 양심의 지원을 받으며 소설쓰기의 동력

---

383) 조남현, 『한국현대소설사 2』, 문학과 지성사, 2012, p.510.
384) Damian Grant, *Realism*, Methuen & Co Ltd, 1970, 1975, pp.13~14.

으로 강력하게 작용하게 된다.

"반면에 통일론적 리얼리즘(the coherence theory of realism)은 문학의 의식(the consciousness of literature)을 말한다. 즉 문학의 자기파악이며 자신의 존재론적 위치에 대한 깨달음이다. 이때의 리얼리즘은 모방이 아닌 창조에의해 성취된다. 삶의 소재와 더불어 작용하고 있는 창조는 상상력의 중재에 의해 삶의 소재를 단순한 사실에서 벗어나게 하여 보다 고차적인 질서로 번역해낸다. 헨리 제임스는 이러한 과정을 성스럽기까지한 수행이라고 불렀다"385)와 같이 대미언 그랜트는 통일론적 리얼리즘은 주관을 강조하고, 주제를 강조하고, 창조적 진통을 역설한다. 데미언 그랜트가 삶의 소재를 단순한 사실에서 고차적 질서로 바꾸는 의식을 강조한데서 소설창작의 본질을 파악할 수 있다.

"경험의 재료는 감응하는 의식에 의해 의미의 영역으로 안내되지 않는 한 쓸모 없는 것이 된다. 그 방향에 대해 잔뜩 긴장한 정신에 의해 회복되지 않는 한, 인생 자체의 나쁜 사태들은 재미 없고 '따분한 낭비'가 된다. 그래서 제임스가 만든 작중인물들은 '모두 각자의 곤경을 강렬하게 인식하는 사람들이어야' 하고 이러한 인식은 그 작중인물들이 놓여 있는 상황을 고안해내거나 '절대적으로 만드는' 것이다"386)와 같은 주장은 소재라는 단순한 사실에서 작품이라는 고차적 질서로 바꾸는 과정의 의미를 역설하는 의미를 갖는다.

작가의 의식은 진지한 주제의식으로 나타나기도 하고 사명감 어린 창조정신으로 나타나기도 한다.

대응이론(the correspondence theory)은 경험적이며 인식론적이다. 대응이론은 외부세계의 리얼리티에 대한 소박하고 상식적인 리얼리스트의 믿음과 연결

---

385) 위의 책, p.15.
386) 위의 책, p.53.

되어 있으며 (존슨 박사가 돌멩이의 존재를 입증하기 위해 한번 걷어차보았다는 일화에 표현된 것처럼) 이러한 외부세계를 관찰과 비교를 통해 알게 되리라고 상상한다. 대응이론이 제시하는 진리는 일정한 현실에 대응하고, 접하고 또 이 현실을 성실성과 정확성으로 표현내는 그러한 진리다. 이러한 진리는 사실을 기록하고, 범위를 정해주고, 본질을 규정하는 것을 목표로 삼는 실증주의자와 결정론자들의 진리이기도 하다. 「사원에서의 살인」이란 작품에서 베케트는 고발자들에게 '당신들은 사실에 굴복하고 있다'고 말했다. 대응이론은 자동적으로 사실에 굴복하며 또 진리가 사실을 참고하는 가운데 입증되기를 바란다. 대응이론은 민주적이다. 대응이론은 리얼리티를 서술하는데 다수의 전폭적인 동의를 받아 확신을 갖게 되어 이를 객관적이라고 부른다.387)

대응이론의 정신을 사실을 중시하는 실증주의자와 결정론자로 비유하고 있다.

통일이론(the coherence theory)에서는 인식론적 과정이 직관적 지각에 의해 촉진되거나 생략된다. 진리는 실증주의적 기록과 분석의 노고로 거두어지는 것이 아니라 진리에의 확신(the confidence of truth)이라는 확신에 의해 기성 합성체로 주조되고 통용되는 것이다. 증거는 자기 믿음에 의한 증거로 대치된다.388)

통일이론은 사실=진실라는 등식을 부정한다. 작가가 자료에 개입하면서 진리가 빚어질 터전이 마련된다. "증거는 자기 믿음에 의한 증거로 대치된다(Evidence is replaced by self-evidence)"는 맨끝의 주장은 대응이론에서는 객관적 증거를 원하지만 통일이론에서는 자기 믿음에 의한 증거를 요구한다

---

387) 위의 책, p.9.
388) 위의 책, p.9.

는 것으로 해석할 수 있다.

> 전자의 경우(대응이론)에서 진리는 특정의 것에 대해 참인 것을 가리키는데 후자의 경우(통일이론)에서는 어떤 선이나 모서리가 곧게 뻗어 있거나 흠이 없을 때 참이라고 말하는 것과 같은 뜻의 진리를 가리킨다. 이때의 참은 진리를 표현하거나 암시할 뿐만 아니라 내포하고 있기도 하다. 전자의 경우에서는 리얼리티는 진리로부터 습격을 받아 붙잡힌 것과 같다. 후자의 경우에서는 리얼리티는 바로 그 지각행위 속에서 발견되고 어떤 점에서는 창조된다. 대응이론이 현실을 가두는 것이라면 통일이론은 풀어주는 것이라고 할 수 있다.389)

대응이론에서는 작가는 진리를 제시하고 통일이론에서는 작가는 진리를 창조한다든가 대응이론이 현실을 가두는 것이라면 통일이론은 현실을 해방시켜준다는 대비론은 촌철(寸鐵)로 받아들일 수 있다. 대응이론과 통일이론의 타당성을 인정하면 리얼리즘은 한 시대의 사조라는 판단은 내리기 어렵다. 외면상 리얼리즘과 별 관계가 없어보이는 1990년대의 한국문학에는 여전히 리얼리즘의 정신과 방법이 에네르기를 뿜어내고 있다고 할 수 있다.

변혁론을 골자로 하면서 계속 고창되어 왔던 1980년대의 리얼리즘은 1990년대에 들어와 운동과 거리를 두고 문학과 가까이 하면서 목소리는 낮아졌지만 설득력은 커졌다. 리얼리즘에 대한 부정적 판단의 이면에는 리얼리즘은 흘러가 버린 사조라는 오해가 숨어 있다. 90년대도 중반이 지나가면서 리얼리즘이 점차 부분화, 약화, 중간화되면서 문학의 사회비판기능이나 현실참여기능도 시들해진 것이 사실이다. 리얼리즘의 성쇠와 강약의 결정적 원인이 되는 역사적 상황, 시대상, 삶의 질은 이제 겨우 한 단계 개선되고 높아진 것에 불과하다. 90년대 초 2,3년간 수십 종이 앞다투어 나왔고 그 가운데

---

389) 위의 책, p.9.

몇 종은 베스트셀러가 되었던 역사소설류는 과거사실의 탐구를 적극적으로 실천에 옮긴 점에서 리얼리즘 정신을 지킨 것으로 볼 수도 있다. 일찍이 1905년에서 1910년 사이에 국내외의 영웅적 인물과 독립운동사를 소재로 한 역사소설이 개화기에 리얼리즘 정신을 지켜내고 발양했던 사실을 떠올릴 필요가 있다. 1990년대에 들어와 중간소설의 성격이 강한 역사소설류보다 리얼리즘을 더 굳게 지켜낸 것은 바로 운동권 세계나 인물을 주요모티프로 취한 일련의 소설들이었다. 이러한 소설들은 90년대 후기에 접어든 지금까지도 계속 나타나고 있다.390)

조지 오웰은 「문학예방」에서 특정 이념이라든가 교리에 충실하거나 적극 동조하는 작가들이 우수한 작품을 만들어낸 경우가 별로 없음을 지적하였고 검열이 심한 사회에서의 소설가의 고민과 고통을 강조하였다.

> 서유럽과 미국에서는 문단 지식인들 중 상당수가 공산당을 거치거나 공산당에 온정적이었는데, 그만한 규모의 좌파 운동이 생산해낸 책들 중 읽을 만한 것은 유난히도 적다. 정통 가톨릭 역시 특정 문학 형식, 특히 소설에서 치명적인 영향을 끼쳤던 듯하다. 300년이라는 기간 동안 훌륭한 소설가이자 가톨릭 신자였던 사람이 얼마나 되는가? 특정 주제들은 글로 찬양할 수 없는 게 사실이며, 압제도 그중 하나다. 그 누구도 종교재판을 찬미하는 좋은 책을 쓰지 못한 게 그런 까닭이다. 전체주의 시대에 시는 살아남을지도 모르고, 특정예술 또는 반(半)예술(이를테면 건축 같은 것)은 압제의 덕을 보게 될지도 모른다. 하지만 산문작가는 침묵 아니면 죽음을 택할 수밖에 없을 것이다. 우리가 아는 바와 같이 산문문학은 이성주의와 개신교 시대 및 자율적인 개인의 산물이다. 때문에 지적 자유를 말살한다는 건 언론인을, 르포작가를, 역사가를, 소설가를, 비평가를, 시인을 차례로 무력하게 만드는 일이다.391)

---

390) 조남현, 「1990년대 문학의 풍경」, 『1990년대 문학의 담론』, 문예출판사, 1998, pp.15~16.

베르나르 베르베르는 "검열은 여전히 존재하는가?"라는 제목의 글에서 "검열"을 새롭게 해석했다.

옛날에는 정보를 대중으로부터 차단하기 위해 단순하고 노골적인 검열방법을 사용했다. 체제에 도전하는 서적들을 간행하지 못하게 하는 방법이 그것이다.

그러나 오늘날에는 검열의 양상이 사뭇 달라졌다. 이제는 정보를 차단하지 않고 정보를 범람시킴으로써 검열을 한다. 그리고 이 방법이 오히려 한층 효과적이다.

홍수처럼 쏟아져 나오는 무의미한 정보들 속에서 사람들은 정작 중요한 정보가 어떤 것인지 갈피를 잡지 못한다. 텔레비전 채널이 늘어나고, 프랑스에서만도 한 달에 수천 종의 소설이 쏟아져 나오며, 온갖 종류의 비슷한 음악들이 어느 곳에나 퍼져 나가는 상황에서 혁신적인 움직임이란 나타날 수 없다. 설령 새로운 움직임이 출현한다 해도 대량 생산되는 정보들 속에 묻혀 버리고 만다.

결국 이 거대한 진창 속에서는 대중 매체가 만들어 낸 상품들만이 살아남는 것이다. 사람들은 그 상품들이 가장 인기가 있다는 점 때문에 마음 놓고 소비한다. 텔레비전에서는 게임과 쇼, 문학에서는 자전적인 사랑 이야기, 음악에서는 수려한 육체를 지닌 사람들이 단순한 선율에 담아 제시하는 사랑 노래들이 판친다.

과잉은 창조를 익사시키고 비평은 마땅히 이 예술적 범람을 걸러낼 책임을 져야 함에도 불구하고 정보의 홍수 앞에 주죽이 들어 버린다. 이 모든 것이 빚어내는 결과는 자명하다. 기성 체제에 도전하는 새로운 것이 전혀 나타나지 않게 되는 것이다. 결국 그토록 많은 에너지를 소모하고 있음에도 변하는 건 아무 것도 없는 셈이다.[392]

---

391) 조지 오웰, 『나는 왜 쓰는가』, 이한중 옮김, 한겨레출판, 2010, pp.235~36.
이 글은 "The Prevention of Literature" (*Polemic*, 1946.1)에 들어 있다.

베르나르 베르베르가 프랑스의 문화계를 관찰하며 정보범람→과다한 언론매체→중요정보 선별능력 결핍→대중매체의 포로→선택능력 포기→도전과 변화의지의 무력화 등과 같이 정리한 21세기의 검열망과 그에 따른 비관론은 한국에도 그대로 적용된다.

소설은 겉에 드러난 모습을 관찰하는 데서 더 나아가 이면에 숨어 있는 힘을 찾아내는 작업이라는 명제는 바로 이 검열이라는 문제에 직면하게 된다.

이청준은 중편소설 「비화밀교」(『문학사상』 1985.2)에서 과거의 복수심—지배욕의 이론과는 다른 한 걸음 더 나아간 소설본질론을 제시하였다. 소설가인 '내'가 고향선배인 민속학자 조승호 선생의 권유를 받아 매년 그믐날 밤 고향 J읍 제왕산 꼭대기에서 벌어지는 비화밀교의식에 참가했다가 하산하면서 토론성격이 짙은 대화를 나눈다는 내용으로 되어 있다. 민속학자와 소설가의 대화는 어느덧 작가역할론이나 소설기능론으로 중심을 옮긴다. 매년 그믐날 밤이면 J읍과 인근마을 사람들은 남녀, 신분, 빈부를 가리지 않고 제왕산에 올라 햇불 잔치를 벌리며 한마음이 되면서 모종의 힘을 느끼게 된다. 그리고 새벽에 하산하면서 비화밀교의 일은 잊고 함구하기로 한다. 조선생과 '나'의 대화를 통해 제왕산에서 이루어지는 밀교의식은 가시적 질서/음지의 질서, 힘의 폭발/기다림과 같은 대립구도를 안고 있는 것으로 정리된다.

> 조선생은 한마디로 이날 밤 나에게 하나의 어려운 공안(公案)을 제공해 온 것이었다. 그는 이날 밤의 산행에 나를 동행시킴으로써 기이한 소설거리를 제공하고 있었다. 그러나 그것은 동시에 소설로 씌어질 수 없는 숙명적 자기금기를 수

---

392) Bernard Werber, 『지식의 백과사전』(*Le Livre Secret des Fourmis*), 이세욱 옮김, 열린 책들, 1996년 1쇄, 2013년 개정판 12쇄, p.238.

반한 소재였다. 영원히 세상에 알려서는 안되는 비교의 기이한 예배행사, 그것이 세상에 알려질 때는 그것으로 그만 교리와 예비처가 소멸되고 말 운명의 지하밀교행사……조선생은 그 교단의 힘이나 세상에의 기여가 그것의 보안성에 근거해 온 것으로 누출을 한사코 경계하고 있었다. 다시 말해 그는 내게 하나의 충격적인 소설거리를 보여주고 나서 동시에 그것을 쓰지 못하게 하는 침묵의 굴레를 씌운 것이었다.

  그러나 나는 뭐라고 해도 역시 한 사람의 글장이였다. 그것도 사실적인 세상사에 대한 이야기꾼으로서의 소설장이였다. 소설질이 무엇인가. 그것은 분명 조선생과는 반대로 그 보이지 않는 어둠속의 세계와 삶의 현상들에 대해 인간 정신의 밝은 빛을 쏘아 비춰 그것을 가시적 삶의 질서로 끌어들이려는 노릇이 아니던가. 그 어둠 속의 것을 알리고 증거하여 보편적 삶의 덕목으로 일반화시켜 나가는 일이 아니던가. 소설장이로서의 나는 스스로 그 일을 자임하고 나선 위인이 아니던가. 나는 어쨌거나 그것을 써내어 소설로써 사실을 증거해야 하였다. 그것이 나의 어쩔 수 없는 욕구이자 직업상의 의무였다. 일단 확인된 사실의 앞에서 소설이 포기될 수는 없기 때문이었다. 소설장이가 스스로 사실을 감출 수는 없기 때문이었다. 그것은 내가 조선생의 믿음이나 주장을 무시해 버리고 해서가 아니었다. 조선생의 믿음의 옳고 그름이나 그에 대한 나의 승복 여부는 별도의 문제였다. 조선생의 고집이 옳든 그르든 그것은 그의 진심에서의 확신이요 사실상 신앙에 가까운 것이었다. 그 조선생은 어떻게 보면 내 소설의 논리를 정면에서 부인하고 있는 셈이었다. 그러나 그는 내 소설 뿐만 아니라 자기 학문의 목적까지도 부인하고 있었다. 조선생의 민속학 또한 내 소설의 경우처럼 현상적 삶과 삶의 마당에 그것의 질서와 질서의 확대에 목표가 겨냥되고 있음이 분명한 것이었다. 조선생의 직업 또한 그것들을 찾아내고 세상에 증거해 보이는 것이었다. 한데도 조선생의 요지부동한 태도는 그것까지도 스스로 부인하고 있는 격이었다.393)

민속학자 조선생은 수십년 동안 비밀리에 열려온 비화밀교 행사를 보여주었음에도 '내'가 그를 소재로 하여 소설을 쓸까봐 전전긍긍하는 태도를 보인다. 비화밀교는 말 그대로 비밀을 지켜야지만 유지되는 의식이고 이와 반대로 소설은 비밀을 폭로해야 감동을 줄 수 있는 양식인 만큼 비화밀교의 속성과 소설의 임무는 모순을 빚어낼 수 밖에 없다. 작가 이청준이라고 해도 좋은 '나'는 소설질은 "그 보이지 않는 어둠속의 세계와 삶의 현상들에 대해 인간 정신의 밝은 빛을 쏘아 비춰 그것을 가시적 삶의 질서로 끌어들이려는 노릇"이라는 소설관을 지니고 있다. 일단 궁금증을 불러 일으키는 사실이나 현상에 직면했을 때 소설창작 충동은 억제할 수 없는 것이기에 비화밀교는 소설의 소재가 되어야했다. 조선생도 비화밀교가 소설화되는 것을 끝까지 막을 수 있다고 생각한 것은 아니다. "소설로는 어쩌면 그런 암시가 충분히 가능할 수가 있을 게 아닌가. 사실의 기술이 아닌 사실의 암시와 증거-----세상에는 우리가 미처 감득하지 못한 어떤 커다란 힘이 존재할 수도 있다"[394]는 것을 바라고 있기 때문이다. 소설가 '나'의 소설관대로 "사실의 기술"로 밀고 가다보면 비화밀교가 더 이상 존속되기 어렵다는 것을 인식하는 민속학자 조선생은 비화밀교도 존속시키면서 작가의 최소한의 임무도 해낼 수 있는 절충안을 내놓는 의미에서 "사실의 암시와 증거의 제시"라는 소설관을 제의한 것이다.

"세상 사람들에게 숨어 흐르는 힘의 존재를 알리려는 것, 세상의 보이지 않는 뒷겹을 알리려는 것, 그게 선생님께서 제게 소설을 바라시는 이유의 전부십니까"라고 하자 조선생은 "그건 세상을 위해서이기도 하지만, 그에 앞서 이 밀교의 존속에도 필요한 일이었으니까. 아까 산에서 자네도 보았지만, 세상을 향해 교리를 노출시키고 곧바로 작용을 하고 싶어하는, 그런 식으로 늘상 그것을 직접적으로 증거하고 싶어하는 사람들이 있어왔거든. 그런 욕

---

393) 이청준 『벌레 이야기』, 열림원, 2002, pp.122~23.
394) 위의 책, p.128.

망이나 요구가 커지고, 그것이 지나치게 꼭꼭 억제되어 버리면 결국엔 폭발에까지 이를 수가 있는 거지. 자네의 소설로 어떤 암시가 가능해진다면 그건 지하로 스며 흐르는 물처럼 차오르는 힘의 범람이나 폭발을 막을 수가 있게 되지"395)라고 말한다. '내'가 비화밀교를 '암시'하는 소설을 씀으로써 교리 노출과 작용의지를 내보이는 일부 사람들의 폭발이나 범람을 막을 수 있다고 생각하는 조선생은 힘이란 언제인가 폭발되기 마련이라는 '나'의 반론을 듣고는 힘은 "끈질긴 소망과 기다림"의 형태로 있어야 한다고 한다. 두 사람은 이때의 힘은 세상을 바꾸고 싶어하는 의지로 표출되는 경우가 많다는 데 공감하고 있다. 조선생은 비화밀교의 존재와 개혁의 정신을 지지하기는 하지만 이러한 존재와 정신을 지키기 위해 소설가의 힘을 빌리고자 한다. 평소 '나'는 힘의 범람이나 폭발과 같은 식으로 세상을 바꾸는 태도를 지지하지는 않았다. 우회적이고 비유적인 발언을 기본으로 하는 소설을 통해 분노나 의지를 한꺼번에 분출시키는 방법을 제어함으로써 비화밀교가 그야말로 신앙의 모임으로 지속되기를 바란다. 작중의 민속학자나 소설가나 소설은 탐구 소설의 형식에 가장 큰 기대를 걸고 있다. 작중의 '나'는 말할 것도 없고 민속학자 조선생도 『자유의 문』에서 집단이대올로기를 믿는 백선생보다는 개인주의를 신봉하는 주영섭 쪽에 다가가 있다.

이러한 작가의 태도는 유달리 탐구정신을 강조한 밀란 쿤데라의 말을 경청하게 만든다.

> 소설은 근대의 시초부터 줄곧, 그리고 충실히 인간을 따라 다닌다. 후설이 서구 정신의 요체로 간주한 '앎에의 열정'이 이제 소설을 사로잡아 소설로 하여금 인간의 구체적인 삶을 살피게 하고 '존재의 망각'으로부터 지켜주는 것이다. 그리하여 '삶의 세계'를 영원한 빛 아래 보존한다. "오직 소설이 발견할 수 있는 것

---

395) 위의 책, pp.129~30.

만을 발견하라. 그것만이 소설의 유일한 존재이유다."라는 헤르만 브로흐의 말을 나는 이런 뜻으로 이해하며, 그가 거듭 되풀이하는 이 말에 담긴 그의 고집에 공감하는 것도 이런 이유에서다. 이제껏 알려지지 않은 존재의 부분을 찾아내려 하지 않는 소설은 부도덕한 소설이다. 앎이야말로 소설의 유일한 모럴인 것이다. 여기서 나는 소설이 유럽의 산물이라는 것을 덧붙여 말하고자 한다. 소설이 발견해 낸 것들은 설혹 여러 다른 언어로 쓰였다 하더라도 유럽 전체에 속한다. 유럽 소설의 역사를 이루는 것은 (이미 쓰인 것에 덧붙이는 것이 아니라)발견의 계승이다."396)

현상학의 창시자 에드문드 훗설이 유럽의 정신으로 파악한 "앎에의 열정"이 소설이 정신이라고 주장하면서 밀란 쿤데라는 "소설이 곧 유럽"이라는 자부심에 젖어 있다.

오르한 파묵 이『소설과 소설가』에서 "소설은 죄책감과 피해망상 그리고 불안감을 향해 열려 있는 서사입니다"라고 하면서도 "소설은 삶의 숨은 의미나 사라진 가치를 추구하고 찾아내는 데 적합한 구조이기 때문에, 소설 예술의 정신과 형태에 가장 적합한 스타일은 독일인들이 '교양소설'이라고 부르는, 젊은 주인공이 세계를 알아가면서 성숙해지는 과정을 설명하는 성장소설, 교육소설입니다"397)라고 한 것도 탐구정신이 소설의 본질임을 강조한 것이라고 할 수 있다. 밀란 쿤데라나 오르한 파묵이나 마르틴 하이데거의 『예술작품의 근원』을 떠올리게 한다.

마르틴 하이데거는 『예술작품의 근원』에서 "예술작품은 자기방식으로 존재자의 존재를 개방한다. 작품속에서는 이러한 개방(Eröffnung) 즉 개방(Entbergen) 즉 존재자의 진리가 빚어진다. 예술작품 속에서는 존재자의 진

---

396) 밀란 쿤데라, 『소설의 기술』, 권오룡 옮김, 민음사, 2008년 1판, 2013년 2판, pp.14~15.
397) 오르한 파묵, 『소설과 소설가』, 이난아 옮김, 민음사, 2012, pp.32~35.

리가 실천에 옮겨진다. 예술은 진리가 자신을 작품 속에 구현하는 과정(das Sich-ins-Werk-Setzen der Wahrheit)이다"398), "창조의 본질은 존재자의 개방으로서의 진리의 본질과의 관계 속에서 결정된다"399), "예술의 본질은 진리를 작품 안에 구현하는 것이다"400), "진리는 세계와 지상의 대립 속에서 빛(Lichtung)과 어둠(Verbergung)의 투쟁의 형식으로만 구현된다"401) 등과 같이 소설의 정신을 밝히는데 있어 존재의 개방이라든가 진리 등을 키워드로 제공했다.

이병주가 소설가를 주인공으로 내세워 "눈에 보이지 않게 얽히고 설킨 인간관계가 세상에서 희극을 만들고 비극을 만든다. 그 희극의 줄거리를 바탕에 이르도록 캐어보는 것, 그 비극의 인자를 뿌리까지 들춰보는 것, 그것이 소설이 되는 것이 아닐까"402)와 같이 말한 것은 위에서 이청준, 밀란 쿤데라, 오르한 파묵 등이 말한 것과 상통한다.

진실의 탐구와 표현을 표방하는 리얼리즘은 가장 복합적인 사조요 정신이요 방법이다. 그만큼 리얼리즘이 소설의 정신과 방법을 가장 잘 일러준다. 현대인들의 삶이 세련되고 화려하고 풍요로워 보이는 것과 진실된 삶을 살아가는 것은 별개의 문제다. 그전만큼 소설의 본질의 하나를 리얼리즘의 구현에서 찾는 것은 당연한 일이다. 특정 이익 때문에 현실을 회피하고, 특정 이념 때문에 현실을 왜곡하고, 정치권력에 굴복하고, 대중적 취미에 영합하는 것은 리얼리즘을 지키지 못하게 하는 요인으로 작용한다. 진리, 진실, 양심 등에 대한 최소한의 열정이 없으면 소설의 정체성을 지키기 어렵다.

---

398) Martin Heidegger, *Der Ursprung des Kunstwerkes*, Philipp Reclam Jun. Stuttgart, 1960, ss.37~38.
399) 위의 책, s.62.
400) 위의 책, s.62.
401) 위의 책, s.70.
402) 이병주, 『행복어사전 3』, 한길사, 2006, p.142.

제16장 자기해방의 글쓰기

제16장 자기해방의 글쓰기

1.

　작가는 직접체험만 소재로 하여 소설을 쓰는 것은 아니다. 직접체험이 특이하면 할수록 좋은 소설을 쓸 가능성이 높아진다고 한다. 실연을 해봐야 연애소설을 쓸 수 있고 전쟁때 부모를 잃었거나 집안이 망했어야 반전소설을 쓸 수 있다고 생각한다. 식민통치, 한국전쟁, 좌우 이데올로기 대립, 독재정치, 가난, 대형참극과 재난 등과 같이 우리 현대사는 작가들에게 엄청난 상처를 안겨주는 사건을 많이 보여주어 왔다. 작가들은 이런 역사적 사건을 개인기억이나 집단기억으로 그 의미를 되새길 수도 있고 역사기록을 통해 알게 되는 사건으로 인식할 수도 있다. 물론 창작동기에 있어 역사적 사건이나 재난이 주는 트라우마는 필요조건보다는 충분조건에 가깝다. 이때의 트라우마는 개인적 원한으로 나타날 수도 있고 공분(公憤)으로 나타날 수도 있다.
　이지(李贄)는 「충의수호전서(忠義水滸傳序)」에서 소설의 창작동기는 물론이고 역사서술의 동기로 분노를 주목하였다. 소설『수호전』은 분한 마음이 격발되어서 지어진 것이라고 하였다.

太史公은 '『설난(說難)』·『고분(孤憤)』이 분한 마음을 발휘하여 지은 것이다'라고 말했다. 이로써 보건대 옛날의 성현들은 감정의 격발을 받지 않으면 짓지 않았음을 알 수 있다. 그런데 감정이 끓어 오르지도 않았는데 짓는 것은 비유컨대 춥지도 않으면서도 몸을 떠는 것이요, 병이 나지도 않았는데 신음하는 것과 같으니, 비록 문장을 지어냈다 하더라도 볼 만한 것이 무엇이 있겠는가? 『수호전』은 분한 마음이 격발되어서 지어진 것이다. 무릇 송 왕실은 강건하지 못하여 관직을 내리는 바가 전도되었기 때문에 현명한 사람이 아래에 있게 되고 보잘 것 없는 사람이 윗자리에 있게 되었다. (중략) 시내암과 나관중 두 사람은 몸은 비록 원대에 있었지만 마음은 송대에 있었으니, 원대에 살면서도 실제로는 송대에 있었던 일들에 대해 분개하였다. 이런 까닭에 두 황제가 금나라에 포로가 된 것을 분하게 생각하고, 송강의 무리가 요나라를 크게 물리쳤다는 이야기로 그 분한 마음을 토로하였던 것이다.403)

그러나 분한 마음은 역사기술이나 소설창작의 동기의 하나일 뿐 유일한 것도 아니고 가장 강한 것도 아니다.
진침은 「수호후전론략-절록(水滸後傳論略-節錄)」에서도 분개하는 마음을 강조했다.

『수호』는 분개하는 마음이 일어나서 쓴 글(『水滸』, 憤書也)이니, 송이 나라를 남쪽으로 옮기자 현인과 유로들이 심중에 절실히 느껴지는 바가 있어서 송강이 종횡무진 활약했던 것을 빌어서 이 글을 이루었는 바, 대개 빗대어서 한 말이 많다. 대신들이 직무를 충실히 이행치 못했던 것에 분개해서 송강의 충을 찬양했고, 뭇 신료들이 교활했던 것에 분개해서 송강의 의를 찬양했으며, 세상 풍속이 탐욕스러웠던 것에 분개해서 송강이 재물을 멀리했던 것을 찬양했고, 인정

---

403) 최봉원 외, 『중국역대소설서발역주』, 을유문화사, 1998, pp.61-62.

이 사나웠던 것에 분개해서 송강이 겸손하고 온화했던 것을 찬양했으며, 강한 이웃 나라가 영토를 침범했던 것에 분개해서 송강이 요나라를 정벌했던 것을 찬양했고, 황지가 군대를 멋대로 부린 것에 분개해서 송강이 방랍을 멸망시켰던 것을 찬양했다. 『後傳』은 울분을 토로한 글이다(『後傳』爲泄憤之書).404)

이처럼 진침은 분노를 강조했지만 창작동기에는 분노를 삭혀감으로써 생각을 넓히는 것도 포함되어 있다.

프레드릭 제임슨은 특정 이념소를 원한(ressentiment)으로 확정지었고 니체를 선구적인 이론가라고 하면서 니체의 원한(ressentiment)의 개념이 유태교와 기독교의 전통 속에서 노예들이 주인을 향해 품고 있었던 복수심(revenge)과 이념적 계략(ideological ruse)이라고 파악했다. 그리고 이폴리트 테느의 『현대프랑스의 기원』이라는 책을 인용하며 "통속적인 의미로 원한의 이념소는 못가진 자들(have-nots)이 가진 자들(haves)을 향해 느끼는 파괴적인 질투심을 심리적이고 비물질적인 의미로 설명될 수 있을 것이다"405)라고 했다. 현대사회에 와 여러 대립관계에서 정직하다고 자타가 공인하는 패자들의 목소리가 커지고 패배감이 심화되어 나타나는 결과로 이어지고 있다.

"원한"이라는 이념소는 니체의 "고행의 사제들", 특히 지식인들로 지정해주었는데, 예를 들면 실패한 작가들과 시인들, 어설픈 철학자들, 까다로운 저널리스트들 그리고 온갖 종류의 실패자들 등이 개인적인 불안 때문에 정치적 투사와 혁명투사로서의 직업을 선택하게 된다. 이 이념소를 진단하는 두 가지 기준은 도스토에프스키와 콘라드로부터 조지 오웰로 이어지는 반혁명적 프로파간다의 모

---

404) 위의 책, p.200.
405) Fredrick Jameson, *The Political Unconscious*, Cornell University Press, Ithaca, New York, 1982, p.201.

든 전통에게 내적 동력을 제공해준다.406)

알렉산더 컨(Alexander Kern)은 「지식사회학(The Sociology of Knowledge)」에서 작가는 현실을 받아들이거나(to accept the situation) 반대하는 태도(to react against it)를 취한다고 하였다. 이어 반대하는 태도로 개선책을 내놓는 것(to produce reforms)과 분노를 가라앉히는 것(to turn aside)을 들었다. 다시, 분노를 가라앉히는 방법으로 종교 사제와 같이 지내기, 자연에의 도취, 자기명상, 예술지상주의 등 네 가지를 제시했다.407)

조지 오웰은 생계 때문인 경우를 제외한다면 글을 쓰는 동기는 다음과 같이 네 가지로 나눌 수 있다고 하였다.

① 순전한 이기심. 똑똑해 보이고 싶은, 사람들의 이야깃거리가 되고 싶은, 사후에 기억되고 싶은, 어린 시절 자신을 푸대접한 어른들에게 앙갚음을 하고 싶은 등등의 욕구를 말한다. 이게 동기가 아닌 척, 그것도 강력한 동기가 아닌 척하는 건 허위다. 작가의 이런 특성은 과학자, 예술가, 정치인, 법조인, 군인, 성공한 사업가 들, 요컨대 최상층에 있는 모든 인간에게 공통되는 특성이다.

② 미학적 열정. 외부 세계의 아름다움에 대한, 또는 낱말과 그것의 적절한 배열이 갖는 묘미에 대한 인식을 말한다. 어떤 소리가 다른 소리에 끼치는 영향, 훌륭한 산문의 견고함, 훌륭한 이야기의 리듬에서 찾는 기쁨이기도 하다. 자신이 체감한 바를 나누고자 하는 욕구는 소중하여 차마 놓치고 싶지가 않다.

③ 역사적 충동. 사물을 있는 그대로 보고, 진실을 알아내고, 그것을 후세를 위해 보존해 두려는 욕구를 말한다.

④ 정치적 목적. 여기서 '정치적'이라는 말은 가장 광범위한 의미로 사용되었

---

406) 위의 책, p.202.
407) Milton C. Albrecht · James H.Barnett · Mason Griff 편, *The Sociology of Art and Literature*, Praeger Publishers, 1970, p.558.

다. 이 동기는 세상을 특정 방향으로 밀고 가려는, 어떤 사회를 지향하며 분투해야 하는지에 대한 남들의 생각을 바꾸려는 욕구를 말한다. 다시 말하지만, 어떤 책이든지 정치적 편향으로부터 진정으로 자유로울 수 없다. 예술은 정치와 무관해야 한다는 의견 자체가 정치적 태도인 것이다.408)

명예욕이 중심이 된 "순전한 이기심"은 많은 사람들이 공유하는 동기다. "미학적 열정"은 좋은 예술작품을 만들고 싶어하는 충동을 말한다. 조지 오웰은 정치적이며 당파적인 것이 아닌 소설은 없다는 주장까지 내놓았다. 정치나 당파를 초월한 객관적 시각은 있을 수 없다는 주장은 모든 소설유형에게 다 통용되는 것은 아니다.

박완서는 『나목』 직후에 발표한 단편소설 「부처님 근처」(『현대문학』, 1973.7)에서 아버지와 오빠를 잃은 것에 대한 복수심으로 글을 쓰기 시작하였다고 고백하였다. 일제때 좌익에 발들여 놓았던 오빠는 6.25때는 활동을 중지하고 있던 중 협조하지 않는다는 이유로 인민군의 총을 맞고 죽는다. 아버지는 아들의 죽음에 복수한다는 뜻으로 오히려 적극적으로 부역하던 끝에 피해자들의 밀고로 붙잡혀 고문을 받고 후유증으로 1·4 후퇴 때 죽고 만다. 그 후 어머니와 온갖 고생을 하며 겨우겨우 버텨온 '나'는 공포심에서 헤어나지 못하다가 어머니가 불교에 귀의한 것과 달리 소설쓰기를 통해 해방되려고 한다.

'나'는 어쩌다 듣게 되는 초상집의 곡성도 이해하게 된다. "저들은 목이 쉬도록 곡을 함으로써, 엄살을 떫음으로써, 그들이 겪은 죽음으로부터 놓여나리라. 나에겐 곡성이 마치 자유의 노래였다"409)와 같이 곡성은 슬픔에서 해방되기 위한 것이라고 풀이한다. 박완서는 소설쓰기를 이러한 해방론의

---

408) 조지 오웰, 『나는 왜 쓰는가』, 이한중 옮김, 한겨레출판, pp.293~94.
  이 글은 "Why I write"(1946년 여름, 갱그럴에 발표한 에세이)에 들어 있다.
409) 박완서, 『나목, 도둑맞은 가난』, 민음사, 1981, p.274.

연장선에 놓으려 했다.

박완서는 『그 많던 싱아는 누가 다 먹었을까』(1992), 『그 산이 정말 거기 있었을까』(1995) 등을 쓰고 난 다음 「나는 왜 소설가인가」(2009)에서 다음과 같이 소설가가 된 저변에 복수심이 깔려 있음을 구체적으로 들려주었다.

동족끼리 이념을 위해 싸우는 전쟁은 끔찍했다. 굶주림은 기본이었고 집집마다 한 두 식구는 죽거나 납치당하지 않은 집은 없다고 해도 과언이 아닐 정도로 민간인 인명피해가 막심한 전쟁이었다. 우리 집에서도 오빠와 삼촌과 사촌이 죽었는데 다 비참한 죽음이었고 오빠 때문이었다. 오빠는 6·25 전쟁이 나기 전에 좌익운동을 하다가 전쟁 직전에 전향한 경력을 가지고 있었다. 남은 식구 중 내가 유일한 노동력이었고 꽃다운 이십 세의 대학생이었다. 여자였지만 젊음만으로도 더럽고 잔혹한 시대의 좋은 먹이였다. 세상이 바뀔 때마다 빨갱이로 몰렸다가 반동으로 몰렸다가 하면서 나는 내 눈엔 도저히 인간 같지 않은 자들로부터 온갖 수모와 박해를 당하면서 그들 앞에서 벌레처럼 기지 않으면 안 되었다. 그때 내 마음에 섬광처럼 번득이는 게 없었다면 아마도 그 시절을 제 정신으로 버텨내긴 어려웠을 것이다. 번득이는 섬광은 언젠가는 저자들을 등장시켜 이 상황을 소설로 쓸 수 있을 것 같은 예감이었다. 예감만으로도 그 인간 이하의 수모를 견디는 데 힘과 위안이 되었다. 훗날 소설로 쓰기 위해 낱낱이 기억하려 했고, 몸은 기면서도 마음은 최소한의 자존심이나마 지키려고 고개를 빳빳이 세우려고 했다. 그 극한 상황에서 왜 하필 소설이었을까. 그건 아마도 내가 설화가 풍부한 고장에서 태어나서 옛날이야기를 잘하는 가족과, 이야기책을 많이 읽고 내가 심심해 할 때 그것을 풀어내기를 즐긴 어머니 밑에서 자라서 이야기가 지닌 위안과 치유의 능력에 대해 은연중 알고 있었던 게 아닌가 싶다. 한때 나를 불같은 욕망으로 달구고 고개를 세우게 했던 소설을 쓰리라는 예감은 그 후 이십년이 지나서야 실현되었다. 그 때 나는 문학을 하고 싶었던 게 아니라 복수를 하고 싶었던 것이다. 나를 달구었던 것은 창작욕이 아니라 증오였다. 복수심과 증오는 세월의 다독거림으로 위무받을 수 있을 뿐, 섣불리 표현되어선 안 된다는 걸 차차 알게 되었다. 상상력은 사랑이지 증오가 아니기 때문이다. 그 때의 치떨리는 경험이 원경(遠景)으로 물러나면서 증오가 연민으로, 복수심이 참고 이해하는 마음으로 바뀌면서 비로소 소설을 쓸 수 있었다.410)

시간이 흘러감에 따라 복수심과 증오가 연민이나 인내심이나 이해심으로 바뀌면서 오히려 창작욕이 일어나면서 여러 편의 명작을 남길 수 있게 되었음은 박완서 자신의 작품이 입증하고 있다.

작가들이 직접 간접으로 겪은 한국전쟁이 가져다 준 허무감, 슬픔, 원한, 트라우마 등이 동력이 되어 많은 문제작들이 나왔음은 부정할 수 없다. 염상섭의 장편소설 『취우』(1953), 황순원의 장편소설『나무들 비탈에 서다』(1960), 최인훈의 「광장」(1960), 이호철의 「닳아지는 살들」(1962), 박경리의 장편소설 『시장과 전장』(1964), 김원일의 장편소설 『노을』(1977), 윤흥길의 「장마」(1973), 전상국의 「아베의 가족」(1979), 이병주의 대하소설 『지리산』(1978), 김원일의 장편소설『마당 깊은 집』(1988), 조정래의 대하소설『태백산맥』(1989), 박완서의 장편소설 『그 많던 싱아는 누가 다 먹었을까』(1992), 『그 산이 정말 거기 있었을까』(1995), 황석영의 장편소설 『손님』(2002) 등과 같은 6·25소설은 죽음, 역사, 이데올로기, 개인, 운명 등의 문제를 깊이 있게 성찰하는 계기가 되었다. 이런 절망과 슬픔과 모멸감은 소년 시절에 전쟁을 겪고 전쟁 직후에 성장기를 보낸 연배의 여러 사람들을 작가의 길로 이끌어갔다.

김용성은 『기억의 가면』(문학과 지성사, 문학과 지성사, 2004)에서 상처가 너무 크면 오히려 소설이 써지기 어려운 에피소드 하나를 제시하였다. 김용

---

410) 박완서, 「나는 왜 소설가인가」, 『문학의 집·서울』 96호, 2009.10, pp.6~7.

성은 베트남 참전용사다. 1967년 3월 귀국할 때 진중수첩, 작전지도, 전사한 부하대원의 피묻은 군복, 찌그러진 나팔 등을 챙겨가지고 와 자주 악몽을 꾸면서도 버리지 못했다. 월남전을 소재로 하여 소설을 쓸 것을 몇 번 시도는 해보았으나 "그때마다 원고지 위를, 모니터와 자판 위를 검은 망령들이 환영처럼 어른거려 소설을 진척시킬 수가 없었"고, "멀리서 들려오는 비명처럼 이명이 엄습하여 그를 못 견디게 괴롭혔"지만 "결국 「누구를 위하여 종은 울리나」 나 「무기여 잘 있거라」 같은 소설은 태어나지 않았다"411)고 하였다. 한국현대소설사는 작가의 직접체험이 너무 강하면 오히려 소설이 잘 써지지 않는다는 인식을 입증해주었다. 예컨대, 한국전쟁이 일어났을 때 참전했다든가 민간인 신분으로 생사를 넘나드는 피난살이를 했다든가 하는 극단적 체험을 한 작가들 대다수는 휴전 직후에는 얼마간 수준 높은 소설을 써내지 못했던 것으로 보인다.

정찬의 『그림자영혼』에서 정신과의사인 '나'는 의사는 병을 치료하기 위해 환자의 존재를 알아야 하며 환자의 존재를 알려면 환자가 솔직하게 부끄러움없이 자신의 비밀을 털어놓아야 한다고 생각한다. 자신을 학대한 아버지가 빨리 죽기를 바랜 도스토예프스키의 무의식적 욕망은 정작 아버지가 농노들에게 살해되자 죄의식으로 바뀌었다. '나'는 이 죄의식이 그를 신경증 환자로 몰아갔다는 주장으로 프로이드가 쓴 「도스토예프스키와 아버지 살해」를 요약했다. 김일우라는 러시아문학 전공자가 '나'를 찾아와 다음과 같이 말한다.

> 죄의식에 사로잡혀 끊임없이 자신을 괴롭혔던 도스토예프스키에게 소설은 구원이었다. 왜 그에게 소설은 구원이었을까? 소설의 허구성 때문이라고 나는 생각한다. 주지하다시피 소설이 만들어내는 공간은 현실의 공간이 아니라 허구

---

411) 김용성, 『기억의 가면』, 문학과 지성사, 2004, p.298.

의 공간이다. 허구의 존재가 숨울 쉬고, 허구의 삶들이 텅 빈 공간을 채운다. 전당포 노파를 도끼로 쳐죽이는 라스콜리니코프도, 아버지를 살해하는 스메르쟈코프도, 열두살 소녀를 죽음으로 밀어넣는 악마적 인간 스타브로긴도 모두 허구의 존재들이다.

죄의식에 사로잡힌 인간에게는 현실 자체가 감옥이다. 그가 아무리 도주를 해도 탈출은 불가능하다. 영혼이 죄의식에서 벗어나지 못하는 한 그는 영원히 갇힌 존재다. 도스토예프스키는 갇힌 존재였다. 갇힌 존재는 자유를 그리워한다. 자유는 그에게 궁극이다. 그러나 현실은 자유를 허용하지 않는다. 자유란 그에게 불가능한 세계다. 하지만 다행스럽게도 신은 인간에게 불가능의 세계로 들어갈 수 있는 능력을 부여하였나. 스스로 목숨을 끊을 수 있는 능력과 환상의 능력이 그것이다. 죽음은 그를 감금하고 있는 세계로부터의 완벽한 탈출이다. 허구의 세계를 창조하는 환상은 죽음처럼 완벽한 탈출은 될 수 없을지언정 훌륭한 피신처임은 틀림없다. 도스토예프스키는 죽음 대신 환상을 선택했다. 그에게 소설은 환상의 완전한 형태였음은 말할 나위가 없다.412)

죄의식에서 출발한 도스토예프스키는 소설=허구=환상이라는 공식을 제시한다. 죄의식은 복합정서로 구성되기도 하고 복합정서로 나타나기도 한다.413) 한 때 죽음까지 생각하게 했던 죄의식은 오히려 또 마침내 도스토에프스키를 세계적인 작가로 만드는 동력으로 작용했다. 오르한 파묵도 소설가의 죄의식, 피해망상, 불안감이 창작의 동력임을 강조하여 "소설은 죄책감

---

412) 정찬, 『그림자영혼』, 도서출판 세계사, 2000, pp.25~26.
413) 미국정신분석학회 편, 이재훈 외 역, 『정신분석용어사전』, 한국심리치료연구소, 2002, p.481.
 "죄책감(guilt)은 외부와 내부로부터 오는 보복에 대한 공포, 후회, 회한 그리고 참회를 포함한 복합정서.(중략)죄책감이 갖고 있는 불안과 우울은 차츰 복잡한 일련의 내적 과정을 거쳐 양심이라는 초자아 기능으로 변형된다. 양심의 기능 중 하나는 개인의 소망과 행동을 해야 할 것과 해서는 안 되는 기준에 따라 측정되는 것이다. 양심은 이외에도 자기평가, 자기비판 그리고 다양한 형태의 자기처벌 기능을 포함한다."

과 피해망상 그리고 불안감을 향해 열려 있는 서사"414)라고 정의하였다.

양귀자는 「숨은 꽃」(『문학사상』, 1992.6)에서 "소설은 또 상처자국의 조명없이 어떻게 가능할 것인지"415)와 같이 소설은 시대로부터 받은 상처를 기록하는 것으로 보았으며 단편소설은 작가의 고백을 기록하는 것으로 보았다. 노드럽 프라이에 의하면 고백은 노벨, 로망스, 해부와 대등하게 내러티브의 한 양식으로 자리하는 큰 개념이다. 소설은 고해성사나 기도 같다는 주장은 소설은 자기반영서사의 성격이 강하다는 것을 인정하는 것이라고 할 수 있다.

---

414) 오르한 파묵, 『소설과 소설가』, 이난아 옮김, 민음사, 2012, p.32.
415) 양귀자, 『슬픔도 힘이 된다』, 살림출판사, 1987, p.271.

제17장 부조리의 투시

제17장 부조리의 투시

1.

'부조리'란 말은 까뮈나 싸르트르 같은 실존주의 작가의 핵심용어의 하나다. 이 말은 한 인간이 안고 있는 존재적 숙명이나 한계를 표시한 말이다. 한 사회의 불합리성이라든가 모순을 가리키기도 하지만 정치적 부조리나 사회적 부조리 등과 같이 사회과학 용어로 몰고 가면 품격이 떨어지는 것임을 부인하기 어렵다. 마치 불교에서 말하는 '화두'를 '난제'나 '이슈' 같은 말의 대용어로 속화시키는 것과 같다. 부조리는 니체가 말한 영겁회귀의 한 국면이 될 수 있는 것으로 인간이나 역사를 직시하는 순간 튀어나오는 말 중의 하나일 수 있다. 부조리가 실존주의 용어의 수준을 벗어나 초시공적 철학용어로 쓰일 가능성을 보면 부조리를 응시하는 소설은 관찰소설, 철학소설이 될 것이다.

나는 행복한 작가를 본 적이 없다. 소설은 충족이나 낭만에서 비롯되는 것이 아닌 결핍이나 불합리에서 출발하기 때문이다. 이런 부조리에 대한 욕망을 다루는 것은 인간으로서 불행한 일이다. 부조리함의 해결에 대해, 즉 욕망하는 것에 대해 아는 것이야말로 가장 불행한 일이기 때문이다. 욕심과 욕망을 헷갈리기도 하는데 욕심은 훨씬 낮은 단계의 것이다. 이미 상대적인 것이 고려되는 욕심 따위는 불만이나 질투의 하나일 따름이므로 소설 안에 그리기에는 그 대상이 너무 작다.

욕망을 아는 것은 현실과의 괴리감을 낳으며, 과거의 그 많았던 부조리를 바로잡으려 애를 쓰는 원인이 되기도 한다. 뭐가 잘못된 것일까. 원인을 찾아 깊숙이 자취를 감춘 내면을 스스로 끊임없이 들볶는다. 이런 마음만 본다면 나는 온전한 리얼리스트가 맞을지도 모른다. 고민이 끝났으니 고지를 점령하고 큰 깃발 하나만 꽂으면 될 일이지만, 의심 많은 나는 또 주위를 두리번거린다. 나는 큰 것들만 작품 안에 담고 싶은데, 내 소설그릇은 언제나 보잘것없이 작기만 하다.416)

위와 같이 백가흠의 단편소설 「힌트는 도련님」에서 부조리의 유사어로 결핍, 불합리, 욕망 등이 나타나고 있다. 부조리는 철학 용어보다는 사회학 용어로, 전문용어보다는 상식어로 사용되면 한때의 유행어로 취급되기 쉽다. 실존주의 철학자들이나 작가들이 사용했던 것만큼 심각성과 복잡성을 되돌려주어야 한다. 그러려면 부조리의 연관어로 모순, 유한성, 허무감 등이 제시되어야 한다. 불교에서 말하는 화두의 한 항목이나 서양철학에서 말하는 아포리아의 한 항목으로 여겨져야 한다.

부조리소설이란 유형을 마련해줄 법한 싸르트르의 장편소설 『구토』를 통해 부조리철학의 한 단면을 볼 수 있다.

부조리, 그것은 내 생각도 아니고, 숨소리도 아니며 길가에 죽어 있는 기다란 뱀과 같다. 숲속에 있는 뱀, 뱀이든 맹수든 뿌리든 독수리의 이든 아무래도 좋다. 아무 것도 분명하게 말하지 않고, 존재의 열쇠(la clef de l'Existence), 내가 느

---

416) 백가흠, 『힌트는 도련님』, 문학과 지성사, 2011, pp.115~16.

긴 구토의 열쇠는 나의 고유의 삶의 열쇠를 찾아내는 것을 알아차렸다. 사실상 곧이어 내가 파악할 수 있었던 모든 것은 이 근원적인 부조리에 귀결된다. 부조리 : 다시 언어다 ; 내 스스로 말들과 싸운다. 저쪽에서 나는 사물들에 손을 댄다. 그러나 저 부조리의 절대적 성격을 여기서 확정짓기를 바란다. 인간들의 다양한 조그만 세계에서의 하나의 행동, 하나의 사건은 상대적으로 부조리에 지나지 않는다. 예를 들면 광인의 담론은 그의 광증과 관련 없는 것을 찾는 상황과 연결지을 때 부조리한 것이다. 그러나 나는 조금 전에 절대를 경험했다. 절대 또는 부조리를 경험했다. 그 뿌리, 부조리하지 않은 것과 관련되지 않은 것은 아무 것도 없다. 오! 나는 어떻게 말로 설명할 수 있을까. 부조리 : 조약돌에 관해서, 노란 풀 숲덤불에 관해서, 진흙에 관해서, 나무에 관해서, 하늘에 관해서, 녹색 의자에 관해서, 부조리, 더 줄여 설명할 수 없다.417)

위의 대목에서 부조리→존재의 열쇠→구토→삶의 열쇠 이해와 같은 연결 과정을 세워볼 수 있으며 부조리란 인간과 다른 존재의 관련에서 경험할 수 있는 것이라는 주장을 감득하게 된다. 부조리의 감득은 구토의 형식으로 나타난다. 『구토』는 바로 이런 과정을 방점을 찍어 보여주었다. "본질적인 것, 그것은 우연일 뿐이다. 이론상으로는 나는 존재는 필연이 아니라고 말하고 싶다. 존재, 그것은 단순히 거기에 있을 뿐이다"418)와 같은 구절은 "존재는 본질에 선행한다"는 명제를 거듭 주장하고 있는 『실존주의는 휴머니즘이다』(1946)에서 자주 발견할 수 있는 대목과 유사하다. 주인공 로캉탱은 바닷가에서, 사람들로 붐비는 카페에서 차 주문을 받을 때, 영화관과 백화점이 있는 시내 한복판에서 사람들과 개들이 같이 지나가는 것을 보며, 철도종사원회관에서, 일요일 공원에서 구토를 느끼곤 하였다. 이 소설에서는 "구

---

417) Jean Paul Sartre, *La Nausée*, Éditions Gallimard, 1938, Le Livre de Poche Université Texte intégral, p.182.
418) 위의 책, p.185.

토"와 "부조리" 외에 "나는 존재한다(J'existe)"라는 말이 20차례 이상으로 반복 출현하고 있다.

> 나의 생각, 그것은 바로 나다 : 그것 때문에 나는 정지할 수 없다. 나는 생각하기 때문에 존재한다.……그리고 나는 생각하는 것을 막을 수 없다. 지금까지도 —그것은 지긋지긋하다 — 만일 내가 존재한다면, 그것은 내가 존재하는 것을 공포로 여기고 있기 때문이다. 내가 갈망하고 있는 만큼 나를 높은 위치로 끌어올리는 것은 바로 나다. 바로 나다. 존재한다는 사실에 대한 혐오감, 거부감 그것은 나를 존재하게 하는 태도이며 또 나를 실존 속으로 밀어넣는 태도인 것이다.419)

주인공 로캉탱은 독서광이며 장편소설가인 그와 이야기하며 진보적 휴머니스트, 좌익 휴머니스트, 가톨릭 휴머니스트 등을 떠올리며 그들을 유력자로 생각하며 이 밖에 많은 휴머니스트가 있다고 하였다.

> 형처럼 형제들에 대해 깊이 생각하고 또 책임감을 느끼는 철학적 휴머니스트, 사람을 있는 그대로 사랑하는 휴머니스트, 장래의 모습을 있는 그대로 사랑하는 휴머니스트, 동의를 얻어 구해주고 싶어하는 휴머니스트, 새로운 신화를 만들어내고 싶어하는 휴머니스트, 고대인의 세계에 심취하는 휴머니스트, 인간세계에 내재한 죽음을 사랑하는 휴머니스트, 인간세계에 내재한 그 생명을 사랑하는 휴머니스트, 농담을 잘하는 즐거운 휴머니스트, 특히 초상집에서 밤샐 때 만난 우울한 휴머니스트, 그들은 서로 미워하고 있다. 당연히 개인의 자격으로, 인간의 자격이 아니다.420)

싸르트르가 이들 휴머니스트를 열거한 의도와 관계없이 이들 휴머니스트

---

419) 위의 책, p.143.
420) 위의 책, p.166.

들은 소설가의 여러 얼굴로 바꾸어볼 수 있다.

부조리는 싸르트르의 전유물이 아니다. 알베르 까뮈의 핵심개념이기도 하다.

> 부조리감은 어느 거리 모퉁이에서 어떤 사람에게나 불의의 습격을 가할 수 있다고 까뮈는 말한다. 그 감정의 급작스런 발생은 대체로 다음 네 가지 상태 가운데 하나, 혹은 그들 가운데 몇몇이 중첩되어 일어난다. (1)많은 사람의 생활은 기계적이다. 그 자신의 존재의 가치와 목적에 대해 의심을 일으킨다. 부조리의 예고다. (2)시간의 흐름에 대한 예리한 감각. 혹은 시간이 파괴력이라는 인식. (3) 낯선 세계에 남겨져 있다는 감정. 환상과 통찰력이 갑자기 제거된 세계에서 사람은 자신을 이방인으로 느낀다. 가장 격렬한 경우 이 소외감은 구토할 지경에 이르기까지 이른다. 그때 돌, 나무처럼 이름에 의해 일상 길들여진 낯익은 사물들도 친근성을 탈취 당한다. (4)타자로부터의 단절감. 까뮈에게 부조리는 통합을 바라는 정신과 정신이 경험하는 세계의 혼란 사이의 주고받음의 결여이다. 이에 대한 명백한 반응은 자살이나, 혹은 반대 방향으로 신앙의 비약일 수 있다."421)

까뮈가 느끼는 부조리의 감정은 기습적인 성격, 낯익은 느낌의 급변, 친근감의 박탈, 구토감의 유발, 타자로부터의 단절감 등의 특징을 지닌 점에서 싸르트르가 느끼는 구토의 느낌과 흡사하다. 부조리에 대한 반응을 자살이나 신앙에의 귀의로 파악한 것은 싸르트르보다는 과격하다. 이러한 반응의 항목에 "소설쓰기"를 추가할 수 있다. 소설쓰기를 통해 인간과 사회 속의 부조리를 탐색하고 또 부조리의 극복방안을 모색해볼 수도 있다. 부조리소설이란 유형은 통용되지 않았지만 부조리극이란 용어는 우리나라에 들어와 통용력을 보이기도 하였다.

---

421) Arnold P.Hinchliffe, *The Absurd*, 황동규 역, 서울대 출판부, 1978년 초판, 1984년 5쇄, pp.43~44.

"1968년 현대 영국 연극과 극작가에 대한 일련의 논문을 편찬하는 자리에서 존 러셀 브라운은 서문에서 새 희곡을 향해 부엌파, 新寫實派, 전달거부 연극, 부조리 연극, 위협 희극, 암흑희극, 잔혹 희극 등의 딱지를 붙였다. 그러나 그 어느 딱지도 일이년을 가지 못했다"422)와 같은 지적에서 부조리극도 한때의 현상이나 사조였음을 알 수 있으나 부조리극을 서양연극사의 줄기로 보고자 한 이론가들이 있을 만큼 부조리감정이 연극의 본질일 수도 있다.

"마틴 에슬린(Martin Esslin)의 『부조리연극』(*The Theater of the Absurd*, New York, 1961)에서 부조리파의 선조를 고대의 무언극, 코메디아 델 아르테까지 끌고 올라간 것을 보고 케네스 티난(Kenneth Tynan)은 『티난 극평집』에서 에슬린씨가 셰익스피어, 괴테, 입센을 부조리의 선구자로 취급한 것은 과거의 극문학 전체가 베케트와 이오네스코의 영광스러운 출현을 위한 전주곡에 불과한 것으로 여겼다고 비판한다"423)에서 보는 바와 같이 부조리연극의 기원은 고대의 무언극이나 셰익스피어, 괴테, 입센까지 소급한 것은 부조리연극의 속성이 일반 드라마의 속성과 크게 겹치고 있다는 증거가 된다.

마틴 에슬린은 『부조리연극』(pp.21-22)에서 정통극과 부조리연극을 다음과 같이 비교하였다. 정교한 구성이나 이야기/이야기나 플롯의 결여, 성격묘사나 동기설정의 섬세함/인정할 만한 성격의 결여, 충분히 설명되면서 해결되는 주제/시작도 종말도 없다, 반영론과 관찰론으로 시대의 풍습 묘사/꿈과 악몽의 반영, 기지있는 응답과 신랄한 대사에 의존/일관성 없는 헛소리에 의존한다. 이런 종류의 연극은 우리 시대의 특색인 환멸, 그리고 확신의 결여에서 생겨났다고 에슬린은 시사하고 있다. 그것은 까뮈의 『시지프스의 신화』에 반영되어 있으며—거기

---

422) 위의 책, pp.2~3.
423) 위의 책, p.9.

에 '부조리'라는 말이 나온다—에슬린이 중요하다고 생각한 네 사람의 극작가 베케트, 아다모프, 이오네스코, 쥬네 등의 희곡에 반영되어 있다.424)

정통극과 부조리극의 대비사항은 일반소설과 앙티로망의 차이를 그대로 보여주기도 한다. 이상과 같은 부조리연극의 특징은 오늘날 한국소설에서도 흔히 볼 수 있을 만큼 일반적인 방법으로 변하고 말았다.

"어빙 워들(Irving Wardle)은 『영국의 새 극작가들』(1968)에서 부조리연극의 특징으로 외적인 세계 대신에 내적인 풍경, 환상과 사실 사이의 명확한 구별의 결여, 시간에 대한 자유로운 태도, 주관적인 필요에 따라 시간은 확대되기도 축소되기도 하는 점을 들었다. 시각적 비유의 형태로 정신상태를 투영하는 유동적 환경, 인생 경험의 무질서에 대한 작가의 유일한 방어로서 언어와 구성의 철저한 정확성"425) 과 같이 설명된 특징론은 누보로망은 일반명사가 아닌 고유명사일 뿐이라는 인식을 갖게 한다. 내면풍경에 대한 관심, 환상과 현실의 넘나들기, 주체에 의한 시간의 증감, 언어와 구성법에 대한 치밀한 접근 등과 같은 부조리극의 기법은 유형과 사조를 초월하여 수준 높은 소설에서 얼마든지 볼 수 있다.

한국전쟁과 같은 엄청난 비극을 겪은 데서 창작동기를 갖는 1950년대의 작가들은 역사의 부조리, 인간사회의 부조리를 드러내는데 힘썼다. 실존주의 모티프를 중심으로 취한 소설들이 하나의 뚜렷한 갈래가 되고 있는 것은 이러한 분위기를 잘 설명해 준다. 실존주의의 영향을 받아 실존주의 모티프를 중심 모티프로 취한 소설들로는 다음과 같은 소설들이 있다. 곽학송의 장편소설 『자유의 궤도』(1956), 김광주의 「발광직전」(1959), 김동리의 「실존무」(1955), 김성한의 「암야행」(1954), 「오분간」(1955), 김송의 「저항

---

424) 위의 책, p.11.
425) 위의 책, p.8.

하는 자세」(1954), 「하나의 독백」(1955), 김이석의 「한일(閑日)」(1958), 박경리의 장편소설 『표류도』(1959), 박연희의 「고독자」(1955), 「닭과 신화」(1956), 박용숙의 「자라두스트라의 삽화」(1959), 선우휘의 「불꽃」(1957), 손소희의 「거리」(1953), 손창섭의 「잡초의 의지」(1958), 송병수의 「그늘진 양지」(1959), 안수길의 「유희」(1958), 오상원의 「균열」(1955), 「죽음에의 훈련」(1955), 유주현의 「패배자」(1953), 「잃어버린 눈동자」(1953), 「노염(老焰)」(1955), 「허구의 종말」(1957), 이봉구의 「시들은 갈대」(1954), 「사자(死者)의 서(書)」(1958), 「잡초」(1959), 이영우의 「배리의 지역」(1958), 이주홍의 「심운(深雲)」(1954), 장용학의 「무영탑」(1953), 「요한시집」(1955), 「비인탄생」(1957), 「역성서설(易姓序說)」(1958), 「대관령」(1959), 전영택의 「김탄실과 그 아들」(1955), 정연희의 「저항」(1957), 조용만의 「서정가」(1958), 최인욱의 「신군부처(申君夫妻)」, 최태응의 「옛 같은 아침」(1954), 황순원의 「내일」(1957), 「다시 내일」(1958) 등426) 물론 이들 소설이 모두 우수작의 반열에 들어갈 수 있는 것은 아니나 한국전쟁 직후의 허무하고, 암담하고, 한이 맺힌 한국인들의 심정을 그려내는 데 유럽의 실존주의철학과 문학이 다대한 도움을 주었음은 부정할 수 없다. 엄밀히 말해 한국작가들이 실존주의로 도피해 간 것이기보다는 한국작가들이 역사허무주의를 극복하기 위해 실존주의를 불러들인 것이라고 할 수 있다.

이인성은 「당신에 대해서」(『외국문학』, 1985.봄)에서 소설양식의 본질에 대해 토론하는 장면을 제시한다.

이인성은 자신의 소설이 포함되어 있는 형이상학적 소설이나 의식의 흐름의 수법을 취한 소설에 가해진 동시대의 비판의 내용을 제시하면서 자신의 소설은 어디까지나 소설독서를 통한 개인의 해방을 목표로 한다고 주장한다.

---

426) 조남현, 『한국현대소설사 3』, 문학과 지성사, 2016, pp.705~708.

그 : (중략) 무엇보다도 당신 소설은, 당신의 그런 논리에도 불구하고, 그 의지와 방향성을 전혀 드러내지 않고 있잖소? 요컨대 운동적 성격을 띠려면 독자에 대한 당신의 전망을 명확히 제시하고 그걸 확산시키는 노력을 경주해야 되지 않겠소? 헌데 당신은 거꾸로 난삽한 요설 속으로 도피해 들어가고 있소. 문학전문가들이나 겨우 알까말까 한 파격을 즐기면서. 혼란한 일상 속에 들볶이는 민중인 일반독자들은, 자신들에게 이미 내재된 역량을 분출시켜 줄 명쾌한 해석과 실행을 바라고 있는데 말이오. 나: (중략) 책읽기로 한정시켜 이야기 하자면 작가가 일방적으로 제시해주는 바를 그대로 주입받는 독서는 내가 생각가는 독서의 이상형이 아닙니다. 해방된 사회의 해방된 독자는 최소한 주체적인 사고인이자 몽상가여야 합니다. 그때 작가란 단지 그 사고와 몽상의 계기를 그답게 주체적으로 마련해 줄 뿐이지요. 거기서, 비로소 작가와 독자의 평등한 대화가 이루어지는 것 아닐까요? 미래의 작가는 우월한 윗자리에서 열등하고 수동적인 독자를 가르치는 자가 되어서는 안 되며, 그들간의 자유와 평등이 그렇게 문학적 방식으로도 수행되어야 한다는 의미에서요. 내 소설이 취하는 파격은, 그 바람을 지금 여기로 바싹 끌어당기려는 시도와 현실과의 갈등에서 빚어지는 결과겠지요. 그러니까 바로 거기, 내 무의지적 의지와 무방향적 방향성이 각인되어 있을 겁니다.427)

운동의 성격을 띠지 않고 있다든가 독자들을 계몽시키지 않고 있다든가 하는 비난을 받고 있는 '나'는 작가가 독자를 계몽하는 시대는 끝났다고 하면서 독자의 주체적이며 몽상적 태도를 촉구한다. 작가는 독자가 주체적 사고와 몽상을 할 수 있는 계기를 줄 뿐이지 구체적으로 무엇을 가르치는 것은 아니라고 한다. 그만큼 작가와 독자를 대등하게 본 것이라고 할 수도 있다.

---

427) 이인성, 『한없이 낮은 숨결』 문학과지성사, 1989, pp.24~25.

이 소설이 발표되었던 1980년대 중반에는 작가들도 정치현실에 공분을 느끼고 사회의 개혁을 복창하면서 운동권 인물 모티프나 위 모티프를 취하곤 했다.

소설가가 술에 취한 상태에서 자조 섞인 독백을 하는 서술형식을 취한 단편소설 「글주정」에서는 "소설은 배신이야. 기회주의고 노예근성이고 그러고 보니 이거 삐뚜루가 아니라 똑바로 같은데. 아무튼, 소설은 그늘만 찾는 독버섯이나 절망의 암세포쯤 될 거야. 푸, 얼마큼은 연민이기도 하지"428)와 같이 소설양식에 대한 냉소를 표시 하였다.

소설은 죄악, 배신, 기회주의, 노예근성, 그늘만 찾는 독버섯, 절망의 암세포라는 표현은 소설이 인간세상이나 사회, 상황에 대해 제대로 대응하지 못하고 제대로 대응할 필요가 없다는 말도 된다. 그런가하면 이런 자조적 인식은 교사적 존재나 계몽주의자로 자임하는 작가들이나 소설양식을 긍정적으로만 생각하는 작가들에게 하나의 야유가 될 수 있다.

부조리의 탐구란 말은 끝내 해답을 내놓을 수 없는 화두를 놓고 계속 고심하는 것으로 설명할 수 있다. 그런가하면 그럴 듯하게 보이는 해답을 순간적으로 난문으로 돌려버리고 마는 "철학하기"와 유사한 말이라고 할 수 있다. 부조리란 말의 출현배경에는 인간은 죽음에의 존재라는 대명제에서 출발한 실존주의 특유의 존재론이 있기는 하지만, 소설가들은 부조리란 개념을 여러 측면에서 탐구하고, 개인과 사회의 내부에서 찾아내는 노력을 기울여야 한다. 부조리란 말이 화두가 되고 아포리아가 된 이상, 적절한 해답을 찾느냐의 여부보다 해답을 찾기 위해 노력하는 과정 그 자체가 더욱 가치있는 것인지 모른다.

---

428) 위의 책, pp.91~92.

제18장 약자의 변론서

제18장 약자의 변론서

1.

 소설은 강자와 약자, 부자와 빈자, 지배자와 피지배자, 적과 동지, 주체와 타자 등의 갈등을 다루어 왔다. 시간이 갈수록 약자, 빈자, 피지배자 등을 프로타고니스트로 내세우는 경향을 더욱 강하게 드러낸다. 약자의 범주에 드는 인물들을 긍정적으로 내세우기 위해서 강자, 부자, 지배자 등의 부도덕, 불합리, 불법의 측면을 부각시키거나 비판하는 방법을 구사하기도 한다. 물론 이들 이항대립의 존재에 대한 관심을 뛰어넘은 채 인물소설이나 심리소설에 몰두하는 작가들도 있다. 이런 작가들은 이항대립의 관점에서 개인이나 사회를 바라보는 것에는 한계가 있다고 생각하게 될 것이다.
 임철우는 장편소설 『백년여관』(한겨레신문사, 2004)에서 한국전쟁이라든가 광주민주화운동을 소재로 한 거대담론을 부정하는 풍조를 비판하고 있다. 출판사 편집위원들과 문인들과 일간지 문학담당 기자 등이 모인 송년회 술자리에 참여한 주인공은 어느덧 소외감에 빠져든다.

어느 결인가 구석진 자리로 밀려난 당신은 적당히 도망칠 기회를 엿보며 그들의 대화를 건성으로 듣고 있었다. 다양한 화제들이 취기 어린 입에서 입으로 거품처럼 떠다녔다. 인터넷 소설, 전자책, 뉴밀레니엄, 영화, 동성애, 무라카미 하루끼, 원조교제----온갖 잡다한 화제와 농담이 게거품처럼 밑도 끝도 없이 보글보글 피어 올랐다. 최근 발표된 노벨문학상 얘기도 나왔다.

"까놓고 말해서, 한국소설은 역사나 정치에 대한 과도한 집착, 그 고질병이 문제야. 전쟁이니 분단 따위 민족 내부의 지엽적 소재만 가지고 지난 수십년간 어지간히 우려먹었잖아. 외국 독자들한테 그런 시효 지난 케케 묵은 소재 치켜들고 나가봤자 어디 씨알이나 먹힐 거 같아? 문학도 어차피 상품인데."

일간지 문학담당 기자가 말했다. 짧은 앞머리를 가파르게 치켜 세운 삼십대 중반의 그는 젊고 자신감에 넘쳐 보였다.429)

작중에서 일간지 문학 담당 기자의 말을 빌려 당대 한국문학의 변화를 필요성을 제기하고 있다. 이미 글로벌리즘에 젖어 있는 기자의 눈에 한국의 역사적 대사건에 매달린 소설은 그리 의미있게 다가오지 못한 것이다. '소설의 죽음'이란 말이 나올 만큼 소설의 환경변화는 점점 더 바른 템포로 올 것 같다. 환경변화가 가져온 내부변화는 부정판단을 더 많이 사고 있는 게 현실이다. 21세기에 들어서 법, 윤리, 사회제도가 많은 변화를 겪고 있다. 한국작가와 소설에 직접 영향을 줄 수 있는 변화의 항목으로 통신수단의 고도의 발달, 각종 매스미디어의 양적 확대와 경쟁력 가열, 현세 중심적 가치관의 팽창, 남녀평등의 실현의 가속화, 인구절벽의 현실화, 1인 가구의 급증 등을 추가할 수 있을 것이다.

마크 커리(Mark Curie)는 『포스트모던 서사론(*Postmodern Narrative Theory*)』에서 포스트 모던 소설의 특징을 다음과 같이 설명하였다. "문학

---

429) 임철우, 『백년여관』, 한겨레신문사, 2004, p.19.

연구는 파편(fragmentation)이나 작은 서사(little narratives, local narratives, small identity narratives)에게 관심을 갖게 되었다. 이러한 내러티브는 보편적 가치의 헤게모니를 파괴하거나 큰 서사(grand narrative)와 그들의 보편적 자부심을 파괴하게 된다"430)와 같은 현상은 21세기 한국소설에서도 부분적으로 나타나고 있다.

그런가하면 소설에 대한 전형적인 포스트모던한 태도와 만난다. 첫 번째 것은 서사와 메타서사의 차이의 붕괴를 말하고 두 번째 것은 지방의 반정부(counter-politics)로서의 파편적인 작은 서사(fragmentary little narrative)의 상승을 말한다. 내러티브는 사라지지 않았다. 리오따르(Lyotard)의 분류에 따라 거대 서사/작은 서사처럼 양극화되었다. 거대서사는 크지만 나쁘고 작은 서사는 작고 아름답다. 거대서사는 메타서사적 속임수(metanarrative delusion)이고 작은 서사는 습격의 한 형식(a form of assault)이다.431)

마크 커리는 거대서사는 역사서술에 근접하다 보니 소설의 독자성을 갖추기 어렵다고 인식하고 있다.

『백년여관』에서 평론가 김이 "요즘 소설 안 쓰시나? 이형 소설, 본 지가 한참 된 거 같은데. 이젠 제발 오월이니 육이오니 하는 거 좀 벗어나서, 멋진 거 하나 써보쇼. 에?"와 같이 속을 뒤집어 놓자 당신은 말없이 술잔을 내려놓고는 홀을 빠져 나와버렸다.

시효? 유효기간이라고? 그 따위 폐품들을 이제 와서 어디에다 쓰겠느냐고? 야, 짜식들아. 함부로 지껄이지들 마. 세상엔 그것이 자신의 '전 생애'이거나 평생의 족쇄일 수밖에 없는 사람들도 있어. 아무리 발버둥쳐도 그것이 끝내 벗겨낼

---

430) Mark Curie, *Postmodern Narrative Theory*, Macmillan Press Ltd, 1998, p.108.
431) 위의 책, p.109.

수 없는 굴레가 되어버린 사람들, 그래서 그 저주받은 시간에 사로잡혀 평생 유령처럼 살아가야만 하는 사람들 말이다. 그들은 지금도 이 땅 어디에나 있어. 너희들이 시효 지난 폐품이라고 부르는 그 시간들이야말로 바로 그들의 삶이고, 그들의 육체와 정신과 영혼과 감각의 구체적 실체야. 살아 있는 한, 고통이 여전히 지속되는 한, 그건 과거가 아니라 그들에겐 엄연한 존재야. 그런데, 그것으로부터 벗어나라고? 컴퓨터 자판의 '삭제'키를 눌러 버리듯이, 그렇게 간단하게 지워 버리라고? 천만에. 너희들은 정작 그 사람들을 '삭제'하고 싶은 거겠지. 어쨌거나 너와 동시대인임에 분명한 그들의 삶, 아니 존재 자체를 깨끗이 지워버리고 싶어 견딜 수가 없는 거겠지. 왜냐면 지겨운 그들의 삶은 실상 바로 너희 어미와 아비, 할아비와 할미가 살아온 시간들이고, 그러므로 너하고도 결코 무관할 수가 없을 테니까432)

임철우는 제주 4·3사건, 한국전쟁, 광주민주화운동 등과 같은 역사적 대사건들 때문에 직접 피해 받고 고통을 겪는 사람들의 모습을 그리는데 힘썼고 그것이 한국 작가들의 본도요 숙명이라고 생각해 왔다. 『백년여관』에는 제주 4·3 사건 때 억울하게 죽은 양민들, 1950년 8월 영도 보도연맹원들의 원혼이 살아남은 사람들에게 환청을 들려주는 장면을 설정하였다. 과거와 현재는 단절될 수 없음을 일깨워주었다.

작중의 작가 이진우는 증오와 분노를 동력으로 하여 광주 민주화운동을 소재로 한 다섯 권 짜리 대하 소설을 썼다. 그는 소설을 광주민주화운동 때의 무자비한 가해자들과 그 후의 무관심한 사람들에게 맞서 싸울 수 있는 무기로 파악하였다. 이진우는 야학에서 가르쳤던 순옥을 만난다. 순옥은 선생님의 장편소설 다섯 권을 다 읽었다고 하면서 "선생님을 그토록 집요하게 사로잡고 있는 것은 바로 엄청난 분노와 슬픔과 증오였어요. 그 무서운 분노

---

432) 임철우, 『백년여관』, 한겨레신문사, 2004, pp.21~22.

와 슬픔과 증오의 무게에 짓눌려, 그걸 읽는 제 가슴도 터져버릴 것 같더군 요. 선생님은 끝끝내 이 현실을 용서할 수 없었던 거예요."[433]와 같이 창작 동기를 작가가 아닌 독자의 입장에서 헤아린다. 그러나 이진우의 입에서는 "그래. 난 세상을, 이 놀라운 망각과 배반을 용서할 수가 없어. 하지만, 사실 은 꼭 그것뿐만은 아니야. 동시에 난, 난……내 자신을 결코 용서할 수가 없 었어. 순옥아"[434]와 같이 의외의 반응이 나온다.

당신은 케이에게 용서를 빌 일이 있다고 고백하였다. 같은 극단단으로 도 청지도부의 홍보 책임자를 맡은 케이가 전화로 도움을 요청하고 시내 서점 앞에서 만나기로 했을 때 두 시간이나 기다려도 케이가 나오지 않자 학과 선 배의 만류로 그 자리를 피했던 일, 다시 케이의 전화를 받고 Y회관 앞으로 나갔다가 군용지프에 탄 케이를 보고도 못 본 척 한 일, 그후 지명 수배자 포 스터 속에서 케이를 본 일, 케이가 일년 반 동안 계속 피해다니던 중 홀연히 나타나 당신 집에 와 숨어있다가 체포되어 중형을 언도 받고 반년 만에 특별 사면으로 풀려나온 일 등을 잊지 못한다. 그후 케이는 죽을 때까지 오월 항 쟁을 다룬 연극만 무대에 올렸고 서울로 올라간 당신은 소설을 쓰기로 한다.

하지만 토해내지 못한 그 고백은 항상 당신의 목구멍에 가시처럼 박혀 있었 다. 당신은 언젠가의 그 운명적인 기도를 새삼 기억해냈다. 그래, 그날을 소설 안 에 온전히 다 담아내자. 그것은 내 자신과의 약속이자 죽어간 원혼들과의 약속이 니, 그 약속을 지켜낸다면 나도 조금은 떳떳해질 수 있겠지. 그리하여 소설이 완 성되는 날 케이를 찾아가 그 비밀을 털어놓고 용서를 빌리라, 당신은 결심했다.

그 순간부터 당신은 완전히 편집광처럼 소설에만 매달리기 시작했다. 처음부 터 끝까지 피와 죽음, 절망과 통곡으로 점철된 열흘 밤낮, 그 악몽의 시간을 거꾸 로 한사코 기억해내고 재생해내는 작업은 참으로 고통스러웠다. 당신은 절반은

---

433) 위의 책, p.304.
434) 위의 책, p.305.

미치고 절반은 뭔가에 홀려 있었다. 그리고 마침내 십 년 만에야 당신은 그 다섯 권짜리 장편소설을 완성해냈던 것이다.435)

당신이 지난 날의 잘못을 고백하려 할 때 케이는 암에 걸려 세상을 떠난다. 당신이 죄책감에서 헤어나지 못하자 순옥은 케이의 비밀을 털어 놓는다. 마지막 날 새벽 케이는 십여 명의 순옥이도 포함된 어린 여학생들을 이끌고 몰래 건물을 빠져나온 후 선배들과 동료들을 도청에 남겨두고 나왔다는 죄책감에서 헤어나지 못했노라고 했다. 그 후, 케이는 케이대로 죄책감에서 헤어나지 못해 오월 항쟁만을 다룬 연극활동을 한다. 그시간에 이진우는 케이를 속였다는 양심의 가책 때문에 광주 민주화운동을 다룬 대하소설을 쓴 것이다.

위의 "다섯 권 짜리 소설"에 대해서는 남진우의 「유예된 송사, 지연된 애도」를 통해 그 의미를 헤아려볼 수 있다.

이 작가의 소설은 글쓰기를 통해 이런 근원적 균열을 봉합하고 상처를 치유하려는 욕망의 소산이다. 다시 말해서 이처럼 우리 근현대사의 뒤안길에서 죽고 쫓겨나고 덧없이 잊히고 사후에도 여전히 모욕당하고 있는 존재들에 대한 애도의 산물인 것이다. 굳이 부친이나 형제 같은 핏줄이 아니라 해도 이 땅엔 비명에 죽거나 억울하게 죽은 사람들, 그렇게 죽고 난 뒤에도 제대로 대접받지 못하고 떠도는 영혼들이 얼마나 많은가. 그런 의미에서 이 작가가 수행해온 글쓰기의 많은 부분은 죽은 사람의 넋을 천도(薦度)하는 제의의 성격을 지니고 있다. 전부 다섯 권으로 이루어진 방대한 분량의 소설 『봄날』은 바로 죽은 자들에게 바쳐진, 글로 씌어진 진혼굿에 해당하는 작품이다. 오월 광주의 열흘을 꼼꼼히 재생해낸 이 기념비적 작품을 통해 광주는 정치사회적 차원이 아닌 문학적 차원에서

---

435) 위의 책, p.313.

드디어 총체적으로 복권되기에 이른다.436)

2.

현대소설은 고대소설과 달리 민중적이며 민주적인 표현양식임을 평론을 통해 제대로 천명한 소설가는 염상섭이었다. 소설은 민주주의 정신과 민중의 공존공영론을 가장 잘 살릴 수 있는 양식이라고 하였다. 물론 이때의 민중은 정치적 약자요 탄압 받는 피지배자라는 의미를 감추고 있기는 하다.

> 그럼으로 소설이란 데모크라씨한 정신에 의하야 귀족의 수중에서 탈환하야 온 시를 산문화한 것이요, 따라서 민중의 공존공영을 위하야 제공된 보편성을 가진 예술이다. 현대가 또는 금후의 세대가 민중의 시대인 다음에는 소설은 더욱 더욱히 그 세력을 증대할 것이요, 또한 민중의 교양의 향상과 보급을 따라서 소설은 그 발달의 진로를 다시 운율적 시가로 향하여 취한 것이다. 그러나 그러타고 다시 귀족적 시가로 운전되는 것이 아니라 민중과 가티 — 차라리 민중의 손에서 진전되는 것인고로 의의와 그 실질에 잇서서 판이할 것이다. 하여간 현대의 문학은 소설의 시대요 또 소설은 민중의 예술이다.437)

이어 염상섭은 「조선과 문예·문예와 민중」(동아일보, 1928.4.10~17)과 속론인 「소설과 민중」(동아일보, 1928.5.27.~6.3)에서 민중을 연민의 대상이나 동지로 여겼던 프로문학자들에게는 동의하지 않고 민중을 대중의 유사어 정도로 보았다. 염상섭은 민중은 수준 낮은 대중의 형태로 있을 때는 계속 소설을 읽으면서 끌려가지만 민중이 교육을 많이 받아 정치적, 경제적으로 해

---

436) 남진우, 『폐허에서 꿈꾸다』, 문학동네, 2013, pp.280~81.
437) 염상섭, 「소설시대=시대사상」, 『조선지광』, 1928.1, p.7.

방되면 소설양식에 대해서는 불만을 느낄 것이라고 하였다. 그리고 옛날에 버렸던 운문을 도로 찾는 사람들도 생겨날 것이라고 예견했다.

현대에 들어 소설의 기능이 강화된 이유의 하나를 소설의 주인공이 약자라는 점에서 찾을 수도 있다. 소설이 갑남을녀나 평민을 긍정적 프로타고니스트로 자주 내세우는 것은 소설가들의 휴머니즘의 소산이다. 그런 나머지 소설은 약자의 변론서라는 인식이 확산되기에 이르렀다. 고전소설에서 현대소설에 이르기까지의 과정은 주인공이 귀족이나 영웅에서 평민을 거쳐 낙오자로 변해가는 과정으로 요약되기도 한다. 이미 우리의 고전소설에서도 작가가 긍정적으로 보는 주인공의 신분이 점점 낮아지는 경향을 보인다.

박희병은 전(傳)의 유형화로 입전인물에 의거하는 기준과 서술형식을 기준으로 하는 두 가지 기준을 생각해볼 수 있다고 하면서 입전인물을 기준으로 할 경우, 충의전·효자전·열녀전·일사전·신선전·예인전·유협전 등등으로 유형화해 볼 수 있다고 하였다.438) 그리고 이런 입전 인물은 조선후기에 가면 변화를 보인다고 하였다.

> 羅麗時代와 조선전기의 입전대상은 주로 승려, 충신, 열사, 일사, 효자, 열녀들이었다. 이런 인간형 이외의 인물이 입전된 경우는 발견하기 어렵다. 그리고 입전인물의 신분은 대개 지배층에 속했다. 하층의 인물이 전혀 없는 것은 아니지만 극히 한정되어 있었다. 이와 달리 조선후기에 이르면 입전대상이 한층 다양해진다. 전대의 전통을 이어 충신, 열사, 일사, 효자, 열녀는 계속 주요 입전대상이었지만, 다른 한편으로 神仙者流, 異人, 유협, 거지, 농민, 예술가, 과학자, 상인, 의원, 妓女, 그밖에 여러 시정의 부류들이 새로운 입전대상으로 등장하는 변화를 보였다. 이를테면 <素囊子傳>·<八乞傳>·<廣文者傳>은 거지를, <梁四龍傳>은 농민을, <金泳傳>·<李安民傳>은 상인을 각각 입전하고 있다. 조선후기의

---

438) 박희병, 『조선 후기 전의 소설적 성향 연구』, 성균관대학교 대동문화연구원, 1993, p.40.

전은 몇몇 유형의 인간에만 관심을 가졌던 전시대의 전과는 달리 관심의 대상을 대폭적으로 확장시켜 갔던 것이다.439)

조선 전기의 입전 대상은 신분이 높거나 유교적 실천력이 뛰어난 인물들이었던 만큼 소설양식은 상층민의 선전 기능을 행사했다. 그리고 "입전인물이 다양화, 특히 하층인물에 대한 관심은, 조선후기의 전으로 하여금 소설적 경사를 갖게 하는 데 중요한 '계기'를 마련한 측면이 인정된다"440)고 조심스럽게 추정했다.

박희병은 조선후기의 전 가운데서 소설적 경사가 비교적 뚜렷하거나, 전인지 소설인지의 여부가 논란되어온 작품들 45편을 제시하였다. 李恒福(1556~1618)의 「유연전(柳淵傳)」(출전 『白沙集』, 李德泂(1556~1645)의 「장순손전(張順孫傳)」 「전우치전(田禹治傳)」(『竹窓閑話』), 許筠(1659~1618)의 「장생전(蔣生傳)」 「남궁선생전(南宮先生傳)」 「장산인전(張山人傳)」(『惺所覆瓿藁』), 李縡(1657~1729)의 「임장군경업전(林將軍慶業傳)」(『密庵集』), 申光洙(1712~1775)의 「검승전(劍僧傳)」(『石北集』), 朴趾源(1737~1805)의 「마장전(馬駔傳)」 「양반전(兩班傳)」 「예덕선생전(穢德先生傳)」 「허생전(許生傳)」(『燕巖集』), 柳得恭(1749~?)의 「유우춘전(柳遇春傳)」(『冷齋集』), 李鈺(1760~1812)의 「이홍전(李泓傳)」 「포호처전(捕虎妻傳)」 「부목한전(浮穆漢傳)」 「신병사전(申兵使傳)」 「성진사전(成進士傳)」(『藫庭叢書』), 金鑢(1766~1821)의 「장생전(蔣生傳)」 「가수재전(賈秀才傳)」(『藫庭遺藁』) 등이 본보기라고 하였다.441)

이러한 작품들이 보여주는 의미를 "전의 장르운동"이라고 표현하면서 "전으로 하여금 사실에 국한되는 협애한 객관주의를 벗어나 작자의 주관성을 개입시킬 수 있도록 함으로써 리얼리티의 질을 보다 높일 수 있는 계기를

---

439) 위의 책, p.85.
440) 위의 책, p.87.
441) 위의 책, pp.130~31.

만들었다. 입전인물을 둘러싸고 있는 세계에 대한 관심을 제고시킴으로써 현실과의 접촉면을 넓혔다"442)와 같은 의미를 부여했다. 조선조의 이러한 변화는 개화기 이후의 한국현대소설의 전개과정을 1차적으로 외국소설의 영향권에 두는 태도를 반성하게 만든다.

소설쓰는 마음은 진정한 휴머니즘을 실천에 옮기는 방안의 하나임을 박완서는 단편소설 「사람의 일기」 (1985)에서 주장하고 있다. 이 소설은 1980년대에 운동권에 들어간 딸이 운동권에 있는 남자와 결혼하게 된 것을 속상해 하는 어머니가 친구인 여성작가에게 찾아와 하소연하는 장면으로 문을 연다. 친구가 자기 입장이 되어 생각해보라고 할 정도로 여성 작가는 거리감 있는 태도를 취한다. 그러나 여성 작가는 곧바로 마음 속으로 자신을 향해 화를 낸다. 그러면서 "언젠가 어떤 여성단체에서 마련한 '독자와의 대화'란 모임에 소설가로서 참석한 적이 있는데 그때 나는 소설이 독자에게 끼칠 수 있는 가장 큰 미덕은 타인의 삶을 자기 삶처럼 체험케 하는, 즉 남과 입장을 바꿀 수 있는 능력이라고 공언했었"443)던 것을 부끄럽게 여긴다. 역지사지하여 판단하고 바른 충고를 해줄 수 있는 능력은 이론적으로 가능하지만 실제로는 힘들다는 작가의 한계를 느꼈기에 화를 낸 것이다. 이런 태도는 소설은 이데올로기라고 주장하는 것보다 무상성이라고 하는 것에 가깝다. 여성작가는 물리학을 전공하는 딸이 유학생과의 결혼을 앞두고 교통사고를 당하는 일을 겪지만 할 수 있는 일이라곤 응급실 앞에서 기도하는 것 밖에 없다. 그녀는 기도하는 과정에서 깨달음에 닿는다. 주기도문을 비롯한 복음서를 보면서 소설쓰는 일이 별 것 아니라고 할 정도의 감동을 받게 된다. 그리고 작가로서의 근본적인 절망을 느끼게 된다.

그러나 이번 마지막은 그런 타성적인 절망과는 달랐다. 써먹을 소재가 바닥

---

442) 위의 책, p.418.
443) 박완서, 『해산바가지』, 문학동네, 2003, pp.255~56.

났다든가 소재가 잘 풀어지지 않을 때 곧잘 겪던 절망감이 아니었다. 여직껏 써 갈긴 이야기에 넌더리가 났다. 내 소설에서 주로 다루어온 나보다 못난 사람들, 짓눌리고 학대받고 신음하는 사람들에 대한 관심이 다만 이야기를 꾸미기 위한 관심이었다는 걸 왜 느닷없이 깨닫게 되었는지는 알 수 없다. 관심만 있고 사랑 없음이 그 삭막한 바닥을 드러내자 이제야말로 마지막이다 싶었다. 이런 나의 사랑없는 관심에 새로운 사랑의 가능성을 부여 준게 성경말씀이었다. 산상수훈도 아름다웠거니와 마태복음 25장 최후의 심판장면은 나에겐 새로운 경이었고 그리스도교에 대한 여직껏의 나의 옹졸한 편견을 일소할 만한 것이었다. 그 무렵 나는 나의 문학적 관심의 사랑없음에도 절망하고 있었지만, 가족이라는 가까운 핏줄에만 집중적으로 국한된 나의 지긋지긋한 모성애에도 적이 절망하고 있었다.444)

사랑이 결여된 작가의 휴머니즘에는 한계가 있다. 박완서는 못나고 가난하고 짓눌린 사람들을 소재로 여기는 수준의 관심만 있었지 사랑은 없었음을 깨닫게 되며 작가 자신의 모성애가 핏줄에만 국한된 것도 반성한다. "가난하고 억눌린 이웃이란 소설 뿐 아니라 같잖은 우월감의 소재일 뿐 그들에게 해 줄 수 있는 건 아무 것도 없었다"445)와 같은 각성은 작가에게 충분조건이지 필요조건이라고 하기 어렵다. 박완서는 글 잘 쓰는 작가 못지 않게 진실한 작가의 입상을 꿈꾸었다.

노동기본권이 보장되지 않았던 시대이기에 1970년대에 공장노동자의 쟁의, 파업 등을 다루는 것은 모험에 속했다. 황석영의 「객지」(1971)와 조세희의 연작소설집 『난장이가 쏘아올린 작은 공』(1978)은 1970년대 노동문학의 대표작이면서 한국현대소설사에서도 분명한 자리를 차지하는 작품이다. 황석영의 중편소설 「객지」는 간척공사장의 일용 인부들이 저임금, 중간관

---

444) 위의 책, p.266.
445) 위의 책, p.274.

리자들의 착취, 그로 인한 거액의 빚, 과도한 작업량, 감독조의 억압 등에 시달리던 끝에 노임을 현재의 도급 임금과 같은 액수로 올려줄 것, 정확한 시간노동제를 확립할 것, 감독조를 해산시키는 대신 인부들이 교대로 자치 담당하게 할 것, 함바를 개선하고 식당을 통합하여 회사가 운영할 것 등과 같은 건의사항을 제시하고 파업을 결행하기 위해 독산에 올라갔으나 소장의 음흉한 회유책에 휘말려 대부분의 인부들이 독산을 내려간다는 이야기를 들려주었다. 당대의 한국작가들이 객관적 리얼리즘의 성취를 지상과제로 여겼던 1971년에 이 작품이 발표되었던 점에 주목해야 한다. 1971년이면 노동자의 비참한 현실이나 투쟁상을 소설로 그려내는 것은 크나큰 용기나 각오를 요구하는 모험이었다.

조세희의 『난장이가 쏘아올린 작은 공』의 9번 째 연작소설인 「잘못은 신에게도 있다」는 사용자와 노동자의 대화 장면을 중심장면으로 설정하였다.

사용자1 : "다시 말하지만 여러분이 잘못 알고 있어요. 화사가 이익을 올리면 그 이익 전체를 몇 사람이 나누어 갖는 줄 아는데 아주 위험한 생각야요. 기업 이윤은 사회로 환원되고, 종업원 봉급으로 지급되고, 주주 배당금으로 나가고, 기업 자체 축적금으로 공정하게 배분되는 겁니다."

근로자1 : "그런 말씀을 하실 줄 알았습니다."

사용자1 : "준비한 말이 있으면 해 봐요."

근로자1 : "종업원에게 정당한 임금을 지급하지 않고 올린 수치스러운 이윤을 어느 사회에 어떻게 환원합니까? 그 이윤을 또 어떤 주주들에게 나누어 주고, 그 끔직한 이윤을 축적해 또 뭘 하려는 거죠? 그런 기업은 더 이상 자라면 안 된다는 생각을 저희들은 하고 있습니다. 정확히 말하면 근로자에게 인간다운 생활을 할 수 없는 임금을 지급하고 기계를 돌린 이상 그것은 이윤이 아닙니다. 다른 말로 불려져야 돼요. 얼마 전에 우리 회장님께서 불우한 사람들을 위해 해마다 이십억 원을 내놓으시겠다고 하신 기사를 신문에서 읽었습니다. 신문기자들 앞에서 웃고 계신 회장님 사진도 보았습니다. 부공장장님 말씀 대로 공정했다면 있을 수 없는 일입니다. 여러 공장의 근로자들에게 먹고, 자고, 일만 하다 해고 통지를 받으면 나가라고 일방적인 희생을 요구한 기업이 새삼스럽게 사회에 뭘 내놓겠다는 것은 기만입니다. 국민의 지탄을 피하려는 속임수에 불과해요. (중략)

    사용자5 : "보세요, 용서할 수 없습니다."
    사용자3 : "제발 가만히 좀 계십시오."
    사용자1 : "지부장, 그 노우트를 우리에게 넘겨 줘요. 그리고 끝냅시다."
    근로자1 : "저희 요구 사항에 대한 회사측 답변은 언제 주시겠습니까?"
    사용자1 : "기다리지 말아요. 모든 걸 부정적인 눈으로 보는 사람들에게는 줄 것이 없어요. 여러분이 왜 우리의 발전을 부정하는지 알 수가 없어요."
    근로자1 : "그렇지 않습니다. 산업 전선에서 일하는 사람들이 바로 저희 근로자들이에요. 다만 그 혜택을 우리에게도 돌려야 된다는 거죠. 건강한 경제를 위해 왜 저희들은 약해져야 됩니까?"
    사용자1 : "시간이 지나면 다 해결이 돼요."
    근로자1 : "근로자들은 이미 오랫동안 기다려 왔습니다."
    사용자5 : "감옥에나 가야 될 아이들야."[446]

위의 장면의 의미를 제대로 파악하려면 이 소설이 발표되고 소설집이 발간된 시기 즉 1978년과 1979년의 엄혹성을 고려해야 한다. 1970년대에 이렇듯 생생하게 노사대결의 현장을 그린 소설은 읽기 어려웠다.

"난장이"는 뿌리뽑힌 자의 약호라고 할 수 있다. 가장이며 어른인 난장이가 하루에도 몇 번 씩 달에 갔다가 온다는 환상에서 벗어나지 못한다는 이야

---

446) 조세희, 『난장이가 쏘아올린 작은 공』, 문학과 지성사, 1978, 1979년 13쇄, pp.245~47.

기는 난장이 일가에게 연민을 자아내게 한다. 117 센티미터의 키에 32킬로그램의 몸무게인 아버지는 평생 동안 채권 매매, 칼 갈기, 고층건물 유리 닦기, 펌프 설치하기, 수도 고치기 등 다섯 가지 일을 하다가 심신이 망가졌음에도 서커스단에서 일해보겠다고 준비하던 중 어머니와 아들딸의 제지를 받고 그만 둔다.

"아버지는 너무 지치셨다."
어머니가 말했다.
"알겠니? 이젠 아버지를 믿지 마라. 너희들이 아버지 대신 일해야 한다."
어머니가 울었다. 어머니는 인쇄소 제본 공장에 나가 접지 일을 했다. 고무골무를 끼고 인쇄물을 접었다. 나는 겁이 났다. 나는 인쇄소 공무부 조역으로 출발했다. 땀을 흘리지 않고는 아무 것도 얻을 수 없다는 것을 뒤늦게 알았다. 명희는 나를 만나 주지 않았다. 아주 쌀쌀했다. 영호와 영희도 몇 달 간격을 두고 학교를 그만두었다. 마음이 차라리 편해졌다. 우리를 해치는 사람은 없었다. 우리는 보이지 않은 보호를 받고 있었다. 남아프리카의 어느 원주민들이 일정한 구역 안에서 보호를 받듯이 우리도 이질 집단으로서 보호를 받았다. 나는 우리가 이 구역 안에서 한 걸음도 밖으로 나갈 수 없다는 것을 깨달았다. 나는 조역ㆍ공목ㆍ약물ㆍ해판의 과정을 거쳐 정판에서 일했다. 영호는 인쇄소에서 일했다. 나는 우리가 한공장에서 일하는 것이 싫었다. 영호도 마찬가지였다. 그래서 영호는 먼저 철공소 조수로 들어가 잔심부름을 했다. 가구공장에서도 일했다.447)

『난장이가 쏘아올린 작은 공』의 당시로서는 모험적인 주제의식은 긴장감을 불러 일으키는 단문주의, 철거계고장ㆍ무허가건물 철거 확인원ㆍ여론 조사 자료 등을 직접제시한 실험적인 방법에 의거하여 더욱 효과를 올린다.

---

447) 위의 책, p.101.

만일 『난장이가 쏘아올린 작은 공』이 노동의 기본권이 전대에 비해서는 두드러지게 보장된 1990년대에 발표되었더라면 리얼리즘의 정신이 바닥을 쳤던 1970년대 만큼 감동과 충격을 주기가 어려웠을 것이다. 이 소설은 기본적으로 소설양식이 제시하기 어려운 해결책까지 주었다고 생각하는 독자들이 많았다.

1920년대 일제 치하의 조선인들 대다수가 피해자였고 약자였고 낙오자였다. 자주 등장했던 농민, 노동자, 도시빈민, 대다수 지식인 등을 바로 이러한 범주로 묶을 수 있다. 1950년대 한국 전쟁 직후의 한국인들은 거의 모두 피해자였고 약자였고 병자였다고 해도 과언이 아니다. 피난을 가지 못한 어느 노인의 수난기를 다룬 최정희의 「정적일순」(1955), 정신적 실조현상을 다룬 소설인 손창섭의 「미해결의 장」(1955), 「비오는 날」(1953), 전후를 배경으로 한 가족파괴담인 강신재의 「옛날의 금잔디」(1959), 부역자 집안의 몰락을 그린 염상섭의 「동기」(1959), 전후 남녀 지식인들의 무주성을 그린 박경리의 장편소설 『표류도』(1959) 등이 그 좋은 예다.

제19장 대중성의 양면

제19장 대중성의 양면

1.

　문학은 전문분야의 서적에 비하면 대중지향적이고 대중수용적이고 대중소비적인 표현양식이다. 그만큼 대중이 이해할 수 있는 수준으로 내용이 짜여진다. 그러면 소설=대중소설이란 등식이 성립되는 것으로 생각할 수 있다. 그러나 대부분의 소설가들은 자신이 쓴 소설이 대중소설로 불리는 것을 싫어하며, 모욕감을 느끼기도 한다. 대중소설은 통속소설이나 저급소설과 비슷한 말로 통용되곤 한다. 소설가들은 자신의 소설이 한 권이라도 더 많이 팔리고 읽히기를 바라는 식의 대중지향적 성향을 보이지만 가볍게 읽힐 만큼 대중적인 수준이라는 평가를 받고 싶어하지 않는다. 대중적 수준이라는 평가 속에는 감동적인 것도 없고 계몽되는 바도 없다는 독자 반응이 내포되어 있기 때문이다.
　이병주는 대하소설 『행복어사전』(『문학사상』, 1976.4-1982.10)에서 주인공인 소설가 지망생의 입을 빌려 자신의 소설관을 피력하였다.
　서재필은 유치장에 갇힌 미스김과의 면회를 주선해 준 양춘배를 만난다. 양춘배가 신문기자로서의 애로사항을 털어놓으며 경찰서 출입기자를 할 때 여러 범법자와 우범자들에 대한 자료를 많이 모아놓았다고 하자 서재필은 소설재료가 많으니 소설가가 되는게 좋다고 한다. 이에 양춘배는 "나는 반대로 주어가 없는 문장에 집착합니다. 나, 또는 내가 하고 쓰는 문장에 대한 반발이죠. 별다른 개성을 갖고 있지도 않는 주제에 나는 이렇게 보았다, 나는 이렇게 생각한다는 등속에 소시민근성의 악취를 느끼는 겁니다"448)와 같이 어설픈 주관의 노출이나 허세를 배격하기에 소설가가 되고 싶지 않다고 한다. 그러면서 "적어도 한 시대의 평균적인 눈과 판단력을 마스터해야 하니까요. 부질없는 자의식의 과잉, 현학적인 제스처를 방지할 수도 있구요. 독창성을 발휘하기 위한 쓸데없는 허영을 배제할 수도 있구요. 광장에서 고독한 내가 아니라 광장에 모인 군중들과 등질인 자기를 발견하는 것이 더욱 중요한 일일 테니까요."449)와 같이 평균적인 눈과 판단력이 작가로서의 최소 요건이라고 주장한다. 이런 주장은 작가 이병주가 평균인의 상식과 의견을 긍정한 데서 나온 것이기보다는 기본은 되어있지 않으면서 주관 노출이 심한 태도를 경계한 것이다. 이병주는 평균인의 상식과 윤리의식 만도 못한 작품들을 써내는 작가들을 부정했다. 작중의 기자 양춘배는 소설가 지망생인 서재필과 마찬가지로 작가 이병주의 소설관을 대변하고 있다.

주어없는 문장을 이상적인 것으로 여기면서 보편성을 개성의 앞에 내세우는 양춘배는 "개성이란 것은 프티부르주아의 환상이지 실체는 아닌 것 아닙니까. 소설은, 지금 우리나라에 있는 소설은 대개 그런 미망에 사로잡힌 정신병리학적인 데이터에 불과한 것 아닙니까. 저런 유행가가 대중의 정서에 유독하듯이 나는 요즘의 우리소설도 대중의 정신위생상 대단히 유독한 거라고 생각합니다"450)와 같이 당시의 베스트 셀러에 비판적인 태도를 취한다. 정신병리학은 흔히 신경쇠약증으로 표현되기도 한다.451)

---

448) 이병주, 『행복어사전 1』, 한길사, 2006, pp.229~30.
449) 위의 책, p.230.
450) 위의 책, p.230.
451) 지그문트 프로이트 지음, 프로이트 전집 10, 『정신병리학의 문제들』, 황보석 옮김,

한스 이 노자크의 『문학과 사회』에서는 문학을 창조적 문학과 레크리에이션 문학으로 나눌 수 있다고 하면서 레크리에이션 문학은 헤르만 헷세가 "잡문문학"이라고 한 것으로 대치할 수 있다고 하였다.

> 고도의 PR와 판을 거듭하고 있는 책을 다시 한 번 읽어보라는 것입니다. 그러면 다음과 일을 알게 될 것입니다. 첫째로 몇 번이라도 되풀이 해서 읽을 수 있으며 개인적인 기분이나 자신의 발전의 정도에 따라 그 때마다 무엇인가 새로운 것을 발견할 수 있는 책은 아주 드물다는 것. 둘째로 오락이외의 아무 것도 바라지 않는 책, 예를 들어 드릴에 찬 추리소설은 드릴을 기대해서 또다시 읽어도 절대로 똑같은 즐거움을 제공해주지 않는다는 것. 그리고 마지막으로 처음에 읽었을 때에는 그 찬란함, 완벽성, 문제 설정에 있어서의 풍부한 암시에 넘친 그 현대성에 의해 사람을 매혹시켰던 그 히트한 책이야 말로 두 번 읽을 만한 것이 못된다는 것, 즉 그런 책은 빈혈증에 걸린 것같이 여겨지며 내 건 요구가 엉터리라는 것을 깨닫게 되어 이 모든 매끈한 표현을 진리라고 생각했던 자신에 대해 울화가 치밀어 옴을 느낍니다.452)

광고의 힘에 의존하여 베스트 셀러가 된 책은 대체로 반복해서 읽을 가치가 없다는 노자크의 통념은 고전의 별칭인 스테디 셀러와 일시적인 베스트 셀러의 차이를 확인시켜 준다. 물론 베스트 셀러 중에 고전으로 평가되는 것도 있다. 스테디 셀러와 베스트 셀러는 대중성을 획득했다는 공통점을 갖고

열린책들, 1997년 초간, 2003년 재간.
 이 책에는 「신경 쇠약증에서 '불안신경증'이라는 특별한 증후군을 분리시키는 근거에 관하여」, 「신경증의 병인에서 성욕이 작용하는 부분에 대한 나의 견해」, 「히스테리성 환상과 양성 소질의 관계」, 「히스테리 발작에 관하여」, 「시각의 심인성 장애에 관한 정신분석적 견해」, 「신경증 발병의 유형들」, 「강박 신경증에 잘 걸리는 기질」, 「정신분석 이론에 반하는 편집증의 사례」, 「매맞는 아이-성도착의 원인 연구에 기고한 논문」, 「질투, 편집증 그리고 동성애의 몇 가지 신경증적 메커니즘」, 「신경증과 정신증」 등의 논문들이 들어 있다.
452) 한스 이 노자크 저, 윤순호 역, 『문학과 사회』, 삼성문화재단 출판부, 1975, p.185.

있다. 한스 이 노자크는 창조적 작가는 한 명의 독자를 염두에 두는데 반해 레크리에이션 작가는 복수의 독자를 의식한다는 식으로 대비하였다.

정태용은 「문학의 순수성과 대중성」(『문예』, 1960.6)에서 순수성이란 말도 지성, 저항정신, 대중성, 경향성 등과 함께 애매모호성을 벗어나지 못하고 있다고 하면서 순수성의 대립개념으로 통속성, 대중성, 경향성 등을 들었다.

> 사회와 인간의 대립 속에서 그 시대에 긍정적으로 봉사하는 소설을 우리들은 대개 '대중소설'이라 하고, 비판적, 항쟁적 목적으로 나아가는 것을 '경향소설'이라 하며 자기 신변에 도피한 소설을 '사소설' 등이라고 대별할 수 있다. 이들 중에서 대중소설이 좀더 타락한 것을 '통속소설'이라 할 수 있겠고, 비판적 항쟁적인 경향문학의 극단적인 것은 사회주의 또는 공산주의문학 혹은 무정부주의자의 문학으로 되었고, 그러한 비판정신이 사회적 정치적 성질을 비교적 적게 띠고 노골화하지 않으면서 현사회의 테두리 안에서 개량주의적인 태도로 나아가는 이를테면 소시민 인텔리의 양심의 문학을 우리는 좀더 고급한 대중(사회)소설, 또는 주지주의 문학에서 찾을 수 있다.453)

대중소설이 사회를 긍정하는 데 반해 경향소설은 사회를 부정하는 것으로, 사소설은 사회에 무관심한 것으로 대비된다. 흔히 통속소설과 대중소설은 유사한 것으로 보아 혼용하는데 비해 통속소설을 대중소설이 타락한 것이라는 식으로 차별화 한 것은 설득력이 있다.

홍사중은 「통속문학의 윤리」(『한양』, 1964.9)에서 문학의 본질과 기능을 삶에 형태와 의미를 부여한다, 우리 자신과 타인에 대해 깊은 이해력을 마련한다, 한 세대의 정신이나 민족의 정신을 표현한다, 이 모든 것을 통해

---

453) 『문예』, 1960.6, pp.163~64.

감정의 한 통일체를 만들어 놓는다, 위안와 오락을 준다 등과 같이 정리한 후 "바로 통속문학은 다섯 번 째의 직능, 곧 위안과 오락만을 위하여 있다"454)고 하였다. 홍사중은 순수문학과 통속문학 사이에 광범한 중간층의 문학이 형성되어 있는 것이 유럽과 한국의 차이라고 하였다.

작가가 소설을 써서 출판한다는 것은 독자요 소비자를 의식하거나 지향한다는 의미가 된다. 다른 말로 하면 시장에 발을 들인 것이 된다. 20세기 초만 해도 작가의 계몽대상이요 단순소비자였던 대중이 이제는 평가행위를 전제로 한 구매자가 된 것이다. 갈수록 경계해야 할 것은 대중성이 아니라 대중지향성이다. 대중성을 고급성과 반대된다는 이유로 부정적인 개념으로만 파악하는 태도는 꼭 문학을 살린다는 명분을 갖지 않아도 고칠 수 밖에 없다. 고쳐야 할 것이며 경우에 따라서는 부정적인 의미의 대중성과 타협할 필요도 있다. 20세기 한국에서도 최인훈의 『광장』, 조세희의 『난장이가 쏘아올린 작은 공』, 조정래의 『태백산맥』, 박경리의『토지』 같은 몇몇 밀리언셀러나 스테디셀러가 사용가치와 교환가치는 비례하는 것임을 증명해주었다.

이병주의 『행복어사전 3』에서 서재필은 미스 정으로부터 시를 써보라는 조언을 듣고 "미스 정은 나더러 시를 써보라고 했지만 말 한 개를 갈고 닦아 보석을 제공하는 것같은 노력보다는 헝클어진 실꾸리같은 오해의 덩어리를 신중하게 자상하게 풀어나가는 소설적인 노력이 더욱 필요한 것이 아닐까……"라고 생각하게 된다. 서재필은 "가난 속에서 스피노자가 렌즈를 깎고 닦으며 인생의 진실을 탐구하려고 했듯이 나는 나의 어둠침침한 아파트에 앉아 한 맺힌 내 마음을 풀어나가기 위해 이야기를 꾸며보자는 생각으로 기울어들었다"455)처럼 소설은 해한의 작업이라는 공식을 제공한다.

『행복어사전』에서 주인공인 소설가 서재필은 북악 스카이의 팔각정에

---

454) 『한양』, 1964.9, p.165.
455) 이병주, 『행복어사전 3』, 한길사, 2006, p.141.

서 서울 시가를 내려다 볼 수 있는 자리를 차지하고 앉아 막 비가 개여 600만 서울 시민이 사는 곳을 내려다 보니 정적을 느끼게 되었고 허망감을 느끼게 되었다. 그러면서 "소설가는 고소의 사상을 가르치는 역할을 맡아야 하는 것일까"라는 질문을 던진다. 그리고 프리드리히 니체, 예수 그리스도, 장자의 이름을 떠올리며 니체에게는 초인의 사상을, 그리스도에게서는 산상수훈이라든가 천국의 개념을, 장자에게서는 곤(鯤)이라든가 대붕(大鵬)을 매개로 한 상상력을 주목한다. 이 3인을 고소의 사상이라는 공통점으로 묶으면서 이병주는 "고소의 사상엔 소설이 없다"고 주장한다.

> 고소의 사상엔 소설이 없다.
> 소설엔 흐느껴 우는 여인의 눈물이 있어야 한다.
> 소설엔 발랄한 청춘의 웃음소리도 있어야 한다.
> 소설엔 실직한 가장의 한숨도 있어야 한다.
> 소설엔 성난 정열의 외침도 있어야 한다.
> 그런데 높은 곳에선 흐느낌소리도 웃음소리도, 한숨소리도, 외치는 소리도 들을 수가 없다. 모든 소리와 움직임을 죽인 채 수채화의 소재처럼 깔려 있을 뿐이다.
> 상념은 다음 다음으로 이어지는데 고소에선 소설이 불가능하다는 사례만이 겹쳐졌다. 소설을 찾길 고소에서 시작하려는 의도는 이로써 좌절된 셈이다. 나는 너무 오래 이곳에 앉아 있었다간 소설을 쓰겠다는 의욕마저 시들까 겁을 먹었다.[456]

눈물, 웃음소리, 한숨, 외침은 인간의 5정이나 7정으로 바꿀 수 있다. 『詳解 漢字大典』(이가원·장삼식 편저)를 보면 희로애락원(喜怒哀樂怨) 또는 희

---
[456] 위의 책, pp.228~29.

로애락욕(喜怒哀樂欲) 같은 5정이 있는가 하면 희로애락애오(喜怒哀樂愛惡)(관자계)과 같은 6정도 있고, 희로애락애오욕(喜怒哀樂愛惡欲)(예기), 희로우구애증욕(喜怒憂懼愛憎欲)(불교의 석씨요람) 같은 7정도 있다. 소설엔 "여인의 눈물", "발랄한 청춘의 웃음소리", "가장의 한숨소리", "성난 정열의 외침" 등이 있어야 한다는 주장은 이러한 것들은 사상의 씨앗은 될 수 있어도 그것 자체가 사상은 아니라는 인식으로 이어진다. 소설은 종합문학의 양식이라는 주장을 받아들이면 소설에 사상이 없다는 말은 하기 어렵다. 위의 장면은 이미 단편소설 「쥘부채」(『세대』, 1969.12)에 나타난 바 있다.457) 소설은 가르치려 들지 말고 신문이나 방송처럼 평균인이나 보통사람의 생각과 느낌을 최적의 기준으로 삼아야 한다는 것이다.

우연히 알게 된 여성 박문혜가 소설을 쓰겠다는 포부가 무엇이냐 사명감이 무엇이냐고 묻자 서재필은 다른 사람은 천하를 위하거나 인류를 위해서 글을 쓴다는 사명감이라든가 포부를 갖고 소설을 쓴다고 하지만 자신은 무용인(無用人)으로 살기 위해 소설을 쓰겠다고 대답한다. 그녀가 어떤 소설을 쓸 것이냐고 묻자 서재필은 아직 한 줄도 쓰지 않았으니 뭐라고 말하기 힘들다고 하면서도 "선을 좋아하는 악인을 써보고 싶어요. 악을 좋아하는 선인도 써보고 싶구요. 독수리가 사람보다 위대하지 않을까, 하는 얘기도 써보고 싶구요. 우리나라 어떤 양반 집안의 전통보다도 유서가 깊은 개 이야기도 써보고 싶습니다---"458)처럼 소재가 풍부함을 은근히 과시한다. "선을 좋아하

---

457) 조남현, 「이데올로기비판과 담론확대 그리고 주체성」, 『한국 현대문학사상의 발견』, 신구문화사, 2008, pp.289~290.
"「쥘부채」는 주인공 동식이 안산에 올라 서울시내를 내려다보며 쥘부채를 태워 버리고 강덕기와 신명숙의 사랑의 집념이 계속 살아있기를 기원하면서 '가장 아름답고', '지혜의시간'인 석양녘의 분위기를 음미하는 것으로 마지막 사건을 설정하였다. 이병주는 동식의 이러한 모습을 자라투스트라를 닮아 고고하다고 예찬하면서 '진실로 인간은 더러운 강물과도 같다. 스스로를 더럽힘없이 더러운 강물을 받아 들이기 위해선 모름지기 바다가 되어야만 하는 것이다'와 같은 니체의 철학서 『자라투스트라는 이렇게 말하였다』의 한 구절을 인용하는 것으로 소설의 끝을 맺었다."
458) 이병주, 『행복어사전 3』, 한길사, 2006, p.238.

는 악인"이나 "악을 좋아하는 선인"은 모순을 드러낸다. 독수리가 사람보다 위대하다는 이야기나 전통보다도 유서가 깊은 개 이야기는 상식이나 통념을 깨뜨려 보는 의미에서 소설을 써보겠다는 것을 뜻한다. 이렇듯 소설가로서의 포부를 밝힌 데서 소설은 상식적이지도 범상하지도 않은 내용의 이야기라는 주장을 들을 수 있다.

스웨덴 우프살라대학에 초청받아 생화학을 공부하러 가는 박문혜를 전송하러 나가 대화를 나눌 때 박문혜가 서울을 떠나기 직전 장래의 소설가를 만났다는 건 여간 중요하지 않다고 하자 서재필은 "소설가란 해석하기에 따라선 패러사이트, 즉 기생충 같은 존재니까요"라고 말한다. 그러자 박문혜는 "패러사이트? 패러사이트가 나쁜가요? 인류라는게 이 지구의 패러사이트가 아니던가요? 전 선생님이 엊그제 말씀하신 무용인의 철학이란 것을 곰곰이 생각해봤어요. 유용인과 무용인의 구별엔 약간의 의의가 있지만 무용인이란 각오로써 게으르지만 않다면 기막힌 진실의 발견이 있을 것 같아서요."459) 라고 서재필의 무용인의 철학을 긍정적으로 해석하고 평가해준다. 서재필은 소설이나 소설가의 사회적 역할을 대수롭지 않게 보는 태도를 취한 것처럼 보인다. 무용인의 철학은 무의도식의 뜻보다는 노자 류의 무위의 사상에 가깝다. 정찬이 그의 소설 「죽음의 질문」에서 강조한 무상성의 개념과 상통하는 것이기도 하다. 박문혜는 패러사이트라든가 무용인의 개념을 부정하는 상식적 태도에서 한걸음 더 나아가 두 개념에 내재된 긍정적 가능성을 헤아리고 있다.

박문혜와 달리 윤두명은 "소설공부도 좋지만 먼저 신앙을 가지시오. 신앙을 가지게 되면 소설은 자연히 이루어집니다. 우선 가치의식이 확립되어야 소설이건 뭐건 쓸 수 있을 것 아뇨"와 같이 소설쓰기의 조건으로 가치관을 갖추려면 신앙을 가져야 한다고 하자 "가치의식을 쉽사리 확립할 수 없으니

---

459) 위의 책, p.258.

소설을 쓰겠다는 겁니다"460)와 같이 소설을 써가다 보면 가치관이 확립되지 않겠냐고 한다. 소설쓰기는 타인 계몽만 의도하는 것이 아니다. 자신을 계몽하는 것도 있다. 소설을 쓰기 전에 또 소설을 쓰는 과정에서 많은 서책을 탐독한 것으로 알려진 작가이기에 소설 쓰기=사상적 성장이라는 등식이 성립된다고 할 수 있다. 그런 만큼 이병주는 특정 이데올로기나 신앙을 수호하기 위해 소설을 쓰는 것은 개인적인 사상의 성장과는 별 관계가 없는 것으로 파악하였다. 특히 공산주의 이데올로기는 작가로서의 성장에 오히려 독이 된다는 요지의 주장은 자신이 쓴 여러 소설에서 드러낸 바 있다.

서재필은 정진동에게 오십만 원도 채 안 되는 돈으로 일 년을 버티며 소설을 쓸 것이라고 하면서 "그런 생활자의 감수력, 판단력, 무대설정의 방향, 주제 선택의 방식 등이 내 소설의 바탕이 되는 거란 말이다. 나는 이 생활을 핵체험으로 하면 서울인구를 팔백만으로 치고 줄잡아 오백만의 체험폭과 감수영역으로 확대할 수 있을 것이라고 생각해. 소설을 일종의 대변행위로 보면, 물론 그런 것만이 소설이 아니지만 나는 줄잡아 백만을 대변하는 소설을 쓸 수 있다"461)고 하였다. 하루 하루 겨우 연명해가는 자로서의 감수성과 판단력으로 무대를 설정하고 주제를 선택하면 소설의 얼개가 짜여진다는 것이다. 서재필은 리얼리즘만 생각하고 있는 것은 아니다. 그는 내면탐구에 치중하는 모더니즘소설도 써야 하고 또 쓸 수 있어야 한다고 생각한다.

> 내가 새해에 들어 다소의 흥분을 했다는 것은 소설을 찾는데 있어서 두 가지의 길을 선정해 놓은 때문이었다.
> 하나는 바깥으로 소설을 찾아나가는 방향이었다. 그 방향엔 서울역이 있었고, 절두산이 있었고, 정약전이 죽은 흑산도가 있었고, 베트남과 캄보디아가 있었고, 지리산이 있었다.

---

460) 위의 책, pp.268~69.
461) 위의 책, p.274.

다른 하나는 내 마음의 미로로 찾아가는 안으로의 방향이었다. 그 방향으로 켜진 네온사인엔 마르셀 프루스트가 있었고 제임스 조이스가 있었고 카프카가 있었다.462)

서울역~지리산은 사회로 묶을 수 있고 역사로 묶을 수도 있다. 서울역은 많은 사람의 애환이 있는 곳이며 한국인에게 심장과 같은 공간이다. 절두산과 정약전은 천주교의 박해를 떠올리게 하는 장소와 인물이며 베트남과 캄보디아는 공산주의와 전쟁을 떠올리게 한다. 이병주가 『지리산』이라는 대하소설을 썼던 것처럼 지리산은 대자연이면서 빨치산의 존재를 떠올리게 한다. 바깥으로 방향을 찾아나가는 소설은 역사나 이데올로기에 관심을 갖는 거대담론이나 리얼리즘소설로 부를 수 있고 "내 마음의 미로로 찾아가는 안으로의 방향"은 내면탐구소설로 구체화되는 모더니즘소설이라고 할 수 있다.

박문혜는 서재필에게 보낸 편지에서 우프살라에선 문학이나 철학을 하는 사람들이 그 대학에서 진행되고 있는 다른 연구영역을 등한히 하지 않는다는 것, 특히 생화학자들 사이에서는 스트린드베리와 같은 문학자에게 관심이 높은 점을 알려주었다. "인간의 행복에 과학은 성립되지 못한다. 오직 문학이 가능할 뿐이다. 생화학을 인간의 행복을 위해 봉사케 하려면 문학에서 그 지혜를 얻어 올 수밖에 없다"463)고 하면서 소설읽기에 힘쓰는 한 동료의 모습을 알려주기도 하였다. 과학은 인간에게 행복을 주려면 그 지혜를 문학에서 얻어야 한다는 것은 문학을 삶의 근원에 놓겠다는 의미다. 작가 지망생인 서재필이 소설에 큰 기대를 걸고 있지 않는데 반해 과학자인 박문혜는 소설에 큰 기대를 걸고 있다.

소설가 서재필을 초점화자로 설정하고 있는 이병주는 월북문인들이 "일

---

462) 위의 책, p.318.
463) 이병주, 『행복어사전 4』 한길사, 2006, p.10.

고의 가치도 없는 문학은 절대로 만들지 않겠다고 하고 만든 문학은 그들의 생신(生身)의 죽음보다 먼저 죽어 버린 것입니다"464)와 같이 혁명 전 러시아 작가들의 숙청, 해방 후 월북작가들의 숙청의 사실을 상기시키면서 이데올로기문학, 당문학의 허상을 지적하였다. "여러 말 하지 않겠습니다. 공산당에게 봉사하는 것이 인민에게 봉사하는 것으로 직결된다는 것은 공산당원 이외의 사람들에겐 통할 까닭이 없을 겁니다. 문학자는 자기의 독자에게 봉사하면 그만입니다. 그리고 그 봉사는 조그마한 진실을 나눠갖는 것만으로도 족한 것입니다"465)와 같이 공산당에 복무하는 문학의 어리석음을 지적하면서 대중의 실체를 정확히 파악해야 할 필요성을 역설하였다.

그리고 "앙드레 지드는 "문학은 대중의 편에 서야 한다"는 지극히 당연한 말을 했습니다만 이 치밀한 심리가도 대중을 어떻게 이해하고 있는가에 대한 설명을 결한 때문에 중대한 실수를 했습니다. 이념적으로 파악된 대중과 현실에 있는 대중과는 현격한 차이가 있다는 것은 오르테가가 설명하고 있는 그대로입니다. 지드는 소비에트의 편에 서는 것이 대중의 편에 서는 것이라고 오인하고 대중들을 스스로의 감옥을 만드는 방향으로 몰아붙이는데 성원하는 결과를 가져왔습니다"466)와 같이 앙드레 지드의 소련지지론을 비판하고 오르테가 이 가제트의 대중부정론은 긍정하였다. 앙드레 지드는 소련에 대해 동반자문학을 실천에 옮긴 셈이다. 레온 트로츠키는 『문학과 혁명』(1924)에서 소련의 정치적 혁명이나 혁명의 문학에 대한 동반자들의 태도에 대해 큰 관심을 가졌다.

> 볼셰비키는 누구든지 자신을 주인으로 자부하는 것을 방해한다. 왜냐하면 주인은 유기적이고 의심이 여지가 없는 축을 자기 내부에 지니고 있어야 한다. 그

---

464) 위의 책, p.17.
465) 위의 책, p.18.
466) 위의 책, p.19.

런데 볼셰비키가 이러한 중심축으로 자리를 옮기고 말았다. 혁명의 동반자들은 어느 누구도(정치적 블록은 하나의 동반자였으며 동반자들은 이제 막 러시아문학의 매우 중요한 부분을 이루게 되었다) 자기 내부에 축을 갖고 있지 못했고 바로 그 때문에 우리는 새로운 문학의 준비기간에 지나지 않는 습작, 스케치, 작품 견본을 갖게 되었을 뿐이다. 자기 내부에 고유의 확실한 축을 지닌 완성된 주인의식은 미래의 사실이 될 것이다.467)

레온 트로츠키는 볼셰비키와 동반자문인들 사이에는 거리나 갈등이 있다고 파악하면서 어쩌면 동반자문인들은 주인의식을 갖지 못해 미래의 주역이 되기 어려울 것이라고 전망하였다. 1920년대와 1930년대에 조선프로문학이 전개되었을 때 유진오, 이효석, 이무영 등을 중심으로 한 동반자문학이 생겨나 프로문학에 대해 외곽지원을 하기도 하고 견제역할을 하기도 하였다. 레온 트로츠키를 포함시켜 러시아 동반자문학을 처음 논한 이는 염상섭이었다. 염상섭은 「프로레타리아문학에 대한 '피'씨의 언」(『조선문단』, 1926.5)에서 그 즈음 일본 방문길에 있었던 보리스 필냑이 아사히 신문에 기고한 문학론을 번역·소개하였다. 이때의 '피'씨는 필냑을 가리킨다. 보리스 필냑은 동반자문학을 프로문학단체와는 완전 별개인 작가단체라고 하면서 "창작적 개성"이란 개념을 근거로 하여 동반자문학의 우월성을 강조하였다. 염상섭은 국내의 프로문학을 비판하는데 필냑의 이론을 근거로 하기도 하였다. 레온 트로츠키는 필냑을 혁명을 밖에서 본 경우라고 하였다.

필냑은 혁명을 밖에서가 아니라 안에서 파악하여 혁명의 본래의 역동성과 구조적 본질을 찾아내었다. 혁명을 안에서부터 이해한다는 것은 무엇을 뜻하는가? 이미 설명한 것처럼 사람들이 혁명을 가장 큰 역동적인 힘의 시각으로, 노동

---

467) Leo Trotzki, *Literatur und Revolution*, Eugen Schäfer und Hans von Riesen 역, Arbeiterpresse Verlag, 1994, s.69.

자계급의 시각으로, 의식적인 아방가르드의 시각으로 고찰하는 것으로 나타날 수 있다. 혁명을 밖에서 본다는 것은 무슨 뜻인가? 그것은 사람들이 혁명에서 단지 자연의 힘, 맹목적인 진행과정, 눈보라, 사실들과 인간들과 암흑의 밀집상태를 탐지하는 것으로 나타난다. 그것은 혁명을 밖에서 바라보는 것을 의미한다. 결국 필냑도 혁명을 밖에서 본 셈이다.468)

조셉 벤즈맨(Joseph Bensman)과 이스라엘 거버(Israel Gerver)는 "진지하고 자의식이 강한 예술가들은 창조, 발전, 확대, 탐구심 그리고 기술과 방법에 대한 비평에 우선적으로 관심을 갖는 나머지 작품제작에 몰두함으로써 세계를 기피하는가(avoid the world) 하면 자기들의 중심가치를 무시하고 거부했다는 이유로 세계를 부정한다(reject the world)"469)고 하였다.

조셉 벤즈맨과 이스라엘 거버는 "대중예술(mass arts)은 고급예술(serious arts) 만큼 기교에 관심을 갖는다. 그러나 대중예술은 일상생활에 특유한 주제와 메시지를 표현하려고 하거나 소비자가 요구하는 것을 보다 정교하게 표현하려고 한다. 또는 소비자들이 일상생활에 대해 믿고 싶어하는 것을 표현하려고 한다. 대중예술은 제1차적인 왜곡으로서 부적절하게 소통하고 있지만 어찌되었든 그들은 소통한다"470)와 같이 대중예술의 속성을 소비자의 요구에의 부응이나 소비자의 신뢰의 반영으로 파악하였다. 그리고 현실왜곡을 대중예술의 한계의 하나로 파악하였다.

정치 뿐만 아니라 경제에서도 절대변수인 대중은 "매스 마케트의 경제학은 예술의 내용과 형식을 결정한다." "대중 분석가들은 대중이란 차이의 결여를 의미한다고, 또 대중사회는 엄청난 숫자의 무차별적인 사람들(a vast

---

468) 위의 책, p.114.
469) Joseph Bensman and Israel Gerver, *Art and Mass Society, The Sociology of Art and Literature,* edited by Milton C.Albrecht, James H.Barnett, Mason Griff, Praeger Publishers, New York · Washington, 1970, p.664.
470) 위의 책, p.664.

number of undifferentiated people)로 구성되었다고 믿는다"고 하면서 "실제로, 대중사회는 다른 집단 즉 계급, 직업, 관점, 전통, 지리적이며 문화적인 배경의 집합체다"471)와 같은 괴력을 지닌 것으로 판단하였다. 조셉 벤즈맨은 2차 대전 직후 유럽에서 나온 황색잡지와 과학소설이 대중예술의 대표적인 예라고 하면서 문학대중시장은 과학의 미래 가능성을 다룬 것을 필수품으로 여긴다고 하였다.472)

조셉 벤즈맨과 이스라엘 거버가 대중예술의 동기와 목표를 다음과 같이 설명한 것은 21세기의 대중예술 생산자나 소비자의 무의식을 예견이라도 한 듯하다.

> 대중예술은 동일화의 기회를 제공한다. 동일화 상징은 욕구충족(wish fulfillment)을 위해 제공하거나 소비자들이 표현할 수 없는 공격과 적대감의 완화(the release of aggressions and hostilities)를 위해 제공한다. 따라서 동일화상징은 풍요하고, 육감적이고, 흥분하는 경향이 있다. 그러가하면 마음에 드는 상대방에게 성적으로 접근하는 경향을 보인다. 동시에 외부의 힘의 위협을 받는 프로타고니스트는 그의 환경을 통제하지 못하며 소비자들의 일상생활에서는 일어날 것 같이 않은 야만적이고 폭력적이고 반사회적인 행위들에 유형에 대해 표현하지 못한다. 대중예술의 생산은 정신분석가들이 기술한 꿈과 환상의 세계와 유사하다(Mass-art production is similar to the world of dream and phantasy as described by pschoanalysis). 리얼리티의 모든 요소들이 위장된 형식으로 표현된다."473)

---

471) 위의 책, p.665.
472) 위의 책, p.666.
473) 위의 책, p.667.

이병주는 『행복어사전 4』에서 앙드레 지드를 비판하기 위해 오르테가 이 가제트를 원용했다. 오르테가 이 가제트는 『예술의 비인간화』에 대해 예술가의 대중으로부터의 소외를 지적했다.

> 약 1세기에 걸쳐 '민중'은, 즉 대중은 자기가 사회 그 자체라고 생각해 왔다. 그런데 스트라빈스키의 음악이나 피란델로의 희곡은 이러한 대중에 대해 그들은 '단순한 민중'에 지나지 않은 사회의 한 구성요소일 뿐, 역사의 과정에 작용하는 힘을 갖지 않는 무력한 존재이며, 따라서 정신세계에 있어서도 2차적인 인자에 지나지 않는다는 사실을 자각시키는 사회학적인 힘을 보여주었다. 또한 신예술은 정선된 인간들에 대해서도 그들이 그 잿빛 대중들에 섞여 있는 것을 식별하도록 재인식시켰다. 그러니까 신예술은 그들에게 그들의 사명은 소수자라는 것을 언제나 인식함과 동시에 다수자를 향해 돌아가면서 싸우는 것이라는 것을 일깨워 주었다.474)

일찍이 오르테가 이 가제트가 대중으로부터의 고급예술의 소외를 지적했던 것은 오늘의 사회에서도 여전하다. '정선된 인간들'은 고급의 예술가 자신일 수도 있고 예술가 수용자나 비평가일 수도 있다. 오르테가 이 가제트는 1930년에 『대중의 반역』이란 책을 내었다. 정문길은 이 책의 주제인 "대중의 반역"을 다음과 같이 해석했다.

> 현대사회에 있어서의 대중의 출현은 19세기와 20세기에 걸친 급격한 인구 증가와 기술의 발전, 자유민주주의의 확대 등에 기인하는 것이라고 오르테가는 지적하고 있다. 오르테가에 있어서 민중·공중·군중 등과 거의 동일한 의미로 사용되는 대중이란 프롤레타리아트나 특정한 사회계급을 지칭하는 것이 아니라 우

---

474) 오르테가 이 가제트 저, 장선영 역, 『예술의 비인간화』, 삼성출판사, 1982, p.348.

리 시대의 대표자로서 모든 사회계급 가운데서 발견되는 무정견하고 비인격적인 나태한 인간유형을 가리키는 것이다. 대중은 그 자신이 이미 축적하고 있는 사상만이 가장 완전한 것이라고 생각하는 지적 폐쇄성의 메커니즘에 빠져 버리게 되는 것이다. 그리하여 그는 그 자신의 지적 교양에 안주 · 자족하면서 외부적인 권위에의 복종이나 봉사와, 의무에 대한 의식이 전혀 결여된 비도덕적 인간 Unmoral으로 변해 버린다. 이제 대중은 지금까지 소수자에게만 국한되었던 생활 분야를 그들 스스로의 것으로 만들어 버렸으며, 한걸음 더 나아가 소수자에게 복복할 뿐만 아니라 이들 소수자를 밀어내고 그 자리를 대신하려고 한다. 그리하여 세계와 생이 그 실재를 평균인der Durchschnittmensch에게 개방하는데 대해 평균인은 오히려 그들의 혼을 스스로 폐쇄함으로써 자기 자신 이외의 사물이나 인간에 무관심하고 남의 말을 듣지 않는 불복종적 태도를 취하게 되니, 여기에 오늘날 우리 인류는 대중의 반역이라는 중대한 문제에 직면하게 되는 것이다.475)

호세 오르테가 이 가제트의 『대중의 반역』은 『짜라트스트라는 이렇게 말했다』(1883~1885), 『선악의 피안』(1886), 『권력에의 의지』(1887), 『안티 크리스트』(1888) 등에 나타난 니체의 천민론과 동시대인들에 대한 비판적 통찰력이 결합된 결과라고 할 수 있다.
니체는 『안티크리스트』에서 강한 것은 선이고 약한 것은 악이라는 식으로 힘에의 의지에 대한 새로운 발상을 펼쳤다.

    선이란 무엇인가? – 힘의 감정, 힘에의 의지, 힘 자체를 인간의 내부에서 고양시키는 모든 것.
    악이란 무엇인가?–약한 것에서 유래한 모든 것.

---

475) 정문길, 『소외론 연구』, 문학과 지성사, 1978, 1986 15쇄, pp.278~79.

행복이란 무엇인가?—힘이 증대하고 있다는 감정, 저항이 극복되고 있다는 감정.

만족이 아니고 보다 커지는 힘; 평화 일반이 아니고 전쟁; 덕이 아니고 능력(르네상스식의 미덕, 남성적인 미덕, 도덕에서 해방된 덕)

약자들과 실패자들은 몰락해야 한다 : 우리들의 인간애의 첫 번 째 명제. 그리고 사람들은 그들의 몰락을 도와주어야 한다.

그 어떤 악덕보다도 더 유해한 것은 무엇인가?—실패자들과 약자들에 대한 동정—기독교.476)

한 편의 시라고 해도 좋은 이 짧은 잠언으로부터 약자와 실패자를 악으로 보고 힘이라든가 힘에의 의지를 선으로 보는 니체철학의 핵심을 파악할 수 있다. 약자에의 동정을 기본정신으로 삼아 결국은 인간과 세계를 약하게 만드는 것을 기독교비판의 한 근거로 내세운 니체의 태도도 확인할 수 있다.

니체는 『짜라트스트라는 이렇게 말하였다』(1883~1885)의 "천민에 대하여"라는 소제에서도 "나는 오랫동안 귀머거리, 장님, 벙어리와 같은 불구자 비슷하게 살아왔다. 나는 더 이상 권력의 천민(Macht-Gesindel), 문학의 천민(Schreib-Gesindel), 쾌락의 천민(Lust-Gesindel)과 함께 살고 싶지 않다"477)와 같이 천민경멸론을 펼쳤다.

"권력의 천민", "문학의 천민", "쾌락의 천민" 등의 조어는 각각 '권력자이긴 하지만 천민과 같은 행태를 보이는 존재', '문학적 지식인이긴 하지만 천민과 같은 행태를 보이는 존재', '쾌락을 추구하는데 몰두하는 천민과 같은 존재'라고 해석해볼 수 있다. 그러나 니체는 천민을 수준 낮은 존재로만 본 것은 아니다. 그는 "왕들과의 대화"라는 소제 아래서 "지금은 농민이 가

---

476) Friedrich Nietzsche, *Der Antichrist*, Nietzsche Werke, Herausgegeben von Giorgio Colli und Mazzino Montinari, Sechste Abteilung Dritter Band, Walter de Gruyter & co, Berlin 1969, s.168.
477) Friedrich Nietzsche, *Also sprach Zarathustra*, 1994 für diese Ausgabe, Könemann Verlagsgesellschaft mbH, s.183.

장 훌륭한 존재다. 그래서 농민층이 주인이 되어야 한다! 그런데 지금은 천민의 나라가 되고 말았다. 나는 더 이상 나를 속일 수 없다. 천민은 잡동사니로 일컬어진다: 천민 잡동사니(Pöbel-Mischmasch) : 그 속에서 성자, 무뢰한, 젊은 귀족, 유태인, 노아의 방주에서 나온 온갖 짐승 등 모든 존재들이 뒤죽박죽 뒤섞여 있다478)와 같이 천민의 복합존재로서의 성격을 강조하였다.

매튜 아놀드는 19세기 후반의 영국사회를 객관적이면서도 예리한 비판정신으로 접근하여 귀족, 중류층, 하층민을 각각 무교양인(Barbarians), 속물(Philistine), 대중(Populace)라고 하였다.

> 무교양인의 보다 위엄있는 자아는 명예(honor)와 숙고(consideration)를 좋아하며 그의 보다 이완된 자아는 야외운동과 오락을 좋아한다. 속물의 보다 위엄있는 자아는 광기(fanaticism), 사업(business), 돈벌이(money-making)를 좋아하며 그의 보다 이완된 자아는 안락함과 다과회를 좋아한다. 다른 종류의 속물 중에서 보다 위엄있는 자아는 파괴행위(rattening)를 좋아하며 이완된 자아는 위임행위나 오두저씨의 스피치를 듣기를 좋아한다. 대중의 보다 엄격한 자아는 보울링, 한바탕 소동, 스매싱을 좋아하고 비교적 경쾌한 자아는 맥주를 좋아한다.479)

매튜 아놀드는 객관적 태도를 유지하기 위해 각 계급의 자아를 "보다 위엄있는 자아"(the graver self)와 "보다 이완된 자아"(the more relaxed self)로 나누어 그 행태를 파악했다.

프레드릭 제임슨이 『정치적 무의식』에서 조지 기싱의 소설 『밑바닥 세계』를 분석하고 민중(people)에 대해 두 가지 상반된 시각이 있을 수 있다

---

478) 위의 책, p.333.
479) Matthew Arnold, *Culture and Anarchy*, Cambridge University Press, 1986, p.107.

고 한 것은 지금까지도 설득력을 지닌다. 제임슨은 "온갖 종류의 가난한 사람들, 사회적 경제적으로 '혜택 받지 못한 사람들'을 총칭하는 집단으로, 반감 속으로 물러날 존재"로 보는 시각과 "정치적 포퓰리즘 속에서 볼 수 있듯이 힘의 지구의 원천과도 같은 곳으로 향수에 젖어 돌아갈 수 있을 것"으로 보는 시각을 찾아내었다. "민중과 기성 자신의 관계는 반감(revulsion)과 매혹(fascination)의 독특한 조합으로 볼 수 있다"480)고 한 것은 민중에 대한 두 가지 시각을 전해준다.

이병주의 『행복어사전』의 주인공 서재필은 E.H.카(Carr)가 쓴 『도스토예프스키』를 통해 다음과 같은 사실을 떠올리게 된다.

> 가난한데다가 낭비벽이 있고 게다가 행동을 컨트롤 못하는 의지력의 약점을 가진 도스토예프스키는 그의 감옥생활과 만년을 제외한 평생에 걸쳐 언제나 부채에 시달렸다. 그에겐 인류니 정의니 조국이니 하는 것을 바로 그것만을 주제로 해서 생각할 겨를이란 없었다. 어쩌다 창작의 재능이 있었고 보니 그 길을 통해 생활해야 했고 빚을 갚아야만 했다. 극단하게 말하면 빚을 갚기 위해 소설을 써야 했는데 소설을 쓰자니까 인류를 생각해야 할 했고, 정의를 생각해야 했고, 진리를 생각해야 했고, 이웃에 대한 사랑을 생각해야만 했다. 절박하게 자기자신 이외를 생각할 여유라곤 조금도 없었다. 이를테면 그는 그의 숙명을 충실하게 산 것이다. 그 결과 그는 인류에 커다란 공헌을 했다. 인류의 역사에 빛나는 탑을 세웠다.481)

써머세트 모옴(Somerset Maugham)의 『소설의 기법』(1955) 중 톨스토이와 도스토예프스키에 관한 부분만 작가 김성한이 번역하여 낸 『톨스토이와

---

480) Fredrick Jameson, *The Political Unconscious*, Cornell University Press, Ithaca, New York, 1982, p.189.
481) 이병주, 『행복어사전 4』, pp.290~91.

도스토옙스키』에서는 "도스토옙스키는 허영심이 많고, 남을 시기하고, 툭하면 싸우고, 의심이 많고, 아첨을 잘하고, 이기적이고, 허풍쟁이고, 믿음직하지 못하고, 주책이 없고, 편협하고, 옹고집이었다. 요컨대 못된 성격의 소유자였다. 그러나 이것이 그의 전부는 아니었다"고 하면서 그를 세계 최고의 소설가로 만든 독창성의 원천은 바로 이 못된 성격이었다고 하였다.482)

소설론에 있어서 대중성은 복잡한 함의를 갖는다. 세계적인 명작은 대중계몽성을 성공적으로 내보인 것이며 대중작가나 인기작가는 엄청난 구매력을 통해 대중적인 반응을 사는데 성공한 경우를 가리킨다. 기본적으로 모든 작가들은 자신의 작품이 많이 읽히고 논의되기를 꿈꾸는 의미에서의 대중지향성을 갖는다. 대중지향성이란 목표는 같지만 방법은 다양할 수 있다. 소설 유형은 모험소설, 신문소설, 오락소설, 범죄소설 등처럼 대중의 눈높이에 맞추려 한 것과 성장소설, 사상소설 등과 같이 대중계몽성이 강한 것으로 나눌 수 있다. 아무리 쉽게 씌어진 것이라고 해도 일단 소설집이라는 책자로 꾸며진 것은 서사성을 응용해서 만든 영화, 텔레비전 드라마 등의 대중수용성을 따라잡을 수 없다. 대중계몽성과 대중지향성을 다 살려내고 조화시키면서 소설쓰기를 해나가야 하는 것은 작가의 과제요 숙명이다.

---

482) 섬머세트 모옴 저, 『톨스토이와 도스토옙스키』, 김성한 역, 신양사, 1958, pp.40~41.

제20장 소설의 미래

제20장 소설의 미래

1.

작가의 창작기능의 한계를 지적하기 위해 사용한 말이기는 하지만 '저자의 죽음'이란 말이 설득력을 갖게 되었고, 소설의 구매력이 현저히 감소하고 소설을 외면하는 현상이 엄연한 현실이 되면서 '독자의 죽음'이란 주장도 나오게 되었다. 이제 '소설의 죽음'이란 말은 과장도 아니고 엄살도 아닌 형편이 되고 말았다. 미국과 유럽에서는 이미 20세기 후반기에 들어서면서 소설 장르의 사멸을 경고하는 목소리가 울려나왔다. 오히려 한국에서는 1970년대부터 1990년대 전반기까지 많은 소설이 베스트 셀러의 대열에 들어갔고 소설의 현실적 기능이 확대되기도 하였다. 민주화운동, 노동운동, 여성운동, 환경운동 등 각종 사회운동에 크게 기여하는 것으로 평가되기도 하였다.

그야말로 20세기가 저물어갈 무렵에 한국소설이 처한 상황에 대한 통찰을 평론형식으로 썼던 졸고 「한국문학, 21세기의 길목에서」(『문화예술』, 1999.9)를 다시 읽어보자.

문학을 읽지 않고서도 교양인 행세할 수 있고 지식인 노릇할 수 있다는 인식은 이제 상식이 되었다. 이러한 인식은, 문학의 다기능은 이론 차원에서

나 행사되고 있다는 판단으로 이어진다. 문학의 정체성에 대한 검토는 문학의 다기능 즉 사상의 생산, 운동의 고취, 오락과 위안 제공, 정보 제공 등의 기능이 제대로 행사되고 있느냐의 여부에 대한 점검으로 구체화된다. 다시, 이러한 다기능론은 지식전달, 인식확대, 오락제공 등과 같은 세 가지 기능으로 요약된다. 한마디로, 1990년대에 들어와 이러한 여러 가지 기능들 중 어느 것 한 가지도 시원하게 발휘된 것이 없다는 것이다. 문학의 오락기능이 어찌 연예나 전자오락을 따라갈 수 있으며, 문학의 인식생산력이 어찌 각종 전문지식을 토대로 한 사상서나 운동론을 따라 잡을 수 있겠는가. 인문·사회과학의 학문이 세분화되고 전문화될수록 게다가 대중화될수록 문학작품이 가져다주는 감성과 지성의 제고기능도 떨어질 수 밖에 없다. 과학의 평이화와 보편화를 꾀한 저작이 많이 나올수록 문학의 지식확대 기능도 떨어질 수 밖에 없다. 재미에 있어서 문학은 영화나 대중음악을 따라갈 수 없으며, 정보제공의 면에서 문학은 인터넷만큼 신속하지도 광범위하지도 못하다. 사유와 통찰력의 제고라는 면에 있어서는 문학은 중심부에만 있는 것이 아니다.483)

    실로 소설유형이 다양한 것처럼 소설의 기능도 따지고 보면 다양한 편이다. 반전소설·이데올로기소설·교양소설 등을 통한 사상의 생산과 운동의 고취의 기능, 종교소설·모험소설·연애소설·대중소설 등을 통한 위안과 오락의 기능, 역사소설·관념소설·과학소설·여행소설 등을 통한 정보제공의 기능 등을 생각해볼 수 있다. 시간이 갈수록 소설의 기능은 점점 더 약화되고 있다. 군중심리는 베스트 셀러와 일반소설의 판매고 차이를 점점 더 벌려놓고 있다. 현재 한국에서는 베스트 셀러의 숫자도 급감하는 추세에 있다.

    『현대소설의 역사』의 서론에서 "모든 문학예술을 대신하려 하며 그리하여 오늘날 문화의 보편적인 형태를 구성할 수 있으며 이 일반화된 예술형

---

483) 조남현, 『비평의 자리』, 2001, 문학사상사, pp.16~17.

식을 통하여 소설은 모든 역할, 고행신부, 정치위원, 유모, 현실을 보도하는 신문기자, 승려와 비교주의 등등의 역할을 한다"484)고 한 알베레스는 이 역사서를 "소설은 매 세기마다 그 나름의 법칙을 만들어내어 생기를 되찾아왔기 때문이다. 본래 형태가 꼭 정해진 것이 아니고 어떤 방법으로든지 모든 것을 말할 수 있기 때문에 소설은 변화무쌍한 것이다. 오늘날 소설 특유의 실험이 소설에게 부여하는 언뜻 보기에 알쏭달쏭한 쇄신에서 뿐만 아니라 소설의 생활방식에 있어서도 역시 마찬가지다. 우주에 사는 유기체의 생명처럼 소설의 사라지지 않은 생명은 외양을 달리할 수 있는 것이다"485)라는 주장으로 끝맺음하였다. 알베레스가 오늘의 한국소설을 대상으로 한다면 소설의 영생을 자신있게 말할 것인가. 알베레스의 예언처럼 소설은 사라지지 않겠지만 소설이 점점 더 심각하게 소외감을 겪을 것임을 부정할 수 없다. 알베레스가 고행신부 정치위원, 유모, 현실을 보도하는 신문기자, 승려 등과 같이 작가의 여러 얼굴을 제시한 것은 마르트 로베르에 의해 재현되었다.

소설가는 옛날에는 쾌락과 거짓말의 잘 알려진 공모를 개발함으로써 재미있게 만들 생각만 한 반면에 이제부터 그는 학자의, 사제의, 의사의, 심리학자의, 사회학자의, 판사의, 역사가의 엄격한 직책을 겸하는 것이다. (그렇지만 그가 그들과 같은 책임을 지는 것은 아니다. 왜냐하면 소설가는 자신이 선택한 미학적인 법정에서만 책임을 지기 때문이다) 깊은 생각과 행동의 모든 전문가들을 교대시키기 때문에 이야기꾼은 또한 그가 사물들과 그 사물들의 감추어진 관계들의 직접적인 지식체계로부터 물려받은 권위, 깊이, 통찰력, 자유 등에 의해서 그 전문가들 개개인보다는 더 우월하다는 이점을 가지고 있는 것이다. 스스로를 속이고 남을 속이기 위해 '꾸민 이야기를 하는 raconter des histoires' 것에 전혀 만족하지 않는 그 이야기꾼에게서 사람들은, 사실을 말하면 그의 꾸며낸 이야기들을

---

484) 알베레스 저, 『현대소설의 역사』, 정지영 역, 중앙신서, 1978, p.10.
485) 위의 책, pp.251~52.

전언message으로 바꾸고, 가장 자유로운 그의 이야기들을 교훈으로 바꾸기에 충분한 일종의 타고난 재능을, 판단의 공정성을, 결단의 능력을 인정하는 것이다.486)

마르트 로베르는 소설양식이 의학, 종교, 사회학, 심리학, 역사 등은 물론이고 일반 자연과학에도 참고자료를 제공할 수 있으며 소설양식의 친근성을 활용하여 더욱 공감가는 전문지식과 아이디어를 제공할 수 있음을 일깨워주고 있다. 마르트 로베르가 예시한 학자, 사제, 의사, 심리학자, 사회학자, 판사, 역사가 중 그 어느 한 존재를 부각시키다 보면 학자소설, 종교소설, 의사소설, 심리소설, 사회소설, 법률소설, 역사소설 등의 유형이 빚어질 수 있다. 마르트 로베르에 비하면 알베레스가 더 구체적으로 기능론을 제시한 셈이다. 알베레스는 구도(고행신부), 정치담론(정치위원), 정신적 성장 유도(유모), 사실과 진실 제시(현실을 보도하는 신문기자), 구원과 위로(승려와 비교주의) 등과 같이 소설의 기능을 구체적으로 제시하였다. 마르트 로베르가 "형상화를 목적으로 구축된 모든 장르들과는 반대로 소설은 사실을 재현하는 것으로는 결코 만족하지 않는다. 그것은 오히려 모든 사물에 대해서 '완벽하고 진실한 보고'를 함으로써 그것이 문학의 영역에 속하는 것이 아니라, 어떤 특권, 어떤 마력인지도 모르는 것에 의하여 직접적으로 현실의 영역에 속하는 것이다"487)와 같이 주장한 것은 소설은 재현을 통해 사물과 존재에 대해 완벽하고 진실한 보고를 하게 된다는 것을 의미한다. 리얼리즘은 문학을 풍족하게 하면서 동시에 현실을 풍족하게 만든다는 의미도 있다. 마르트 로베르는 소설을 사생아적 유형과 업둥이적 유형으로 나누었거나 한 편의 소설을 사생아적 방식과 업둥이적 방식으로 나누면서 "하나는 리얼리스트적 사생아의

---

486) 마르트 로베르, 『기원의 소설, 소설의 기원』, 김치수・이윤옥 옮김, 문학과 지성사, 1999, p.29.
487) 위의 책, p.61.

방식으로서 그것은 세계를 정면으로 공격하면서 세계를 도와준다. 다른 하나는 업둥이의 방식으로서 그것은 지식과 행동방식의 부족으로 도피나 토라짐을 통해서 싸움을 교묘히 피한다"[488]와 같이 대비한 데서 크게 주목 받았다. 사생아는 법률상 부부가 아닌 사이에서 태어난 아이를 가리키며 업둥이는 운명처럼 어느 집에 들어온 아이를 가리키는 것으로 아기의 엄마가 남의 집 대문 앞에 놓아두고 갈 수도 있고 우연히 얻어 기를 수도 있다. 마르트 로베르는 사생아적 작가가 세계의 해부에 힘쓰는 반면, 업둥이적 작가는 새로운 세상을 꿈꾸는 경향이 있다고 차이점을 밝혔다. 한국작가를 대상으로 했을 경우, 사생아적 작가는 거대담론이든 미소담론이든 리얼리즘 작가를 업둥이적 작가는 모더니즘 작가를 가리키는 것으로 볼 수 있다.

  소설가가 외디푸스적인 사생아의 성향을 강하게 갖고 있으면 세상을 향해 뛰어들게 되고, 업둥이의 성향이 강하다면 의도적으로 '다른' 세계를 창조하게 되는데, 이것은 결국 진실에 저항하는 것이다. 첫번째 경우에 발자크, 위고, 쉬, 톨스토이, 도스토옙스키, 푸르스트, 포크너, 디킨스가 속한다. 이 작가들은 모두 스스로를 심리학자, 진실주의자, 사실주의자, 자연주의자, '참여자'로 칭하면서, 삶의 들끓음과 리듬을 흉내내면서 자기 고유의 역사를 수정한다. 마치 그들이 어떤 신이나 조물주에 의해 존재의 비밀들을 배웠기라도 한 것처럼, 두번째의 경우에는 기사도소설 작가와 마찬가지로 세르반테스가 속한다. 여기에 속하는 작가는 『트리스탄과 이졸데』를, 아니면 시라노 드 벨쥬락의 『다른 세상』을 쓴다. 이곳, 여기에서, 그는 호프만, 장-파울, 노발리스, 카프카, 멜빌인데, 역사와 지리를 모르거나 뒤엎어서 세상을 격노시킨다. 그는 모든 것을 자신이 진실이라고 믿는 것에 적합한 이미지들로 표현하기 위해서 애써 검사하고 측정한다. 따라서 그는 모든 것을 반드시 알아야 되며, 장인(匠人), 상인, 은행가, 군인, 철학자, 학자여

---

488) 위의 책, p.70.

야 한다. 반대로 저곳 거기에서 그는 자신의 비전과 무관한 어떤 의무도 스스로에게 인정하지 않는다.489)

한국현대사를 구성하는 일제 식민통치, 해방정국, 한국전쟁, 1950년대 독재정치, 혁명와 쿠데타 등의 사건들은 한국작가들을 사생아적 성향으로 몰고 간다. 식민통치 같은 엄혹한 상황 아래서도 업둥이적 경향을 보인 작가들도 있기는 하지만 업둥이적 경향이 사생아적 경향과 대등한 비중으로 나타난 것은 1990년대 이후라고 할 수 있다. 업둥이적 경향과 사생아적 경향이 좋은 소설을 뿐류하는 절대기준이 되는 것은 아니지만 소설의 존립기반을 잘 설명해주는 것으로 볼 수 있다.

1952년 터키 이스탄불에서 출생했으며 2006년 노벨문학상을 수상하고 하버드 대학에서 찰스 엘리엇 노턴 강의를 맡은 후 펴낸 강연록 『소설과 소설가』에서 오르한 파묵도 소설의 종합문학적 성격을 강조하였다.

> 예컨대 목록, 라디오 멜로드라마 극본, 기이한 시와 시적 논평, 여러 소설의 뒤섞인 조각들, 역사·과학·철학에 관한 논문, 백과사전식 지식, 역사 속 이야기, 여담, 일화 등, 머리에 떠오르는 것이면 뭐든지 소설에 들어갈 수 있게 된 것입니다. 이제 독자들은 소설을 현실에서 보기 어려운 캐릭터를 이해하거나 줄거리에 따라 주인공의 개인적 특징이나 버릇이 어떻게 드러나는지 보기 위해서가 아니라, 곧장 삶의 구조에 대해 생각하기 위해 읽게 되었습니다. 미하일 바흐친의 다성적 소설에 대한 연구와 라블레와 스턴의 재평가, 그리고 드니 디드로와 18세기 철학 소설의 재발견 등은 19세기 소설의 풍경에서 발생한 이 커다란 변화에 적합성을 부여했습니다.490)

---

489) 위의 책, pp.72~73.
490) 오르한 파묵, 『소설과 소설가』, 이난아 옮김, 민음사, 2012, pp.162~63.

오르한 파묵은 소설이 구성시학에 얽매여 삶에 대한 성찰을 독자에게 맡기거나 간접화하는 것을 넘어서야 한다고 주장한 만큼 소설은 재미있는 이야기의 전달은 삶에 대한 성찰이라는 목표를 효과적으로 수행하기 위한 방법임을 일깨워준다.

한국에는 『참을 수 없는 존재의 가벼움』, 『농담』, 『느림』 등으로 알려진 밀란 쿤데라는 『소설의 기술』(L'art du Roman)에서 종합문학적 성격을 강조하였다.

> 시나 철학은 소설을 포용할 수 없지만 소설은 시나 철학을 얼마든지 수용할 수 있으며, 그렇게 하더라도 소설의 정체성을 조금도 잃어버리지 않는다. 다른 장르들을 수용하고 철학적, 과학적 지식을 흡수하는 경향이 바로 소설의 특징이다. 따라서 브로흐의 시각에서 볼 때 '다주제적'이라는 용어는 '소설만이 찾아낼 수 있는 것', 즉 인간의 존재를 비추기 위해 모든 지적 방법과 시적 형식들을 동원한다는 것을 뜻한다.[491]

외형상 시가 소설을 포용할 수 없다는 주장과 서술방법상 철학이 소설을 포용할 수 없다는 주장은 맞다. 그러나 주제와 제재이 면에서는 시와 철학은 소설을 수용할 수 있다.

김연수가 "좀 특이하다 싶은 사전을 발견하면 얼마나 두껍든 나는 기꺼이 구입했다. 그렇게 해서 『매스컴 대사전』, 『군사영어사전』, 『의학용어사전』, 『조선어접사사전』, 『건축인테리어 용어 유래사전』 따위의 사전을 모으게 됐다. 이런 사전들이 있어 나는 '지난여름 나는 부산 혜원정사라는 절의 퍼걸러 아래에서 두어 시간 보낸 적이 있었지' 같은 문장을 쓸 수 있었다."[492]와 같이 고백한 것은 소설의 종합문학적 성격을 전폭적으로 인정한

---

491) 밀란 쿤데라, 『소설의 기술』, 권오룡 옮김, 민음사, 2008년 1판, 2013년 2판, p.98.
492) 김연수, 『소설가의 일』, 문학동네, 2014, p.177.

것이다. 이런 고백은 소설은 박학(polymath)에의 의욕에서 출발해야 한다는 주장을 품고 있다.

소설의 전통적 방법인 스토리텔링을 양자역학과 긴밀하게 연결시킨 박상우의 『비밀문장』은 "작가의 말"에서 "『비밀문장』의 설계를 위해 내가 사용한 이론적 근거는 양자역학, 평행우주, 자각몽이다. 세 가지 모두 쉬운 분야가 아니지만 그 세 가지를 병행함으로써 나는 본격소설의 운동 공간을 다른 차원으로까지 확장하고 싶었다. 그것을 위해 스토리—스토리텔링—스토리텔러—스토리코스모스의 연결고리를 고안하고 소설 전개의 근간으로 삼았다"493)고 한 것처럼 "참고문헌란"에서 『양자 중력의 세 가지 길』(리 스몰린), 『우주심과 정신물리학』(이차크 벤토프), 『자각몽, 또 다른 현실의 문』(카를로스 카스타네다), 『평행우주』(미치오 가쿠), 『현대물리학과 동양사상』(프리초프 카프라), 『DNA : 생명의 비밀』(제임스 D.왓슨·앤드루 베리) 등을 비롯한 35권의 목록을 제시했다.

1990년대에 들어서면서 한국작가들 사이에서도 역사소설을 필두로 하여 과학지식이나 이데올로기론이나 신화적 지식 등과 같은 전문지식을 바탕으로 한 소설들이 나타났다. 제한된 독자들 사이에서라도 살아 남으려면 소설가는 자신이 선택한 제재에 대한 전문지식을 갖추는 것에서 창작을 시작해야 한다. 여러 분야에 대한 전문지식을 쌓다 보면 작가는 자신도 모르는 사이에 박식가(polyhistorian)가 되면서 소설창작에 자신감을 갖게 된다. 물론 전문지식을 그대로 제시해서는 안 된다. 제재라든가 구성과 어울릴 수 있게끔 전문지식을 효과적으로 활용할 수 있어야 한다. 이미 어느 한 분야의 박식은 미래의 소설의 충분조건을 넘어서 필요조건이 되고 있다.

베르나르 베르베르는 『상대적이며 절대적인 지식의 백과사전』(*Le Livre Secret des Fourmis*)의 머리말에서 과학적 지식이 중심이 된 백과사전의 편

---

493) 박상우, 『비밀문장』, 문학과 지성사, 2016, p.321.

찬과 활용이 자신의 소설창작의 한 비결이 되었다고 밝혔다.

> 나는 열네 살에 백과사전을 쓰기 시작했다. 그것은 거대한 잡동사니 창고 같은 것이었고, 나는 그 안에 내 맘에 드는 것을 모조리 던져 놓았다. 나중에 나는 파리에서 발행되는 한 주간지의 과학부 기자가 됨으로써 세계의 탁월한 과학자들을 만날 수 있었다. 그들을 만나면서 얻은 정보 덕분에 내 백과사전의 내용은 한층 풍부해졌다. 그 정보들 중에는 가끔 나만이 알아낸 독점적인 것들도 있었다. 나는 열여섯 살 때부터 소설 『개미』를 쓰기 시작했다(그 작품을 쓰는 데는 12년이 걸렸고, 1백40번의 수정을 거듭했으며, 가장 긴 이본은 『개미』 1부만 1천1백 쪽에 달했다). 나는 소설을 쓰면서 내 백과사전을 활용하였다. 내 소설을 과학의 모든 분야를 향하여 활짝 열어 놓기 위해서였다.494)

자크 아탈리(Jacqes Attali)는 『호모 노마드, 유목하는 인간(*L'homme nomade*)』에서 노마드의 관점에서 인류를 세 부류로 나누었다.

> 첫 번째 부류는 비자발적 노마드 또는 '인프라노마드'로서 대물림에 의한 노마드(원시부족의 마지막 후손들)와 어쩔 수 없이 노마드가 된 이들(주거지가 없는 사람, 이주 노동자, 정치 망명객, 경제 관련 추방자, 트럭운전수나 외판원과 같은 이동 근로자)이 포함된다. 두 번째 부류는 정착민으로서 농민, 상인, 공무원, 엔지니어, 의사, 교사, 한 곳에 소속된 노동자, 장인, 기술자, 은퇴자, 어린이 등이다. 세 번째 부류는 자발적 노마드로서 이 또한 '하이퍼노마드'(창의적인 직

---

494) 베르나르 베르베르, 『상대적이며 절대적인 지식의 백과사전』, 이세욱 옮김, 열린책들, 2013년 개정판 12쇄, p.7.
이 책은 모두 171개의 항목으로 구성되었다. 이들 중 "공생", "교육", "두려움", "빵", "사회성", "시간", "아이디어 공화국", "우주", "음모가들이 지배하는 시대", "전체주의", "최소공배수", "호르몬과 페르몬" 등 41개의 항목이 개미연구의 결과와 연결되어 있다. 베르나르 베르베르 개인의 개미연구가 반영되지 않았더라면 이 책이 나오기 어려웠을 것이다.

업을 가진 사람들, 고위 간부, 연구원, 음악가, 통역사, 안무가, 연극배우, 연극 연출가 또는 영화감독, 짐없는 여행자), 유희적 노마드(관광객, 운동선수, 게이머)로 나뉘는데, 유희적 노마드는 다른 부류의 사람들이 한때 포함될 수 있는 부류이다.

'하이퍼 노마드'는 우선 창의적인 직업인들을 가리키는 말이다. 디자이너, 음악가, 광고인, 예술작품이나 소프트웨어와 같이 재생산될 수 있는 모형의 작가들, 뿐만 아니라 고위 간부들이 여기에 속한다.495)

자크 아탈리는 작가를 세 번째 부류인 하이퍼 노마드에 넣기는 했으나 알베레스나 마르트 로베르가 작가의 다면적 성격을 지적한 것처럼 두 번 째 부류에도 일시적이든 계속해서든 들어갈 수도 있다. 좋은 소설을 쓰려면, 아니 소설을 수호하려면 일시적이긴 하지만 어떤 부류에도 들어가 전문지식을 늘리고, 시각을 취하고, 상상력을 넓힐 수 있어야 한다. 전문성을 높이면 작품 수준이 높아지고 어려워져 소설을 찾는 독자들이 줄어들 것이다. 독자들이 줄어든다고 해도 또 소설을 사가는 구매자들이 급감한다고 해도 소설양식이 사라지는 일은 벌어지지 않을 것이다.

---

495) 자크 아탈리, 『호모 노마드, 유목하는 인간』, 이효숙 역, 웅진닷컴, 2005, pp.418~19

찾아보기

ㄱ

강경애 67, 179~180
강신재 343
게오르크 루카치 222
게오르그 빌헬름 프리드리히 헤겔 100, 202
게오르그 짐멜 138
공　자 19, 23~26, 48, 78~79, 86, 199, 266, 269, 312
곽학송 323
구효서 215
권오돈 91, 108
김경욱 6, 166~168
김광주 323
김남천 38, 67, 179~180
김동리 323
김동인 107, 179, 180
김　려 81
김만중 37, 48, 62, 172

김병연 31~33, 66~67
김병익 144, 189
김성탄 83~84
김성한 323, 365~366
김　송 323
김시습 41, 62~63, 93, 22`
김안로 92, 193
김연수 6, 145~146, 197, 215, 242, 375
김용성 6, 166, 311, 312
김원우 6, 133~134, 129
김원일 197, 215, 311
김유정 6, 179, 197, 215
김이석 179, 324
김치수 155, 198~199, 372
김팔봉 43, 107, 290
김혜순 159

ㄴ

노드럽 프라이 102, 210~211, 314
노에 게이치 104~105, 251~252, 269, 280~281
노 자 27, 29, 48, 62, 78

ㄷ

데미언 그랜트 182, 291~293
등 석 18, 22, 24
디 시 뮈케 206~208

ㄹ

레알 우엘레 152, 154
레온 트로츠키 177, 357~359
레이먼드 윌리엄즈 225
로만 인가르덴 276
루이스 캠프 66
루이스 코저 129~130
뤼시앙 골드만 176~177, 223, 268, 286
르네 데카르트 49, 51
리오드 후벤카 155
릴로이 가르시아 155

ㅁ

마르트 로베르 371~372, 378
마르틴 하이데거 104, 203~204, 254, 265~268, 301
마크 커리 159~160, 330~331
마틴 에슬린 322
마틴 제이 222~223, 228
매튜 아놀드 209, 223~224, 364
맹자 18~21, 23, 25, 29, 78
묵자 20~24, 29~30
밀란 쿤데라 167, 300~302, 375

ㅂ

박경리 311, 324, 343, 351
박상우 115, 156~157, 376
박승극 67, 179~180, 291
박연희 324
박영희 44, 179, 180
박완서 6, 215, 309, 311, 338~339

박용숙 324
박이문 277
박제가 58~59
박지원 59~60, 62, 81, 86
박화성 179~180
박희병 336~338
반 고 26

발터 벤야민 203
백가흠 6, 318
백신애 67, 179~180
베르나르 베르베르 296~297, 376~377
빌헬름 딜타이 241~242, 250~251, 276

ㅅ

사마천 78, 80~82
사 추 18, 22, 24
서정인 146~147
서하진 6, 162
선우휘 324
성 현 39, 89~90, 93
손소희 324
손창섭 324, 343
송 견 18, 21~23, 27
송병수 324
송 영 21, 179~180, 290
쇠렌 키에르케고르 183, 206, 208

수전 손택 163~164, 181~182, 190
순 자 6, 15~21, 23, 25, 27~28
스탠리 코엔 253
신 경 94~95, 114
신광수 80
신 도 18~19, 21~22
신자(愼子) 20~23
신자(申子) 20~21
신채호 13~15, 67, 106~108, 110
심 훈 179, 215, 228
써머세트 모옴 365~366

ㅇ

아놀드 하우저 232~233, 244
안소니 기든스 136~137
안수길 324
알랭 로브 그리예 144, 152~153
알렉산더 컨 308
알베레스 153~154, 197~198, 211, 264, 371~372, 378
앙드레 지드 160, 212, 357, 361
양귀자 6, 118, 313, 314

양 자 23
어빙 하우 238
어숙권 89, 92
에드문드 훗서얼 275~276
에리히 프롬 121, 189~190, 192~193
염상섭 37, 67, 175, 179~180, 197, 215, 281, 311, 335, 343, 358
오르한 파묵 204, 301~302, 313, 374, 375

오상원　324
오스카 발젤　275~276
월러스 마틴　164~165, 211
위　모　17~18, 20, 22~23, 25
유득공　40~41
유몽인　46, 81
유주현　324
유진오　38, 44, 179~180, 358
유형원　38~39, 45
윤기헌　96
윤후명　240, 248~249
윤흥길　197, 311
이광수　37, 107, 179~180,
이규보　168~170
이기문　143
이기상　268
이기영　38, 44, 175, 179~180, 290
이무영　62, 67, 179~180, 358
이문구　62, 67, 197, 213~214
이문열　30~31, 40, 66~67, 236~238
이병주　6, 235~236, 244, 302, 311, 347~348, 351~353, 355~356, 361, 365
이봉구　324
이북명　179, 180

이브 드프레시　182~184
이　상　6, 22, 64, 76, 78, 197
이스라엘 거버　359~360
이승우　6, 126, 247~248, 255~257
이　옥　42, 80~83, 86
이율곡　47
이　익　6, 47~48, 51~54, 57~58, 171~172
이익상　42, 44, 59
이인로　168~169
이인성　6, 157~158, 161~162, 324~325
이정형　96
이제현　85~86
이주홍　324
이중환　41~42, 45
이　지　305
이청준　6, 113~114, 117, 122~128, 184~189, 228, 170~273, 285~289, 297, 299, 302
이태준　6, 179~180
이한구　101~104
이호철　311
이효석　6, 180, 197, 358
일　연　25, 71, 73, 201
임철우　6, 62, 117, 329~332

ㅈ

자크 아탈리　377~378
장용학　248, 324
장응진　180
장　자　6, 20~23, 29, 48~49, 51, 58, 83~84, 267, 271, 352

장 폴 싸르트르　180~182, 184, 238, 244, 317~318, 320~321
전　변　18~22, 24
전상국　311
전양범　268~269

전영택 290, 324
정문길 193, 361~362
정비석 6, 180
정약용 80, 86
정연희 324
정 찬 115~117, 186, 257~258, 312~313, 354
정태용 350
정홍명 90, 97
제임스 조지 프레이저 140
조경남 65, 90,93~94
조동일 62~63
조란 콘스탄티노비치 274, 276
조르주 빨랑뜨 207
조명희 44, 175, 180, 290

조성기 6, 219~221, 224, 226
조세희 67, 197, 339~341, 351
조셉 벤즈맨 359~360
조용만 324
조정래 108~109, 311, 351
조지 오웰 212~213, 243~244, 295~296, 307~309
존 바스 160~161, 165
존 베어리 226
지그문트 프로이트 114, 116, 119, 121~122, 191~192, 221, 254, 348
진 침 306~307
질 들뢰즈 119~120
진 중 18, 20, 23, 25

ㅊ

채만식 62, 67, 180, 197, 215, 227~228
채원방 97, 99
최명익 180
최상규 197, 248
최서해 44, 175, 180, 290

최인욱 324
최인훈 6, 139, 144, 311, 351
최 자 6, 171
최정희 6, 343
최진원 65~66
최태응 62, 324

ㅋ

쿨트 밀러-폴머 276

ㅌ

타 효 17~18, 25

테오도르 아도르노 120, 122, 222

찾아보기 383

ㅍ

페터 지마 164, 234, 274
폴 리쾨르 252~253
표도르 미하일로비치 도스토예프
스키 312~313, 365

프레드릭 제임슨 225, 228, 307,
364
프리드리히 니체 205, 232, 273,
307, 317, 352~353, 362~363

ㅎ

한비자 21, 23~24, 57~58, 78
한설야 38, 180, 290
한스 이 노자크 176, 349~350
허 균 37, 42, 46, 62~65, 80~81,
86
허버트 마르쿠제 101, 205
헤이든 화이트 101, 205
현길언 238, 239

현진건 44, 180, 215
혜 시 18~19, 21~23, 25
호세 오르테가 이 가제트 278~280,
286, 357, 361~362
홍사중 350
황석영 67, 240, 311, 339
황순원 197, 311, 324